人民法院实务小全书系列丛书

毒品案件办理小全书

人民法院出版社／编

第三版

人民法院出版社

图书在版编目（CIP）数据

毒品案件办理小全书 / 人民法院出版社编. -- 3版. -- 北京：人民法院出版社，2024.1
（人民法院实务小全书系列丛书）
ISBN 978-7-5109-3969-3

Ⅰ．①毒… Ⅱ．①人… Ⅲ．①毒品－刑事犯罪－刑事侦查－中国 Ⅳ．①D924.36

中国国家版本馆CIP数据核字(2023)第235967号

毒品案件办理小全书（第三版）
人民法院出版社　编

策划编辑	赵　刚
责任编辑	杨佳瑞
执行编辑	姚丽蕾
出版发行	人民法院出版社
地　　址	北京市东城区东交民巷27号（100745）
电　　话	（010）67550662（责任编辑）　67550558（发行部查询） 　　　　　65223677（读者服务部）
网　　址	http://www.courtbook.com.cn
E－mail	courtpress@sohu.com
印　　刷	三河市国英印务有限公司
经　　销	新华书店

开　　本	890毫米×1240毫米　A5
字　　数	447千字
印　　张	16.625
版　　次	2024年1月第1版　2025年3月第2次印刷
书　　号	ISBN 978-7-5109-3969-3
定　　价	66.00元

版权所有　侵权必究

出版说明

《人民法院实务小全书系列丛书》是一套面向广大法律工作者、法学院校师生、普通读者,以"小"而"全"为特色的实务类法律工具书。"小"即指开本小,携带方便,在内容梳理上去粗取精,收录常用必备办案法律依据;"全"即指品种全、内容全,丛书按实务工作需要设置分册,在各分册中实现收录重点办案依据全,满足法律工作者的办案需要,满足法学院校师生及广大普通读者学习法律知识的需要。本书为该丛书的毒品案件办理分册。

本书对禁毒工作相关法律规范进行了系统梳理,对司法实践中存在的法律适用难点问题梳理了最高人民法院司法观点,并配以最高人民法院公布的典型案例,为广大公民学法用法提供了生动教材,也为司法工作者执法办案提供了法律依据速查工具。本书2016年出版后广受好评,2018年进行了修订,2023年继续进行完善。为了更加贴近实务需要,本次修订请四川省成都市中级人民法院刑事审判第二庭副庭长伍晓峰等审判经验丰富的法官对全书内容进行了审核。修订后的本书延续原版以下特点:

1. **一揽子呈现毒品犯罪定罪量刑标准**。毒品案件的一大特点是毒品种类繁多,定罪量刑标准繁复,本书根据

2016年4月11日起施行的《最高人民法院关于审理毒品犯罪案件适用法律若干问题的解释》,在刑法相应条文后,通过表格的方式细化呈现了法律条文中"数量大""数量较大""情节严重""情节较重"的认定标准。

2. 一体化阐述法律规范与司法观点。本书根据禁毒工作的实际需要,从毒品源头管理到毒品违法犯罪责任追究,再到戒毒工作规范,从毒品犯罪实体认定到证据规则,全面梳理了法律、行政法规、部门规章、司法解释、司法文件,同时整理了最高人民法院针对法律适用难点问题的司法观点。本书特别收录了《全国法院毒品案件审判工作会议纪要》理解与适用,可以帮助读者解决当前毒品案件审判工作中反映较为突出的法律适用、政策把握及证据审查等问题。

3. 一站式解决毒品犯罪法律适用问题。本书以构建起法律、法规、司法解释、司法文件及最高人民法院司法观点的联系点为特色,在本书的目录中读者可直接查找所需的法律依据,也可以刑法的规定为起点,通过条文所在页面左右边空处标注的页码,轻松查找与该条文有关的法律规范及司法观点,反之亦然,读者可以从一个司法适用问题反向查找相应的法律规范依据。

由于本书的编辑体例较为新颖,编辑技术难度较大,因此在编辑工作中难免存在错误和不足,敬请广大读者批评指正,以便我们在今后的工作中加以改进。

编　者

2023年11月

目 录

第一部分 法律规范

一、相关法律 …………………………………………（3）
　　中华人民共和国刑法(节录) ………………………（3）
　　（2023年12月29日修正）

> **特别提示**
> 第一百九十一条 【洗钱罪】……………………（22）
> 第二百八十七条之一 【非法利用信息网络罪】………（23）
> 第三百四十七条 【走私、贩卖、运输、制造毒品罪】……（24）
> 第三百四十八条 【非法持有毒品罪】………………（26）
> 第三百四十九条 【包庇毒品犯罪分子罪】【窝藏、转移、
> 　　　　　　　　隐瞒毒品、毒赃罪】………………（27）
> 第三百五十条 【非法生产、买卖、运输制毒物品、
> 　　　　　　　走私制毒物品罪】……………………（28）
> 第三百五十一条 【非法种植毒品原植物罪】…………（32）
> 第三百五十二条 【非法买卖、运输、携带、持有毒品原植物
> 　　　　　　　　种子、幼苗罪】……………………（32）
> 第三百五十三条 【引诱、教唆、欺骗他人吸毒罪】【强迫他人
> 　　　　　　　　吸毒罪】……………………………（32）
> 第三百五十四条 【容留他人吸毒罪】………………（33）
> 第三百五十五条 【非法提供麻醉药品、精神药品罪】……（33）
> 第三百五十五条之一 【妨害兴奋剂管理罪】…………（33）
> 第三百五十六条 【毒品犯罪的再犯】………………（34）
> 第三百五十七条 【毒品的含义及毒品数量的计算】………（34）

中华人民共和国禁毒法
　　（2007年12月29日） ……………………… （35）
中华人民共和国治安管理处罚法(节录)
　　（2012年10月26日修正） …………………… （47）
中华人民共和国药品管理法(节录)
　　（2019年8月26日修订） …………………… （48）
中华人民共和国海关法(节录)
　　（2021年4月29日修正） …………………… （49）
中华人民共和国体育法(节录)
　　（2022年6月24日修订） …………………… （51）

二、相关司法解释、司法文件 …………………… （53）

最高人民法院
　　关于审理毒品犯罪案件适用法律若干问题的解释
　　（2016年4月6日） ……………………… （53）
最高人民法院　最高人民检察院　公安部
　　印发《关于规范毒品名称表述若干问题的意见》的通知
　　（2014年8月20日） ……………………… （61）
最高人民法院　最高人民检察院　公安部
　　关于印发《办理毒品犯罪案件适用法律若干
　　问题的意见》的通知
　　（2007年12月18日） ……………………… （64）
最高人民法院　最高人民检察院　公安部
　　关于办理制毒物品犯罪案件适用法律若干问题的意见
　　（2009年6月23日） ……………………… （67）
最高人民法院　最高人民检察院　公安部
　　印发《关于办理走私、非法买卖麻黄碱类复方制剂等
　　刑事案件适用法律若干问题的意见》的通知
　　（2012年6月18日） ……………………… （70）

最高人民法院　最高人民检察院　公安部
　　关于办理邻氯苯基环戊酮等三种制毒物品
　　　犯罪案件定罪量刑数量标准的通知
　　　（2014年9月5日）………………………………（74）
最高人民法院　最高人民检察院　公安部　农业部
国家食品药品监督管理总局
　　关于进一步加强麻黄草管理严厉打击非法买卖麻黄草等
　　　违法犯罪活动的通知
　　　（2013年5月21日）……………………………（75）
最高人民法院　最高人民检察院　公安部
　　关于印发《办理毒品犯罪案件毒品提取、扣押、称量、
　　　取样和送检程序若干问题的规定》的通知
　　　（2016年5月24日）……………………………（78）
最高人民法院　最高人民检察院
　　印发《关于常见犯罪的量刑指导意见（试行）》的通知
　　　（2021年6月16日）……………………………（88）
最高人民法院
　　关于常见犯罪的量刑指导意见（二）（试行）（节录）
　　　（2017年5月1日）………………………………（97）
最高人民法院研究室
　　关于贩卖、运输经过取汁的罂粟壳废渣是否构成贩卖、
　　　运输毒品罪的答复
　　　（2010年9月27日）……………………………（98）
最高人民法院研究室
　　关于被告人对不同种毒品实施同一犯罪行为是否按
　　　比例折算成一种毒品予以累加后量刑的答复
　　　（2009年8月17日）……………………………（99）
最高人民检察院
　　关于《非药用类麻醉药品和精神药品管制品种增补
　　　目录》能否作为认定毒品依据的批复
　　　（2019年4月29日）……………………………（100）

最高人民检察院法律政策研究室
 关于安定注射液是否属于刑法第三百五十五条规定的
 精神药品问题的答复
 （2002年10月24日） ……………………………（101）
最高人民检察院公诉厅
 毒品犯罪案件公诉证据标准指导意见（试行）
 （2005年4月25日） ……………………………（102）
最高人民检察院　公安部
 关于公安机关管辖的刑事案件立案追诉标准的规定（三）
 （2012年5月16日） ……………………………（111）
最高人民法院
 关于审理走私、非法经营、非法使用兴奋剂刑事案件
 适用法律若干问题的解释
 （2019年11月18日） ……………………………（120）
最高人民法院　最高人民检察院　公安部　司法部
 关于办理恶势力刑事案件若干问题的意见
 （2019年2月28日） ……………………………（122）
最高人民法院　最高人民检察院
 关于办理洗钱刑事案件适用法律若干问题的解释（节录）
 （2024年8月19日） ……………………………（128）
最高人民法院　最高人民检察院　公安部
 关于办理洗钱刑事案件若干问题的意见
 （2020年11月6日） ……………………………（130）
三、相关行政法规、部门规章、部门规范性文件 …………（138）
麻醉药品和精神药品管理条例
 （2016年2月6日修订） …………………………（138）
非药用类麻醉药品和精神药品列管办法
 （2015年9月24日） ……………………………（158）
麻醉药品品种目录（2023年版）
 （2023年4月14日） ……………………………（176）

精神药品品种目录(2023年版)
　　(2023年4月14日) ……………………… (185)
国家药监局　公安部　国家卫生健康委
　关于调整麻醉药品和精神药品目录的公告
　　(2023年9月6日) …………………………… (196)
公安部　国家食品药品监督管理总局
国家卫生和计划生育委员会
　关于将 N-甲基-N-(2-二甲氨基环己基)-3,4-二氯苯
　　甲酰胺(U-47700)等四种物质列入非药用类麻醉
　　药品和精神药品管制品种增补目录的公告
　　(2017年5月22日) …………………………… (197)
公安部　国家卫生健康委员会　国家药品监督管理局
　关于将 4-氯乙卡西酮等32种物质列入非药用类麻醉
　　药品和精神药品管制品种增补目录的公告
　　(2018年8月16日) …………………………… (198)
公安部　国家卫生健康委员会　国家药品监督管理局
　关于将芬太尼类物质列入《非药用类麻醉药品和
　　精神药品管制品种增补目录》的公告
　　(2019年4月1日) …………………………… (203)
公安部　国家卫生健康委员会　国家药品监督管理局
　关于将合成大麻素类物质和氟胺酮等18种物质列入《非药
　　用类麻醉药品和精神药品管制品种增补目录》的公告
　　(2021年3月15日) …………………………… (204)
国家食品药品监督管理局
非法药物折算表
　　(2004年10月) ……………………………… (208)
国家禁毒委员会办公室
　关于印发《3种合成大麻素依赖性折算表》的通知
　　(2019年1月16日) …………………………… (218)

国家禁毒委员会办公室
关于印发《104 种非药用类麻醉药品和精神药品管制
品种依赖性折算表》的通知
(2016 年 6 月 24 日) …………………………… (219)
国家禁毒委员会办公室
关于印发《氟胺酮和 7 种合成大麻素依赖性折算表》
的通知
(2021 年 11 月 12 日) ………………………… (231)
国家禁毒委员会办公室
关于印发《100 种麻醉药品和精神药品管制品种依赖性
折算表》的通知
(2017 年 10 月 20 日) ………………………… (233)
反兴奋剂条例
(2018 年 9 月 18 日修订) ……………………… (239)
公安部
关于认定海洛因有关问题的批复
(2002 年 6 月 28 日) …………………………… (248)
公安部
关于在成品药中非法添加阿普唑仑和曲马多进行销售
能否认定为制造贩卖毒品有关问题的批复
(2009 年 3 月 19 日) …………………………… (249)
公安部
关于印发《涉毒人员毛发样本检测规范》的通知
(2018 年 10 月 31 日) ………………………… (250)
国家禁毒委员会办公室
关于防范非药用类麻醉药品和精神药品及制毒物品
违法犯罪的通告
(2019 年 8 月 1 日) …………………………… (252)
易制毒化学品管理条例
(2018 年 9 月 18 日修订) ……………………… (254)

娱乐场所管理条例(节录)
　　　　(2020年11月29日修订) …………………(267)
戒毒条例
　　　　(2018年9月18日修订) …………………(269)
公安机关缴获毒品管理规定
　　　　(2016年5月19日) ……………………(278)
易制毒化学品进出口管理规定
　　　　(2015年10月28日修正) ………………(285)
戒毒药物维持治疗工作管理办法
　　　　(2014年12月31日) ……………………(297)
司法行政机关强制隔离戒毒工作规定
　　　　(2013年4月3日) ………………………(306)
公安机关强制隔离戒毒所管理办法
　　　　(2011年9月28日) ………………………(317)
吸毒成瘾认定办法
　　　　(2016年12月29日修订) ………………(329)
药品类易制毒化学品管理办法
　　　　(2010年3月18日) ………………………(332)
吸毒检测程序规定
　　　　(2016年12月16日修订) ………………(346)
易制毒化学品购销和运输管理办法
　　　　(2006年8月22日) ………………………(349)
非药品类易制毒化学品生产、经营许可办法
　　　　(2006年4月5日) ………………………(360)
医疗机构麻醉药品、第一类精神药品管理规定
　　　　(2005年11月14日) ……………………(369)

第二部分　理解与适用

一、毒品数量、含量问题 ……………………………………（377）
 1. 毒品的定罪量刑数量标准 ………………………………（377）
 2. 关于未查获实物案件的毒品数量的认定 ………………（378）
 3. 关于毒品纯度与数量的认定 ……………………………（379）

二、关于走私、贩卖、运输、制造、非法持有毒品行为 ………（380）
 1. 关于走私、贩卖、运输、制造毒品罪的认定 ……………（380）
 2. 非法持有毒品罪的认定 …………………………………（381）
 3. "武装掩护走私、贩卖、运输、制造毒品"的认定 ……（381）
 4. "以暴力抗拒检查、拘留、逮捕，情节严重"的认定 ……（382）
 5. 走私、贩卖、运输、制造少量毒品"情节严重"的认定 …（382）

三、包庇毒品犯罪分子罪和窝藏、转移、隐瞒毒品、毒赃罪
 "情节严重"的认定 …………………………………………（384）
 1. 包庇毒品犯罪分子罪"情节严重"的认定 ………………（384）
 2. 窝藏、转移、隐瞒毒品、毒赃罪"情节严重"的
  认定 ………………………………………………………（385）

四、非法生产、买卖、运输制毒物品、走私制毒物品罪的
 定罪量刑标准 ………………………………………………（386）
 1. 非法生产、买卖、运输制毒物品、走私制毒物品罪
  "情节较重"（即定罪标准）的认定 ……………………（387）
 2. 非法生产、买卖、运输制毒物品、走私制毒物品罪
  "情节严重"的认定 ………………………………………（389）
 3. 非法生产、买卖、运输制毒物品、走私制毒物品罪
  "情节特别严重"的认定 …………………………………（389）

五、容留他人吸毒罪的定罪标准 …………………… (389)

六、罪名认定问题 ……………………………………… (392)
    1. 关于改变选择性罪名的规则 …………………… (392)
    2. 从贩毒人员住所等处查获毒品的性质认定 …… (393)
    3. 关于有偿转让、互换毒品行为的定性 ………… (393)
    4. 关于吸毒者购买、运输、存储毒品行为的定性 … (394)
    5. 关于制造毒品行为的认定 ……………………… (395)
    6. 关于代购毒品行为的定性 ……………………… (396)
    7. 接收物流寄递毒品行为的定性 ………………… (399)
    8. 关于涉麻醉药品、精神药品行为的定性 ……… (400)
    9. 网络涉毒犯罪的法律适用 ……………………… (403)

七、共同犯罪的认定 …………………………………… (405)
    1. 关于毒品共同犯罪认定的一般规定 …………… (405)
    2. 居间介绍买卖毒品的认定与处理 ……………… (405)
    3. 运输毒品共同犯罪的认定 ……………………… (406)

八、科学把握依法从严惩处毒品犯罪的刑事政策 …… (407)
    1. 全面贯彻宽严相济刑事政策 …………………… (408)
    2. 正确理解和执行死刑政策 ……………………… (413)

九、关于毒品数量与含量问题 ………………………… (414)

十、缓刑、涉案财物处理、财产刑适用及减刑、假释 …… (415)
    1. 坚持宽严相济,严格限制缓刑的适用 ………… (415)
    2. 从严把握毒品罪犯的减刑、假释条件 ………… (416)
    3. 涉案财物处理、财产刑适用问题 ……………… (417)

十一、关于毒品案件自首、立功问题 ………………… (418)

十二、毒品案件累犯、再犯 …………………………… (420)

十三、主观明知的认定 ………………………………… (421)

十四、特定人员参与毒品犯罪 ………………………… (424)

十五、对隐匿身份人员实施侦查案件的处理 ……… (425)
　　1. 关于不存在犯罪引诱的案件 ……………………… (425)
　　2. 关于存在犯意引诱的案件 ………………………… (425)
　　3. 关于存在数量引诱的案件 ………………………… (426)
　　4. 关于存在间接引诱的案件 ………………………… (426)

十六、规范毒品名称表述的基本原则 ……………… (427)

十七、几类毒品的名称表述 …………………………… (428)
　　1. 含甲基苯丙胺成分的毒品 ………………………… (428)
　　2. 含氯胺酮成分的毒品 ……………………………… (430)
　　3. 含 MDMA 等成分的毒品 ………………………… (431)
　　4. "神仙水"类毒品 …………………………………… (432)
　　5. 大麻类毒品 ………………………………………… (433)

十八、制毒物品的认定 ………………………………… (433)

十九、非法买卖制毒物品行为 ………………………… (434)
　　1. 非法买卖制毒物品行为的认定 …………………… (434)
　　2. 非法买卖制毒物品行为构成犯罪的例外规定 …… (436)

二十、非法制造易制毒化学品行为的处罚 ………… (437)

二十一、毒品犯罪案件的管辖 ………………………… (439)
　　1. 毒品犯罪的犯罪地、被告人居住地的范围 ……… (439)
　　2. 跨区域毒品案件的管辖问题 ……………………… (440)
　　3. 关联案件的并案审理 ……………………………… (440)
　　4. 孕妇、哺乳期妇女毒品犯罪案件的处理问题 …… (441)

二十二、走私、非法买卖麻黄碱类复方制剂等行为的定性
　　………………………………………………………… (442)

二十三、利用麻黄碱类复方制剂加工、提炼制毒物品行为的
　　定性 …………………………………………………… (447)

二十四、将涉麻黄碱类复方制剂犯罪作为制造毒品或者制毒
　　　　物品犯罪处理时,犯罪预备、未遂的认定 …………(448)
二十五、涉案麻黄碱类复方制剂所含麻黄碱类物质的
　　　　数量作为制毒物品的数量的认定 ……………(450)
二十六、消旋麻黄碱及其盐类的定罪量刑数量标准 ………(451)
二十七、麻黄碱类复方制剂的范围 ……………………(451)
二十八、关于恶势力主要实施和伴随实施的违法犯罪活动……(452)

第三部分　典型案例

案例1　张胜川走私、运输毒品案
　　　——犯罪集团首要分子组织、指挥数十人走私、
　　　　运输毒品,罪行极其严重………………………(457)
案例2　严荣柱贩卖、制造毒品,董胜震贩卖、运输毒品案
　　　——组织多人制造新型毒品甲卡西酮,向社会
　　　　大肆贩卖,罪行极其严重………………………(459)
案例3　阮新华贩卖、运输毒品案
　　　——利用、教唆未成年人贩卖毒品,且系累犯,
　　　　罪行极其严重 ……………………………(461)
案例4　蔡泽雄、林小波贩卖、运输毒品案
　　　——积极响应敦促投案自首通告,主动自境外
　　　　回国自首,依法从轻处罚………………………(463)
案例5　吴纪剡等非法生产制毒物品案
　　　——组织多人非法生产制毒物品麻黄碱,情节特别严重
　　　　　………………………………………………(465)
案例6　韩敏华走私、贩卖、运输毒品,强奸,传授犯罪方法,
　　　张淼淼走私毒品、强奸案
　　　——采用非接触式手段走私、贩运精神药品,情节严重;
　　　　利用精神药品迷奸他人,依法数罪并罚………(467)

案例 7 马扎根等贩卖毒品案

——伪造资质骗购大量麻醉药品出售给贩毒人员，依法惩处 …………………………………………（470）

案例 8 夏继欢贩卖毒品案

——医务人员多次向吸贩毒人员贩卖精神药品牟利，情节严重 …………………………………（472）

案例 9 纪家林贩卖毒品案

——违规购买精神药品出售给吸毒人员，依法严惩 ……………………………………………（474）

案例 10 韦颖故意杀人案

——吸毒致幻杀害无辜群众，致三人死伤，罪行极其严重 ………………………………………（475）

案例 11 梁玉景、黎国都制造毒品案

——纠集多人制造毒品，数量特别巨大，罪行极其严重 …………………………………………（477）

案例 12 邱山喜贩卖、运输毒品案

——通过非法手段获取他人犯罪线索并检举，不构成立功，且系毒品再犯，罪行极其严重 ………（479）

案例 13 郑保涛等制造毒品、非法生产、买卖制毒物品案

——明知他人制造甲卡西酮而向其提供制毒原料；非法生产、买卖制毒物品，情节特别严重 ……（481）

案例 14 万昊能等贩卖毒品、洗钱案

——贩卖含有合成大麻素成分的电子烟油并"自洗钱"，依法数罪并罚 …………………………（484）

案例 15 古亮引诱、教唆他人吸毒，容留他人吸毒案

——引诱、教唆、容留未成年人吸毒，且系累犯，依法严惩 ……………………………………（486）

案例 16 周洪伟贩卖、运输毒品案

——利用"互联网+物流寄递"手段多次向吸毒人员贩卖麻精药品，情节严重 …………………（488）

案例 17 何启安贩卖毒品案
　　——向吸毒人员贩卖氟胺酮,且系累犯,依法严惩
　　　　………………………………………………………(490)
案例 18 李奇峰走私、贩卖、运输毒品,组织越狱案
　　——缓刑考验期内实施毒品犯罪,数量特别巨大,
　　　羁押期间组织越狱,罪行极其严重 …………(492)
案例 19 张月东等贩卖毒品案
　　——诊所医务人员向吸毒人员出售精神药品……(494)
案例 20 谢彭等贩卖毒品案
　　——利用网络联系订单,以比特币形式收取毒资,
　　　通过物流寄递毒品…………………………(496)
案例 21 陈嘉豪贩卖毒品案
　　——利用微信在酒吧等处多次出售新型毒品……(497)
案例 22 王飞贩卖、制造毒品案
　　——将新型毒品伪装成饮料销往多地娱乐场所
　　　　………………………………………………………(498)
案例 23 陈国龙等贩卖毒品、以危险方法危害公共安全案
　　——为抗拒缉毒警察抓捕,驾车肆意冲撞,
　　　危害公共安全…………………………………(500)
案例 24 马兆云等非法生产、买卖、运输制毒物品案
　　——非法生产、买卖、运输制毒物品,情节特别严重
　　　　………………………………………………………(502)
案例 25 林永伟强奸、引诱他人吸毒、容留他人吸毒案
　　——引诱留守女童吸毒后强行奸淫,依法严惩 …(504)
案例 26 刘勇等贩卖、制造毒品案
　　——制造、贩卖芬太尼等多种新型毒品,依法严惩
　　　　………………………………………………………(506)
案例 27 祝浩走私、运输毒品案
　　——通过手机网络接受他人雇用,走私、运输
　　　毒品数量大……………………………………(508)

案例28 卞晨晨等贩卖毒品、非法利用信息网络案
　　　　——非法种植、贩卖大麻,非法利用网络论坛
　　　　　发布种植大麻等信息……………………………(510)
案例29 刘彦铄贩卖毒品案
　　　　——国家工作人员实施毒品犯罪,依法严惩……(512)
案例30 吕晓春等非法生产、买卖制毒物品案
　　　　——非法买卖溴代苯丙酮、生产麻黄素,情节特别
　　　　　严重………………………………………………(513)

第一部分
法律规范

一、相关法律

中华人民共和国刑法（节录）

（1979年7月1日第五届全国人民代表大会第二次会议通过　1997年3月14日第八届全国人民代表大会第五次会议修订　根据1998年12月29日第九届全国人民代表大会常务委员会第六次会议通过的《全国人民代表大会常务委员会关于惩治骗购外汇、逃汇和非法买卖外汇犯罪的决定》、1999年12月25日第九届全国人民代表大会常务委员会第十三次会议通过的《中华人民共和国刑法修正案》、2001年8月31日第九届全国人民代表大会常务委员会第二十三次会议通过的《中华人民共和国刑法修正案（二）》、2001年12月29日第九届全国人民代表大会常务委员会第二十五次会议通过的《中华人民共和国刑法修正案（三）》、2002年12月28日第九届全国人民代表大会常务委员会第三十一次会议通过的《中华人民共和国刑法修正案（四）》、2005年2月28日第十届全国人民代表大会常务委员会第十四次会议通过的《中华人民共和国刑法修正案（五）》、2006年6月29日第十届全国人民代表大会常务委员会第二十二次会议通过的《中华人民共和国刑法修正案（六）》、2009年2月28日第十一届全国人民代表大会常务委员会第七次会议通过的《中华人民共和国刑法修正案（七）》、2009年8月27日第十一届全国人民代表大会常务委员会第十次会议通过的《全国人民代表大会常务委员会关于修改部分法律的决定》、2011年2月25日第十一届全国人民代表大会常务委员会第十九次会议通过的《中华人民共和国刑法修正案（八）》、2015年8月29日第十二届全国人民代表大会常务委员会第十六次会议通过的《中华人民共和国刑法修正案（九）》、2017年11月4日第十二届全国人民代表大会常务委员会第三十次会议通过的《中华人民共和国刑法修正案（十）》、2020年12月26日第十三届全国人民代表大会常务委员会第二十四次会议通过的《中华人民共和国刑法修正案（十一）》、2023年12月29日第十四届全国人民代表大会常务委员会第七次会议通过的《中华人民共和国刑法修正案（十二）》修正）

第一编 总 则

第一章 刑法的任务、基本原则和适用范围

第一条 为了惩罚犯罪，保护人民，根据宪法，结合我国同犯罪作斗争的具体经验及实际情况，制定本法。

第二条 中华人民共和国刑法的任务，是用刑罚同一切犯罪行为作斗争，以保卫国家安全，保卫人民民主专政的政权和社会主义制度，保护国有财产和劳动群众集体所有的财产，保护公民私人所有的财产，保护公民的人身权利、民主权利和其他权利，维护社会秩序、经济秩序，保障社会主义建设事业的顺利进行。

第三条 法律明文规定为犯罪行为的，依照法律定罪处刑；法律没有明文规定为犯罪行为的，不得定罪处刑。

第四条 对任何人犯罪，在适用法律上一律平等。不允许任何人有超越法律的特权。

第五条 刑罚的轻重，应当与犯罪分子所犯罪行和承担的刑

事责任相适应。

第六条① 凡在中华人民共和国领域内犯罪的，除法律有特别规定的以外，都适用本法。

凡在中华人民共和国船舶或者航空器内犯罪的，也适用本法。

犯罪的行为或者结果有一项发生在中华人民共和国领域内的，就认为是在中华人民共和国领域内犯罪。

第七条 中华人民共和国公民在中华人民共和国领域外犯本法规定之罪的，适用本法，但是按本法规定的最高刑为三年以下有期徒刑的，可以不予追究。

中华人民共和国国家工作人员和军人在中华人民共和国领域外犯本法规定之罪的，适用本法。

第八条 外国人在中华人民共和国领域外对中华人民共和国国家或者公民犯罪，而按本法规定的最低刑为三年以上有期徒刑的，可以适用本法，但是按照犯罪地的法律不受处罚的除外。

第九条 对于中华人民共和国缔结或者参加的国际条约所规定的罪行，中华人民共和国在所承担条约义务的范围内行使刑事管辖权的，适用本法。

第十条 凡在中华人民共和国领域外犯罪，依照本法应当负刑事责任的，虽然经过外国审判，仍然可以依照本法追究，但是在外国已经受过刑罚处罚的，可以免除或者减轻处罚。

第十一条 享有外交特权和豁免权的外国人的刑事责任，通过外交途径解决。

---

① 根据《最高人民法院关于适用〈中华人民共和国刑事诉讼法〉的解释》第二条规定："犯罪地包括犯罪行为地和犯罪结果地。针对或者主要利用计算机网络实施的犯罪，犯罪地包括用于实施犯罪行为的网络服务使用的服务器所在地，网络服务提供者所在地，被侵害的信息网络系统及其管理者所在地，犯罪过程中被告人、被害人使用的信息网络系统所在地，以及被害人被侵害时所在地和被害人财产遭受损失地等。"

《最高人民法院、最高人民检察院、公安部关于办理毒品犯罪案件适用法律若干问题的意见》相关规定
📖P 64~65

毒品犯罪案件的管辖
📖P 439~442

第十二条① 中华人民共和国成立以后本法施行以前的行为，如果当时的法律不认为是犯罪的，适用当时的法律；如果当时的法律认为是犯罪的，依照本法总则第四章第八节的规定应当追诉的，按照当时的法律追究刑事责任，但是如果本法不认为是犯罪或者处刑较轻的，适用本法。

本法施行以前，依照当时的法律已经作出的生效判决，继续有效。

第二章 犯 罪

第一节 犯罪和刑事责任

第十三条 一切危害国家主权、领土完整和安全，分裂国家、颠覆人民民主专政的政权和推翻社会主义制度，破坏社会秩序和经济秩序，侵犯国有财产或者劳动群众集体所有的财产，侵犯公民私人所有的财产，侵犯公民的人身权利、民主权利和其他权利，以及其他危害社会的行为，依照法律应当受刑罚处罚的，都是犯罪，但是情节显著轻微危害不大的，不认为是犯罪。

第十四条 明知自己的行为会发生危害社会的结果，并且希望或者放任这种结果发生，因而构成犯罪的，是故意犯罪。

故意犯罪，应当负刑事责任。

第十五条 应当预见自己的行为可能发生危害社会的结果，因为疏忽大意而没有预见，或者已经预见而轻信能够避免，以致

---

① 《最高人民法院、最高人民检察院关于适用刑事司法解释时间效力问题的规定》为正确适用司法解释办理案件，现对适用刑事司法解释时间效力问题提出如下意见：（1）司法解释是最高人民法院对审判工作中具体应用法律问题和最高人民检察院对检察工作中具体应用法律问题所作的具有法律效力的解释，自发布或者规定之日起施行，效力适用于法律的施行期间。（2）对于司法解释实施前发生的行为，行为时没有相关司法解释，司法解释施行后尚未处理或者正在处理的案件，依照司法解释的规定办理。（3）对于新的司法解释实施前发生的行为，行为时已有相关司法解释，依照行为时的司法解释办理，但适用新的司法解释对犯罪嫌疑人、被告人有利的，适用新的司法解释。（4）对于在司法解释施行前已办结的案件，按照当时的法律和司法解释，认定事实和适用法律没有错误的，不再变动。

发生这种结果的,是过失犯罪。

过失犯罪,法律有规定的才负刑事责任。

第十六条 行为在客观上虽然造成了损害结果,但是不是出于故意或者过失,而是由于不能抗拒或者不能预见的原因所引起的,不是犯罪。

第十七条 已满十六周岁的人犯罪,应当负刑事责任。

已满十四周岁不满十六周岁的人,犯故意杀人、故意伤害致人重伤或者死亡、强奸、抢劫、贩卖毒品、放火、爆炸、投放危险物质罪的,应当负刑事责任。

已满十二周岁不满十四周岁的人,犯故意杀人、故意伤害罪,致人死亡或者以特别残忍手段致人重伤造成严重残疾,情节恶劣,经最高人民检察院核准追诉的,应当负刑事责任。

对依照前三款规定追究刑事责任的不满十八周岁的人,应当从轻或者减轻处罚。

因不满十六周岁不予刑事处罚的,责令其父母或者其他监护人加以管教;在必要的时候,依法进行专门矫治教育。

第十七条之一 已满七十五周岁的人故意犯罪的,可以从轻或者减轻处罚;过失犯罪的,应当从轻或者减轻处罚。

第十八条 精神病人在不能辨认或者不能控制自己行为的时候造成危害结果,经法定程序鉴定确认的,不负刑事责任,但是应当责令他的家属或者监护人严加看管和医疗;在必要的时候,由政府强制医疗。

间歇性的精神病人在精神正常的时候犯罪,应当负刑事责任。

尚未完全丧失辨认或者控制自己行为能力的精神病人犯罪的,应当负刑事责任,但是可以从轻或者减轻处罚。

醉酒的人犯罪,应当负刑事责任。

第十九条 又聋又哑的人或者盲人犯罪,可以从轻、减轻或者免除处罚。

第二十条 为了使国家、公共利益、本人或者他人的人身、财产和其他权利免受正在进行的不法侵害,而采取的制止不法侵害的行为,对不法侵害人造成损害的,属于正当防卫,不负刑事责任。

正当防卫明显超过必要限度造成重大损害的,应当负刑事责任,但是应当减轻或者免除处罚。

对正在进行行凶、杀人、抢劫、强奸、绑架以及其他严重危及人身安全的暴力犯罪,采取防卫行为,造成不法侵害人伤亡的,不属于防卫过当,不负刑事责任。

第二十一条 为了使国家、公共利益、本人或者他人的人身、财产和其他权利免受正在发生的危险,不得已采取的紧急避险行为,造成损害的,不负刑事责任。

紧急避险超过必要限度造成不应有的损害的,应当负刑事责任,但是应当减轻或者免除处罚。

第一款中关于避免本人危险的规定,不适用于职务上、业务上负有特定责任的人。

第二节 犯罪的预备、未遂和中止

第二十二条 为了犯罪,准备工具、制造条件的,是犯罪预备。

对于预备犯,可以比照既遂犯从轻、减轻处罚或者免除处罚。

第二十三条 已经着手实行犯罪,由于犯罪分子意志以外的原因而未得逞的,是犯罪未遂。

对于未遂犯,可以比照既遂犯从轻或者减轻处罚。

第二十四条 在犯罪过程中,自动放弃犯罪或者自动有效地防止犯罪结果发生的,是犯罪中止。

对于中止犯,没有造成损害的,应当免除处罚;造成损害的,应当减轻处罚。

第三节 共同犯罪

第二十五条 共同犯罪是指二人以上共同故意犯罪。

非法制造易制毒化学品行为的处罚
↑𝒫68、438

将涉麻黄碱类复方制剂犯罪作为制造毒品或制毒物品犯罪处理时,犯罪预备、未遂的认定
↑𝒫448~450

二人以上共同过失犯罪，不以共同犯罪论处；应当负刑事责任的，按照他们所犯的罪分别处罚。

第二十六条① 组织、领导犯罪集团进行犯罪活动的或者在共同犯罪中起主要作用的，是主犯。

三人以上为共同实施犯罪而组成的较为固定的犯罪组织，是犯罪集团。

对组织、领导犯罪集团的首要分子，按照集团所犯的全部罪行处罚。

对于第三款规定以外的主犯，应当按照其所参与的或者组织、指挥的全部犯罪处罚。

第二十七条 在共同犯罪中起次要或者辅助作用的，是从犯。

对于从犯，应当从轻、减轻处罚或者免除处罚。

第二十八条 对于被胁迫参加犯罪的，应当按照他的犯罪情节减轻处罚或者免除处罚。

第二十九条 教唆他人犯罪的，应当按照他在共同犯罪中所起的作用处罚。教唆不满十八周岁的人犯罪的，应当从重处罚。

如果被教唆的人没有犯被教唆的罪，对于教唆犯，可以从轻或者减轻处罚。

第四节 单位犯罪

第三十条 公司、企业、事业单位、机关、团体实施的危害社会的行为，法律规定为单位犯罪的，应当负刑事责任。

第三十一条 单位犯罪的，对单位判处罚金，并对其直接负

---

① 参见《最高人民法院关于贯彻宽严相济刑事政策的若干意见》第三十条规定，对于恐怖组织犯罪、邪教组织犯罪、黑社会性质组织犯罪和进行走私、诈骗、贩毒等犯罪活动的犯罪集团，在处理时要分别情况，区别对待：对犯罪组织或集团中的为首组织、指挥、策划者和骨干分子，要依法从严惩处，该判处重刑或死刑的要坚决判处重刑或死刑；对受欺骗、胁迫参加犯罪组织、犯罪集团或只是一般参加者，在犯罪中起次要、辅助作用的从犯，依法应当从轻或减轻处罚，符合缓刑条件的，可以适用缓刑。

责的主管人员和其他直接责任人员判处刑罚。本法分则和其他法律另有规定的，依照规定。

第三章 刑 罚

第一节 刑罚的种类

第三十二条 刑罚分为主刑和附加刑。

第三十三条 主刑的种类如下：

（一）管制；

（二）拘役；

（三）有期徒刑；

（四）无期徒刑；

（五）死刑。

第三十四条 附加刑的种类如下：

（一）罚金；

（二）剥夺政治权利；

（三）没收财产。

附加刑也可以独立适用。

第三十五条 对于犯罪的外国人，可以独立适用或者附加适用驱逐出境。

第三十六条 由于犯罪行为而使被害人遭受经济损失的，对犯罪分子除依法给予刑事处罚外，并应根据情况判处赔偿经济损失。

承担民事赔偿责任的犯罪分子，同时被判处罚金，其财产不足以全部支付的，或者被判处没收财产的，应当先承担对被害人的民事赔偿责任。

第三十七条 对于犯罪情节轻微不需要判处刑罚的，可以免予刑事处罚，但是可以根据案件的不同情况，予以训诫或者责令具结悔过、赔礼道歉、赔偿损失，或者由主管部门予以行政处罚或者行政处分。

第三十七条之一 因利用职业便利实施犯罪，或者实施违背职业要求的特定义务的犯罪被判处刑罚的，人民法院可以根据犯罪情况和预防再犯罪的需要，禁止其自刑罚执行完毕之日或者假释之日起从事相关职业，期限为三年至五年。

被禁止从事相关职业的人违反人民法院依照前款规定作出的决定的，由公安机关依法给予处罚；情节严重的，依照本法第三百一十三条的规定定罪处罚。

其他法律、行政法规对其从事相关职业另有禁止或者限制性规定的，从其规定。

第二节 管 制

第三十八条 管制的期限，为三个月以上二年以下。

判处管制，可以根据犯罪情况，同时禁止犯罪分子在执行期间从事特定活动，进入特定区域、场所，接触特定的人。

对判处管制的犯罪分子，依法实行社区矫正。

违反第二款规定的禁止令的，由公安机关依照《中华人民共和国治安管理处罚法》的规定处罚。

第三十九条 被判处管制的犯罪分子，在执行期间，应当遵守下列规定：

（一）遵守法律、行政法规，服从监督；

（二）未经执行机关批准，不得行使言论、出版、集会、结社、游行、示威自由的权利；

（三）按照执行机关规定报告自己的活动情况；

（四）遵守执行机关关于会客的规定；

（五）离开所居住的市、县或者迁居，应当报经执行机关批准。

对于被判处管制的犯罪分子，在劳动中应当同工同酬。

第四十条 被判处管制的犯罪分子，管制期满，执行机关应即向本人和其所在单位或者居住地的群众宣布解除管制。

第四十一条 管制的刑期，从判决执行之日起计算；判决执行以前先行羁押的，羁押一日折抵刑期二日。

第三节 拘 役

第四十二条 拘役的期限,为一个月以上六个月以下。

第四十三条 被判处拘役的犯罪分子,由公安机关就近执行。

在执行期间,被判处拘役的犯罪分子每月可以回家一天至两天;参加劳动的,可以酌量发给报酬。

第四十四条 拘役的刑期,从判决执行之日起计算;判决执行以前先行羁押的,羁押一日折抵刑期一日。

第四节 有期徒刑、无期徒刑

第四十五条 有期徒刑的期限,除本法第五十条、第六十九条规定外,为六个月以上十五年以下。

第四十六条 被判处有期徒刑、无期徒刑的犯罪分子,在监狱或者其他执行场所执行;凡有劳动能力的,都应当参加劳动,接受教育和改造。

第四十七条 有期徒刑的刑期,从判决执行之日起计算;判决执行以前先行羁押的,羁押一日折抵刑期一日。

第五节 死 刑

第四十八条[①] 死刑只适用于罪行极其严重的犯罪分子。对于应当判处死刑的犯罪分子,如果不是必须立即执行的,可以判处死刑同时宣告缓期二年执行。

死刑除依法由最高人民法院判决的以外,都应当报请最高人民法院核准。死刑缓期执行的,可以由高级人民法院判决或者核准。

第四十九条 犯罪的时候不满十八周岁的人和审判的时候怀

---

① 根据《最高人民法院关于贯彻宽严相济刑事政策的若干意见》第二十九条规定,要准确理解和严格执行"保留死刑,严格控制和慎重适用死刑"的政策。对于罪行极其严重的犯罪分子,论罪应当判处死刑的,坚决依法判处死刑。要依法严格控制死刑的适用,统一死刑案件的裁判标准,确保死刑只适用于极少数罪行极其严重的犯罪分子。拟判处死刑的具体案件定罪或者量刑的证据必须确实、充分,得出唯一结论。对于罪行极其严重,但只要是依法可不立即执行的,就不应当判处死刑立即执行。

孕的妇女，不适用死刑。

审判的时候已满七十五周岁的人，不适用死刑，但以特别残忍手段致人死亡的除外。

第五十条 判处死刑缓期执行的，在死刑缓期执行期间，如果没有故意犯罪，二年期满以后，减为无期徒刑；如果确有重大立功表现，二年期满以后，减为二十五年有期徒刑；如果故意犯罪，情节恶劣的，报请最高人民法院核准后执行死刑；对于故意犯罪未执行死刑的，死刑缓期执行的期间重新计算，并报最高人民法院备案。

对被判处死刑缓期执行的累犯以及因故意杀人、强奸、抢劫、绑架、放火、爆炸、投放危险物质或者有组织的暴力性犯罪被判处死刑缓期执行的犯罪分子，人民法院根据犯罪情节等情况可以同时决定对其限制减刑。

第五十一条 死刑缓期执行的期间，从判决确定之日起计算。死刑缓期执行减为有期徒刑的刑期，从死刑缓期执行期满之日起计算。

第六节 罚 金

第五十二条 判处罚金，应当根据犯罪情节决定罚金数额。

第五十三条 罚金在判决指定的期限内一次或者分期缴纳。期满不缴纳的，强制缴纳。对于不能全部缴纳罚金的，人民法院在任何时候发现被执行人有可以执行的财产，应当随时追缴。

由于遭遇不能抗拒的灾祸等原因缴纳确实有困难的，经人民法院裁定，可以延期缴纳、酌情减少或者免除。

第七节 剥夺政治权利

第五十四条 剥夺政治权利是剥夺下列权利：

（一）选举权和被选举权；

（二）言论、出版、集会、结社、游行、示威自由的权利；

（三）担任国家机关职务的权利；

（四）担任国有公司、企业、事业单位和人民团体领导职务

罚金数额的决定
↑ P_{92}

的权利。

第五十五条 剥夺政治权利的期限，除本法第五十七条规定外，为一年以上五年以下。

判处管制附加剥夺政治权利的，剥夺政治权利的期限与管制的期限相等，同时执行。

第五十六条 对于危害国家安全的犯罪分子应当附加剥夺政治权利；对于故意杀人、强奸、放火、爆炸、投毒、抢劫等严重破坏社会秩序的犯罪分子，可以附加剥夺政治权利。

独立适用剥夺政治权利的，依照本法分则的规定。

第五十七条 对于被判处死刑、无期徒刑的犯罪分子，应当剥夺政治权利终身。

在死刑缓期执行减为有期徒刑或者无期徒刑减为有期徒刑的时候，应当把附加剥夺政治权利的期限改为三年以上十年以下。

第五十八条 附加剥夺政治权利的刑期，从徒刑、拘役执行完毕之日或者从假释之日起计算；剥夺政治权利的效力当然施用于主刑执行期间。

被剥夺政治权利的犯罪分子，在执行期间，应当遵守法律、行政法规和国务院公安部门有关监督管理的规定，服从监督；不得行使本法第五十四条规定的各项权利。

第八节 没收财产

第五十九条 没收财产是没收犯罪分子个人所有财产的一部或者全部。没收全部财产的，应当对犯罪分子个人及其扶养的家属保留必需的生活费用。

在判处没收财产的时候，不得没收属于犯罪分子家属所有或者应有的财产。

第六十条 没收财产以前犯罪分子所负的正当债务，需要以没收的财产偿还的，经债权人请求，应当偿还。

第四章 刑罚的具体运用

第一节 量刑

第六十一条 对于犯罪分子决定刑罚的时候,应当根据犯罪的事实、犯罪的性质、情节和对于社会的危害程度,依照本法的有关规定判处。

第六十二条 犯罪分子具有本法规定的从重处罚、从轻处罚情节的,应当在法定刑的限度以内判处刑罚。

第六十三条 犯罪分子具有本法规定的减轻处罚情节的,应当在法定刑以下判处刑罚;本法规定有数个量刑幅度的,应当在法定量刑幅度的下一个量刑幅度内判处刑罚。

犯罪分子虽然不具有本法规定的减轻处罚情节,但是根据案件的特殊情况,经最高人民法院核准,也可以在法定刑以下判处刑罚。

第六十四条 犯罪分子违法所得的一切财物,应当予以追缴或者责令退赔;对被害人的合法财产,应当及时返还;违禁品和供犯罪所用的本人财物,应当予以没收。没收的财物和罚金,一律上缴国库,不得挪用和自行处理。

第二节 累犯

第六十五条 被判处有期徒刑以上刑罚的犯罪分子,刑罚执行完毕或者赦免以后,在五年以内再犯应当判处有期徒刑以上刑罚之罪的,是累犯,应当从重处罚,但是过失犯罪和不满十八周岁的人犯罪的除外。

前款规定的期限,对于被假释的犯罪分子,从假释期满之日起计算。

第六十六条 危害国家安全犯罪、恐怖活动犯罪、黑社会性质的组织犯罪的犯罪分子,在刑罚执行完毕或者赦免以后,在任何时候再犯上述任一类罪的,都以累犯论处。

第三节 自首和立功

第六十七条 犯罪以后自动投案,如实供述自己的罪行的,是自首。对于自首的犯罪分子,可以从轻或者减轻处罚。其中,犯罪较轻的,可以免除处罚。

被采取强制措施的犯罪嫌疑人、被告人和正在服刑的罪犯,如实供述司法机关还未掌握的本人其他罪行的,以自首论。

犯罪嫌疑人虽不具有前两款规定的自首情节,但是如实供述自己罪行的,可以从轻处罚;因其如实供述自己罪行,避免特别严重后果发生的,可以减轻处罚。

第六十八条 犯罪分子有揭发他人犯罪行为,查证属实的,或者提供重要线索,从而得以侦破其他案件等立功表现的,可以从轻或者减轻处罚;有重大立功表现的,可以减轻或者免除处罚。

第四节 数罪并罚

第六十九条 判决宣告以前一人犯数罪的,除判处死刑和无期徒刑的以外,应当在总和刑期以下、数刑中最高刑期以上,酌情决定执行的刑期,但是管制最高不能超过三年,拘役最高不能超过一年,有期徒刑总和刑期不满三十五年的,最高不能超过二十年,总和刑期在三十五年以上的,最高不能超过二十五年。

数罪中有判处有期徒刑和拘役的,执行有期徒刑。数罪中有判处有期徒刑和管制,或者拘役和管制的,有期徒刑、拘役执行完毕后,管制仍须执行。

数罪中有判处附加刑的,附加刑仍须执行,其中附加刑种类相同的,合并执行,种类不同的,分别执行。

第七十条 判决宣告以后,刑罚执行完毕以前,发现被判刑的犯罪分子在判决宣告以前还有其他罪没有判决的,应当对新发现的罪作出判决,把前后两个判决所判处的刑罚,依照本法第六十九条的规定,决定执行的刑罚。已经执行的刑期,应当计算在新判决决定的刑期以内。

第七十一条 判决宣告以后,刑罚执行完毕以前,被判刑的犯罪分子又犯罪的,应当对新犯的罪作出判决,把前罪没有执行的刑罚和后罪所判处的刑罚,依照本法第六十九条的规定,决定执行的刑罚。

第五节 缓 刑

第七十二条 对于被判处拘役、三年以下有期徒刑的犯罪分子，同时符合下列条件的，可以宣告缓刑，对其中不满十八周岁的人、怀孕的妇女和已满七十五周岁的人，应当宣告缓刑：

（一）犯罪情节较轻；

（二）有悔罪表现；

（三）没有再犯罪的危险；

（四）宣告缓刑对所居住社区没有重大不良影响。

宣告缓刑，可以根据犯罪情况，同时禁止犯罪分子在缓刑考验期限内从事特定活动，进入特定区域、场所，接触特定的人。

被宣告缓刑的犯罪分子，如果被判处附加刑，附加刑仍须执行。

第七十三条 拘役的缓刑考验期限为原判刑期以上一年以下，但是不能少于二个月。

有期徒刑的缓刑考验期限为原判刑期以上五年以下，但是不能少于一年。

缓刑考验期限，从判决确定之日起计算。

第七十四条 对于累犯和犯罪集团的首要分子，不适用缓刑。

第七十五条 被宣告缓刑的犯罪分子，应当遵守下列规定：

（一）遵守法律、行政法规，服从监督；

（二）按照考察机关的规定报告自己的活动情况；

（三）遵守考察机关关于会客的规定；

（四）离开所居住的市、县或者迁居，应当报经考察机关批准。

第七十六条 对宣告缓刑的犯罪分子，在缓刑考验期限内，依法实行社区矫正，如果没有本法第七十七条规定的情形，缓刑考验期满，原判的刑罚就不再执行，并公开予以宣告。

第七十七条 被宣告缓刑的犯罪分子，在缓刑考验期限内犯新罪或者发现判决宣告以前还有其他罪没有判决的,应当撤销缓刑,对新犯的罪或者新发现的罪作出判决,把前罪和后罪所判处的刑罚,依照本法第六十九条的规定,决定执行的刑罚。

被宣告缓刑的犯罪分子,在缓刑考验期限内,违反法律、行政法规或者国务院有关部门关于缓刑的监督管理规定,或者违反人民法院判决中的禁止令,情节严重的,应当撤销缓刑,执行原判刑罚。

第六节 减 刑

第七十八条 被判处管制、拘役、有期徒刑、无期徒刑的犯罪分子,在执行期间,如果认真遵守监规,接受教育改造,确有悔改表现的,或者有立功表现的,可以减刑;有下列重大立功表现之一的,应当减刑:

(一)阻止他人重大犯罪活动的;
(二)检举监狱内外重大犯罪活动,经查证属实的;
(三)有发明创造或者重大技术革新的;
(四)在日常生产、生活中舍己救人的;
(五)在抗御自然灾害或者排除重大事故中,有突出表现的;
(六)对国家和社会有其他重大贡献的。

减刑以后实际执行的刑期不能少于下列期限:

(一)判处管制、拘役、有期徒刑的,不能少于原判刑期的二分之一;
(二)判处无期徒刑的,不能少于十三年;
(三)人民法院依照本法第五十条第二款规定限制减刑的死刑缓期执行的犯罪分子,缓期执行期满后依法减为无期徒刑的,不能少于二十五年,缓期执行期满后依法减为二十五年有期徒刑的,不能少于二十年。

第七十九条 对于犯罪分子的减刑,由执行机关向中级以上人民法院提出减刑建议书。人民法院应当组成合议庭进行审理,对确有悔改或者立功事实的,裁定予以减刑。非经法定程序不得减刑。

第八十条 无期徒刑减为有期徒刑的刑期,从裁定减刑之日起计算。

第七节 假 释

第八十一条① 被判处有期徒刑的犯罪分子，执行原判刑期二分之一以上，被判处无期徒刑的犯罪分子，实际执行十三年以上，如果认真遵守监规，接受教育改造，确有悔改表现，没有再犯罪的危险的，可以假释。如果有特殊情况，经最高人民法院核准，可以不受上述执行刑期的限制。

对累犯以及因故意杀人、强奸、抢劫、绑架、放火、爆炸、投放危险物质或者有组织的暴力性犯罪被判处十年以上有期徒刑、无期徒刑的犯罪分子，不得假释。

对犯罪分子决定假释时，应当考虑其假释后对所居住社区的影响。

第八十二条 对于犯罪分子的假释，依照本法第七十九条规定的程序进行。非经法定程序不得假释。

第八十三条 有期徒刑的假释考验期限，为没有执行完毕的刑期；无期徒刑的假释考验期限为十年。

假释考验期限，从假释之日起计算。

第八十四条 被宣告假释的犯罪分子，应当遵守下列规定：

（一）遵守法律、行政法规，服从监督；

（二）按照监督机关的规定报告自己的活动情况；

（三）遵守监督机关关于会客的规定；

（四）离开所居住的市、县或者迁居，应当报经监督机关批准。

第八十五条 对假释的犯罪分子，在假释考验期限内，依法实行社区矫正，如果没有本法第八十六条规定的情形，假释考验期满，就认为原判刑罚已经执行完毕，并公开予以宣告。

---

① 参见《最高人民法院关于办理减刑、假释案件具体应用法律的规定》第三条规定，"确有悔改表现"是指同时具备以下条件：（1）认罪悔罪；（2）遵守法律法规及监规，接受教育改造；（3）积极参加思想、文化、职业技术教育；（4）积极参加劳动，努力完成劳动任务。

第八十六条 被假释的犯罪分子，在假释考验期限内犯新罪，应当撤销假释，依照本法第七十一条的规定实行数罪并罚。

在假释考验期限内，发现被假释的犯罪分子在判决宣告以前还有其他罪没有判决的，应当撤销假释，依照本法第七十条的规定实行数罪并罚。

被假释的犯罪分子，在假释考验期限内，有违反法律、行政法规或者国务院有关部门关于假释的监督管理规定的行为，尚未构成新的犯罪的，应当依照法定程序撤销假释，收监执行未执行完毕的刑罚。

第八节 时 效

第八十七条 犯罪经过下列期限不再追诉：

（一）法定最高刑为不满五年有期徒刑的，经过五年；

（二）法定最高刑为五年以上不满十年有期徒刑的，经过十年；

（三）法定最高刑为十年以上有期徒刑的，经过十五年；

（四）法定最高刑为无期徒刑、死刑的，经过二十年。如果二十年以后认为必须追诉的，须报请最高人民检察院核准。

第八十八条 在人民检察院、公安机关、国家安全机关立案侦查或者在人民法院受理案件以后，逃避侦查或者审判的，不受追诉期限的限制。

被害人在追诉期限内提出控告，人民法院、人民检察院、公安机关应当立案而不予立案的，不受追诉期限的限制。

第八十九条 追诉期限从犯罪之日起计算；犯罪行为有连续或者继续状态的，从犯罪行为终了之日起计算。

在追诉期限以内又犯罪的，前罪追诉的期限从犯后罪之日起计算。

第五章 其他规定

第九十条 民族自治地方不能全部适用本法规定的，可以由自治区或者省的人民代表大会根据当地民族的政治、经济、文化的特点和本法规定的基本原则,制定变通或者补充的规定,报请全国人民代表大会常务委员会批准施行。

第九十一条　本法所称公共财产,是指下列财产:

(一)国有财产;

(二)劳动群众集体所有的财产;

(三)用于扶贫和其他公益事业的社会捐助或者专项基金的财产。

在国家机关、国有公司、企业、集体企业和人民团体管理、使用或者运输中的私人财产,以公共财产论。

第九十二条　本法所称公民私人所有的财产,是指下列财产:

(一)公民的合法收入、储蓄、房屋和其他生活资料;

(二)依法归个人、家庭所有的生产资料;

(三)个体户和私营企业的合法财产;

(四)依法归个人所有的股份、股票、债券和其他财产。

第九十三条　本法所称国家工作人员,是指国家机关中从事公务的人员。

国有公司、企业、事业单位、人民团体中从事公务的人员和国家机关、国有公司、企业、事业单位委派到非国有公司、企业、事业单位、社会团体从事公务的人员,以及其他依照法律从事公务的人员,以国家工作人员论。

第九十四条　本法所称司法工作人员,是指有侦查、检察、审判、监管职责的工作人员。

第九十五条　本法所称重伤,是指有下列情形之一的伤害:

(一)使人肢体残废或者毁人容貌的;

(二)使人丧失听觉、视觉或者其他器官机能的;

(三)其他对于人身健康有重大伤害的。

第九十六条　本法所称违反国家规定,是指违反全国人民代表大会及其常务委员会制定的法律和决定,国务院制定的行政法规、规定的行政措施、发布的决定和命令。

对走私、贩卖、运输、制造毒品集团的首要分子的刑罚
↑P25

第九十七条　本法所称首要分子，是指在犯罪集团或者聚众犯罪中起组织、策划、指挥作用的犯罪分子。

第九十八条　本法所称告诉才处理，是指被害人告诉才处理。如果被害人因受强制、威吓无法告诉的，人民检察院和被害人的近亲属也可以告诉。

第九十九条　本法所称以上、以下、以内，包括本数。

第一百条　依法受过刑事处罚的人，在入伍、就业的时候，应当如实向有关单位报告自己曾受过刑事处罚，不得隐瞒。

犯罪的时候不满十八周岁被判处五年有期徒刑以下刑罚的人，免除前款规定的报告义务。

第一百零一条　本法总则适用于其他有刑罚规定的法律，但是其他法律有特别规定的除外。

第二编　分　则①

第一百九十一条②　【洗钱罪】　为掩饰、隐瞒毒品犯罪、黑社会性质的组织犯罪、恐怖活动犯罪、走私犯罪、贪污贿赂犯罪、破坏金融管理秩序犯罪、金融诈骗犯罪的所得及其产生的收

《最高人民法院、最高人民检察院关于办理洗钱刑事案件适用法律若干问题的解释》
↑P128~130

《最高人民法院、最高人民检察院、公安部关于办理洗钱刑事案件若干问题的意见》
↑P130~137

《禁毒法》关于反洗钱行政主管部门职责的规定
↑P39

①因分则部分属于特别提示部分，与毒品犯罪密切相关，故加条款予以说明。
②1997年《刑法》前，我国没有关于洗钱罪的专门罪名，仅在毒品犯罪领域有所规定，1990年12月28日颁布的《全国人民代表大会常务委员会关于禁毒的决定》明确规定了"掩饰、隐瞒毒赃性质、来源罪"。1997年《刑法》借鉴了国际洗钱犯罪的规定，将洗钱罪的上游犯罪从毒品犯罪扩大到黑社会性质的组织犯罪、走私罪，规定单位也是洗钱犯罪的犯罪主体。《刑法修正案（三）》修改了《刑法》第一百九十一条，将恐怖主义犯罪列为洗钱犯罪的上游犯罪，并对单位犯洗钱罪增加了情节严重的规定，提高了单位犯罪的法定刑。《刑法修正案（六）》将贪污贿赂犯罪、破坏金融管理秩序犯罪、金融诈骗犯罪规定为《刑法》第一百九十一条洗钱罪的上游犯罪。2006年《反洗钱法》通过并实施，其中第二条规定："本法所称反洗钱，是指为了预防通过各种方式掩饰、隐瞒毒品犯罪、黑社会性质的组织犯罪、恐怖活动犯罪、走私犯罪、贪污贿赂犯罪、破坏金融管理秩序犯罪、金融诈骗犯罪等犯罪所得及其收益的来源和性质的洗钱活动，依照本法规定采取相关措施的行为。"根据这一规定，洗钱罪中上游犯罪的范围与《反洗钱法》规定保持了一致，实现了洗钱罪刑事立法与行政立法的衔接。《刑法修正案（十一）》对第一百九十一条的修改涉及六个方面内容：一是将"自洗钱"行为纳入洗钱罪处罚。删除了原"明知"的规定，不再将洗钱罪上游犯罪限定为他人实施的犯罪行为，直接修改为"为掩饰、隐瞒……"。二是对应"自洗钱"行为入罪，将各类行为中"协助"的表述删除。三是在第三项增加了"支付"方式。四是第四项内容由"协助将资金汇往国外"修改为"跨境转移资产"。五是完善了刑罚规定，将自然人犯罪中倍比罚金数额规定修改为抽象罚金数额规定。六是修改单位犯罪的刑罚，对直接负责的主管人员和其他直接责任人员所处的刑罚与自然人犯罪所处的刑罚保持一致，增加了关于罚金刑的规定。

益的来源和性质,有下列行为之一的,没收实施以上犯罪的所得及其产生的收益,处五年以下有期徒刑或者拘役,并处或者单处罚金;情节严重的,处五年以上十年以下有期徒刑,并处罚金:

(一)提供资金账户的;

(二)将财产转换为现金、金融票据、有价证券的;

(三)通过转帐或者其他支付结算方式转移资金的;

(四)跨境转移资产的;

(五)以其他方法掩饰、隐瞒犯罪所得及其收益的来源和性质的。

单位犯前款罪的,对单位判处罚金,并对其直接负责的主管人员和其他直接责任人员,依照前款的规定处罚。

第二百八十七条之一① 【非法利用信息网络罪】 利用信息网络实施下列行为之一,情节严重的,处三年以下有期徒刑或者拘役,并处或者单处罚金:

(一)设立用于实施诈骗、传授犯罪方法、制作或者销售违禁物品、管制物品等违法犯罪活动的网站、通讯群组的;

(二)发布有关制作或者销售毒品、枪支、淫秽物品等违禁物品、管制物品或者其他违法犯罪信息的;

(三)为实施诈骗等违法犯罪活动发布信息的。

单位犯前款罪的,对单位判处罚金,并对其直接负责的主管人员和其他直接责任人员,依照第一款的规定处罚。

有前两款行为,同时构成其他犯罪的,依照处罚较重的规定定罪处罚。

《最高人民法院关于审理毒品犯罪案件适用法律若干问题的解释》第十四条
↑$P_{60~61}$

网络涉毒犯罪的法律适用
↑$P_{403~404}$

---

① 根据《最高人民法院、最高人民检察院关于办理非法利用信息网络、帮助信息网络犯罪活动等刑事案件适用法律若干问题的解释》第九条的规定,利用信息网络提供信息的链接、截屏、二维码、访问账号密码及其他指引访问服务的,应当认定为"发布信息"。违法犯罪信息的发布途径不仅包括在网站、通讯群组中发布违法犯罪信息,还包括通过广播、电视等其他信息网络发布信息。《最高人民法院关于审理毒品犯罪案件适用法律若干问题的解释》第十四条规定,利用信息网络,设立用于实施传授制造毒品、非法生产制毒物品的方法,贩卖毒品,非法买卖制毒物品或者组织他人吸食、注射毒品等违法犯罪活动的网站、通讯群组,或者发布实施前述违法犯罪活动的信息,情节严重的,应当依照《刑法》第二百八十七条之一的规定,以非法利用信息网络罪定罪处罚。

第六章 妨害社会管理秩序罪

第七节 走私、贩卖、运输、制造毒品罪

第三百四十七条 【走私、贩卖、运输、制造毒品罪】① 走

---

① 特别提示

走私、贩卖、运输、制造毒品数量达下列标准（即数量较大），处七年以上有期徒刑，并处罚金（达到下列数量标准的起点，可在七年至八年有期徒刑幅度内确定量刑起点）

种类	鸦片	海洛因	甲基苯丙胺	可卡因	3,4-亚甲二氧基甲基苯丙胺（MDMA）等苯丙胺类毒品（甲基苯丙胺除外）	吗啡	芬太尼	甲卡西酮	二氢埃托啡
数量	≥200克 <1000克	≥10克 <50克	≥10克 <50克	≥10克 <50克	≥20克 <100克	≥20克 <100克	≥25克 <125克	≥40克 <200克	≥2毫克 <10毫克
种类	哌替啶（度冷丁）	氯胺酮	美沙酮	曲马多	γ-羟丁酸	大麻油	大麻脂	大麻叶及大麻烟	可待因
数量	≥50克 <250克	≥100克 <500克	≥200克 <1000克	≥400克 <2000克	≥400克 <2000克	≥1000克 <5000克	≥2000克 <10千克	≥30克 <150千克	≥1000克 <5000克
种类	丁丙诺啡	三唑仑	安眠酮	阿普唑仑	恰特草	咖啡因	罂粟壳	巴比妥	苯巴比妥
数量	≥1000克 <5000克	≥10千克 <50千克	≥10千克 <50千克	≥20千克 <100千克	≥20千克 <100千克	≥40千克 <200千克	≥40千克 <200千克	≥50千克 <250千克	≥50千克 <250千克
种类	安钠咖	尼美西泮	氯氮䓬	艾司唑仑	地西泮	溴西泮	上述毒品以外的其他毒品		
数量	≥50千克 <250千克	≥50千克 <250千克	≥100千克 <500千克	≥100千克 <500千克	≥100千克 <500千克	≥100千克 <500千克	数量较大		

走私、贩卖、运输、制造毒品，有下列情形之一的（含毒品数量大情形），处十五年有期徒刑、无期徒刑或者死刑，并处没收财产

种类	鸦片	海洛因	甲基苯丙胺	可卡因	3,4-亚甲二氧基甲基苯丙胺（MDMA）等苯丙胺类毒品（甲基苯丙胺除外）	吗啡	芬太尼	甲卡西酮	二氢埃托啡
数量	≥1000克	≥50克	≥50克	≥50克	≥100克	≥100克	≥125克	≥200克	≥10毫克

私、贩卖、运输、制造毒品，无论数量多少，都应当追究刑事责任，予以刑事处罚。

走私、贩卖、运输、制造毒品，有下列情形之一的，处十五年有期徒刑、无期徒刑或者死刑，并处没收财产：

（一）走私、贩卖、运输、制造鸦片一千克以上、海洛因或者甲基苯丙胺五十克以上或者其他毒品数量大的；

（二）走私、贩卖、运输、制造毒品集团的首要分子；

（三）武装掩护走私、贩卖、运输、制造毒品的；

（四）以暴力抗拒检查、拘留、逮捕，情节严重的；

（五）参与有组织的国际贩毒活动的。

走私、贩卖、运输、制造鸦片二百克以上不满一千克、海洛因或者甲基苯丙胺十克以上不满五十克或者其他毒品数量较大的，处七年以上有期徒刑，并处罚金。

走私、贩卖、运输、制造鸦片不满二百克、海洛因或者甲基

种类	哌替啶（度冷丁）	氯胺酮	美沙酮	曲马多	γ-羟丁酸	大麻油	大麻脂	大麻叶及大麻烟	可待因
数量	≥250克	≥500克	≥1000克	≥2000克	≥2000克	≥5000克	≥10千克	≥150千克	≥5000克
种类	丁丙诺啡	三唑仑	安眠酮	阿普唑仑	恰特草	咖啡因	罂粟壳	巴比妥	苯巴比妥
数量	≥5000克	≥50千克	≥50千克	≥100千克	≥100千克	≥200千克	≥200千克	≥250千克	≥250千克
种类	安钠咖	尼美西泮	氯氮䓬	艾司唑仑	地西泮	溴西泮	上述毒品以外的其他毒品	国家定点生产企业按照标准规格生产的麻醉药品或者精神药品被用于毒品犯罪的，根据药品中毒品成分的含量认定涉案毒品数量	
数量	≥250千克	≥250千克	≥500千克	≥500千克	≥500千克	≥500千克	数量大		
其他情形	走私、贩卖、运输、制造毒品集团的首要分子								
^	武装掩护走私、贩卖、运输、制造毒品	在实施走私、贩卖、运输、制造毒品犯罪的过程中，携带枪支、弹药或者爆炸物用于掩护的，应当认定为刑法第三百四十七条第二款第三项规定的"武装掩护走私、贩卖、运输、制造毒品"							
^	以暴力抗拒检查、拘留、逮捕，情节严重的	在实施走私、贩卖、运输、制造毒品犯罪的过程中，以暴力抗拒检查、拘留、逮捕，造成执法人员死亡、重伤、多人轻伤或者具有其他严重情节的，应当认定为刑法第三百四十七条第二款第四项规定的"以暴力抗拒检查、拘留、逮捕，情节严重"							
^	参与有组织的国际贩毒活动的									

苯丙胺不满十克或者其他少量毒品的,处三年以下有期徒刑、拘役或者管制,并处罚金;情节严重的,处三年以上七年以下有期徒刑,并处罚金。

单位犯第二款、第三款、第四款罪的,对单位判处罚金,并对其直接负责的主管人员和其他直接责任人员,依照各该款的规定处罚。

利用、教唆未成年人走私、贩卖、运输、制造毒品,或者向未成年人出售毒品的,从重处罚。

对多次走私、贩卖、运输、制造毒品,未经处理的,毒品数量累计计算。

第三百四十八条 【非法持有毒品罪】[①] 非法持有鸦片一千克以上、海洛因或者甲基苯丙胺五十克以上或者其他毒品数量大

---

①特别提示

非法持有毒品数量达下列标准(数量较大),处三年以下有期徒刑、拘役或者管制,并处罚金;情节严重的,处三年以上七年以下有期徒刑,并处罚金								
种类	鸦片	海洛因	甲基苯丙胺	可卡因	3,4-亚甲二氧基甲基苯丙胺(MDMA)等苯丙胺类毒品(甲基苯丙胺除外)	吗啡	芬太尼	甲卡西酮	二氢埃托啡
数量	≥200克<1000克	≥10克<50克	≥10克<50克	≥10克<50克	≥20克<100克	≥20克<100克	≥25克<125克	≥40克<200克	≥2毫克<10毫克
种类	哌替啶(度冷丁)	氯胺酮	美沙酮	曲马多	γ-羟丁酸	大麻油	大麻脂	大麻叶及大麻烟	可待因
数量	≥50克<250克	≥100克<500克	≥200克<1000克	≥400克<2000克	≥400克<2000克	≥1000克<5000克	≥2000克<10千克	≥30千克<150千克	≥1000克<5000克
种类	丁丙诺啡	三唑仑	安眠酮	阿普唑仑	恰特草	咖啡因	罂粟壳	巴比妥	苯巴比妥
数量	≥1000克<5000克	≥10千克<50千克	≥10千克<50千克	≥20千克<100千克	≥20千克<100千克	≥40千克<200千克	≥40千克<200千克	≥50千克<250千克	≥50千克<250千克
种类	安纳咖	尼美西泮	氯氮䓬	艾司唑仑	地西泮	溴西泮	上述毒品以外的其他毒品	
数量	≥50千克<250千克	≥50千克<250千克	≥100千克<500千克	≥100千克<500千克	≥100千克<500千克	≥100千克<500千克	数量较大	

的，处七年以上有期徒刑或者无期徒刑，并处罚金；非法持有鸦片二百克以上不满一千克、海洛因或者甲基苯丙胺十克以上不满五十克或者其他毒品数量较大的，处三年以下有期徒刑、拘役或者管制，并处罚金；情节严重的，处三年以上七年以下有期徒刑，并处罚金。

第三百四十九条　【包庇毒品犯罪分子罪】【窝藏、转移、隐瞒毒品、毒赃罪】　包庇走私、贩卖、运输、制造毒品的犯罪分子的，为犯罪分子窝藏、转移、隐瞒毒品或者犯罪所得的财物的，处三年以下有期徒刑、拘役或者管制；情节严重的，处三年以上十年以下有期徒刑。

缉毒人员或者其他国家机关工作人员掩护、包庇走私、贩卖、运输、制造毒品的犯罪分子的，依照前款的规定从重处罚。

犯前两款罪，事先通谋的，以走私、贩卖、运输、制造毒品

"情节严重"的认定 ↑ P55

"情节严重"的认定 ↑ P56

《禁毒法》的相关规定 ↑ P45

公安机关立案追诉标准 ↑ P114,115

"情节严重"的认定 ↑ P384~386

非法持有毒品数量达下列标准的（数量大），处七年以上有期徒刑或者无期徒刑，并处罚金									
种类	鸦片	海洛因	甲基苯丙胺	可卡因	3,4-亚甲二氧基甲基苯丙胺（MDMA）等苯丙胺类毒品（甲基苯丙胺除外）	吗啡	芬太尼	甲卡西酮	二氢埃托啡
数量	≥1000克	≥50克	≥50克	≥50克	≥100克	≥100克	≥125克	≥200克	≥10毫克
种类	哌替啶（度冷丁）	氯胺酮	美沙酮	曲马多	γ-羟丁酸	大麻油	大麻脂	大麻叶及大麻烟	可待因
数量	≥250克	≥500克	≥1000克	≥2000克	≥2000克	≥5000克	≥10千克	≥150千克	≥5000克
种类	丁丙诺啡	三唑仑	安眠酮	阿普唑仑	恰特草	咖啡因	罂粟壳	巴比妥	苯巴比妥
数量	≥5000克	≥50千克	≥50千克	≥100千克	≥100千克	≥200千克	≥200千克	≥250千克	≥250千克
种类	安钠咖	尼美西泮	氯氮䓬	艾司唑仑	地西泮	溴西泮	上述毒品以外的其他毒品	国家定点生产企业按照标准规格生产的麻醉药品或者精神药品被用于毒品犯罪的，根据药品中毒品成分的含量认定涉案毒品数量	
数量	≥250千克	≥250千克	≥500千克	≥500千克	≥500千克	≥500千克	数量大		

罪的共犯论处。

第三百五十条 【非法生产、买卖、运输制毒物品、走私制毒物品罪】 违反国家规定，非法生产、买卖、运输醋酸酐、乙醚、三氯甲烷或者其他用于制造毒品的原料、配剂，或者携带上述物品进出境，情节较重①的，处三年以下有期徒刑、拘役或者管

----

①特别提示

违反国家规定，非法生产、买卖、运输制毒物品、走私制毒物品，达到下列数量标准的，应当认定为刑法第三百五十条第一款规定的"情节较重"									
种类	麻黄碱（麻黄素）	伪麻黄碱（伪麻黄素）	消旋麻黄碱（消旋麻黄素）	1-苯基-2-丙酮	1-苯基-2-溴-1-丙酮	3,4-亚甲基二氧苯基-2-丙酮	羟亚胺	3-氧-2-苯基丁腈	邻氯苯基环戊酮
数量	≥1000克 <5000克	≥1000克 <5000克	≥1000克 <5000克	≥2千克 <10千克	≥2千克 <10千克	≥2千克 <10千克	≥2千克 <10千克	≥4千克 <20千克	≥4千克 <20千克
种类	去甲麻黄碱（去甲麻黄素）	甲基麻黄碱（甲基麻黄素）	醋酸酐	麻黄浸膏	麻黄浸膏粉	胡椒醛	黄樟素	黄樟油	异黄樟素
数量	≥4千克 <20千克	≥4千克 <20千克	≥10千克 <50千克	≥20千克 <100千克	≥20千克 <100千克	≥20千克 <100千克	≥20千克 <100千克	≥20千克 <100千克	≥20千克 <100千克
种类	麦角酸	麦角胺	麦角新碱	苯乙酸	N-乙酰邻氨基苯酸	邻氨基苯甲酸	三氯甲烷	乙醚	哌啶
数量	≥20千克 <100千克	≥20千克 <100千克	≥20千克 <100千克	≥20千克 <100千克	≥50千克 <250千克	≥50千克 <250千克	≥50千克 <250千克	≥50千克 <250千克	≥50千克 <250千克
种类	甲苯	丙酮	甲基乙基酮	高锰酸钾	硫酸	盐酸	其他制毒物品	—	
数量	≥100千克 <500千克	≥100千克 <500千克	≥100千克 <500千克	≥100千克 <500千克	≥100千克 <500千克	≥100千克 <500千克	数量相当		

非法生产、买卖、运输制毒物品、走私制毒物品，达到下列数量标准的，且具有下列情形之一的，应当认定为刑法第三百五十条第一款规定的"情节较重"									
种类	麻黄碱（麻黄素）	伪麻黄碱（伪麻黄素）	消旋麻黄碱（消旋麻黄素）	1-苯基-2-丙酮	1-苯基-2-溴-1-丙酮	3,4-亚甲基二氧苯基-2-丙酮	羟亚胺	3-氧-2-苯基丁腈	邻氯苯基环戊酮
数量	≥500克	≥500克	≥500克	≥1千克	≥1千克	≥1千克	≥1千克	≥2千克	≥2千克
种类	去甲麻黄碱（去甲麻黄素）	甲基麻黄碱（甲基麻黄素）	醋酸酐	麻黄浸膏	麻黄浸膏粉	胡椒醛	黄樟素	黄樟油	异黄樟素
数量	≥2千克	≥2千克	≥5千克	≥10千克	≥10千克	≥10千克	≥10千克	≥10千克	≥10千克
种类	麦角酸	麦角胺	麦角新碱	苯乙酸	N-乙酰邻氨基苯酸	邻氨基苯甲酸	三氯甲烷	乙醚	哌啶
数量	≥10千克	≥10千克	≥10千克	≥10千克	≥25千克	≥25千克	≥25千克	≥25千克	≥25千克
种类	甲苯	丙酮	甲基乙基酮	高锰酸钾	硫酸	盐酸	其他制毒物品		

制，并处罚金；情节严重①的，处三年以上七年以下有期徒刑，并

数量	≥50千克	≥50千克	≥50千克	≥50千克	≥50千克	≥50千克	数量相当		
情形	曾因非法生产、买卖、运输制毒物品、走私制毒物品受过刑事处罚的									
	二年内曾因非法生产、买卖、运输制毒物品、走私制毒物品受过行政处罚的									
	一次组织五人以上或者多次非法生产、买卖、运输制毒物品，或者在多个地点非法生产制毒物品的									
	利用、教唆未成年人非法生产、买卖、运输制毒物品、走私制毒物品的									
	国家工作人员非法生产、买卖、运输制毒物品、走私制毒物品的									
	严重影响群众正常生产、生活秩序的									
	其他情节较重的情形									

①特别提示
违反国家规定，非法生产、买卖、运输制毒物品、走私制毒物品，具有下列情形之一的，应当认定为《刑法》第三百五十条第一款规定的"情节严重"：

	情形一：制毒物品数量达以下标准								
种类	麻黄碱（麻黄素）	伪麻黄碱（伪麻黄素）	消旋麻黄碱（消旋麻黄素）	1-苯基-2-丙酮	1-苯基-2-溴-1-丙酮	3,4-亚甲基二氧苯基-2-丙酮	羟亚胺	3-氧-2-苯基丁腈	邻氯苯基环戊酮
数量	≥5千克<25千克	≥5千克<25千克	≥5千克<25千克	≥10千克<50千克	≥10千克<50千克	≥10千克<50千克	≥10千克<50千克	≥20千克<100千克	≥20千克<100千克
种类	去甲麻黄碱（去甲麻黄素）	甲基麻黄碱（甲基麻黄素）	醋酸酐	麻黄浸膏	麻黄浸膏粉	胡椒醛	黄樟素	黄樟油	异黄樟素
数量	≥20千克<100千克	≥20千克<100千克	≥50千克<250千克	≥100千克<500千克	≥100千克<500千克	≥100千克<500千克	≥100千克<500千克	≥100千克<500千克	≥100千克<500千克
种类	麦角酸	麦角胺	麦角新碱	苯乙酸	N-乙酰邻氨基苯酸	邻氨基苯甲酸	三氯甲烷	乙醚	哌啶
数量	≥100千克<500千克	≥100千克<500千克	≥100千克<500千克	≥100千克<500千克	≥250千克<1250千克	≥250千克<1250千克	≥250千克<1250千克	≥250千克<1250千克	≥250千克<1250千克
种类	甲苯	丙酮	甲基乙基酮	高锰酸钾	硫酸	盐酸	其他制毒物品		
数量	≥500千克<2500千克	≥500千克<2500千克	≥500千克<2500千克	≥500千克<2500千克	≥500千克<2500千克	≥500千克<2500千克	数量相当		

《最高人民法院关于审理毒品犯罪案件适用法律若干问题的解释》相关规定
↑P57~58

"情节严重"的认定
↑P389

处罚金；情节特别严重①的，处七年以上有期徒刑，并处罚金或者没收财产。

《最高人民法院关于审理毒品犯罪案件适用法律若干问题的解释》相关规定 ↑P58

"情节特别严重"的认定 ↑P389

《刑法》第五十九条 ↑P14

	情形二：制毒物品数量达以下标准，且具有下列情形之一的							
种类	麻黄碱（麻黄素）	伪麻黄碱（伪麻黄素）	消旋麻黄碱（消旋麻黄素）	1-苯基-2-丙酮	1-苯基-2-溴-1-丙酮	3,4-亚甲基二氧基-2-丙酮	羟亚胺	3-氧-2-苯基丁腈	邻氯苯基环戊酮
数量	≥1000克<5000克	≥1000克<5000克	≥1000克<5000克	≥2千克<10千克	≥2千克<10千克	≥2千克<10千克	≥2千克<10千克	≥4千克<20千克	≥4千克<20千克
种类	去甲麻黄碱（去甲麻黄素）	甲基麻黄碱（甲基麻黄素）	醋酸酐	麻黄浸膏	麻黄浸膏粉	胡椒醛	黄樟素	黄樟油	异黄樟素
数量	≥4千克<20千克	≥4千克<20千克	≥10千克<50千克	≥20千克<100千克	≥20千克<100千克	≥20千克<100千克	≥20千克<100千克	≥20千克<100千克	≥20千克<100千克
种类	麦角酸	麦角胺	麦角新碱	苯乙酸	N-乙酰邻氨基苯甲酸	邻氨基苯甲酸	三氯甲烷	乙醚	哌啶
数量	≥20千克<100千克	≥20千克<100千克	≥20千克<100千克	≥20千克<100千克	≥50千克<250千克	≥50千克<250千克	≥50千克<250千克	≥50千克<250千克	≥50千克<250千克
种类	甲苯	丙酮	甲基乙基酮	高锰酸钾	硫酸	盐酸	其他制毒物品		
数量	≥100千克<500千克	≥100千克<500千克	≥100千克<500千克	≥100千克<500千克	≥100千克<500千克	≥100千克<500千克	数量相当		
情形	一次组织五人以上或者多次非法生产、买卖、运输制毒物品，走私制毒物品，或者在多个地点非法生产制毒物品的								
	利用、教唆未成年人非法生产、买卖、运输制毒物品，走私制毒物品的								
	国家工作人员非法生产、买卖、运输制毒物品，走私制毒物品的								
	严重影响群众正常生产、生活秩序的								
情形三：其他情节严重的情形								

① 违反国家规定，非法生产、买卖、运输制毒物品，走私制毒物品，具有下列情形之一的，应当认定为《刑法》第三百五十条第一款规定的"情节特别严重"

	情形一：制毒物品数量达以下标准								
种类	麻黄碱（麻黄素）	伪麻黄碱（伪麻黄素）	消旋麻黄碱（消旋麻黄素）	1-苯基-2-丙酮	1-苯基-2-溴-1-丙酮	3,4-亚甲基二氧基-2-丙酮	羟亚胺	3-氧-2-苯基丁腈	邻氯苯基环戊酮
数量	≥25千克	≥25千克	≥25千克	≥50千克	≥50千克	≥50千克	≥50千克	≥100千克	≥100千克

明知他人制造毒品而为其生产、买卖、运输前款规定的物品的，以制造毒品罪的共犯论处。

单位犯前两款罪的，对单位判处罚金，并对其直接负责的主管人员和其他直接责任人员，依照前两款的规定处罚。

种类	去甲麻黄碱（去甲麻黄素）	甲基麻黄碱（甲基麻黄素）	醋酸酐	麻黄浸膏	麻黄浸膏粉	胡椒醛	黄樟素	黄樟油	异黄樟素
数量	≥100千克	≥100千克	≥250千克	≥500千克	≥500千克	≥500千克	≥500千克	≥500千克	≥500千克
种类	麦角酸	麦角胺	麦角新碱	苯乙酸	N-乙酰邻氨基苯酸	邻氨基苯甲酸	三氯甲烷	乙醚	哌啶
数量	≥500千克	≥500千克	≥500千克	≥500千克	≥1250千克	≥1250千克	≥1250千克	≥1250千克	≥1250千克
种类	甲苯	丙酮	甲基乙基酮	高锰酸钾	硫酸	盐酸	其他制毒物品		
数量	≥2500千克	≥2500千克	≥2500千克	≥2500千克	≥2500千克	≥2500千克	数量相当		
情形二：制毒物品数量达以下标准，且具有下列情形之一的									
种类	麻黄碱（麻黄素）	伪麻黄碱（伪麻黄素）	消旋麻黄碱（消旋麻黄素）	1-苯基-2-丙酮	1-苯基-2-溴-1-丙酮	3,4-亚甲二氧基苯-2-丙酮	羟亚胺	3-氧-2-苯基丁腈	邻氯苯基环戊酮
数量	≥5千克<25千克	≥5千克<25千克	≥5千克<25千克	≥10千克<50千克	≥10千克<50千克	≥10千克<50千克	≥20千克<100千克	≥20千克<100千克	≥20千克<100千克
种类	去甲麻黄碱（去甲麻黄素）	甲基麻黄碱（甲基麻黄素）	醋酸酐	麻黄浸膏	麻黄浸膏粉	胡椒醛	黄樟素	黄樟油	异黄樟素
数量	≥20千克<100千克	≥20千克<100千克	≥50千克<250千克	≥100千克<500千克	≥100千克<500千克	≥100千克<500千克	≥100千克<500千克	≥100千克<500千克	≥100千克<500千克
种类	麦角酸	麦角胺	麦角新碱	苯乙酸	N-乙酰邻氨基苯酸	邻氨基苯甲酸	三氯甲烷	乙醚	哌啶
数量	≥100千克<500千克	≥100千克<500千克	≥100千克<500千克	≥100千克<500千克	≥250千克<1250千克	≥250千克<1250千克	≥250千克<1250千克	≥250千克<1250千克	≥250千克<1250千克
种类	甲苯	丙酮	甲基乙基酮	高锰酸钾	硫酸	盐酸	其他制毒物品		
数量	≥500千克<2500千克	≥500千克<2500千克	≥500千克<2500千克	≥500千克<2500千克	≥500千克<2500千克	≥500千克<2500千克	数量相当		
情形	一次组织五人以上或者多次非法生产、买卖、运输制毒物品、走私制毒物品，或者在多个地点非法生产制毒物品的								
	利用、教唆未成年人非法生产、买卖、运输制毒物品、走私制毒物品的								
	国家工作人员非法生产、买卖、运输制毒物品、走私制毒物品的								
	严重影响群众正常生产、生活秩序的								
情形三：其他情节特别严重的情形									

第三百五十一条 【非法种植毒品原植物罪】 非法种植罂粟、大麻等毒品原植物的,一律强制铲除。有下列情形之一的,处五年以下有期徒刑、拘役或者管制,并处罚金:

(一) 种植罂粟五百株以上不满三千株或者其他毒品原植物数量较大①的;

(二) 经公安机关处理后又种植的;

(三) 抗拒铲除的。

非法种植罂粟三千株以上或者其他毒品原植物数量大②的,处五年以上有期徒刑,并处罚金或者没收财产。

非法种植罂粟或者其他毒品原植物,在收获前自动铲除的,可以免除处罚。

第三百五十二条 【非法买卖、运输、携带、持有毒品原植物种子、幼苗罪】 非法买卖、运输、携带、持有未经灭活的罂粟等毒品原植物种子或者幼苗,数量较大①的,处三年以下有期徒刑、拘役或者管制,并处或者单处罚金。

第三百五十三条 【引诱、教唆、欺骗他人吸毒罪】 引诱、教唆、欺骗他人吸食、注射毒品的,处三年以下有期徒刑、拘役或者管制,并处罚金;情节严重的,处三年以上七年以下有期徒刑,并处罚金。

【强迫他人吸毒罪】 强迫他人吸食、注射毒品的,处三年以上十年以下有期徒刑,并处罚金。

引诱、教唆、欺骗或者强迫未成年人吸食、注射毒品的,从重处罚。

---

①特别提示

非法种植	大麻	罂粟	其他毒品原植物
数量较大	≥5000 株 <30000 株	≥2000 平方米 <12000 平方米,尚未出苗	≥200 平方米 <1200 平方米,尚未出苗	数量较大
数量大	≥30000 株	≥12000 平方米,尚未出苗	≥1200 平方米,尚未出苗	数量大

第三百五十四条 【容留他人吸毒罪】 容留他人吸食、注射毒品的，处三年以下有期徒刑、拘役或者管制，并处罚金。

第三百五十五条 【非法提供麻醉药品、精神药品罪】② 依法从事生产、运输、管理、使用国家管制的麻醉药品、精神药品的人员，违反国家规定，向吸食、注射毒品的人提供国家规定管制的能够使人形成瘾癖的麻醉药品、精神药品的，处三年以下有期徒刑或者拘役，并处罚金；情节严重的，处三年以上七年以下有期徒刑，并处罚金。向走私、贩卖毒品的犯罪分子或者以牟利为目的，向吸食、注射毒品的人提供国家规定管制的能够使人形成瘾癖的麻醉药品、精神药品的，依照本法第三百四十七条的规定定罪处罚。

单位犯前款罪的，对单位判处罚金，并对其直接负责的主管人员和其他直接责任人员，依照前款的规定处罚。

———

①

种类	罂粟种子	罂粟幼苗	大麻种子	大麻幼苗	其他毒品原植物种子或者幼苗
数量	≥50克	≥5000株	≥50千克	≥50000株	数量较大

②特别提示

非法提供麻醉药品、精神药品达到下列标准的，以非法提供麻醉药品、精神药品罪定罪处罚

种类	鸦片	海洛因	甲基苯丙胺	可卡因	3,4-亚甲二氧基甲基苯丙胺（MDMA）等苯丙胺类毒品（甲基苯丙胺除外）	吗啡	芬太尼	甲卡西酮	二氢埃托啡
立案标准	≥100克<200克	≥5克<10克	≥5克<10克	≥5克<10克	≥10克<20克	≥10克<20克	≥12.5克<25克	≥20克<40克	≥1毫克<2毫克
种类	哌替啶（度冷丁）	氯胺酮	美沙酮	曲马多	γ-羟丁酸	大麻油	大麻脂	大麻叶及大麻烟	可待因
立案标准	≥25克<50克	≥50克<100克	≥100克<200克	≥200克<400克	≥200克<400克	≥500克<1000克	≥1000克<2000克	≥15克<30克	≥500克<1000克
种类	丁丙诺啡	三唑仑	安眠酮	阿普唑仑	恰特草	咖啡因	罂粟壳	巴比妥	苯巴比妥
立案标准	≥500克<1000克	≥5千克<10千克	≥5千克<10千克	≥10千克<20千克	≥10千克<20千克	≥20千克<40千克	≥20千克<40千克	≥25千克<50千克	≥25千克<50千克
种类	安钠咖	尼美西泮	氯氮䓬	艾司唑仑	地西泮	溴西泮	其他		
立案标准	≥25千克<50千克	≥25千克<50千克	≥50千克<100千克	≥50千克<100千克	≥50千克<100千克	≥50千克<100千克	数量相当		

第三百五十五条之一① 【妨害兴奋剂管理罪】 引诱、教唆、欺骗运动员使用兴奋剂参加国内、国际重大体育竞赛，或者明知运动员参加上述竞赛而向其提供兴奋剂，情节严重的，处三年以下有期徒刑或者拘役，并处罚金。

组织、强迫运动员使用兴奋剂参加国内、国际重大体育竞赛的，依照前款的规定从重处罚。

第三百五十六条 【毒品犯罪的再犯】 因走私、贩卖、运输、制造、非法持有毒品罪被判过刑，又犯本节规定之罪的，从重处罚。

第三百五十七条 【毒品的含义及毒品数量的计算】 本法所称的毒品，是指鸦片、海洛因、甲基苯丙胺（冰毒）、吗啡、大麻、可卡因以及国家规定管制的其他能够使人形成瘾癖的麻醉药品和精神药品。

毒品的数量以查证属实的走私、贩卖、运输、制造、非法持有毒品的数量计算，不以纯度折算。

---

① 根据国家体育总局《体育运动中兴奋剂管制通则》的规定，"运动员"是指体育社会团体注册运动员，以及参加政府举办、授权举办或资助的体育比赛或赛事的运动员。"兴奋剂"是指兴奋剂目录所列的禁用物质等，具体包括蛋白同化制剂、肽类激素、有关麻醉药品和刺激剂等。兴奋剂目录由国务院体育主管部门会同国务院食品药品监督管理部门、国务院卫生主管部门、国务院商务主管部门和海关总署制定、调整并公布。国务院体育主管部门负责制定兴奋剂检测规则和兴奋剂检测计划并组织实施。"国内、国际重大体育竞赛"是指《体育法》第二十六条规定的重大体育竞赛，如奥运会、亚运会、单项世界锦标赛等，具体范围由国务院体育主管部门确定。

中华人民共和国禁毒法

(2007年12月29日第十届全国人民代表大会常务委员会第三十一次会议通过 2007年12月29日中华人民共和国主席令第七十九号公布 自2008年6月1日起施行)

目 录

第一章 总 则

第二章 禁毒宣传教育

第三章 毒品管制

第四章 戒毒措施

第五章 禁毒国际合作

第六章 法律责任

第七章 附 则

第一章 总 则

第一条 为了预防和惩治毒品违法犯罪行为,保护公民身心健康,维护社会秩序,制定本法。

第二条 本法所称毒品,是指鸦片、海洛因、甲基苯丙胺(冰毒)、吗啡、大麻、可卡因,以及国家规定管制的其他能够使人形成瘾癖的麻醉药品和精神药品。

根据医疗、教学、科研的需要,依法可以生产、经营、使用、储存、运输麻醉药品和精神药品。

第三条 禁毒是全社会的共同责任。国家机关、社会团体、企业事业单位以及其他组织和公民,应当依照本法和有关法律的规定,履行禁毒职责或者义务。

第四条 禁毒工作实行预防为主,综合治理,禁种、禁制、禁贩、禁吸并举的方针。

禁毒工作实行政府统一领导,有关部门各负其责,社会广泛参与的工作机制。

第五条 国务院设立国家禁毒委员会,负责组织、协调、指导全国的禁毒工作。

县级以上地方各级人民政府根据禁毒工作的需要,可以设立禁毒委员会,负责组织、协调、指导本行政区域内的禁毒工作。

第六条 县级以上各级人民政府应当将禁毒工作纳入国民经济和社会发展规划,并将禁毒经费列入本级财政预算。

第七条 国家鼓励对禁毒工作的社会捐赠,并依法给予税收优惠。

第八条 国家鼓励开展禁毒科学技术研究,推广先进的缉毒技术、装备和戒毒方法。

第九条 国家鼓励公民举报毒品违法犯罪行为。各级人民政府和有关部门应当对举报人予以保护,对举报有功人员以及在禁毒工作中有突出贡献的单位和个人,给予表彰和奖励。

第十条 国家鼓励志愿人员参与禁毒宣传教育和戒毒社会服务工作。地方各级人民政府应当对志愿人员进行指导、培训,并提供必要的工作条件。

第二章 禁毒宣传教育

第十一条 国家采取各种形式开展全民禁毒宣传教育,普及毒品预防知识,增强公民的禁毒意识,提高公民自觉抵制毒品的能力。

国家鼓励公民、组织开展公益性的禁毒宣传活动。

第十二条 各级人民政府应当经常组织开展多种形式的禁毒宣传教育。

工会、共产主义青年团、妇女联合会应当结合各自工作对象的特点,组织开展禁毒宣传教育。

第十三条 教育行政部门、学校应当将禁毒知识纳入教育、教学内容，对学生进行禁毒宣传教育。公安机关、司法行政部门和卫生行政部门应当予以协助。

第十四条 新闻、出版、文化、广播、电影、电视等有关单位，应当有针对性地面向社会进行禁毒宣传教育。

第十五条 飞机场、火车站、长途汽车站、码头以及旅店、娱乐场所等公共场所的经营者、管理者，负责本场所的禁毒宣传教育，落实禁毒防范措施，预防毒品违法犯罪行为在本场所内发生。

《娱乐场所管理条例》相关规定
↑P269

第十六条 国家机关、社会团体、企业事业单位以及其他组织，应当加强对本单位人员的禁毒宣传教育。

第十七条 居民委员会、村民委员会应当协助人民政府以及公安机关等部门，加强禁毒宣传教育，落实禁毒防范措施。

第十八条 未成年人的父母或者其他监护人应当对未成年人进行毒品危害的教育，防止其吸食、注射毒品或者进行其他毒品违法犯罪活动。

第三章 毒品管制

第十九条 国家对麻醉药品药用原植物种植实行管制。禁止非法种植罂粟、古柯植物、大麻植物以及国家规定管制的可以用于提炼加工毒品的其他原植物。禁止走私或者非法买卖、运输、携带、持有未经灭活的毒品原植物种子或者幼苗。

地方各级人民政府发现非法种植毒品原植物的，应当立即采取措施予以制止、铲除。村民委员会、居民委员会发现非法种植毒品原植物的，应当及时予以制止、铲除，并向当地公安机关报告。

《刑法》第三百五十一条
↑P32

《海关法》第八十二条
↑P49~50

第二十条 国家确定的麻醉药品药用原植物种植企业，必须按照国家有关规定种植麻醉药品药用原植物。

国家确定的麻醉药品药用原植物种植企业的提取加工场所，以及国家设立的麻醉药品储存仓库，列为国家重点警戒目标。

未经许可,擅自进入国家确定的麻醉药品药用原植物种植企业的提取加工场所或者国家设立的麻醉药品储存仓库等警戒区域的,由警戒人员责令其立即离开;拒不离开的,强行带离现场。

第二十一条 国家对麻醉药品和精神药品实行管制,对麻醉药品和精神药品的实验研究、生产、经营、使用、储存、运输实行许可和查验制度。

国家对易制毒化学品的生产、经营、购买、运输实行许可制度。

禁止非法生产、买卖、运输、储存、提供、持有、使用麻醉药品、精神药品和易制毒化学品。

第二十二条 国家对麻醉药品、精神药品和易制毒化学品的进口、出口实行许可制度。国务院有关部门应当按照规定的职责,对进口、出口麻醉药品、精神药品和易制毒化学品依法进行管理。禁止走私麻醉药品、精神药品和易制毒化学品。

第二十三条 发生麻醉药品、精神药品和易制毒化学品被盗、被抢、丢失或者其他流入非法渠道的情形,案发单位应当立即采取必要的控制措施,并立即向公安机关报告,同时依照规定向有关主管部门报告。

公安机关接到报告后,或者有证据证明麻醉药品、精神药品和易制毒化学品可能流入非法渠道的,应当及时开展调查,并可以对相关单位采取必要的控制措施。药品监督管理部门、卫生行政部门以及其他有关部门应当配合公安机关开展工作。

第二十四条 禁止非法传授麻醉药品、精神药品和易制毒化学品的制造方法。公安机关接到举报或者发现非法传授麻醉药品、精神药品和易制毒化学品制造方法的,应当及时依法查处。

第二十五条 麻醉药品、精神药品和易制毒化学品管理的具体办法,由国务院规定。

第二十六条 公安机关根据查缉毒品的需要,可以在边境地区、交通要道、口岸以及飞机场、火车站、长途汽车站、码头对来往人员、物品、货物以及交通工具进行毒品和易制毒化学品检查，民航、铁路、交通部门应当予以配合。

海关应当依法加强对进出口岸的人员、物品、货物和运输工具的检查，防止走私毒品和易制毒化学品。

邮政企业应当依法加强对邮件的检查，防止邮寄毒品和非法邮寄易制毒化学品。

第二十七条 娱乐场所应当建立巡查制度，发现娱乐场所内有毒品违法犯罪活动的，应当立即向公安机关报告。

第二十八条 对依法查获的毒品，吸食、注射毒品的用具，毒品违法犯罪的非法所得及其收益，以及直接用于实施毒品违法犯罪行为的本人所有的工具、设备、资金，应当收缴，依照规定处理。

第二十九条 反洗钱行政主管部门应当依法加强对可疑毒品犯罪资金的监测。反洗钱行政主管部门和其他依法负有反洗钱监督管理职责的部门、机构发现涉嫌毒品犯罪的资金流动情况，应当及时向侦查机关报告，并配合侦查机关做好侦查、调查工作。

第三十条 国家建立健全毒品监测和禁毒信息系统，开展毒品监测和禁毒信息的收集、分析、使用、交流工作。

第四章 戒毒措施

第三十一条 国家采取各种措施帮助吸毒人员戒除毒瘾，教育和挽救吸毒人员。

吸毒成瘾人员应当进行戒毒治疗。

吸毒成瘾的认定办法，由国务院卫生行政部门、药品监督管理部门、公安部门规定。

第三十二条 公安机关可以对涉嫌吸毒的人员进行必要的检测，被检测人员应当予以配合；对拒绝接受检测的，经县级以上人民政府公安机关或者其派出机构负责人批准，可以强制检测。

公安机关应当对吸毒人员进行登记。

第三十三条 对吸毒成瘾人员，公安机关可以责令其接受社区戒毒，同时通知吸毒人员户籍所在地或者现居住地的城市街道办事处、乡镇人民政府。社区戒毒的期限为三年。

戒毒人员应当在户籍所在地接受社区戒毒；在户籍所在地以外的现居住地有固定住所的，可以在现居住地接受社区戒毒。

第三十四条 城市街道办事处、乡镇人民政府负责社区戒毒工作。城市街道办事处、乡镇人民政府可以指定有关基层组织，根据戒毒人员本人和家庭情况，与戒毒人员签订社区戒毒协议，落实有针对性的社区戒毒措施。公安机关和司法行政、卫生行政、民政等部门应当对社区戒毒工作提供指导和协助。

城市街道办事处、乡镇人民政府，以及县级人民政府劳动行政部门对无职业且缺乏就业能力的戒毒人员，应当提供必要的职业技能培训、就业指导和就业援助。

第三十五条 接受社区戒毒的戒毒人员应当遵守法律、法规，自觉履行社区戒毒协议，并根据公安机关的要求，定期接受检测。

对违反社区戒毒协议的戒毒人员，参与社区戒毒的工作人员应当进行批评、教育；对严重违反社区戒毒协议或者在社区戒毒期间又吸食、注射毒品的，应当及时向公安机关报告。

第三十六条 吸毒人员可以自行到具有戒毒治疗资质的医疗机构接受戒毒治疗。

设置戒毒医疗机构或者医疗机构从事戒毒治疗业务的，应当符合国务院卫生行政部门规定的条件，报所在地的省、自治区、直辖市人民政府卫生行政部门批准，并报同级公安机关备案。戒毒治疗应当遵守国务院卫生行政部门制定的戒毒治疗规范，接受卫生行政部门的监督检查。

戒毒治疗不得以营利为目的。戒毒治疗的药品、医疗器械和治疗方法不得做广告。戒毒治疗收取费用的，应当按照省、自治区、直辖市人民政府价格主管部门会同卫生行政部门制定的收费标准执行。

第三十七条 医疗机构根据戒毒治疗的需要，可以对接受戒毒治疗的戒毒人员进行身体和所携带物品的检查；对在治疗期间有人身危险的，可以采取必要的临时保护性约束措施。

发现接受戒毒治疗的戒毒人员在治疗期间吸食、注射毒品的，医疗机构应当及时向公安机关报告。

第三十八条　吸毒成瘾人员有下列情形之一的，由县级以上人民政府公安机关作出强制隔离戒毒的决定：

（一）拒绝接受社区戒毒的；

（二）在社区戒毒期间吸食、注射毒品的；

（三）严重违反社区戒毒协议的；

（四）经社区戒毒、强制隔离戒毒后再次吸食、注射毒品的。

对于吸毒成瘾严重，通过社区戒毒难以戒除毒瘾的人员，公安机关可以直接作出强制隔离戒毒的决定。

吸毒成瘾人员自愿接受强制隔离戒毒的，经公安机关同意，可以进入强制隔离戒毒场所戒毒。

第三十九条　怀孕或者正在哺乳自己不满一周岁婴儿的妇女吸毒成瘾的，不适用强制隔离戒毒。不满十六周岁的未成年人吸毒成瘾的，可以不适用强制隔离戒毒。

对依照前款规定不适用强制隔离戒毒的吸毒成瘾人员，依照本法规定进行社区戒毒，由负责社区戒毒工作的城市街道办事处、乡镇人民政府加强帮助、教育和监督，督促落实社区戒毒措施。

第四十条　公安机关对吸毒成瘾人员决定予以强制隔离戒毒的，应当制作强制隔离戒毒决定书，在执行强制隔离戒毒前送达被决定人，并在送达后二十四小时以内通知被决定人的家属、所在单位和户籍所在地公安派出所；被决定人不讲真实姓名、住址，身份不明的，公安机关应当自查清其身份后通知。

被决定人对公安机关作出的强制隔离戒毒决定不服的，可以依法申请行政复议或者提起行政诉讼。

第四十一条　对被决定予以强制隔离戒毒的人员，由作出决定的公安机关送强制隔离戒毒场所执行。

强制隔离戒毒场所的设置、管理体制和经费保障，由国务院规定。

第四十二条 戒毒人员进入强制隔离戒毒场所戒毒时，应当接受对其身体和所携带物品的检查。

第四十三条 强制隔离戒毒场所应当根据戒毒人员吸食、注射毒品的种类及成瘾程度等，对戒毒人员进行有针对性的生理、心理治疗和身体康复训练。

根据戒毒的需要，强制隔离戒毒场所可以组织戒毒人员参加必要的生产劳动，对戒毒人员进行职业技能培训。组织戒毒人员参加生产劳动的，应当支付劳动报酬。

第四十四条 强制隔离戒毒场所应当根据戒毒人员的性别、年龄、患病等情况，对戒毒人员实行分别管理。

强制隔离戒毒场所对有严重残疾或者疾病的戒毒人员，应当给予必要的看护和治疗；对患有传染病的戒毒人员，应当依法采取必要的隔离、治疗措施；对可能发生自伤、自残等情形的戒毒人员，可以采取相应的保护性约束措施。

强制隔离戒毒场所管理人员不得体罚、虐待或者侮辱戒毒人员。

第四十五条 强制隔离戒毒场所应当根据戒毒治疗的需要配备执业医师。强制隔离戒毒场所的执业医师具有麻醉药品和精神药品处方权的，可以按照有关技术规范对戒毒人员使用麻醉药品、精神药品。

卫生行政部门应当加强对强制隔离戒毒场所执业医师的业务指导和监督管理。

第四十六条 戒毒人员的亲属和所在单位或者就读学校的工作人员，可以按照有关规定探访戒毒人员。戒毒人员经强制隔离戒毒场所批准，可以外出探视配偶、直系亲属。

强制隔离戒毒场所管理人员应当对强制隔离戒毒场所以外的人员交给戒毒人员的物品和邮件进行检查，防止夹带毒品。在检查邮件时，应当依法保护戒毒人员的通信自由和通信秘密。

第四十七条 强制隔离戒毒的期限为二年。

执行强制隔离戒毒一年后，经诊断评估，对于戒毒情况良好的戒毒人员，强制隔离戒毒场所可以提出提前解除强制隔离戒毒的意见，报强制隔离戒毒的决定机关批准。

强制隔离戒毒期满前，经诊断评估，对于需要延长戒毒期限的戒毒人员，由强制隔离戒毒场所提出延长戒毒期限的意见，报强制隔离戒毒的决定机关批准。强制隔离戒毒的期限最长可以延长一年。

第四十八条 对于被解除强制隔离戒毒的人员，强制隔离戒毒的决定机关可以责令其接受不超过三年的社区康复。

社区康复参照本法关于社区戒毒的规定实施。

第四十九条 县级以上地方各级人民政府根据戒毒工作的需要，可以开办戒毒康复场所；对社会力量依法开办的公益性戒毒康复场所应当给予扶持，提供必要的便利和帮助。

戒毒人员可以自愿在戒毒康复场所生活、劳动。戒毒康复场所组织戒毒人员参加生产劳动的，应当参照国家劳动用工制度的规定支付劳动报酬。

第五十条 公安机关、司法行政部门对被依法拘留、逮捕、收监执行刑罚以及被依法采取强制性教育措施的吸毒人员，应当给予必要的戒毒治疗。

第五十一条 省、自治区、直辖市人民政府卫生行政部门会同公安机关、药品监督管理部门依照国家有关规定，根据巩固戒毒成果的需要和本行政区域艾滋病流行情况，可以组织开展戒毒药物维持治疗工作。

第五十二条 戒毒人员在入学、就业、享受社会保障等方面不受歧视。有关部门、组织和人员应当在入学、就业、享受社会保障等方面对戒毒人员给予必要的指导和帮助。

第五章 禁毒国际合作

第五十三条 中华人民共和国根据缔结或者参加的国际条约或者按照对等原则，开展禁毒国际合作。

第五十四条 国家禁毒委员会根据国务院授权,负责组织开展禁毒国际合作,履行国际禁毒公约义务。

第五十五条 涉及追究毒品犯罪的司法协助,由司法机关依照有关法律的规定办理。

第五十六条 国务院有关部门应当按照各自职责,加强与有关国家或者地区执法机关以及国际组织的禁毒情报信息交流,依法开展禁毒执法合作。

经国务院公安部门批准,边境地区县级以上人民政府公安机关可以与有关国家或者地区的执法机关开展执法合作。

第五十七条 通过禁毒国际合作破获毒品犯罪案件的,中华人民共和国政府可以与有关国家分享查获的非法所得、由非法所得获得的收益以及供毒品犯罪使用的财物或者财物变卖所得的款项。

第五十八条 国务院有关部门根据国务院授权,可以通过对外援助等渠道,支持有关国家实施毒品原植物替代种植、发展替代产业。

第六章 法律责任

《刑法》第三百五十三条
↑P.32

《治安管理处罚法》相关规定
↑P.47

第五十九条 有下列行为之一,构成犯罪的,依法追究刑事责任;尚不构成犯罪的,依法给予治安管理处罚:

(一)走私、贩卖、运输、制造毒品的;

(二)非法持有毒品的;

(三)非法种植毒品原植物的;

(四)非法买卖、运输、携带、持有未经灭活的毒品原植物种子或者幼苗的;

(五)非法传授麻醉药品、精神药品或者易制毒化学品制造方法的;

(六)强迫、引诱、教唆、欺骗他人吸食、注射毒品的;

(七)向他人提供毒品的。

第六十条 有下列行为之一,构成犯罪的,依法追究刑事责任；尚不构成犯罪的，依法给予治安管理处罚：

（一）包庇走私、贩卖、运输、制造毒品的犯罪分子，以及为犯罪分子窝藏、转移、隐瞒毒品或者犯罪所得财物的；

（二）在公安机关查处毒品违法犯罪活动时为违法犯罪行为人通风报信的；

（三）阻碍依法进行毒品检查的；

（四）隐藏、转移、变卖或者损毁司法机关、行政执法机关依法扣押、查封、冻结的涉及毒品违法犯罪活动的财物的。

第六十一条　容留他人吸食、注射毒品或者介绍买卖毒品，构成犯罪的，依法追究刑事责任；尚不构成犯罪的，由公安机关处十日以上十五日以下拘留，可以并处三千元以下罚款；情节较轻的，处五日以下拘留或者五百元以下罚款。

第六十二条　吸食、注射毒品的，依法给予治安管理处罚。吸毒人员主动到公安机关登记或者到有资质的医疗机构接受戒毒治疗的，不予处罚。

第六十三条　在麻醉药品、精神药品的实验研究、生产、经营、使用、储存、运输、进口、出口以及麻醉药品药用原植物种植活动中，违反国家规定，致使麻醉药品、精神药品或者麻醉药品药用原植物流入非法渠道，构成犯罪的，依法追究刑事责任；尚不构成犯罪的，依照有关法律、行政法规的规定给予处罚。

第六十四条　在易制毒化学品的生产、经营、购买、运输或者进口、出口活动中，违反国家规定，致使易制毒化学品流入非法渠道，构成犯罪的，依法追究刑事责任；尚不构成犯罪的，依照有关法律、行政法规的规定给予处罚。

第六十五条　娱乐场所及其从业人员实施毒品违法犯罪行为，或者为进入娱乐场所的人员实施毒品违法犯罪行为提供条件，构成犯罪的，依法追究刑事责任；尚不构成犯罪的，依照有关法律、行政法规的规定给予处罚。

娱乐场所经营管理人员明知场所内发生聚众吸食、注射毒品或者贩毒活动，不向公安机关报告的，依照前款的规定给予处罚。

第六十六条 未经批准，擅自从事戒毒治疗业务的，由卫生行政部门责令停止违法业务活动，没收违法所得和使用的药品、医疗器械等物品；构成犯罪的，依法追究刑事责任。

第六十七条 戒毒医疗机构发现接受戒毒治疗的戒毒人员在治疗期间吸食、注射毒品，不向公安机关报告的，由卫生行政部门责令改正；情节严重的，责令停业整顿。

第六十八条 强制隔离戒毒场所、医疗机构、医师违反规定使用麻醉药品、精神药品，构成犯罪的，依法追究刑事责任；尚不构成犯罪的，依照有关法律、行政法规的规定给予处罚。

第六十九条 公安机关、司法行政部门或者其他有关主管部门的工作人员在禁毒工作中有下列行为之一，构成犯罪的，依法追究刑事责任；尚不构成犯罪的，依法给予处分：

（一）包庇、纵容毒品违法犯罪人员的；

（二）对戒毒人员有体罚、虐待、侮辱等行为的；

（三）挪用、截留、克扣禁毒经费的；

（四）擅自处分查获的毒品和扣押、查封、冻结的涉及毒品违法犯罪活动的财物的。

第七十条 有关单位及其工作人员在入学、就业、享受社会保障等方面歧视戒毒人员的，由教育行政部门、劳动行政部门责令改正；给当事人造成损失的，依法承担赔偿责任。

第七章 附 则

第七十一条 本法自2008年6月1日起施行。《全国人民代表大会常务委员会关于禁毒的决定》同时废止。

中华人民共和国治安管理处罚法（节录）

（2005年8月28日第十届全国人民代表大会常务委员会第十七次会议通过 根据2012年10月26日第十一届全国人民代表大会常务委员会第二十九次会议《关于修改〈中华人民共和国治安管理处罚法〉的决定》修正）

第十一条 办理治安案件所查获的毒品、淫秽物品等违禁品，赌具、赌资，吸食、注射毒品的用具以及直接用于实施违反治安管理行为的本人所有的工具，应当收缴，按照规定处理。

违反治安管理所得的财物，追缴退还被侵害人；没有被侵害人的，登记造册，公开拍卖或者按照国家有关规定处理，所得款项上缴国库。

第七十一条 有下列行为之一的，处十日以上十五日以下拘留，可以并处三千元以下罚款；情节较轻的，处五日以下拘留或者五百元以下罚款：

（一）非法种植罂粟不满五百株或者其他少量毒品原植物的；

（二）非法买卖、运输、携带、持有少量未经灭活的罂粟等毒品原植物种子或者幼苗的；

（三）非法运输、买卖、储存、使用少量罂粟壳的。

有前款第一项行为，在成熟前自行铲除的，不予处罚。

第七十二条 有下列行为之一的，处十日以上十五日以下拘留，可以并处二千元以下罚款；情节较轻的，处五日以下拘留或者五百元以下罚款：

（一）非法持有鸦片不满二百克、海洛因或者甲基苯丙胺不满十克或者其他少量毒品的；

（二）向他人提供毒品的；

《禁毒法》相关规定
↑P_{44~46}

《刑法》相关规定
↑P_{32}

（三）吸食、注射毒品的；

（四）胁迫、欺骗医务人员开具麻醉药品、精神药品的。

第七十三条　教唆、引诱、欺骗他人吸食、注射毒品的，处十日以上十五日以下拘留，并处五百元以上二千元以下罚款。

第七十四条　旅馆业、饮食服务业、文化娱乐业、出租汽车业等单位的人员，在公安机关查处吸毒、赌博、卖淫、嫖娼活动时，为违法犯罪行为人通风报信的，处十日以上十五日以下拘留。

中华人民共和国药品管理法（节录）

（1984年9月20日第六届全国人民代表大会常务委员会第七次会议通过　2001年2月28日第九届全国人民代表大会常务委员会第二十次会议第一次修订　根据2013年12月28日第十二届全国人民代表大会常务委员会第六次会议《关于修改〈中华人民共和国海洋环境保护法〉等七部法律的决定》第一次修正　根据2015年4月24日第十二届全国人民代表大会常务委员会第十四次会议《关于修改〈中华人民共和国药品管理法〉的决定》第二次修正　2019年8月26日第十三届全国人民代表大会常务委员会第十二次会议第二次修订）

第六十一条　药品上市许可持有人、药品经营企业通过网络销售药品，应当遵守本法药品经营的有关规定。具体管理办法由国务院药品监督管理部门会同国务院卫生健康主管部门等部门制定。

疫苗、血液制品、麻醉药品、精神药品、医疗用毒性药品、放射性药品、药品类易制毒化学品等国家实行特殊管理的药品不得在网络上销售。

第六十六条　进口、出口麻醉药品和国家规定范围内的精神药品，应当持有国务院药品监督管理部门颁发的进口准许证、出口准许证。

第一百一十二条 国务院对麻醉药品、精神药品、医疗用毒性药品、放射性药品、药品类易制毒化学品等有其他特殊管理规定的，依照其规定。

中华人民共和国海关法（节录）

（1987年1月22日第六届全国人民代表大会常务委员会第十九次会议通过 根据2000年7月8日第九届全国人民代表大会常务委员会第十六次会议《关于修改〈中华人民共和国海关法〉的决定》第一次修正 根据2013年6月29日第十二届全国人民代表大会常务委员会第三次会议《关于修改〈中华人民共和国文物保护法〉等十二部法律的决定》第二次修正 根据2013年12月28日第十二届全国人民代表大会常务委员会第六次会议《关于修改〈中华人民共和国海洋环境保护法〉等七部法律的决定》第三次修正 根据2016年11月7日第十二届全国人民代表大会常务委员会第二十四次会议《关于修改〈中华人民共和国对外贸易法〉等十二部法律的决定》第四次修正 根据2017年11月4日第十二届全国人民代表大会常务委员会第三十次会议《关于修改〈中华人民共和国会计法〉等十一部法律的决定》第五次修正 根据2021年4月29日第十三届全国人民代表大会常务委员会第二十八次会议《关于修改〈中华人民共和国道路交通安全法〉等八部法律的决定》第六次修正）

第八十二条 违反本法及有关法律、行政法规，逃避海关监管，偷逃应纳税款、逃避国家有关进出境的禁止性或者限制性管理，有下列情形之一的，是走私行为：

（一）运输、携带、邮寄国家禁止或者限制进出境货物、物品或者依法应当缴纳税款的货物、物品进出境的；

（二）未经海关许可并且未缴纳应纳税款、交验有关许可证件，擅自将保税货物、特定减免税货物以及其他海关监管货物、物品、进境的境外运输工具，在境内销售的；

（三）有逃避海关监管，构成走私的其他行为的。

有前款所列行为之一，尚不构成犯罪的，由海关没收走私货物、物品及违法所得，可以并处罚款；专门或者多次用于掩护走私的货物、物品，专门或者多次用于走私的运输工具，予以没收，藏匿走私货物、物品的特制设备，责令拆毁或者没收。

有第一款所列行为之一，构成犯罪的，依法追究刑事责任。

第八十三条　有下列行为之一的，按走私行为论处，依照本法第八十二条的规定处罚：

（一）直接向走私人非法收购走私进口的货物、物品的；

（二）在内海、领海、界河、界湖，船舶及所载人员运输、收购、贩卖国家禁止或者限制进出境的货物、物品，或者运输、收购、贩卖依法应当缴纳税款的货物，没有合法证明的。

《禁毒法》关于禁止走私未经灭活的毒品原植物种子或幼苗的规定
↑P37

《禁毒法》关于禁止走私麻醉药品、精神药品和易制毒化学品的规定
↑P38

中华人民共和国体育法（节录）

（1995年8月29日第八届全国人民代表大会常务委员会第十五次会议通过 根据2009年8月27日第十一届全国人民代表大会常务委员会第十次会议《关于修改部分法律的决定》第一次修正 根据2016年11月7日第十二届全国人民代表大会常务委员会第二十四次会议《关于修改〈中华人民共和国对外贸易法〉等十二部法律的决定》第二次修正 2022年6月24日第十三届全国人民代表大会常务委员会第三十五次会议修订）

第五十三条 国家提倡健康文明、公平竞争的体育运动，禁止在体育运动中使用兴奋剂。

任何组织和个人不得组织、强迫、欺骗、教唆、引诱体育运动参加者在体育运动中使用兴奋剂，不得向体育运动参加者提供或者变相提供兴奋剂。

第五十四条 国家建立健全反兴奋剂制度。

县级以上人民政府体育行政部门会同卫生健康、教育、公安、工信、商务、药品监管、交通运输、海关、农业、市场监管等部门，对兴奋剂问题实施综合治理。

第五十五条 国务院体育行政部门负责制定反兴奋剂规范。

第五十六条 国务院体育行政部门会同国务院药品监管、卫生健康、商务、海关等部门制定、公布兴奋剂目录，并动态调整。

第五十七条 国家设立反兴奋剂机构。反兴奋剂机构及其检查人员依照法定程序开展检查，有关单位和人员应当予以配合，任何单位和个人不得干涉。

反兴奋剂机构依法公开反兴奋剂信息，并接受社会监督。

第五十八条 县级以上人民政府体育行政部门组织开展反兴奋剂宣传、教育工作，提高体育活动参与者和公众的反兴奋剂意识。

第五十九条 国家鼓励开展反兴奋剂科学技术研究，推广先进的反兴奋剂技术、设备和方法。

第六十条 国家根据缔结或者参加的有关国际条约，开展反兴奋剂国际合作，履行反兴奋剂国际义务。

第一百一十七条 运动员违规使用兴奋剂的，由有关体育社会组织、运动员管理单位、体育赛事活动组织者作出取消参赛资格、取消比赛成绩或者禁赛等处理。

第一百一十八条 组织、强迫、欺骗、教唆、引诱运动员在体育运动中使用兴奋剂的，由国务院体育行政部门或者省、自治区、直辖市人民政府体育行政部门没收非法持有的兴奋剂；直接负责的主管人员和其他直接责任人员四年内不得从事体育管理工作和运动员辅助工作；情节严重的，终身不得从事体育管理工作和运动员辅助工作。

> 国家机关工作人员滥用职权或玩忽职守，造成严重兴奋剂违规事件的处理
> ↑P.122

向运动员提供或者变相提供兴奋剂的，由国务院体育行政部门或者省、自治区、直辖市人民政府体育行政部门没收非法持有的兴奋剂，并处五万元以上五十万元以下的罚款；有违法所得的，没收违法所得；并给予禁止一定年限直至终身从事体育管理工作和运动员辅助工作的处罚。

第一百一十九条 违反本法规定，造成财产损失或者其他损害的，依法承担民事责任；构成违反治安管理行为的，由公安机关依法给予治安管理处罚；构成犯罪的，依法追究刑事责任。

二、相关司法解释、司法文件

最高人民法院
关于审理毒品犯罪案件适用法律若干问题的解释

法释〔2016〕8号

（2016年1月25日最高人民法院审判委员会第1676次会议通过 2016年4月6日最高人民法院公告公布 自2016年4月11日起施行）

为依法惩治毒品犯罪，根据《中华人民共和国刑法》的有关规定，现就审理此类刑事案件适用法律的若干问题解释如下：

《刑法》第三百四十七条、第三百四十八条 ↑𝒫 24~27

公安机关立案追诉标准 ↑𝒫 111~114

关于走私、贩卖、运输、制造、非法持有毒品行为 ↑𝒫 380~384

第一条 走私、贩卖、运输、制造、非法持有下列毒品，应当认定为刑法第三百四十七条第二款第一项、第三百四十八条规定的“其他毒品数量大”：

（一）可卡因五十克以上；

（二）3，4-亚甲二氧基甲基苯丙胺（MDMA）等苯丙胺类毒品（甲基苯丙胺除外）、吗啡一百克以上；

（三）芬太尼一百二十五克以上；

（四）甲卡西酮二百克以上；

（五）二氢埃托啡十毫克以上；

（六）哌替啶（度冷丁）二百五十克以上；

（七）氯胺酮五百克以上；

（八）美沙酮一千克以上；

（九）曲马多、γ-羟丁酸二千克以上；

（十）大麻油五千克、大麻脂十千克、大麻叶及大麻烟一百五十千克以上；

（十一）可待因、丁丙诺啡五千克以上；

（十二）三唑仑、安眠酮五十千克以上；

（十三）阿普唑仑、恰特草一百千克以上；

（十四）咖啡因、罂粟壳二百千克以上；

（十五）巴比妥、苯巴比妥、安钠咖、尼美西泮二百五十千克以上；

（十六）氯氮卓、艾司唑仑、地西泮、溴西泮五百千克以上；

（十七）上述毒品以外的其他毒品数量大的。

国家定点生产企业按照标准规格生产的麻醉药品或者精神药品被用于毒品犯罪的，根据药品中毒品成分的含量认定涉案毒品数量。

第二条 走私、贩卖、运输、制造、非法持有下列毒品，应当认定为刑法第三百四十七条第三款、第三百四十八条规定的"其他毒品数量较大"：

（一）可卡因十克以上不满五十克；

（二）3,4-亚甲二氧基甲基苯丙胺（MDMA）等苯丙胺类毒品（甲基苯丙胺除外）、吗啡二十克以上不满一百克；

（三）芬太尼二十五克以上不满一百二十五克；

（四）甲卡西酮四十克以上不满二百克；

（五）二氢埃托啡二毫克以上不满十毫克；

（六）哌替啶（度冷丁）五十克以上不满二百五十克；

（七）氯胺酮一百克以上不满五百克；

（八）美沙酮二百克以上不满一千克；

（九）曲马多、γ-羟丁酸四百克以上不满二千克；

（十）大麻油一千克以上不满五千克、大麻脂二千克以上不满十千克、大麻叶及大麻烟三十千克以上不满一百五十千克；

（十一）可待因、丁丙诺啡一千克以上不满五千克；

（十二）三唑仑、安眠酮十千克以上不满五十千克；

（十三）阿普唑仑、恰特草二十千克以上不满一百千克；

（十四）咖啡因、罂粟壳四十千克以上不满二百千克；

（十五）巴比妥、苯巴比妥、安钠咖、尼美西泮五十千克以上不满二百五十千克；

（十六）氯氮䓬、艾司唑仑、地西泮、溴西泮一百千克以上不满五百千克；

（十七）上述毒品以外的其他毒品数量较大的。

第三条 在实施走私、贩卖、运输、制造毒品犯罪的过程中，携带枪支、弹药或者爆炸物用于掩护的，应当认定为刑法第三百四十七条第二款第三项规定的"武装掩护走私、贩卖、运输、制造毒品"。枪支、弹药、爆炸物种类的认定，依照相关司法解释的规定执行。

在实施走私、贩卖、运输、制造毒品犯罪的过程中，以暴力抗拒检查、拘留、逮捕，造成执法人员死亡、重伤、多人轻伤或者具有其他严重情节的，应当认定为刑法第三百四十七条第二款第四项规定的"以暴力抗拒检查、拘留、逮捕，情节严重"。

第四条 走私、贩卖、运输、制造毒品，具有下列情形之一的，应当认定为刑法第三百四十七条第四款规定的"情节严重"：

（一）向多人贩卖毒品或者多次走私、贩卖、运输、制造毒品的；

（二）在戒毒场所、监管场所贩卖毒品的；

（三）向在校学生贩卖毒品的；

（四）组织、利用残疾人、严重疾病患者、怀孕或者正在哺乳自己婴儿的妇女走私、贩卖、运输、制造毒品的；

（五）国家工作人员走私、贩卖、运输、制造毒品的；

（六）其他情节严重的情形。

第五条 非法持有毒品达到刑法第三百四十八条或者本解释第二条规定的"数量较大"标准，且具有下列情形之一的，应当认定为刑法第三百四十八条规定的"情节严重"：

（一）在戒毒场所、监管场所非法持有毒品的；

（二）利用、教唆未成年人非法持有毒品的；

（三）国家工作人员非法持有毒品的；

（四）其他情节严重的情形。

第六条 包庇走私、贩卖、运输、制造毒品的犯罪分子，具有下列情形之一的，应当认定为刑法第三百四十九条第一款规定的"情节严重"：

（一）被包庇的犯罪分子依法应当判处十五年有期徒刑以上刑罚的；

（二）包庇多名或者多次包庇走私、贩卖、运输、制造毒品的犯罪分子的；

（三）严重妨害司法机关对被包庇的犯罪分子实施的毒品犯罪进行追究的；

（四）其他情节严重的情形。

为走私、贩卖、运输、制造毒品的犯罪分子窝藏、转移、隐瞒毒品或者毒品犯罪所得的财物，具有下列情形之一的，应当认定为刑法第三百四十九条第一款规定的"情节严重"：

（一）为犯罪分子窝藏、转移、隐瞒毒品达到刑法第三百四十七条第二款第一项或者本解释第一条第一款规定的"数量大"标准的；

（二）为犯罪分子窝藏、转移、隐瞒毒品犯罪所得的财物价值达到五万元以上的；

（三）为多人或者多次为他人窝藏、转移、隐瞒毒品或者毒品犯罪所得的财物的；

（四）严重妨害司法机关对该犯罪分子实施的毒品犯罪进行追究的；

（五）其他情节严重的情形。

包庇走私、贩卖、运输、制造毒品的近亲属，或者为其窝藏、转移、隐瞒毒品或者毒品犯罪所得的财物，不具有本条前两款规定的"情节严重"情形，归案后认罪、悔罪、积极退赃，且系初犯、偶犯，犯罪情节轻微不需要判处刑罚的，可以免予刑事处罚。

第七条 违反国家规定，非法生产、买卖、运输制毒物品、走私制毒物品，达到下列数量标准的，应当认定为刑法第三百五十条第一款规定的"情节较重"：

（一）麻黄碱（麻黄素）、伪麻黄碱（伪麻黄素）、消旋麻黄碱（消旋麻黄素）一千克以上不满五千克；

（二）1-苯基-2-丙酮、1-苯基-2-溴-1-丙酮、3,4-亚甲基二氧苯基-2-丙酮、羟亚胺二千克以上不满十千克；

（三）3-氧-2-苯基丁腈、邻氯苯基环戊酮、去甲麻黄碱（去甲麻黄素）、甲基麻黄碱（甲基麻黄素）四千克以上不满二十千克；

（四）醋酸酐十千克以上不满五十千克；

（五）麻黄浸膏、麻黄浸膏粉、胡椒醛、黄樟素、黄樟油、异黄樟素、麦角酸、麦角胺、麦角新碱、苯乙酸二十千克以上不满一百千克；

（六）N-乙酰邻氨基苯酸、邻氨基苯甲酸、三氯甲烷、乙醚、哌啶五十千克以上不满二百五十千克；

（七）甲苯、丙酮、甲基乙基酮、高锰酸钾、硫酸、盐酸一百千克以上不满五百千克；

（八）其他制毒物品数量相当的。

违反国家规定，非法生产、买卖、运输制毒物品、走私制毒物品，达到前款规定的数量标准最低值的百分之五十，且具有下列情形之一的，应当认定为刑法第三百五十条第一款规定的"情节较重"：

（一）曾因非法生产、买卖、运输制毒物品、走私制毒物品受过刑事处罚的；

（二）二年内曾因非法生产、买卖、运输制毒物品、走私制毒物品受过行政处罚的；

（三）一次组织五人以上或者多次非法生产、买卖、运输制毒物品、走私制毒物品，或者在多个地点非法生产制毒物品的；

（四）利用、教唆未成年人非法生产、买卖、运输制毒物品、走私制毒物品的；

（五）国家工作人员非法生产、买卖、运输制毒物品、走私制毒物品的；

（六）严重影响群众正常生产、生活秩序的；

（七）其他情节较重的情形。

易制毒化学品生产、经营、购买、运输单位或者个人未办理许可证明或者备案证明，生产、销售、购买、运输易制毒化学品，确实用于合法生产、生活需要的，不以制毒物品犯罪论处。

第八条 违反国家规定，非法生产、买卖、运输制毒物品、走私制毒物品，具有下列情形之一的，应当认定为刑法第三百五十条第一款规定的"情节严重"：

（一）制毒物品数量在本解释第七条第一款规定的最高数量标准以上，不满最高数量标准五倍的；

（二）达到本解释第七条第一款规定的数量标准，且具有本解释第七条第二款第三项至第六项规定的情形之一的；

（三）其他情节严重的情形。

违反国家规定，非法生产、买卖、运输制毒物品、走私制毒物品，具有下列情形之一的，应当认定为刑法第三百五十条第一款规定的"情节特别严重"：

（一）制毒物品数量在本解释第七条第一款规定的最高数量标准五倍以上的；

（二）达到前款第一项规定的数量标准，且具有本解释第七条第二款第三项至第六项规定的情形之一的；

（三）其他情节特别严重的情形。

第九条 非法种植毒品原植物，具有下列情形之一的，应当认定为刑法第三百五十一条第一款第一项规定的"数量较大"：

（一）非法种植大麻五千株以上不满三万株的；

（二）非法种植罂粟二百平方米以上不满一千二百平方米、大麻二千平方米以上不满一万二千平方米，尚未出苗的；

（三）非法种植其他毒品原植物数量较大的。

非法种植毒品原植物，达到前款规定的最高数量标准的，应当认定为刑法第三百五十一条第二款规定的"数量大"。

第十条 非法买卖、运输、携带、持有未经灭活的毒品原植物种子或者幼苗，具有下列情形之一的，应当认定为刑法第三百五十二条规定的"数量较大"：

（一）罂粟种子五十克以上、罂粟幼苗五千株以上的；

（二）大麻种子五十千克以上、大麻幼苗五万株以上的；

（三）其他毒品原植物种子或者幼苗数量较大的。

第十一条 引诱、教唆、欺骗他人吸食、注射毒品，具有下列情形之一的，应当认定为刑法第三百五十三条第一款规定的"情节严重"：

（一）引诱、教唆、欺骗多人或者多次引诱、教唆、欺骗他人吸食、注射毒品的；

（二）对他人身体健康造成严重危害的；

（三）导致他人实施故意杀人、故意伤害、交通肇事等犯罪行为的；

（四）国家工作人员引诱、教唆、欺骗他人吸食、注射毒品的；

（五）其他情节严重的情形。

第十二条 容留他人吸食、注射毒品，具有下列情形之一的，应当依照刑法第三百五十四条的规定，以容留他人吸毒罪定罪处罚：

（一）一次容留多人吸食、注射毒品的；

（二）二年内多次容留他人吸食、注射毒品的；

（三）二年内曾因容留他人吸食、注射毒品受过行政处罚的；

（四）容留未成年人吸食、注射毒品的；

（五）以牟利为目的容留他人吸食、注射毒品的；

（六）容留他人吸食、注射毒品造成严重后果的；

（七）其他应当追究刑事责任的情形。

向他人贩卖毒品后又容留其吸食、注射毒品，或者容留他人吸食、注射毒品并向其贩卖毒品，符合前款规定的容留他人吸毒罪的定罪条件的，以贩卖毒品罪和容留他人吸毒罪数罪并罚。

容留近亲属吸食、注射毒品，情节显著轻微危害不大的，不作为犯罪处理；需要追究刑事责任的，可以酌情从宽处罚。

第十三条　依法从事生产、运输、管理、使用国家管制的麻醉药品、精神药品的人员，违反国家规定，向吸食、注射毒品的人提供国家规定管制的能够使人形成瘾癖的麻醉药品、精神药品，具有下列情形之一的，应当依照刑法第三百五十五条第一款的规定，以非法提供麻醉药品、精神药品罪定罪处罚：

（一）非法提供麻醉药品、精神药品达到刑法第三百四十七条第三款或者本解释第二条规定的"数量较大"标准最低值的百分之五十，不满"数量较大"标准的；

（二）二年内曾因非法提供麻醉药品、精神药品受过行政处罚的；

（三）向多人或者多次非法提供麻醉药品、精神药品的；

（四）向吸食、注射毒品的未成年人非法提供麻醉药品、精神药品的；

（五）非法提供麻醉药品、精神药品造成严重后果的；

（六）其他应当追究刑事责任的情形。

具有下列情形之一的，应当认定为刑法第三百五十五条第一款规定的"情节严重"：

（一）非法提供麻醉药品、精神药品达到刑法第三百四十七条第三款或者本解释第二条规定的"数量较大"标准的；

（二）非法提供麻醉药品、精神药品达到前款第一项规定的数量标准，且具有前款第三项至第五项规定的情形之一的；

（三）其他情节严重的情形。

第十四条　利用信息网络，设立用于实施传授制造毒品、非法生产制毒物品的方法，贩卖毒品，非法买卖制毒物品或者组织他人吸食、注射毒品等违法犯罪活动的网站、通讯群组，或者发布实施前述违法犯罪活动的信息，情节严重的，应当依照刑法第二百八十七条之一的规定,以非法利用信息网络罪定罪处罚。

实施刑法第二百八十七条之一、第二百八十七条之二规定的行为,同时构成贩卖毒品罪、非法买卖制毒物品罪、传授犯罪方法罪等犯罪的,依照处罚较重的规定定罪处罚。

第十五条 本解释自 2016 年 4 月 11 日起施行。《最高人民法院关于审理毒品案件定罪量刑标准有关问题的解释》(法释〔2000〕13 号)同时废止;之前发布的司法解释和规范性文件与本解释不一致的,以本解释为准。

最高人民法院 最高人民检察院 公安部印发《关于规范毒品名称表述若干问题的意见》的通知

2014 年 8 月 20 日　　　　　　法〔2014〕224 号

各省、自治区、直辖市高级人民法院、人民检察院、公安厅(局),解放军军事法院、军事检察院,新疆维吾尔自治区高级人民法院生产建设兵团分院,新疆生产建设兵团人民检察院、公安局:

为进一步规范毒品犯罪案件办理工作,最高人民法院、最高人民检察院、公安部制定了《关于规范毒品名称表述若干问题的意见》。现印发给你们,请认真贯彻执行。执行中遇到的问题,请及时分别层报最高人民法院、最高人民检察院、公安部。

关于规范毒品名称表述若干问题的意见

为进一步规范毒品犯罪案件办理工作,现对毒品犯罪案件起诉意见书、起诉书、刑事判决书、刑事裁定书中的毒品名称表述问题提出如下规范意见。

一、规范毒品名称表述的基本原则

（一）毒品名称表述应当以毒品的化学名称为依据，并与刑法、司法解释及相关规范性文件中的毒品名称保持一致。刑法、司法解释等没有规定的，可以参照《麻醉药品品种目录》《精神药品品种目录》中的毒品名称进行表述。

（二）对于含有二种以上毒品成分的混合型毒品，应当根据其主要毒品成分和具体形态认定毒品种类、确定名称。混合型毒品中含有海洛因、甲基苯丙胺的，一般应当以海洛因、甲基苯丙胺确定其毒品种类；不含海洛因、甲基苯丙胺，或者海洛因、甲基苯丙胺的含量极低的，可以根据其中定罪量刑数量标准较低且所占比例较大的毒品成分确定其毒品种类。混合型毒品成分复杂的，可以用括号注明其中所含的一至二种其他毒品成分。

（三）为体现与犯罪嫌疑人、被告人供述的对应性，对于犯罪嫌疑人、被告人供述的毒品常见俗称，可以在文书中第一次表述该类毒品时用括号注明。

二、几类毒品的名称表述

（一）含甲基苯丙胺成分的毒品

1. 对于含甲基苯丙胺成分的晶体状毒品，应当统一表述为甲基苯丙胺（冰毒），在下文中再次出现时可以直接表述为甲基苯丙胺。

2. 对于以甲基苯丙胺为主要毒品成分的片剂状毒品，应当统一表述为甲基苯丙胺片剂。如果犯罪嫌疑人、被告人供述为"麻古""麻果"或者其他俗称的，可以在文书中第一次表述该类毒品时用括号注明，如表述为甲基苯丙胺片剂（俗称"麻古"）等。

3. 对于含甲基苯丙胺成分的液体、固液混合物、粉末等，应当根据其毒品成分和具体形态进行表述，如表述为含甲基苯丙胺成分的液体、含甲基苯丙胺成分的粉末等。

(二) 含氯胺酮成分的毒品

1. 对于含氯胺酮成分的粉末状毒品,应当统一表述为氯胺酮。如果犯罪嫌疑人、被告人供述为"K粉"等俗称的,可以在文书中第一次表述该类毒品时用括号注明,如表述为氯胺酮(俗称"K粉")等。

2. 对于以氯胺酮为主要毒品成分的片剂状毒品,应当统一表述为氯胺酮片剂。

3. 对于含氯胺酮成分的液体、固液混合物等,应当根据其毒品成分和具体形态进行表述,如表述为含氯胺酮成分的液体、含氯胺酮成分的固液混合物等。

(三) 含MDMA等成分的毒品

对于以MDMA、MDA、MDEA等致幻性苯丙胺类兴奋剂为主要毒品成分的丸状、片剂状毒品,应当根据其主要毒品成分的中文化学名称和具体形态进行表述,并在文书中第一次表述该类毒品时用括号注明下文中使用的英文缩写简称,如表述为3,4-亚甲二氧基甲基苯丙胺片剂(以下简称MDMA片剂)、3,4-亚甲二氧基苯丙胺片剂(以下简称MDA片剂)、3,4-亚甲二氧基乙基苯丙胺片剂(以下简称MDEA片剂)等。如果犯罪嫌疑人、被告人供述为"摇头丸"等俗称的,可以在文书中第一次表述该类毒品时用括号注明,如表述为3,4-亚甲二氧基甲基苯丙胺片剂(以下简称MDMA片剂,俗称"摇头丸")等。

(四) "神仙水"类毒品

对于俗称"神仙水"的液体状毒品,应当根据其主要毒品成分和具体形态进行表述。毒品成分复杂的,可以用括号注明其中所含的一至二种其他毒品成分,如表述为含氯胺酮(咖啡因、地西泮等)成分的液体等。如果犯罪嫌疑人、被告人供述为"神仙水"等俗称的,可以在文书中第一次表述该类毒品时用括号注明,如表述为含氯胺酮(咖啡因、地西泮等)成分的液体(俗称"神仙水")等。

（五）大麻类毒品

对于含四氢大麻酚、大麻二酚、大麻酚等天然大麻素类成分的毒品，应当根据其外形特征分别表述为大麻叶、大麻脂、大麻油或者大麻烟等。

最高人民法院　最高人民检察院　公安部
关于印发《办理毒品犯罪案件适用法律若干问题的意见》的通知

2007年12月18日　　　　　公通字〔2007〕84号

各省、自治区、直辖市高级人民法院、人民检察院、公安厅、局，新疆维吾尔自治区高级人民法院生产建设兵团分院、新疆生产建设兵团人民检察院、公安局：

为解决近年来在办理毒品案件中遇到的一些突出法律适用问题，根据有关法律和司法解释的规定，结合侦查、批捕、起诉、审判工作实践，最高人民法院、最高人民检察院、公安部制定了《办理毒品犯罪案件适用法律若干问题的意见》。现印发给你们，请结合本地、本部门实际认真贯彻执行。

办理毒品犯罪案件适用法律若干问题的意见

一、关于毒品犯罪案件的管辖问题

根据刑事诉讼法的规定，毒品犯罪案件的地域管辖，应当坚持以犯罪地管辖为主、被告人居住地管辖为辅的原则。

"犯罪地"包括犯罪预谋地，毒资筹集地，交易进行地，毒品生产地，毒资、毒赃和毒品的藏匿地、转移地，走私或者贩运毒品的目的地以及犯罪嫌疑人被抓获地等。

"被告人居住地"包括被告人常住地、户籍地及其临时居住地。

对怀孕、哺乳期妇女走私、贩卖、运输毒品案件，查获地公安机关认为移交其居住地管辖更有利于采取强制措施和查清犯罪事实的，可以报请共同的上级公安机关批准，移送犯罪嫌疑人居住地公安机关办理，查获地公安机关应继续配合。

公安机关对侦办跨区域毒品犯罪案件的管辖权有争议的，应本着有利于查清犯罪事实，有利于诉讼，有利于保障案件侦查安全的原则，认真协商解决。经协商无法达成一致的，报共同的上级公安机关指定管辖。对即将侦查终结的跨省（自治区、直辖市）重大毒品案件，必要时可由公安部商最高人民法院和最高人民检察院指定管辖。

为保证及时结案，避免超期羁押，人民检察院对于公安机关移送审查起诉的案件，人民法院对于已进入审判程序的案件，被告人及其辩护人提出管辖异议或者办案单位发现没有管辖权的，受案人民检察院、人民法院经审可以依法报请上级人民检察院、人民法院指定管辖，不再自行移送有管辖权的人民检察院、人民法院。

二、关于毒品犯罪嫌疑人、被告人主观明知的认定问题

走私、贩卖、运输、非法持有毒品主观故意中的"明知"，是指行为人知道或者应当知道所实施的行为是走私、贩卖、运输、非法持有毒品行为。具有下列情形之一，并且犯罪嫌疑人、被告人不能做出合理解释的，可以认定其"应当知道"，但有证据证明确属被蒙骗的除外：

（一）执法人员在口岸、机场、车站、港口和其他检查站检查时，要求行为人申报为他人携带的物品和其他疑似毒品物，并告知其法律责任，而行为人未如实申报，在其所携带的物品内查获毒品的；

（二）以伪报、藏匿、伪装等蒙蔽手段逃避海关、边防等检查，在其携带、运输、邮寄的物品中查获毒品的；

（三）执法人员检查时，有逃跑、丢弃携带物品或逃避、抗拒检查等行为，在其携带或丢弃的物品中查获毒品的；

（四）体内藏匿毒品的；

（五）为获取不同寻常的高额或不等值的报酬而携带、运输毒品的；

（六）采用高度隐蔽的方式携带、运输毒品的；

（七）采用高度隐蔽的方式交接毒品，明显违背合法物品惯常交接方式的；

（八）其他有证据足以证明行为人应当知道的。

三、关于办理氯胺酮等毒品案件定罪量刑标准问题

（一）走私、贩卖、运输、制造、非法持有下列毒品，应当认定为刑法第三百四十七条第二款第（一）项、第三百四十八条规定的"其他毒品数量大"：

1. 二亚甲基双氧安非他明（MDMA）等苯丙胺类毒品（甲基苯丙胺除外）100 克以上；

2. 氯胺酮、美沙酮 1 千克以上；

3. 三唑仑、安眠酮 50 千克以上；

4. 氯氮䓬、艾司唑仑、地西泮、溴西泮 500 千克以上；

5. 上述毒品以外的其他毒品数量大的。

（二）走私、贩卖、运输、制造、非法持有下列毒品，应当认定为刑法第三百四十七条第三款、第三百四十八条规定的"其他毒品数量较大"：

1. 二亚甲基双氧安非他明（MDMA）等苯丙胺类毒品（甲基苯丙胺除外）20 克以上不满 100 克的；

2. 氯胺酮、美沙酮 200 克以上不满 1 千克的；

3. 三唑仑、安眠酮 10 千克以上不满 50 千克的；

4. 氯氮䓬、艾司唑仑、地西泮、溴西泮 100 千克以上不满

500千克的;

5. 上述毒品以外的其他毒品数量较大的。

(三)走私、贩卖、运输、制造下列毒品,应当认定为刑法第三百四十七条第四款规定的"其他少量毒品":

1. 二亚甲基双氧安非他明(MDMA)等苯丙胺类毒品(甲基苯丙胺除外)不满20克的;

2. 氯胺酮、美沙酮不满200克的;

3. 三唑仑、安眠酮不满10千克的;

4. 氯氮卓、艾司唑仑、地西泮、溴西泮不满100千克的;

5. 上述毒品以外的其他少量毒品的。

(四)上述毒品品种包括其盐和制剂。毒品鉴定结论中毒品品名的认定应当以国家食品药品监督管理局、公安部、卫生部最新发布的《麻醉药品品种目录》、《精神药品品种目录》为依据。

四、关于死刑案件的毒品含量鉴定问题

可能判处死刑的毒品犯罪案件,毒品鉴定结论中应有含量鉴定的结论。

最高人民法院 最高人民检察院 公安部
关于办理制毒物品犯罪案件适用法律若干问题的意见

2009年6月23日　　　　　公通字〔2009〕33号

各省、自治区、直辖市高级人民法院、人民检察院、公安厅、局,新疆维吾尔自治区高级人民法院生产建设兵团分院、新疆生产建设兵团人民检察院、公安局:

为依法惩治走私制毒物品、非法买卖制毒物品犯罪活动,根

据刑法有关规定，结合司法实践，现就办理制毒物品犯罪案件适用法律的若干问题制定如下意见：

一、关于制毒物品犯罪的认定

（一）本意见中的"制毒物品"，是指刑法第三百五十条第一款规定的醋酸酐、乙醚、三氯甲烷或者其他用于制造毒品的原料或者配剂，具体品种范围按照国家关于易制毒化学品管理的规定确定。

（二）违反国家规定，实施下列行为之一的，认定为刑法第三百五十条规定的非法买卖制毒物品行为：

1. 未经许可或者备案，擅自购买、销售易制毒化学品的；

2. 超出许可证明或者备案证明的品种、数量范围购买、销售易制毒化学品的；

3. 使用他人的或者伪造、变造、失效的许可证明或者备案证明购买、销售易制毒化学品的；

4. 经营单位违反规定，向无购买许可证明、备案证明的单位、个人销售易制毒化学品的，或者明知购买者使用他人的或者伪造、变造、失效的购买许可证明、备案证明，向其销售易制毒化学品的；

5. 以其他方式非法买卖易制毒化学品的。

（三）易制毒化学品生产、经营、使用单位或者个人未办理许可证明或者备案证明，购买、销售易制毒化学品，如果有证据证明确实用于合法生产、生活需要，依法能够办理只是未及时办理许可证明或者备案证明，且未造成严重社会危害的，可不以非法买卖制毒物品罪论处。

（四）为了制造毒品或者走私、非法买卖制毒物品犯罪而采用生产、加工、提炼等方法非法制造易制毒化学品的，根据刑法第二十二条的规定，按照其制造易制毒化学品的不同目的，分别以制造毒品、走私制毒物品、非法买卖制毒物品的预备行为论处。

（五）明知他人实施走私或者非法买卖制毒物品犯罪，而为其运输、储存、代理进出口或者以其他方式提供便利的，以走私或者非法买卖制毒物品罪的共犯论处。

（六）走私、非法买卖制毒物品行为同时构成其他犯罪的，依照处罚较重的规定定罪处罚。

二、关于制毒物品犯罪嫌疑人、被告人主观明知的认定

对于走私或者非法买卖制毒物品行为，有下列情形之一，且查获了易制毒化学品，结合犯罪嫌疑人、被告人的供述和其他证据，经综合审查判断，可以认定其"明知"是制毒物品而走私或者非法买卖，但有证据证明确属被蒙骗的除外：

1. 改变产品形状、包装或者使用虚假标签、商标等产品标志的；

2. 以藏匿、夹带或者其他隐蔽方式运输、携带易制毒化学品逃避检查的；

3. 抗拒检查或者在检查时丢弃货物逃跑的；

4. 以伪报、藏匿、伪装等蒙蔽手段逃避海关、边防等检查的；

5. 选择不设海关或者边防检查站的路段绕行出入境的；

6. 以虚假身份、地址办理托运、邮寄手续的；

7. 以其他方法隐瞒真相，逃避对易制毒化学品依法监管的。

三、关于制毒物品犯罪定罪量刑的数量标准

（一）违反国家规定，非法运输、携带制毒物品进出境或者在境内非法买卖制毒物品达到下列数量标准的，依照刑法第三百五十条第一款的规定，处三年以下有期徒刑、拘役或者管制，并处罚金：

1. 1-苯基-2-丙酮五千克以上不满五十千克；

2. 3,4-亚甲基二氧苯基-2-丙酮、去甲麻黄素（去甲麻黄碱）、甲基麻黄素（甲基麻黄碱）、羟亚胺及其盐类十千克以上不

满一百千克;

3. 胡椒醛、黄樟素、黄樟油、异黄樟素、麦角酸、麦角胺、麦角新碱、苯乙酸二十千克以上不满二百千克;

4. N-乙酰邻氨基苯酸、邻氨基苯甲酸、哌啶一百五十千克以上不满一千五百千克;

5. 甲苯、丙酮、甲基乙基酮、高锰酸钾、硫酸、盐酸四百千克以上不满四千千克;

6. 其他用于制造毒品的原料或者配剂相当数量的。

(二)违反国家规定,非法买卖或者走私制毒物品,达到或者超过前款所列最高数量标准的,认定为刑法第三百五十条第一款规定的"数量大的",处三年以上十年以下有期徒刑,并处罚金。

最高人民法院 最高人民检察院 公安部印发《关于办理走私、非法买卖麻黄碱类复方制剂等刑事案件适用法律若干问题的意见》的通知

2012年6月18日　　　　　法发〔2012〕12号

各省、自治区、直辖市高级人民法院、人民检察院、公安厅(局),解放军军事法院、军事检察院,新疆维吾尔自治区高级人民法院生产建设兵团分院,新疆生产建设兵团人民检察院、公安局:

为从源头上惩治毒品犯罪,遏制麻黄碱类复方制剂流入非法渠道被用于制造毒品,最高人民法院、最高人民检察院、公安部制定了《关于办理走私、非法买卖麻黄碱类复方制剂等刑事案件适用法律若干问题的意见》。现印发给你们,请认真贯彻执行。执行中遇到的问题,请及时分别层报最高人民法院、最高人民检察院、公安部。

最高人民法院　最高人民检察院　公安部
关于办理走私、非法买卖麻黄碱类复方制剂等刑事案件适用法律若干问题的意见

为从源头上打击、遏制毒品犯罪，根据刑法等有关规定，结合司法实践，现就办理走私、非法买卖麻黄碱类复方制剂等刑事案件适用法律的若干问题，提出以下意见：

一、关于走私、非法买卖麻黄碱类复方制剂等行为的定性

以加工、提炼制毒物品制造毒品为目的，购买麻黄碱类复方制剂，或者运输、携带、寄递麻黄碱类复方制剂进出境的，依照刑法第三百四十七条的规定，以制造毒品罪定罪处罚。

以加工、提炼制毒物品为目的，购买麻黄碱类复方制剂，或者运输、携带、寄递麻黄碱类复方制剂进出境的，依照刑法第三百五十条第一款、第三款的规定，分别以非法买卖制毒物品罪、走私制毒物品罪定罪处罚。

将麻黄碱类复方制剂拆除包装、改变形态后进行走私或者非法买卖，或者明知是已拆除包装、改变形态的麻黄碱类复方制剂而进行走私或者非法买卖的，依照刑法第三百五十条第一款、第三款的规定，分别以走私制毒物品罪、非法买卖制毒物品罪定罪处罚。

非法买卖麻黄碱类复方制剂或者运输、携带、寄递麻黄碱类复方制剂进出境，没有证据证明系用于制造毒品或者走私、非法买卖制毒物品，或者未达到走私制毒物品罪、非法买卖制毒物品罪的定罪数量标准，构成非法经营罪、走私普通货物、物品罪等其他犯罪的，依法定罪处罚。

实施第一款、第二款规定的行为，同时构成其他犯罪的，依照处罚较重的规定定罪处罚。

二、关于利用麻黄碱类复方制剂加工、提炼制毒物品行为的定性

以制造毒品为目的,利用麻黄碱类复方制剂加工、提炼制毒物品的,依照刑法第三百四十七条的规定,以制造毒品罪定罪处罚。

以走私或者非法买卖为目的,利用麻黄碱类复方制剂加工、提炼制毒物品的,依照刑法第三百五十条第一款、第三款的规定,分别以走私制毒物品罪、非法买卖制毒物品罪定罪处罚。

三、关于共同犯罪的认定

明知他人利用麻黄碱类制毒物品制造毒品,向其提供麻黄碱类复方制剂,为其利用麻黄碱类复方制剂加工、提炼制毒物品,或者为其获取、利用麻黄碱类复方制剂提供其他帮助的,以制造毒品罪的共犯论处。

明知他人走私或者非法买卖麻黄碱类制毒物品,向其提供麻黄碱类复方制剂,为其利用麻黄碱类复方制剂加工、提炼制毒物品,或者为其获取、利用麻黄碱类复方制剂提供其他帮助的,分别以走私制毒物品罪、非法买卖制毒物品罪的共犯论处。

四、关于犯罪预备、未遂的认定

实施本意见规定的行为,符合犯罪预备或者未遂情形的,依照法律规定处罚。

五、关于犯罪嫌疑人、被告人主观目的与明知的认定

对于本意见规定的犯罪嫌疑人、被告人的主观目的与明知,应当根据物证、书证、证人证言以及犯罪嫌疑人、被告人供述和辩解等在案证据,结合犯罪嫌疑人、被告人的行为表现,重点考虑以下因素综合予以认定:

1. 购买、销售麻黄碱类复方制剂的价格是否明显高于市场交易价格;

2. 是否采用虚假信息、隐蔽手段运输、寄递、存储麻黄碱类复方制剂；

3. 是否采用伪报、伪装、藏匿或者绕行进出境等手段逃避海关、边防等检查；

4. 提供相关帮助行为获得的报酬是否合理；

5. 此前是否实施过同类违法犯罪行为；

6. 其他相关因素。

六、关于制毒物品数量的认定

实施本意见规定的行为，以走私制毒物品罪、非法买卖制毒物品罪定罪处罚的，应当以涉案麻黄碱类复方制剂中麻黄碱类物质的含量作为涉案制毒物品的数量。

实施本意见规定的行为，以制造毒品罪定罪处罚的，应当将涉案麻黄碱类复方制剂所含的麻黄碱类物质可以制成的毒品数量作为量刑情节考虑。

多次实施本意见规定的行为未经处理的，涉案制毒物品的数量累计计算。

七、关于定罪量刑的数量标准

毒品的定罪量刑数量标准的理解与适用
↑P377~378

实施本意见规定的行为，以走私制毒物品罪、非法买卖制毒物品罪定罪处罚的，涉案麻黄碱类复方制剂所含的麻黄碱类物质应当达到以下数量标准：麻黄碱、伪麻黄碱、消旋麻黄碱及其盐类五千克以上不满五十千克；去甲麻黄碱、甲基麻黄碱及其盐类十千克以上不满一百千克；麻黄浸膏、麻黄浸膏粉一百千克以上不满一千千克。达到上述数量标准上限的，认定为刑法第三百五十条第一款规定的"数量大"。

实施本意见规定的行为，以制造毒品罪定罪处罚的，无论涉案麻黄碱类复方制剂所含的麻黄碱类物质数量多少，都应当追究刑事责任。

八、关于麻黄碱类复方制剂的范围

本意见所称麻黄碱类复方制剂是指含有《易制毒化学品管理条例》（国务院令第445号）品种目录所列的麻黄碱（麻黄素）、伪麻黄碱（伪麻黄素）、消旋麻黄碱（消旋麻黄素）、去甲麻黄碱（去甲麻黄素）、甲基麻黄碱（甲基麻黄素）及其盐类，或者麻黄浸膏、麻黄浸膏粉等麻黄碱类物质的药品复方制剂。

《易制毒化学品的分类和品种目录》
↑ P266~267

最高人民法院 最高人民检察院 公安部
关于办理邻氯苯基环戊酮等三种制毒物品犯罪案件定罪量刑数量标准的通知

2014年9月5日   公通字〔2014〕32号

各省、自治区、直辖市高级人民法院，人民检察院，公安厅、局，解放军军事法院、军事检察院，新疆维吾尔自治区高级人民法院生产建设兵团分院，新疆生产建设兵团人民检察院、公安局：

近年来，随着制造合成毒品犯罪的迅速增长，制毒物品流入非法渠道形势严峻。利用邻氯苯基环戊酮合成羟亚胺进而制造氯胺酮，利用1-苯基-2-溴-1-丙酮（又名溴代苯丙酮、2-溴代苯丙酮、α-溴代苯丙酮等）合成麻黄素和利用3-氧-2-苯基丁腈（又名α-氰基苯丙酮、α-苯乙酰基乙腈、2-苯乙酰基乙腈等）合成1-苯基-2-丙酮进而制造甲基苯丙胺（冰毒）等犯罪尤为突出。2012年9月和2014年5月，国务院先后将邻氯苯基环戊酮、1-苯基-2-溴-1-丙酮和3-氧-2-苯基丁腈增列为第一类易制毒化学品管制。为遏制上述物品流入非法渠道被用于制造毒品，根据刑法和《最高人民法院关于审理毒品案件定罪量刑标准有关问题的解释》《最高人民法院、最高人民检察院、公安部关于办理制毒物品犯罪案件适用法律若干问题的意见》等相关规定，现就办理上述三种制毒物品犯罪案件的定罪量刑数量标准通知如下：

一、违反国家规定，非法运输、携带邻氯苯基环戊酮、1-苯基-2-溴-1-丙酮或者3-氧-2-苯基丁腈进出境，或者在境内非法买卖上述物品，达到下列数量标准的，依照刑法第三百五十条第一款的规定，处三年以下有期徒刑、拘役或者管制，并处罚金：

（一）邻氯苯基环戊酮二十千克以上不满二百千克；

（二）1-苯基-2-溴-1-丙酮、3-氧-2-苯基丁腈十五千克以上不满一百五十千克。

二、违反国家规定，实施上述行为，达到或者超过第一条所列最高数量标准的，应当认定为刑法第三百五十条第一款规定的"数量大"，处三年以上十年以下有期徒刑，并处罚金。

最高人民法院　最高人民检察院　公安部
农业部　国家食品药品监督管理总局

关于进一步加强麻黄草管理严厉打击非法买卖麻黄草等违法犯罪活动的通知

2013年5月21日　　　　　　公通字〔2013〕16号

《刑法》第三百五十条
↑P.28~31

各省、自治区、直辖市高级人民法院，人民检察院，公安厅、局，农业（农牧、畜牧）厅、局，食品药品监督管理局（药品监督管理局），解放军军事法院、军事检察院，新疆维吾尔自治区高级人民法院生产建设兵团分院，新疆生产建设兵团人民检察院、公安局、畜牧兽医局：

近年来，随着我国对麻黄碱类制毒物品及其复方制剂监管力度的不断加大，利用麻黄碱类制毒物品及其复方制剂制造冰毒的犯罪活动得到有效遏制。但是，利用麻黄草提取麻黄碱类制毒物品制造冰毒的问题日益凸显，麻黄草已成为目前国内加工制造冰毒的又一主要原料。2012年，全国共破获利用麻黄草提取麻黄碱类制毒物品制造冰毒案件46起，缴获麻黄草964.4吨，同比分别上升91.7%、115.5%。为进一步加强麻黄草管理，严厉打击非法买卖麻黄草等违法犯罪活动，根据《中华人民共和国刑法》、《国务院关于禁止采集和销售发菜制止滥挖甘草和麻黄草有关问题的通知》（国发〔2000〕13号）等相关规定，现就有关要求通知如下：

一、严格落实麻黄草采集、收购许可证制度

麻黄草的采集、收购实行严格的许可证制度，未经许可，任何单位和个人不得采集、收购麻黄草，麻黄草收购单位只能将麻黄草销售给药品生产企业。农牧主管部门要从严核发麻黄草采集证，统筹确定各地麻黄草采挖量，禁止任何单位和个人无证采挖麻黄草；严格监督采挖单位和个人凭采集证销售麻黄草；严格控制麻黄草采挖量，严禁无证或超量采挖麻黄草。食品药品监管部门要督促相关药品生产企业严格按照《药品生产质量管理规范（2010年修订）》规定，建立和完善药品质量管理体系，特别是建立麻黄草收购、产品加工和销售台账，并保存2年备查。

二、切实加强对麻黄草采挖、买卖和运输的监督检查

农牧主管部门要认真调查麻黄草资源的分布和储量，加强对麻黄草资源的监管；要严肃查处非法采挖麻黄草和伪造、倒卖、转让采集证行为，上述行为一经发现，一律按最高限处罚。食品药品监管部门要加强对药品生产、经营企业的监督检查，对违反《药品管理法》及相关规定生产、经营麻黄草及其制品的，要依法处理。公安机关要会同农牧主管等部门，加强对麻黄草运输活动的检查，在重点公路、出入省通道要部署力量进行查缉，对没有采集证或者收购证以及不能说明合法用途运输麻黄草的，一律

依法扣押审查。

三、依法查处非法采挖、买卖麻黄草等犯罪行为

各地人民法院、人民检察院、公安机关要依法查处非法采挖、买卖麻黄草等犯罪行为，区别情形予以处罚：

（一）以制造毒品为目的，采挖、收购麻黄草的，依照刑法第三百四十七条的规定，以制造毒品罪定罪处罚。

（二）以提取麻黄碱类制毒物品后进行走私或者非法贩卖为目的，采挖、收购麻黄草，涉案麻黄草所含的麻黄碱类制毒物品达到相应定罪数量标准的，依照刑法第三百五十条第一款、第三款的规定，分别以走私制毒物品罪、非法买卖制毒物品罪定罪处罚。

（三）明知他人制造毒品或者走私、非法买卖制毒物品，向其提供麻黄草或者提供运输、储存麻黄草等帮助的，分别以制造毒品罪、走私制毒物品罪、非法买卖制毒物品罪的共犯论处。

（四）违反国家规定采挖、销售、收购麻黄草，没有证据证明以制造毒品或者走私、非法买卖制毒物品为目的，依照刑法第二百二十五条的规定构成犯罪的，以非法经营罪定罪处罚。

（五）实施以上行为，以制造毒品罪、走私制毒物品罪、非法买卖制毒物品罪定罪处罚的，涉案制毒物品的数量按照三百千克麻黄草折合一千克麻黄碱计算；以制造毒品罪定罪处罚的，无论涉案麻黄草数量多少，均应追究刑事责任。

最高人民法院 最高人民检察院 公安部关于印发《办理毒品犯罪案件毒品提取、扣押、称量、取样和送检程序若干问题的规定》的通知

2016年5月24日　　　公禁毒〔2016〕511号

各省、自治区、直辖市高级人民法院、人民检察院、公安厅、局，新疆维吾尔自治区高级人民法院生产建设兵团分院，新疆生产建设兵团人民检察院、公安局：

　　为进一步规范毒品犯罪案件中毒品的提取、扣押、称量、取样和送检工作，最高人民法院、最高人民检察院、公安部制定了《办理毒品犯罪案件毒品提取、扣押、称量、取样和送检程序若干问题的规定》。现印发给你们，请认真贯彻执行。执行中遇到的问题，请及时分别层报最高人民法院、最高人民检察院、公安部。

办理毒品犯罪案件毒品提取、扣押、称量、取样和送检程序若干问题的规定

第一章　总　则

　　第一条　为规范毒品的提取、扣押、称量、取样和送检程序，提高办理毒品犯罪案件的质量和效率，根据《中华人民共和国刑事诉讼法》《最高人民法院关于适用〈中华人民共和国刑事诉讼法〉的解释》《人民检察院刑事诉讼规则（试行）》《公安

机关办理刑事案件程序规定》等有关规定，结合办案工作实际，制定本规定。

第二条 公安机关对于毒品的提取、扣押、称量、取样和送检工作，应当遵循依法、客观、准确、公正、科学和安全的原则，确保毒品实物证据的收集、固定和保管工作严格依法进行。

第三条 人民检察院、人民法院办理毒品犯罪案件，应当审查公安机关对毒品的提取、扣押、称量、取样、送检程序以及相关证据的合法性。

毒品的提取、扣押、称量、取样、送检程序存在瑕疵，可能严重影响司法公正的，人民检察院、人民法院应当要求公安机关予以补正或者作出合理解释。经公安机关补正或者作出合理解释的，可以采用相关证据；不能补正或者作出合理解释的，对相关证据应当依法予以排除，不得作为批准逮捕、提起公诉或者判决的依据。

第二章 提取、扣押

第四条 侦查人员应当对毒品犯罪案件有关的场所、物品、人身进行勘验、检查或者搜查，及时准确地发现、固定、提取、采集毒品及内外包装物上的痕迹、生物样本等物证，依法予以扣押。必要时，可以指派或者聘请具有专门知识的人，在侦查人员的主持下进行勘验、检查。

侦查人员对制造毒品、非法生产制毒物品犯罪案件的现场进行勘验、检查或者搜查时，应当提取并当场扣押制造毒品、非法生产制毒物品的原料、配剂、成品、半成品和工具、容器、包装物以及上述物品附着的痕迹、生物样本等物证。

提取、扣押时，不得将不同包装物内的毒品混合。

现场勘验、检查或者搜查时，应当对查获毒品的原始状态拍照或者录像，采取措施防止犯罪嫌疑人及其他无关人员接触毒品及包装物。

第五条 毒品的扣押应当在有犯罪嫌疑人在场并有见证人的

情况下，由两名以上侦查人员执行。

毒品的提取、扣押情况应当制作笔录，并当场开具扣押清单。

笔录和扣押清单应当由侦查人员、犯罪嫌疑人和见证人签名。犯罪嫌疑人拒绝签名的，应当在笔录和扣押清单中注明。

第六条 对同一案件在不同位置查获的两个以上包装的毒品，应当根据不同的查获位置进行分组。

对同一位置查获的两个以上包装的毒品，应当按照以下方法进行分组：

（一）毒品或者包装物的外观特征不一致的，根据毒品及包装物的外观特征进行分组；

（二）毒品及包装物的外观特征一致，但犯罪嫌疑人供述非同一批次毒品的，根据犯罪嫌疑人供述的不同批次进行分组；

（三）毒品及包装物的外观特征一致，但犯罪嫌疑人辩称其中部分不是毒品或者不知是否为毒品的，对犯罪嫌疑人辩解的部分疑似毒品单独分组。

第七条 对查获的毒品应当按其独立最小包装逐一编号或者命名，并将毒品的编号、名称、数量、查获位置以及包装、颜色、形态等外观特征记录在笔录或者扣押清单中。

在毒品的称量、取样、送检等环节，毒品的编号、名称以及对毒品外观特征的描述应当与笔录和扣押清单保持一致；不一致的，应当作出书面说明。

第八条 对体内藏毒的案件，公安机关应当监控犯罪嫌疑人排出体内的毒品，及时提取、扣押并制作笔录。笔录应当由侦查人员和犯罪嫌疑人签名；犯罪嫌疑人拒绝签名的，应当在笔录中注明。在保障犯罪嫌疑人隐私权和人格尊严的情况下，可以对排毒的主要过程进行拍照或者录像。

必要时，可以在排毒前对犯罪嫌疑人体内藏毒情况进行透视检验并以透视影像的形式固定证据。

体内藏毒的犯罪嫌疑人为女性的，应当由女性工作人员或者医师检查其身体，并由女性工作人员监控其排毒。

第九条 现场提取、扣押等工作完成后，一般应当由两名以上侦查人员对提取、扣押的毒品及包装物进行现场封装，并记录在笔录中。

封装应当在有犯罪嫌疑人在场并有见证人的情况下进行；应当使用封装袋封装毒品并加密封口，或者使用封条贴封包装，作好标记和编号，由侦查人员、犯罪嫌疑人和见证人在封口处、贴封处或者指定位置签名并签署封装日期。犯罪嫌疑人拒绝签名的，侦查人员应当注明。

确因情况紧急、现场环境复杂等客观原因无法在现场实施封装的，经公安机关办案部门负责人批准，可以及时将毒品带至公安机关办案场所或者其他适当的场所进行封装，并对毒品移动前后的状态进行拍照固定，作出书面说明。

封装时，不得将不同包装内的毒品混合。对不同组的毒品，应当分别独立封装，封装后可以统一签名。

第十条 必要时，侦查人员应当对提取、扣押和封装的主要过程进行拍照或者录像。

照片和录像资料应当反映提取、扣押和封装活动的主要过程以及毒品的原始位置、存放状态和变动情况。照片应当附有相应的文字说明，文字说明应当与照片反映的情况相对应。

第十一条 公安机关应当设置专门的毒品保管场所或者涉案财物管理场所，指定专人保管封装后的毒品及包装物，并采取措施防止毒品发生变质、泄漏、遗失、损毁或者受到污染等。

对易燃、易爆、具有毒害性以及对保管条件、保管场所有特殊要求的毒品，在处理前应当存放在符合条件的专门场所。公安机关没有具备保管条件的场所的，可以借用其他单位符合条件的场所进行保管。

第三章 称 量

第十二条 毒品的称量一般应当由两名以上侦查人员在查获

毒品的现场完成。

不具备现场称量条件的，应当按照本规定第九条的规定对毒品及包装物封装后，带至公安机关办案场所或者其他适当的场所进行称量。

第十三条 称量应当在有犯罪嫌疑人在场并有见证人的情况下进行，并制作称量笔录。

对已经封装的毒品进行称量前，应当在有犯罪嫌疑人在场并有见证人的情况下拆封，并记录在称量笔录中。

称量笔录应当由称量人、犯罪嫌疑人和见证人签名。犯罪嫌疑人拒绝签名的，应当在称量笔录中注明。

第十四条 称量应当使用适当精度和称量范围的衡器。称量的毒品质量不足一百克的，衡器的分度值应当达到零点零一克；一百克以上且不足一千克的，分度值应当达到零点一克；一千克以上且不足十千克的，分度值应当达到一克；十千克以上且不足一百千克的，分度值应当达到十克；一百千克以上且不足一吨的，分度值应当达到一百克；一吨以上的，分度值应当达到一千克。

称量前，称量人应当将衡器示数归零，并确保其处于正常的工作状态。

称量所使用的衡器应当经过法定计量检定机构检定并在有效期内，一般不得随意搬动。

法定计量检定机构出具的计量检定证书复印件应当归入证据材料卷，并随案移送。

第十五条 对两个以上包装的毒品，应当分别称量，并统一制作称量笔录，不得混合后称量。

对同一组内的多个包装的毒品，可以采取全部毒品及包装物总质量减去包装物质量的方式确定毒品的净质量；称量时，不同包装物内的毒品不得混合。

第十六条 多个包装的毒品系包装完好、标识清晰完整的麻醉药品、精神药品制剂的，可以按照其包装、标识或者说明书上标注的麻醉药品、精神药品成分的含量计算全部毒品的质量，或者从相同批号的药品制剂中随机抽取三个包装进行称量后，根据麻醉药品、精神药品成分的含量计算全部毒品的质量。

第十七条 对体内藏毒的案件，应当将犯罪嫌疑人排出体外的毒品逐一称量，统一制作称量笔录。

犯罪嫌疑人供述所排出的毒品系同一批次或者毒品及包装物的外观特征相似的，可以按照本规定第十五条第二款规定的方法进行称量。

第十八条 对同一容器内的液态毒品或者固液混合状态毒品，应当采用拍照或者录像等方式对其原始状态进行固定，再统一称量。必要时，可以对其原始状态固定后，再进行固液分离并分别称量。

第十九条 现场称量后将毒品带回公安机关办案场所或者送至鉴定机构取样的，应当按照本规定第九条的规定对毒品及包装物进行封装。

第二十条 侦查人员应当对称量的主要过程进行拍照或者录像。

照片和录像资料应当清晰显示毒品的外观特征、衡器示数和犯罪嫌疑人对称量结果的指认情况。

第四章 取 样

第二十一条 毒品的取样一般应当在称量工作完成后，由两名以上侦查人员在查获毒品的现场或者公安机关办案场所完成。必要时，可以指派或者聘请具有专门知识的人进行取样。

在现场或者公安机关办案场所不具备取样条件的，应当按照本规定第九条的规定对毒品及包装物进行封装后，将其送至鉴定机构并委托鉴定机构进行取样。

第二十二条 在查获毒品的现场或者公安机关办案场所取样的，应当在有犯罪嫌疑人在场并有见证人的情况下进行，并制作取样笔录。

对已经封装的毒品进行取样前，应当在有犯罪嫌疑人在场并有见证人的情况下拆封，并记录在取样笔录中。

取样笔录应当由取样人、犯罪嫌疑人和见证人签名。犯罪嫌疑人拒绝签名的，应当在取样笔录中注明。

必要时，侦查人员应当对拆封和取样的主要过程进行拍照或者录像。

第二十三条　委托鉴定机构进行取样的，对毒品的取样方法、过程、结果等情况应当制作取样笔录，但鉴定意见包含取样方法的除外。

取样笔录应当由侦查人员和取样人签名，并随案移送。

第二十四条　对单个包装的毒品，应当按照下列方法选取或者随机抽取检材：

（一）粉状。将毒品混合均匀，并随机抽取约一克作为检材；不足一克的全部取作检材。

（二）颗粒状、块状。随机选择三个以上不同的部位，各抽取一部分混合作为检材，混合后的检材质量不少于一克；不足一克的全部取作检材。

（三）膏状、胶状。随机选择三个以上不同的部位，各抽取一部分混合作为检材，混合后的检材质量不少于三克；不足三克的全部取作检材。

（四）胶囊状、片剂状。先根据形状、颜色、大小、标识等外观特征进行分组；对于外观特征相似的一组，从中随机抽取三粒作为检材，不足三粒的全部取作检材。

（五）液态。将毒品混合均匀，并随机抽取约二十毫升作为检材；不足二十毫升的全部取作检材。

（六）固液混合状态。按照本款以上各项规定的方法，分别对固态毒品和液态毒品取样；能够混合均匀成溶液的，可以将其混合均匀后按照本款第五项规定的方法取样。

对其他形态毒品的取样，参照前款规定的取样方法进行。

第二十五条　对同一组内两个以上包装的毒品，应当按照下列标准确定选取或者随机抽取独立最小包装的数量，再根据本规定第二十四条规定的取样方法从单个包装中选取或者随机抽取检材：

（一）少于十个包装的，应当选取所有的包装；

（二）十个以上包装且少于一百个包装的，应当随机抽取其中的十个包装；

（三）一百个以上包装的，应当随机抽取与包装总数的平方根数值最接近的整数个包装。

对选取或者随机抽取的多份检材，应当逐一编号或者命名，且检材的编号、名称应当与其他笔录和扣押清单保持一致。

第二十六条 多个包装的毒品系包装完好、标识清晰完整的麻醉药品、精神药品制剂的，可以从相同批号的药品制剂中随机抽取三个包装，再根据本规定第二十四条规定的取样方法从单个包装中选取或者随机抽取检材。

第二十七条 在查获毒品的现场或者公安机关办案场所取样的，应当使用封装袋封装检材并加密封口，作好标记和编号，由取样人、犯罪嫌疑人和见证人在封口处或者指定位置签名并签署封装日期。犯罪嫌疑人拒绝签名的，侦查人员应当注明。

从不同包装中选取或者随机抽取的检材应当分别独立封装，不得混合。

对取样后剩余的毒品及包装物，应当按照本规定第九条的规定进行封装。选取或者随机抽取的检材应当由专人负责保管。在检材保管和送检过程中，应当采取妥善措施防止其发生变质、泄漏、遗失、损毁或者受到污染等。

第二十八条 委托鉴定机构进行取样的，应当使用封装袋封装取样后剩余的毒品及包装物并加密封口，作好标记和编号，由侦查人员和取样人在封口处签名并签署封装日期。

第二十九条 对取样后剩余的毒品及包装物，应当及时送至公安机关毒品保管场所或者涉案财物管理场所进行妥善保管。

对需要作为证据使用的毒品，不起诉决定或者判决、裁定

（含死刑复核判决、裁定）发生法律效力后方可处理。

第五章 送 检

第三十条 对查获的全部毒品或者从查获的毒品中选取或者随机抽取的检材，应当由两名以上侦查人员自毒品被查获之日起三日以内，送至鉴定机构进行鉴定。

具有案情复杂、查获毒品数量较多、异地办案、在交通不便地区办案等情形的，送检时限可以延长至七日。

公安机关应当向鉴定机构提供真实、完整、充分的鉴定材料，并对鉴定材料的真实性、合法性负责。

第三十一条 侦查人员送检时，应当持本人工作证件、鉴定聘请书等材料，并提供鉴定事项相关的鉴定资料；需要复核、补充或者重新鉴定的，还应当持原鉴定意见复印件。

第三十二条 送检的侦查人员应当配合鉴定机构核对鉴定材料的完整性、有效性，并检查鉴定材料是否满足鉴定需要。

公安机关鉴定机构应当在收到鉴定材料的当日作出是否受理的决定，决定受理的，应当与公安机关办案部门签订鉴定委托书；不予受理的，应当退还鉴定材料并说明理由。

第三十三条 具有下列情形之一的，公安机关应当委托鉴定机构对查获的毒品进行含量鉴定：

（一）犯罪嫌疑人、被告人可能被判处死刑的；

（二）查获的毒品系液态、固液混合物或者系毒品半成品的；

（三）查获的毒品可能大量掺假的；

（四）查获的毒品系成分复杂的新类型毒品，且犯罪嫌疑人、被告人可能被判处七年以上有期徒刑的；

（五）人民检察院、人民法院认为含量鉴定对定罪量刑有重大影响而书面要求进行含量鉴定的。

进行含量鉴定的检材应当与进行成分鉴定的检材来源一致，且一一对应。

第三十四条 对毒品原植物及其种子、幼苗，应当委托具备相应资质的鉴定机构进行鉴定。当地没有具备相应资质的鉴定机构的，可以委托侦办案件的公安机关所在地的县级以上农牧、林业行政主管部门，或者设立农林相关专业的普通高等学校、科研院所出具检验报告。

第六章　附　则

第三十五条　本规定所称的毒品，包括毒品的成品、半成品、疑似物以及含有毒品成分的物质。

毒品犯罪案件中查获的其他物品，如制毒物品及其半成品、含有制毒物品成分的物质、毒品原植物及其种子和幼苗的提取、扣押、称量、取样和送检程序，参照本规定执行。

第三十六条　本规定所称的"以上""以内"包括本数，"日"是指工作日。

第三十七条　扣押、封装、称量或者在公安机关办案场所取样时，无法确定犯罪嫌疑人、犯罪嫌疑人在逃或者犯罪嫌疑人在异地被抓获且无法及时到场的，应当在有见证人的情况下进行，并在相关笔录、扣押清单中注明。

犯罪嫌疑人到案后，公安机关应当以告知书的形式告知其扣押、称量、取样的过程、结果。犯罪嫌疑人拒绝在告知书上签名的，应当将告知情况形成笔录，一并附卷；犯罪嫌疑人对称量结果有异议，有条件重新称量的，可以重新称量，并制作称量笔录。

第三十八条　毒品的提取、扣押、封装、称量、取样活动有见证人的，笔录材料中应当写明见证人的姓名、身份证件种类及号码和联系方式，并附其常住人口信息登记表等材料。

下列人员不得担任见证人：

（一）生理上、精神上有缺陷或者年幼，不具有相应辨别能力或者不能正确表达的人；

（二）犯罪嫌疑人的近亲属，被引诱、教唆、欺骗、强迫吸毒的被害人及其近亲属，以及其他与案件有利害关系并可能影响案件公正处理的人；

（三）办理该毒品犯罪案件的公安机关、人民检察院、人民法院的工作人员、实习人员或者其聘用的协勤、文职、清洁、保安等人员。

由于客观原因无法由符合条件的人员担任见证人或者见证人不愿签名的，应当在笔录材料中注明情况，并对相关活动进行拍照并录像。

第三十九条　本规定自2016年7月1日起施行。

最高人民法院　最高人民检察院印发《关于常见犯罪的量刑指导意见（试行）》的通知

2021年6月16日　　　　　法发〔2021〕21号

各省、自治区、直辖市高级人民法院、人民检察院，解放军军事法院、军事检察院，新疆维吾尔自治区高级人民法院生产建设兵团分院、新疆生产建设兵团人民检察院：

为进一步规范量刑和量刑建议工作，落实宽严相济刑事政策和认罪认罚从宽制度，增强量刑公开性，实现量刑公正，最高人民法院、最高人民检察院研究制定了《关于常见犯罪的量刑指导意见（试行）》（以下简称《量刑指导意见》）。现将《量刑指导意见》印发你们，并从2021年7月1日起在全国法院、检察院全面实施。现将有关事项通知如下。

一、深入推进量刑规范化工作和量刑建议工作。量刑规范化改革和量刑建议改革对规范刑罚裁量权，推进司法公开，促进司法公正，保障司法廉洁发挥了重要作用。最高人民法院、最高人民检察院联合制定实施《量刑指导意见》，是深入推进量刑规范化工作和量刑建议工作的重要举措，对于进一步贯彻落实宽严相济刑事政策，落实以审判为中心的刑事诉讼制度改革、认罪认罚从宽制度改革、司法责任制改革具有重要意义。各级人民法院、人民检察院要高度重视，统一思想认识，统一标准尺度，精心组织实施，积极推动量刑规范化工作和量刑建议工作深入发展，促进量刑公开公平公正，努力让人民群众在每一个司法案件中感受到公平正义。

二、共同制定实施细则。《量刑指导意见》对量刑的指导原则、量刑的基本方法、常见量刑情节的适用、常见犯罪的量刑等作了原则性规定。各高级人民法院、省级人民检察院要在总结司法实践经验的基础上，按照规范、实用、符合司法实际的原则要求，共同研究制定《量刑指导意见》实施细则，重点细化常见量刑情节的适用、常见犯罪的量刑以及罚金、缓刑的适用，确保实施细则符合相关规定，符合量刑实际，符合罪责刑相适应原则，具有较强的实用性和可操作性。2021年6月底前，各高级人民法院、省级人民检察院完成实施细则制定工作，经审判委员会、检察委员会讨论通过后，分别报最高人民法院、最高人民检察院备案审查，并与《量刑指导意见》同步实施。

三、全面深入组织实施。《量刑指导意见》自2021年7月1日实施后，全国各级人民法院、人民检察院要全面实施到位。对于符合规范范围的二十三种常见犯罪的量刑，都应当按照《量刑指导意见》提出量刑建议、规范量刑。对于其他没有纳入规范范围的案件，可以参照相关量刑规范提出量刑建议、规范量刑。要正确理解和运用"以定性分析为主，定量分析为辅"的量刑方法，在量刑过程中坚持以定性分析为主，在此基础上进行定量分析，依法确定量刑起点、基准刑和宣告刑。要正确理解和适用认罪认罚从宽情节，准确把握认罪认罚的基本内涵和不同诉讼阶段的表现形式，依法确定认罪认罚情节的适用和从宽幅度。要将宽严相济的指导原则贯穿到量刑的各环节和全过程，确保罪责刑相适应，努力实现政治效果、法律效果和社会效果的统一。

四、切实加强培训指导。全面实施《量刑指导意见》，对量刑规范化、量刑建议工作提出了新的更高的要求。各地人民法院、人民检察院要结合工作实际，认真组织学习培训，加强对基层办案法官、检察官特别是新任法官、检察官的业务培训，让每一位刑事法官、检察官都掌握量刑的基本方法，切实提高规范量刑建议、规范量刑的能力和水平，确保量刑公正。上级人民法院、人民检察院要切实加强调研指导，及时研究解决工作中遇到的问题和困难，不断总结提高，确保《量刑指导意见》全面、顺利实施。实施中遇到的重大、疑难问题，请及时层报最高人民法院、最高人民检察院。最高人民法院、最高人民检察院将适时修改完善《量刑指导意见》，促进量刑规范化、量刑建议工作高质量发展。

最高人民法院　最高人民检察院

关于常见犯罪的量刑指导意见（试行）

《刑法》关于量刑的规定 ↑P15

为进一步规范量刑活动，落实宽严相济刑事政策和认罪认罚从宽制度，增强量刑公开性，实现量刑公正，根据刑法、刑事诉讼法和有关司法解释等规定，结合司法实践，制定本指导意见。

一、量刑的指导原则

（一）量刑应当以事实为根据，以法律为准绳，根据犯罪的事实、性质、情节和对于社会的危害程度，决定判处的刑罚。

（二）量刑既要考虑被告人所犯罪行的轻重，又要考虑被告人应负刑事责任的大小，做到罪责刑相适应，实现惩罚和预防犯罪的目的。

（三）量刑应当贯彻宽严相济的刑事政策，做到该宽则宽，当严则严，宽严相济，罚当其罪，确保裁判政治效果、法律效果和社会效果的统一。

（四）量刑要客观、全面把握不同时期不同地区的经济社会发展和治安形势的变化，确保刑法任务的实现；对于同一地区同一时期案情相似的案件，所判处的刑罚应当基本均衡。

二、量刑的基本方法

量刑时，应当以定性分析为主，定量分析为辅，依次确定量刑起点、基准刑和宣告刑。

（一）量刑步骤

1. 根据基本犯罪构成事实在相应的法定刑幅度内确定量刑起点。

2. 根据其他影响犯罪构成的犯罪数额、犯罪次数、犯罪后果等犯罪事实，在量刑起点的基础上增加刑罚量确定基准刑。

3. 根据量刑情节调节基准刑，并综合考虑全案情况，依法确定宣告刑。

（二）调节基准刑的方法

1. 具有单个量刑情节的，根据量刑情节的调节比例直接调节基准刑。

2. 具有多个量刑情节的，一般根据各个量刑情节的调节比例，采用同向相加、逆向相减的方法调节基准刑；具有未成年人犯罪、老年人犯罪、限制行为能力的精神病人犯罪、又聋又哑的人或者盲人犯罪，防卫过当、避险过当、犯罪预备、犯罪未遂、犯罪中止，从犯、胁从犯和教唆犯等量刑情节的，先适用该量刑情节对基准刑进行调节，在此基础上，再适用其他量刑情节进行调节。

《刑法》第十八条
↑P.7

《刑法》第十九条
↑P.7

3. 被告人犯数罪，同时具有适用于个罪的立功、累犯等量刑情节的，先适用该量刑情节调节个罪的基准刑，确定个罪所应判处的刑罚，再依法实行数罪并罚，决定执行的刑罚。

（三）确定宣告刑的方法

1. 量刑情节对基准刑的调节结果在法定刑幅度内，且罪责刑相适应的，可以直接确定为宣告刑；具有应当减轻处罚情节的，应当依法在法定最低刑以下确定宣告刑。

2. 量刑情节对基准刑的调节结果在法定最低刑以下，具有法定减轻处罚情节，且罪责刑相适应的，可以直接确定为宣告刑；只有从轻处罚情节的，可以依法确定法定最低刑为宣告刑；但是根据案件的特殊情况，经最高人民法院核准，也可以在法定刑以下判处刑罚。

3. 量刑情节对基准刑的调节结果在法定最高刑以上的，可以依法确定法定最高刑为宣告刑。

4. 综合考虑全案情况，独任审判员或合议庭可以在20%的幅度内对调节结果进行调整，确定宣告刑。当调节后的结果仍不符合罪责刑相适应原则的，应当提交审判委员会讨论，依法确定宣告刑。

5. 综合全案犯罪事实和量刑情节，依法应当判处无期徒刑以上刑罚、拘役、管制或者单处附加刑、缓刑、免予刑事处罚的，应当依法适用。

（四）判处罚金刑，应当以犯罪情节为根据，并综合考虑被告人缴纳罚金的能力，依法决定罚金数额。

（五）适用缓刑，应当综合考虑被告人的犯罪情节、悔罪表现、再犯罪的危险以及宣告缓刑对所居住社区的影响，依法作出决定。

三、常见量刑情节的适用

量刑时应当充分考虑各种法定和酌定量刑情节，根据案件的全部犯罪事实以及量刑情节的不同情形，依法确定量刑情节的适用及其调节比例。对黑恶势力犯罪、严重暴力犯罪、毒品犯罪、性侵未成年人犯罪等危害严重的犯罪，在确定从宽的幅度时，应当从严掌握；对犯罪情节较轻的犯罪，应当充分体现从宽。具体确定各个量刑情节的调节比例时，应当综合平衡调节幅度与实际增减刑罚量的关系，确保罪责刑相适应。

（一）对于未成年人犯罪，综合考虑未成年人对犯罪的认知能力、实施犯罪行为的动机和目的、犯罪时的年龄、是否初犯、偶犯、悔罪表现、个人成长经历和一贯表现等情况，应当予以从宽处罚。

1. 已满十二周岁不满十六周岁的未成年人犯罪，减少基准刑的30%-60%；

2. 已满十六周岁不满十八周岁的未成年人犯罪，减少基准刑的10%-50%。

（二）对于已满七十五周岁的老年人故意犯罪，综合考虑犯罪的性质、情节、后果等情况，可以减少基准刑的40%以下；过失犯罪的，减少基准刑的20%-50%。

（三）对于又聋又哑的人或者盲人犯罪，综合考虑犯罪性质、情节、后果以及聋哑人或者盲人犯罪时的控制能力等情况，可以减少基准刑的50%以下；犯罪较轻的，可以减少基准刑的50%以上或者依法免除处罚。

（四）对于未遂犯，综合考虑犯罪行为的实行程度、造成损害的大小、犯罪未得逞的原因等情况，可以比照既遂犯减少基准刑的50%以下。

（五）对于从犯，综合考虑其在共同犯罪中的地位、作用等情况，应当予以从宽处罚，减少基准刑的20%-50%；犯罪较轻的，减少基准刑的50%以上或者依法免除处罚。

（六）对于自首情节，综合考虑自首的动机、时间、方式、罪行轻重、如实供述罪行的程度以及悔罪表现等情况，可以减少基准刑的40%以下；犯罪较轻的，可以减少基准刑的40%以上或者依法免除处罚。恶意利用自首规避法律制裁等不足以从宽处罚的除外。

《刑法》关于自首的规定
↑P15~16

（七）对于坦白情节，综合考虑如实供述罪行的阶段、程度、罪行轻重以及悔罪表现等情况，确定从宽的幅度。

1. 如实供述自己罪行的，可以减少基准刑的20%以下；

2. 如实供述司法机关尚未掌握的同种较重罪行的，可以减少基准刑的10%-30%；

3. 因如实供述自己罪行，避免特别严重后果发生的，可以减少基准刑的30%-50%。

（八）对于当庭自愿认罪的，根据犯罪的性质、罪行的轻重、认罪程度以及悔罪表现等情况，可以减少基准刑的10%以下。依法认定自首、坦白的除外。

《刑法》关于立功的规定
↑ P.16

（九）对于立功情节，综合考虑立功的大小、次数、内容、来源、效果以及罪行轻重等情况，确定从宽的幅度。

1. 一般立功的，可以减少基准刑的20%以下；

2. 重大立功的，可以减少基准刑的20%-50%；犯罪较轻的，减少基准刑的50%以上或者依法免除处罚。

（十）对于退赃、退赔的，综合考虑犯罪性质、退赃、退赔行为对损害结果所能弥补的程度、退赃、退赔的数额及主动程度等情况，可以减少基准刑的30%以下；对抢劫等严重危害社会治安犯罪的，应当从严掌握。

（十一）对于积极赔偿被害人经济损失并取得谅解的，综合考虑犯罪性质、赔偿数额、赔偿能力以及认罪悔罪表现等情况，可以减少基准刑的40%以下；积极赔偿但没有取得谅解的，可以减少基准刑的30%以下；尽管没有赔偿，但取得谅解的，可以减少基准刑的20%以下。对抢劫、强奸等严重危害社会治安犯罪的，应当从严掌握。

（十二）对于当事人根据刑事诉讼法第二百八十八条达成刑事和解协议的，综合考虑犯罪性质、赔偿数额、赔礼道歉以及真诚悔罪等情况，可以减少基准刑的50%以下；犯罪较轻的，减少基准刑的50%以上或者依法免除处罚。

（十三）对于被告人在羁押期间表现好的，可以减少基准刑的10%以下。

（十四）对于被告人认罪认罚的，综合考虑犯罪的性质、罪行的轻重、认罪认罚的阶段、程度、价值、悔罪表现等情况，可以减少基准刑的30%以下；具有自首、重大坦白、退赃退赔、赔偿谅解、刑事和解等情节的，可以减少基准刑的60%以下，犯罪较轻的，可以减少基准刑的60%以上或者依法免除处罚。认罪认罚与自首、坦白、当庭自愿认罪、退赃退赔、赔偿谅解、刑事和解、羁押期间表现好等量刑情节不作重复评价。

（十五）对于累犯，综合考虑前后罪的性质、刑罚执行完毕或赦免以后至再犯罪时间的长短以及前后罪罪行轻重等情况，应当增加基准刑的10%-40%，一般不少于3个月。

（十六）对于有前科的，综合考虑前科的性质、时间间隔长短、次数、处罚轻重等情况，可以增加基准刑的10%以下。前科犯罪为过失犯罪和未成年人犯罪的除外。

（十七）对于犯罪对象为未成年人、老年人、残疾人、孕妇等弱势人员的，综合考虑犯罪的性质、犯罪的严重程度等情况，可以增加基准刑的20%以下。

（十八）对于在重大自然灾害、预防、控制突发传染病疫情等灾害期间故意犯罪的，根据案件的具体情况，可以增加基准刑的20%以下。

四、常见犯罪的量刑

（二十）走私、贩卖、运输、制造毒品罪

1. 构成走私、贩卖、运输、制造毒品罪的，根据下列情形在相应的幅度内确定量刑起点：

（1）走私、贩卖、运输、制造鸦片一千克，海洛因、甲基苯丙胺五十克或者其它毒品数量达到数量大起点的，量刑起点为十五年有期徒刑。依法应当判处无期徒刑以上刑罚的除外。

（2）走私、贩卖、运输、制造鸦片二百克，海洛因、甲基苯丙胺十克或者其它毒品数量达到数量较大起点的，在七年至八年有期徒刑幅度内确定量刑起点。

（3）走私、贩卖、运输、制造鸦片不满二百克，海洛因、甲基苯丙胺不满十克或者其他少量毒品的，可以在三年以下有期徒刑、拘役幅度内确定量刑起点；情节严重的，在三年至四年有期徒刑幅度内确定量刑起点。

2. 在量刑起点的基础上，根据毒品犯罪次数、人次、毒品数量等其他影响犯罪构成的犯罪事实增加刑罚量,确定基准刑。

3. 有下列情节之一的,增加基准刑的10%-30%:
(1) 利用、教唆未成年人走私、贩卖、运输、制造毒品的;
(2) 向未成年人出售毒品的;
(3) 毒品再犯。

4. 有下列情节之一的,可以减少基准刑的30%以下:
(1) 受雇运输毒品的;
(2) 毒品含量明显偏低的;
(3) 存在数量引诱情形的。

5. 构成走私、贩卖、运输、制造毒品罪的,根据走私、贩卖、运输、制造毒品的种类、数量、危害后果等犯罪情节,综合考虑被告人缴纳罚金的能力,决定罚金数额。

6. 构成走私、贩卖、运输、制造毒品罪的,综合考虑走私、贩卖、运输、制造毒品的种类、数量、危害后果等犯罪事实、量刑情节,以及被告人的主观恶性、人身危险性、认罪悔罪表现等因素,从严把握缓刑的适用。

(二十一)非法持有毒品罪

1. 构成非法持有毒品罪的,根据下列情形在相应的幅度内确定量刑起点:
(1) 非法持有鸦片一千克以上、海洛因或者甲基苯丙胺五十克以上或者其他毒品数量大的,在七年至九年有期徒刑幅度内确定量刑起点。依法应当判处无期徒刑的除外。
(2) 非法持有毒品情节严重的,在三年至四年有期徒刑幅度内确定量刑起点。
(3) 非法持有鸦片二百克、海洛因或者甲基苯丙胺十克或者其他毒品数量较大的,在一年以下有期徒刑、拘役幅度内确定量刑起点。

2. 在量刑起点的基础上,根据毒品数量等其他影响犯罪构成的犯罪事实增加刑罚量,确定基准刑。

3. 构成非法持有毒品罪的,根据非法持有毒品的种类、数量等犯罪情节，综合考虑被告人缴纳罚金的能力，决定罚金数额。

4. 构成非法持有毒品罪的，综合考虑非法持有毒品的种类、数量等犯罪事实、量刑情节，以及被告人主观恶性、人身危险性、认罪悔罪表现等因素，从严把握缓刑的适用。

（二十二）容留他人吸毒罪

1. 构成容留他人吸毒罪的，在一年以下有期徒刑、拘役幅度内确定量刑起点。

2. 在量刑起点的基础上，根据容留他人吸毒的人数、次数等其他影响犯罪构成的犯罪事实增加刑罚量，确定基准刑。

3. 构成容留他人吸毒罪的，根据容留他人吸毒的人数、次数、违法所得数额、危害后果等犯罪情节，综合考虑被告人缴纳罚金的能力，决定罚金数额。

4. 构成容留他人吸毒罪的，综合考虑容留他人吸毒的人数、次数、危害后果等犯罪事实、量刑情节，以及被告人主观恶性、人身危险性、认罪悔罪表现等因素，决定缓刑的适用。

最高人民法院
关于常见犯罪的量刑指导意见（二）（试行）（节录）

2017年5月1日　　　　　　法发〔2017〕74号

（六）非法持有毒品罪

1. 构成非法持有毒品罪的，可以根据下列不同情形在相应的幅度内确定量刑起点：

（1）非法持有鸦片一千克、海洛因或者甲基苯丙胺五十克或者其他毒品数量大的，可以在七年至九年有期徒刑幅度内确定量刑起点。依法应当判处无期徒刑的除外。

(2) 非法持有毒品情节严重的,可以在三年至四年有期徒刑幅度内确定量刑起点。

(3) 非法持有鸦片二百克、海洛因或者甲基苯丙胺十克或者其他毒品数量较大的,可以在一年以下有期徒刑、拘役幅度内确定量刑起点。

2. 在量刑起点的基础上,可以根据毒品数量等其他影响犯罪构成的犯罪事实增加刑罚量,确定基准刑。

(七) 容留他人吸毒罪

1. 构成容留他人吸毒罪的,可以在一年以下有期徒刑、拘役幅度内确定量刑起点。

2. 在量刑起点的基础上,可以根据容留他人吸毒的人数、次数等其他影响犯罪构成的犯罪事实增加刑罚量,确定基准刑。

最高人民法院研究室
关于贩卖、运输经过取汁的罂粟壳废渣是否构成贩卖、运输毒品罪的答复

2010年9月27日　　　　　法研〔2010〕168号

四川省高级人民法院:

你院川高法〔2010〕438号《关于被告人贩卖、运输经过取汁的罂粟壳废渣是否构成贩卖、运输毒品罪的请示》收悉。经研究,答复如下:

最高人民法院研究室认为,根据你院提供的情况,对本案被告人不宜以贩卖、运输毒品罪论处。主要考虑:(1) 被告人贩卖、运输的是经过取汁的罂粟壳废渣,吗啡含量只有0.01%,含量极低,从技术和成本看,基本不可能用于提取吗啡;(2) 国家对经过取汁的罂粟壳并无明文规定予以管制,实践中有关药厂也

未按照管制药品对其进行相应处理；（3）无证据证明被告人购买、加工经过取汁的罂粟壳废渣是为了将其当作毒品出售，具有贩卖、运输毒品的故意。如果查明行为人有将罂粟壳废渣作为制售毒品原料予以利用的故意，可建议由公安机关予以治安处罚。

最高人民法院研究室
关于被告人对不同种毒品实施同一犯罪行为是否按比例折算成一种毒品予以累加后量刑的答复

2009年8月17日　　　　　　法研〔2009〕146号

四川省高级人民法院：

你院川高法〔2009〕390号《关于被告人对不同种毒品实施同一犯罪行为是否按比例折算成一种毒品予以累加后量刑的请示》收悉。经研究，答复如下：

根据《全国部分法院审理毒品犯罪案件工作座谈会纪要》的规定，对被告人一人走私、贩卖、运输、制造两种以上毒品的，不实行数罪并罚，量刑时可综合考虑毒品的种类、数量及危害，依法处理。故同意你院处理意见。

此复。

《刑法》关于数罪并罚的规定
↑P_{16}

附：

四川省高级人民法院
关于被告人对不同种毒品实施同一犯罪行为是否按比例折算成一种毒品予以累加后量刑的请示

2009 年 7 月 27 日　　　　　　　川高法〔2009〕390 号

最高人民法院：

　　我省成都铁路运输法院在审理毒品案件中，就被告人对不同种毒品实施同一犯罪行为的情形如何量刑，是否可以将不同种毒品按比例折算成一种毒品予以累加后量刑，形成了不同意见，特向我院请示。

　　我院审判委员会讨论后一致认为，处理该类案件应当将案件涉及的不同种毒品按一定比例折算后予以累加进行量刑。

　　鉴于该请示涉及的问题在刑事审判领域具有普遍性，其处理意见已超出省法院答复范围，特向你院请示，请予批复。

最高人民检察院
关于《非药用类麻醉药品和精神药品管制品种增补目录》能否作为认定毒品依据的批复

2009 年 4 月 29 日　　　　　　　高检发释字〔2019〕2 号

河南省人民检察院：

　　你院《关于〈非药用类麻醉药品和精神药品管制品种增补目录〉能否作为认定毒品的依据的请示》收悉。经研究，批复如下：

根据《中华人民共和国刑法》第三百五十七条和《中华人民共和国禁毒法》第二条的规定，毒品是指鸦片、海洛因、甲基苯丙胺（冰毒）、吗啡、大麻、可卡因以及国家规定管制的其他能够使人形成瘾癖的麻醉药品和精神药品。

2015年10月1日起施行的公安部、国家食品药品监督管理总局、国家卫生和计划生育委员会、国家禁毒委员会办公室《非药用类麻醉药品和精神药品列管办法》及其附表《非药用类麻醉药品和精神药品管制品种增补目录》，是根据国务院《麻醉药品和精神药品管理条例》第三条第二款授权制定的，《非药用类麻醉药品和精神药品管制品种增补目录》可以作为认定毒品的依据。

此复。

最高人民检察院法律政策研究室
关于安定注射液是否属于刑法第三百五十五条规定的精神药品问题的答复

2002年10月24日　　　　〔2002〕高检研发第23号

福建省人民检察院研究室：

你院《关于安定注射液是否属于〈刑法〉第三百五十五条规定的精神药品的请示》（闽检〔2001〕6号）收悉。经研究并征求有关部门意见，答复如下：

根据《精神药品管理办法》等国家有关规定，"能够使人形成瘾癖"的精神药品，是指使用后能使人的中枢神经系统兴奋或者抑制连续使用能使人产生依赖性的药品。安定注射液属于刑法第三百五十五条第一款规定的"国家规定管制的能够使人形成瘾癖的"精神药品。鉴于安定注射液属于《精神药品管理办法》规定的第二类精神药品，医疗实践中使用较多，在处理此类案件时，应当慎重掌握罪与非罪的界限。对于明知他人是吸毒人员而多次向其出售安定注射液，或者贩卖安定注射液数量较大的，可以依法追究行为人的刑事责任。

最高人民检察院公诉厅
毒品犯罪案件公诉证据标准指导意见（试行）

2005年4月25日　　　　　〔2005〕高检诉发第32号

根据毒品犯罪案件证据的共性和特性，公诉证据标准可分为一般证据标准和特殊证据标准。一般证据标准，是指毒品犯罪通常具有的证据种类和形式；特殊证据标准，是指对某些毒品犯罪除一般证据种类和形式外，还应具有的特殊证据形式。

一、一般证据标准

一般证据标准，包括证明毒品犯罪的客体、客观方面、主体和主观方面的证据种类和形式。毒品犯罪侵犯的客体主要是国家对毒品的管理制度，在一些特殊的毒品犯罪中，还同时侵害了国家海关管理制度等。对此，一般可通过犯罪事实的认定予以明确。《指导意见（试行）》主要针对的是证明毒品犯罪的主体、主观方面和客观方面的证据种类和形式问题。

（一）关于犯罪主体的证据

毒品犯罪的主体既有一般主体，也有特殊主体，包括自然人和单位。关于犯罪主体（自然人）的证据主要参考以下内容：

1. 居民身份证、临时居住证、工作证、护照、港澳居民来往内地通行证、台湾居民来往大陆通行证、中华人民共和国旅行证，以及边民证；

2. 户口簿或微机户口卡；

3. 个人履历表或入学、入伍、招工、招干等登记表；

4. 医院出生证明；

5. 犯罪嫌疑人、被告人的供述；

6. 有关人员（如亲属、邻居等）关于犯罪嫌疑人、被告人情况的证言。

通过上述证据证明犯罪嫌疑人、被告人的姓名（曾用名）、出生年月日、居民身份证号、民族、籍贯、出生地、职业、住所地等基本情况。贩卖毒品罪的犯罪嫌疑人、被告人必须是年满14周岁的自然人；其他毒品犯罪的犯罪嫌疑人、被告人必须是年满16周岁的自然人。

《刑法》第十七条
↑$\mathscr{P}_7$

收集、审查、判断上述证据需要注意的问题：

1. 居民身份证、工作证等身份证明文件的核实

对居民身份证、临时居住证、工作证、护照、港澳居民来往内地通行证、台湾居民来往大陆通行证、中华人民共和国旅行证，以及边民证的真实性存在疑问，如有其他证据能够证明犯罪嫌疑人、被告人真实情况的，可根据其他证据予以认定；现有证据无法证明的，应向证明身份文件上标明的原出具机关予以核实；原机关已撤消或者变更导致无法核实的，应向有权主管机关予以核查。经核查证明材料不真实的，应当向犯罪嫌疑人、被告人户籍所在地的公安机关、原用人单位调取证据。犯罪嫌疑人、被告人的真实姓名、住址无法查清的，应按其绰号或自报情况起诉，并在起诉书中注明。被告人自报姓名可能造成损害他人名誉、败坏道德风俗等不良影响的，可以对被告人进行编号并按编号制作起诉书，同时在起诉书中附具被告人的照片。犯罪嫌疑人、被告人认为公安机关提取的法定书证（户口簿、身份证等）所记载的个人情况不真实，但没有证据证明的，应以法定书证为准。对于年龄有争议的，一般以户籍登记文件为准；出生原始记录证明户籍登记确有错误的，可以根据原始记录等有效证据予以

认定。对年龄有争议，又缺乏证据的情况下，可以采用"骨龄鉴定法"，并结合其他证据予以认定。

2. 国籍的认定

> 《刑法》第三十五条
> ↑ $\mathscr{P}_{10}$

国籍的认定，涉及案件的审判管辖级别。审查起诉毒品犯罪案件时，应当查明犯罪嫌疑人、被告人的国籍。外国人的国籍，以其入境时的有效证件予以证明。对于没有护照的，可根据边民证认定其国籍；缅甸的个别地区使用"马帮丁"作为该地区居民的身份证明，故根据"马帮丁"也可认定其国籍。此外，根据有关国家有权管理机关出具的证明材料（同时附有我国司法机关的《委托函》或者能够证明该份证据取证合法的证明材料），也可以认定其国籍。国籍不明的，可商请我国出入境管理部门或者我国驻外使领馆予以协助查明。无法查明国籍的，以无国籍人论。无国籍人，属于外国人。

3. 刑事责任能力的确定

> 《刑法》第十八条
> ↑ $\mathscr{P}_7$

犯罪嫌疑人、被告人的言行举止反映他（她）可能患有精神性疾病的，应当尽量收集能够证明其精神状况的证据。证人证言可作为证明犯罪嫌疑人、被告人刑事责任能力的证据。经查不能排除犯罪嫌疑人、被告人具有精神性疾病可能性的，应当作司法精神病鉴定。

（二）关于犯罪主观方面的证据

> 公安机关立案追诉标准
> ↑ $\mathscr{P}_{112\sim113}$
>
> 毒品犯罪主观明知的认定
> ↑ $\mathscr{P}_{421\sim423}$

毒品犯罪的主观方面为故意。关于主观方面的证据主要参考以下内容：

1. 犯罪嫌疑人、被告人及其同案犯的供述和辩解；
2. 有关证人证言；
3. 有关书证（书信、电话记录、手机短信记录）；
4. 其他有助于判断主观故意的客观事实。

通过证据1、证据2和证据3，证明毒品犯罪案件的起因、犯罪动机、犯罪目的等主观特征。当以上证据均无法证明犯罪嫌疑人、被告人在主观上是否具有毒品犯罪的"明知"时，可通过证据4，即根据一定的客观事实判定"明知"。

收集、审查、判断上述证据需要注意的问题：

1. 对于毒品犯罪中目的犯的认定，应注意收集证明犯罪嫌疑人、被告人主观犯罪目的之证据，例如，刑法第355条第2款规定的"以牟利为目的"。

2. 对于毒品犯罪中共同犯罪的认定，应注意收集证明共同故意的证据。

3. 推定"明知"应当慎重使用。对于具有下列情形之一，并且犯罪嫌疑人、被告人不能做出合理解释的，可推定其明知，但有相反证据的除外：（1）故意选择没有海关和边防检查站的边境路段绕行出入境的；（2）经过海关或边检站时，以假报、隐匿、伪装等蒙骗手段逃避海关、边防检查的；（3）采用假报、隐匿、伪装等蒙骗手段逃避邮检的；（4）采用体内藏毒的方法运输毒品。对于具有下列情形之一的，能否推定明知还需结合其他证据予以综合判断：（1）受委托或雇佣携带毒品，获利明显超过正常标准的；（2）犯罪嫌疑人、被告人所有物、住宅、院落里藏有毒品的；（3）毒品包装物上留下的指纹与犯罪嫌疑人、被告人的指纹经鉴定一致的；（4）犯罪嫌疑人、被告人持有毒品的。

（三）关于犯罪客观方面的证据

毒品犯罪在客观方面表现为各种形式的毒品犯罪行为，如走私、贩卖、运输、制造毒品、非法持有毒品等。证明毒品犯罪客观方面的证据主要参考以下内容：

1. 物证及其照片，包括毒品、毒品的半成品、毒品的前体化学物、毒品原植物、毒品原植物的种子或幼苗、制毒物品、毒资、盛装毒品的容器或包装物、作案工具等实物及其照片；

2. 毒资转移的凭证，如银行的支付凭证（如存折、本票、汇票、支票）和记账凭证，毒品、制毒物品、毒品原植物等物品的交付凭证（托运单、货单、仓单、邮寄单），交通运输凭证（车票、船票、机票），同案犯之间的书信等；

3. 报案记录、投案记录、举报记录（信件）、控告记录（信件）、破案报告、吸毒记录等能说明案件及相关情况的书面材料；

4. 毒品、毒资、作案工具及其他涉案物品的扣押清单；

5. 相关证人证言，包括海关、边防检查人员、侦查人员的证言，以及鉴定人员对鉴定所作的说明；

6. 辨认笔录、指认笔录及其照片情况的文字记录，包括有关知情人员对犯罪嫌疑人、被告人的辨认和犯罪嫌疑人、被告人对毒品、毒资等犯罪对象的指认情况；

7. 犯罪嫌疑人、被告人的供述和辩解；

8. 毒品鉴定和检验报告，包括毒品鉴定、制毒物品鉴定、毒品原植物鉴定、毒品原植物的种子或幼苗鉴定、文检鉴定、指纹鉴定、犯罪嫌疑人或被告人是否吸食毒品的检验报告，以及被引诱、教唆、欺骗、强迫吸毒的被害人和被容留吸毒的人员是否吸食毒品的检验报告；

9. 现场勘验、检查笔录及照片、录像、现场制图，包括对现场的勘验、对人身的检查、对物品的检查；

10. 毒品数量的称量笔录；

11. 视听资料，包括录音带、录像带、电子数据等。

通过上述证据证明：毒品犯罪事实是否存在；犯罪嫌疑人、被告人是否实施毒品犯罪行为；犯罪嫌疑人、被告人实施毒品犯罪行为的性质；犯罪的时间、地点、手段、后果；毒品的种类及其数量；共同犯罪中，犯罪嫌疑人、被告人之间的关系及其在共同犯罪中所起的作用和地位；犯罪嫌疑人、被告人的财产状况；是否具有法定或酌定从重、从轻、减轻或免除处罚的情节；涉及管辖、强制措施、诉讼期限的事实；其他与定罪量刑有关的事实。

收集、审查、判断上述证据需要注意的问题：

1. 毒品犯罪案件中所涉及的毒品、制毒物品，以及毒品原植物、种子、幼苗，都必须属于刑法规定的范围。

2. 收集证据过程中，应注意固定、保全证据，防止证据在转移过程中因保管失当而发生变化或灭失。

3. 公安机关对作为证据使用的实物应当随案移送检察机关，

对不宜或不便移送的，应将这些物品的扣押清单、照片或者其他证明文件随案移送检察机关。

4. 注意审查犯罪嫌疑人、被告人的供述等言词证据，对于以刑讯逼供、诱供、指供、骗供等非法方法收集的言词证据，坚决依法予以排除。

5. 在毒品、制毒物品等物证灭失的情况下，仅有犯罪嫌疑人、被告人自己的供述，不能定罪；但是，当犯罪嫌疑人、被告人的供述与同案犯的供述吻合，并且完全排除诱供、刑讯逼供、串供等情形，能够相互印证的口供可以作为定罪的证据。

6. 毒品数量是指毒品净重。称量时，要扣除包装物和容器的重量。毒品称量应由二名以上侦查人员当场、当面进行，并拍摄现场照片。查获毒品后，应当场制作称量笔录，要求犯罪嫌疑人当场签字；犯罪嫌疑人拒绝签字的，应作出情况说明。

7. 审查鉴定时，要注意鉴定主体是否合格、鉴定内容和范围是否全面、鉴定程序是否符合规范（包括检材提取、检验、鉴定方法、鉴定过程、鉴定人有无签字等）、鉴定结论是否明确具体、鉴定报告的体例形式是否符合规范要求，以及鉴定结论是否告知犯罪嫌疑人、被告人。

8. 公安机关依法使用技术侦查手段秘密收集的证据，因为涉及保密问题，不能直接作为证据使用；必须使用技术侦查手段秘密收集的证据证明犯罪事实时，应将其转化为诉讼证据。

《刑法》第三十条、第三十一条
↑$P_{9~10}$

二、特殊证据标准

特殊证据标准主要包括主体特殊的毒品犯罪、有被害人的毒品犯罪、毒品犯罪的再犯，以及某些个罪所需的特殊证据形式。

《刑法》第三百四十七条第五款
↑P_{26}

（一）单位犯罪的特殊证据

刑法第347条走私、贩卖、运输、制造毒品罪、第350条走私制毒物品罪、非法买卖制毒物品罪、第355条非法提供麻醉药品、精神药品罪都规定单位可以构成本罪主体。单位毒品犯罪除

《刑法》第三百五十条
↑$P_{28~31}$

《刑法》第三百五十五条
↑P_{33}

一般证据标准外,还需要参考以下内容:

1. 证明单位犯罪主体身份的证据,例如,单位注册登记证明、单位代表身份证明、营业执照、办公地和主要营业地证明等;

2. 证明单位犯罪主观故意的证据,例如,证明单位犯罪的目的、实施犯罪的决定形成等证明材料;

3. 证明单位犯罪非法所得归属的证据,例如,证明单位、金流动、非法利益分配情况等证明材料;

4. 证明单位犯罪中直接负责的主管人员和其他直接责任人员的证据。

通过上述证据证明犯罪系单位行为,与自然人犯罪相区分。

收集、审查、判断上述证据需要注意以下问题:

1. 我国刑法中规定的单位,既包括国有、集体所有的公司、企业、事业单位,也包括依法设立的合资经营、合作经营企业和具有法人资格的独资、私营等公司、企业、事业单位。

2. 个人为进行违法犯罪活动而设立的公司、企业、事业单位实施犯罪的,或者公司、企业、事业单位设立后,以实施犯罪为主要活动的,以自然人犯罪论处。

3. 盗用单位名义实施犯罪,违法所得由实施犯罪的个人私分的,依照刑法有关自然人犯罪的规定定罪处刑。

(二) 特殊主体的特殊证据

刑法第 355 条规定的非法提供麻醉药品、精神药品罪的主体是特殊主体,即依法从事生产、运输、管理、使用国家管制的精神药品和麻醉药品的单位和个人。该罪的特殊证据主要参考以下内容:

1. 国家主管部门颁发的生产、运输、管理、使用国家管制的精神药品、麻醉药品的"许可证";

2. 有关单位对国家管制的精神药品和麻醉药品的来源、批号的证明及管理规定;

3. 特殊行业专营证;

4. 有关批文；

5. 有关个人的工作证、职称证明、授权书、职务任命书。

通过上述证据证明犯罪主体具有从事生产、运输、管理、使用国家管制的麻醉药品、精神药品的权力和职能。

（三）有被害人的毒品犯罪的特殊证据

刑法第 353 条规定的引诱、教唆、欺骗他人吸毒罪、强迫他人吸毒罪属于有被害人的毒品犯罪。这一类犯罪的特殊证据主要参考以下内容：

1. 被引诱、教唆、欺骗吸食、注射毒品的被害人的陈述；

2. 被强迫吸食、注射毒品的被害人的陈述；

3. 被引诱、教唆、欺骗、强迫吸食、注射毒品的未成年人的法定代理人及其亲属的证言。

通过上述证据证明被害人的客观存在，以及被告人引诱、教唆、欺骗他人吸毒、强迫他人吸毒的客观事实。

（四）毒品犯罪再犯的特殊证据

刑法第 356 条规定，因走私、贩卖、运输、制造、非法持有毒品罪被判过刑，又犯本节规定之罪的，从重处罚。毒品犯罪再犯的特殊证据主要是证明犯罪嫌疑人、被告人具有走私、贩卖、运输、制造毒品罪、非法持有毒品罪前科的生效判决和裁定。

收集、审查、判断这类证据需要注意以下问题：

1. 毒品再犯前科的罪名仅指走私、贩卖、运输、制造毒品罪和非法持有毒品罪；

2. 对于同时构成毒品再犯和刑法总则规定累犯的犯罪嫌疑人、被告人，一律适用刑法分则第 356 条关于毒品再犯的从重处罚规定，不再援引刑法总则中关于累犯的规定。

（五）走私、贩卖、运输、制造毒品罪的特殊证据

刑法第 347 条第 2 款（4）、（5）项规定：走私、贩卖、运输、制造毒品，以暴力抗拒检查、拘留、逮捕，情节严重的，或者参与有组织的国际贩毒活动的，应当处十五年有期徒刑、无期

徒刑或者死刑，并处没收财产。符合这两项规定的走私、贩卖、运输、制造毒品罪的特殊证据主要参考下列内容：

1. 公安、海关、边检部门出具的证明犯罪嫌疑人、被告人暴力抗拒检查、拘留、逮捕的材料；

2. 证明犯罪嫌疑人、被告人参与有组织的国际贩毒活动的材料或者犯罪记录。

通过上述证据证明犯罪嫌疑人、被告人是否具有以暴力抗拒检查、拘留、逮捕的严重情节，是否参与有组织的国际贩毒活动。符合上述两种情形的，应依法适用加重的法定刑。

（六）非法种植毒品原植物罪的特殊证据

根据刑法第351条第1款2、3项之规定，行为人非法种植毒品原植物，经公安机关处理后又种植的，或者抗拒铲除的，构成本罪。本罪的特殊证据主要参考以下内容：

1. 公安机关对原种植行为的处理情况说明；

2. 公安机关的处理决定（包括行政处罚决定）；

3. 公安机关责令铲除毒品原植物的通知书；

4. 公安机关警告或责令改正的记录。

通过上述证据证明公安机关曾处理过犯罪嫌疑人、被告人种植毒品原植物的行为，或者公安机关曾责令犯罪嫌疑人、被告人铲除其非法种植的毒品原植物，或者强制铲除犯罪嫌疑人、被告人种植的毒品原植物，但是犯罪嫌疑人、被告人拒绝铲除。非法种植毒品原植物数量没有达到刑法第351条第1款（1）项规定的数量较大程度，又不能证实行为人具有上述两种情形之一的，不构成犯罪。

最高人民检察院　公安部
关于公安机关管辖的刑事案件立案追诉标准的规定（三）

2012年5月16日　　　　　公通字〔2012〕26号

第一条　［走私、贩卖、运输、制造毒品案（刑法第三百四十七条）］走私、贩卖、运输、制造毒品，无论数量多少，都应予立案追诉。

本条规定的"走私"是指明知是毒品而非法将其运输、携带、寄递进出国（边）境的行为。直接向走私人非法收购走私进口的毒品，或者在内海、领海、界河、界湖运输、收购、贩卖毒品的，以走私毒品罪立案追诉。

本条规定的"贩卖"是指明知是毒品而非法销售或者以贩卖为目的而非法收买的行为。

有证据证明行为人以牟利为目的，为他人代购仅用于吸食、注射的毒品，对代购者以贩卖毒品罪立案追诉。不以牟利为目的，为他人代购仅用于吸食、注射的毒品，毒品数量达到本规定第二条规定的数量标准的，对托购者和代购者以非法持有毒品罪立案追诉。明知他人实施毒品犯罪而为其居间介绍、代购代卖的，无论是否牟利，都应以相关毒品犯罪的共犯立案追诉。

本条规定的"运输"是指明知是毒品而采用携带、寄递、托运、利用他人或者使用交通工具等方法非法运送毒品的行为。

本条规定的"制造"是指非法利用毒品原植物直接提炼或者用化学方法加工、配制毒品，或者以改变毒品成分和效用为目的，用混合等物理方法加工、配制毒品的行为。为了便于隐蔽运

《刑法》第三百四十七条
↑P_{24~26}

《最高人民法院关于审理毒品犯罪案件适用法律若干问题的解释》相关规定
↑P_{53~55}

关于走私、贩卖、运输、制造毒品罪的认定
↑P_{380~381}

输、销售、使用、欺骗购买者,或者为了增重,对毒品掺杂使假,添加或者去除其他非毒品物质,不属于制造毒品的行为。

为了制造毒品而采用生产、加工、提炼等方法非法制造易制毒化学品的,以制造毒品罪(预备)立案追诉。购进制造毒品的设备和原材料,开始着手制造毒品,尚未制造出毒品或者半成品的,以制造毒品罪(未遂)立案追诉。明知他人制造毒品而为其生产、加工、提炼、提供醋酸酐、乙醚、三氯甲烷等制毒物品的,以制造毒品罪的共犯立案追诉。

走私、贩卖、运输毒品主观故意中的"明知",是指行为人知道或者应当知道所实施的是走私、贩卖、运输毒品行为。具有下列情形之一,结合行为人的供述和其他证据综合审查判断,可以认定其"应当知道",但有证据证明确属被蒙骗的除外:

(一)执法人员在口岸、机场、车站、港口、邮局和其他检查站点检查时,要求行为人申报携带、运输、寄递的物品和其他疑似毒品物,并告知其法律责任,而行为人未如实申报,在其携带、运输、寄递的物品中查获毒品的;

(二)以伪报、藏匿、伪装等蒙蔽手段逃避海关、边防等检查,在其携带、运输、寄递的物品中查获毒品的;

(三)执法人员检查时,有逃跑、丢弃携带物品或者逃避、抗拒检查等行为,在其携带、藏匿或者丢弃的物品中查获毒品的;

(四)体内或者贴身隐秘处藏匿毒品的;

(五)为获取不同寻常的高额或者不等值的报酬为他人携带、运输、寄递、收取物品,从中查获毒品的;

(六)采用高度隐蔽的方式携带、运输物品,从中查获毒品的;

(七)采用高度隐蔽的方式交接物品,明显违背合法物品惯常交接方式,从中查获毒品的;

(八)行程路线故意绕开检查站点,在其携带、运输的物品中查获毒品的;

（九）以虚假身份、地址或者其他虚假方式办理托运、寄递手续，在托运、寄递的物品中查获毒品的；

（十）有其他证据足以证明行为人应当知道的。

制造毒品主观故意中的"明知"，是指行为人知道或者应当知道所实施的是制造毒品行为。有下列情形之一，结合行为人的供述和其他证据综合审查判断，可以认定其"应当知道"，但有证据证明确属被蒙骗的除外：

（一）购置了专门用于制造毒品的设备、工具、制毒物品或者配制方案的；

（二）为获取不同寻常的高额或者不等值的报酬为他人制造物品，经检验是毒品的；

（三）在偏远、隐蔽场所制造，或者采取对制造设备进行伪装等方式制造物品，经检验是毒品的；

（四）制造人员在执法人员检查时，有逃跑、抗拒检查等行为，在现场查获制造出的物品，经检验是毒品的；

（五）有其他证据足以证明行为人应当知道的。

走私、贩卖、运输、制造毒品罪是选择性罪名，对同一宗毒品实施了两种以上犯罪行为，并有相应确凿证据的，应当按照所实施的犯罪行为的性质并列适用罪名，毒品数量不重复计算。对同一宗毒品可能实施了两种以上犯罪行为，但相应证据只能认定其中一种或者几种行为，认定其他行为的证据不够确实充分的，只按照依法能够认定的行为的性质适用罪名。对不同宗毒品分别实施了不同种犯罪行为的，应对不同行为并列适用罪名，累计计算毒品数量。

第二条 ［非法持有毒品案（刑法第三百四十八条）］明知是毒品而非法持有，涉嫌下列情形之一的，应予立案追诉：

（一）鸦片二百克以上、海洛因、可卡因或者甲基苯丙胺十克以上；

（二）二亚甲基双氧安非他明（MDMA）等苯丙胺类毒品（甲基苯丙胺除外）、吗啡二十克以上；

《刑法》第三百四十八条
↑𝒫26~27

（三）度冷丁（杜冷丁）五十克以上（针剂100mg/支规格的五百支以上，50mg/支规格的一千支以上；片剂25mg/片规格的二千片以上，50mg/片规格的一千片以上）；

（四）盐酸二氢埃托啡二毫克以上（针剂或者片剂20mg/支、片规格的一百支、片以上）；

（五）氯胺酮、美沙酮二百克以上；

（六）三唑仑、安眠酮十千克以上；

（七）咖啡因五十千克以上；

（八）氯氮卓、艾司唑仑、地西泮、溴西泮一百千克以上；

（九）大麻油一千克以上，大麻脂二千克以上，大麻叶及大麻烟三十千克以上；

（十）罂粟壳五十千克以上；

（十一）上述毒品以外的其他毒品数量较大的。

非法持有两种以上毒品，每种毒品均没有达到本条第一款规定的数量标准，但按前款规定的立案追诉数量比例折算成海洛因后累计相加达到十克以上的，应予立案追诉。

本条规定的"非法持有"，是指违反国家法律和国家主管部门的规定，占有、携带、藏有或者以其他方式持有毒品。

非法持有毒品主观故意中的"明知"，依照本规定第一条第八款的有关规定予以认定。

第三条 [包庇毒品犯罪分子案（刑法第三百四十九条）] 包庇走私、贩卖、运输、制造毒品的犯罪分子，涉嫌下列情形之一的，应予立案追诉：

（一）作虚假证明，帮助掩盖罪行的；

（二）帮助隐藏、转移或者毁灭证据的；

（三）帮助取得虚假身份或者身份证件的；

（四）以其他方式包庇犯罪分子的。

实施前款规定的行为，事先通谋的，以走私、贩卖、运输、制造毒品罪的共犯立案追诉。

第四条 [窝藏、转移、隐瞒毒品、毒赃案（刑法第三百四十九条）] 为走私、贩卖、运输、制造毒品的犯罪分子窝藏、转移、隐瞒毒品或者犯罪所得的财物的，应予立案追诉。

实施前款规定的行为，事先通谋的，以走私、贩卖、运输、制造毒品罪的共犯立案追诉。

第五条 [走私制毒物品案（刑法第三百五十条）] 违反国家规定，非法运输、携带制毒物品进出国（边）境，涉嫌下列情形之一的，应予立案追诉：

（一）1-苯基-2-丙酮五千克以上；

（二）麻黄碱、伪麻黄碱及其盐类和单方制剂五千克以上，麻黄浸膏、麻黄浸膏粉一百千克以上；

（三）3,4-亚甲基二氧苯基-2-丙酮、去甲麻黄素（去甲麻黄碱）、甲基麻黄素（甲基麻黄碱）、羟亚胺及其盐类十千克以上；

（四）胡椒醛、黄樟素、黄樟油、异黄樟素、麦角酸、麦角胺、麦角新碱、苯乙酸二十千克以上；

（五）N-乙酰邻氨基苯酸、邻氨基苯甲酸、哌啶一百五十千克以上；

（六）醋酸酐、三氯甲烷二百千克以上；

（七）乙醚、甲苯、丙酮、甲基乙基酮、高锰酸钾、硫酸、盐酸四百千克以上；

（八）其他用于制造毒品的原料或者配剂相当数量的。

非法运输、携带两种以上制毒物品进出国（边）境，每种制毒物品均没有达到本条第一款规定的数量标准，但按前款规定的立案追诉数量比例折算成一种制毒物品后累计相加达到上述数量标准的，应予立案追诉。

为了走私制毒物品而采用生产、加工、提炼等方法非法制造易制毒化学品的，以走私制毒物品罪（预备）立案追诉。

实施走私制毒物品行为，有下列情形之一，且查获了易制毒化学品，结合行为人的供述和其他证据综合审查判断，可以认定其"明知"是制毒物品而走私或者非法买卖，但有证据证明确属被蒙骗的除外：

（一）改变产品形状、包装或者使用虚假标签、商标等产品标志的；

（二）以藏匿、夹带、伪装或者其他隐蔽方式运输、携带易制毒化学品逃避检查的；

（三）抗拒检查或者在检查时丢弃货物逃跑的；

（四）以伪报、藏匿、伪装等蒙蔽手段逃避海关、边防等检查的；

（五）选择不设海关或者边防检查站的路段绕行出入境的；

（六）以虚假身份、地址或者其他虚假方式办理托运、寄递手续的；

（七）以其他方法隐瞒真相，逃避对易制毒化学品依法监管的。

明知他人实施走私制毒物品犯罪，而为其运输、储存、代理进出口或者以其他方式提供便利的，以走私制毒物品罪的共犯立案追诉。

第六条 ［非法买卖制毒物品案（刑法第三百五十条）］违反国家规定，在境内非法买卖制毒物品，数量达到本规定第五条第一款规定情形之一的，应予立案追诉。

非法买卖两种以上制毒物品，每种制毒物品均没有达到本条第一款规定的数量标准，但按前款规定的立案追诉数量比例折算成一种制毒物品后累计相加达到上述数量标准的，应予立案追诉。

违反国家规定，实施下列行为之一的，认定为本条规定的非法买卖制毒物品行为：

（一）未经许可或者备案，擅自购买、销售易制毒化学品的；

（二）超出许可证明或者备案证明的品种、数量范围购买、销售易制毒化学品的；

（三）使用他人的或者伪造、变造、失效的许可证明或者备案证明购买、销售易制毒化学品的；

（四）经营单位违反规定，向无购买许可证明、备案证明的单位、个人销售易制毒化学品的，或者明知购买者使用他人的或者伪造、变造、失效的许可证明或者备案证明，向其销售易制毒化学品的；

（五）以其他方式非法买卖易制毒化学品的。易制毒化学品生产、经营、使用单位或者个人未办理许可证明或者备案证明，购买、销售易制毒化学品，如果有证据证明确实用于合法生产、生活需要，依法能够办理只是未及时办理许可证明或者备案证明，且未造成严重社会危害的，可不以非法买卖制毒物品罪立案追诉。

为了非法买卖制毒物品而采用生产、加工、提炼等方法非法制造易制毒化学品的，以非法买卖制毒物品罪（预备）立案追诉。

非法买卖制毒物品主观故意中的"明知"，依照本规定第五条第四款的有关规定予以认定。

明知他人实施非法买卖制毒物品犯罪，而为其运输、储存、代理进出口或者以其他方式提供便利的，以非法买卖制毒物品罪的共犯立案追诉。

第七条 ［非法种植毒品原植物案（刑法第三百五十一条）］非法种植罂粟、大麻等毒品原植物，涉嫌下列情形之一的，应予立案追诉：

（一）非法种植罂粟五百株以上的；

（二）非法种植大麻五千株以上的；

（三）非法种植其他毒品原植物数量较大的；

（四）非法种植罂粟二百平方米以上、大麻二千平方米以上或者其他毒品原植物面积较大，尚未出苗的；

（五）经公安机关处理后又种植的；

（六）抗拒铲除的。

本条所规定的"种植"，是指播种、育苗、移栽、插苗、施肥、灌溉、割取津液或者收取种子等行为。非法种植毒品原植物的株数一般应以实际查获的数量为准。因种植面积较大,难以逐株清点数目的,可以抽样测算每平方米平均株数后按实际种植面积测算出种植总株数。

非法种植罂粟或者其他毒品原植物,在收获前自动铲除的,可以不予立案追诉。

第八条 [非法买卖、运输、携带、持有毒品原植物种子、幼苗案(刑法第三百五十二条)]非法买卖、运输、携带、持有未经灭活的罂粟等毒品原植物种子或者幼苗,涉嫌下列情形之一的,应予立案追诉:

(一)罂粟种子五十克以上、罂粟幼苗五千株以上;

(二)大麻种子五十千克以上、大麻幼苗五万株以上;

(三)其他毒品原植物种子、幼苗数量较大的。

第九条 [引诱、教唆、欺骗他人吸毒案(刑法第三百五十三条)]引诱、教唆、欺骗他人吸食、注射毒品的,应予立案追诉。

第十条 [强迫他人吸毒案(刑法第三百五十三条)]违背他人意志,以暴力、胁迫或者其他强制手段,迫使他人吸食、注射毒品的,应予立案追诉。

第十一条 [容留他人吸毒案(刑法第三百五十四条)]提供场所,容留他人吸食、注射毒品,涉嫌下列情形之一的,应予立案追诉:

(一)容留他人吸食、注射毒品两次以上的;

(二)一次容留三人以上吸食、注射毒品的;

(三)因容留他人吸食、注射毒品被行政处罚,又容留他人吸食、注射毒品的;

(四)容留未成年人吸食、注射毒品的;

(五)以牟利为目的容留他人吸食、注射毒品的;

(六)容留他人吸食、注射毒品造成严重后果或者其他情节严重的。

第十二条 [非法提供麻醉药品、精神药品案(刑法第三百五十五条）] 依法从事生产、运输、管理、使用国家管制的麻醉药品、精神药品的个人或者单位，违反国家规定，向吸食、注射毒品的人员提供国家规定管制的能够使人形成瘾癖的麻醉药品、精神药品，涉嫌下列情形之一的，应予立案追诉：

（一）非法提供鸦片二十克以上、吗啡二克以上、度冷丁（杜冷丁）五克以上（针剂100mg/支规格的五十支以上，50mg/支规格的一百支以上；片剂25mg/片规格的二百片以上，50mg/片规格的一百片以上）、盐酸二氢埃托啡零点二毫克以上（针剂或者片剂20mg/支、片规格的十支、片以上）、氯胺酮、美沙酮二十克以上、三唑仑、安眠酮一千克以上、咖啡因五千克以上、氯氮卓、艾司唑仑、地西泮、溴西泮十千克以上，以及其他麻醉药品和精神药品数量较大的；

（二）虽未达到上述数量标准，但非法提供麻醉药品、精神药品两次以上，数量累计达到前项规定的数量标准百分之八十以上的；

（三）因非法提供麻醉药品、精神药品被行政处罚，又非法提供麻醉药品、精神药品的；

（四）向吸食、注射毒品的未成年人提供麻醉药品、精神药品的；

（五）造成严重后果或者其他情节严重的。依法从事生产、运输、管理、使用国家管制的麻醉药品、精神药品的人员或者单位，违反国家规定，向走私、贩卖毒品的犯罪分子提供国家规定管制的能够使人形成瘾癖的麻醉药品、精神药品的，或者以牟利为目的，向吸食、注射毒品的人提供国家规定管制的能够使人形成瘾癖的麻醉药品、精神药品的，以走私、贩卖毒品罪立案追诉。

第十三条　本规定中的毒品是指鸦片、海洛因、甲基苯丙胺（冰毒）、吗啡、大麻、可卡因以及国家规定管制的其他能够使人形成瘾癖的麻醉药品和精神药品。具体品种以国家食品药品监督管理局、公安部、卫生部发布的《麻醉药品品种目录》、《精神药品品种目录》为依据。

本规定中的"制毒物品"是指刑法第三百五十条第一款规定的醋酸酐、乙醚、三氯甲烷或者其他用于制造毒品的原料或者配剂，具体品种范围按照国家关于易制毒化学品管理的规定确定。

第十四条　本规定中未明确立案追诉标准的毒品，有条件折算为海洛因的，参照有关麻醉药品和精神药品折算标准进行折算。

第十五条　本规定中的立案追诉标准，除法律、司法解释另有规定的以外，适用于相关的单位犯罪。

第十六条　本规定中的"以上"，包括本数。

第十七条　本规定自印发之日起施行。

最高人民法院
关于审理走私、非法经营、非法使用兴奋剂刑事案件适用法律若干问题的解释

2019年11月18日　　　　　法释〔2019〕16号

为依法惩治走私、非法经营、非法使用兴奋剂犯罪，维护体育竞赛的公平竞争，保护体育运动参加者的身心健康，根据《中华人民共和国刑法》《中华人民共和国刑事诉讼法》的规定，制定本解释。

第一条　运动员、运动员辅助人员走私兴奋剂目录所列物质，或者其他人员以在体育竞赛中非法使用为目的走私兴奋剂目录所列物质，涉案物质属于国家禁止进出口的货物、物品，具有下列情形之一的，应当依照刑法第一百五十一条第三款的规定，以走私国家禁止进出口的货物、物品罪定罪处罚：

（一）一年内曾因走私被给予二次以上行政处罚后又走私的；

（二）用于或者准备用于未成年人运动员、残疾人运动员的；

（三）用于或者准备用于国内、国际重大体育竞赛的；

（四）其他造成严重恶劣社会影响的情形。

实施前款规定的行为，涉案物质不属于国家禁止进出口的货物、物品，但偷逃应缴税额一万元以上或者一年内曾因走私被给予二次以上行政处罚后又走私的，应当依照刑法第一百五十三条的规定，以走私普通货物、物品罪定罪处罚。

对于本条第一款、第二款规定以外的走私兴奋剂目录所列物质行为，适用《最高人民法院、最高人民检察院关于办理走私刑事案件适用法律若干问题的解释》（法释〔2014〕10号）规定的定罪量刑标准。

第二条 违反国家规定，未经许可经营兴奋剂目录所列物质，涉案物质属于法律、行政法规规定的限制买卖的物品，扰乱市场秩序，情节严重的，应当依照刑法第二百二十五条的规定，以非法经营罪定罪处罚。

第三条 对未成年人、残疾人负有监护、看护职责的人组织未成年人、残疾人在体育运动中非法使用兴奋剂，具有下列情形之一的，应当认定为刑法第二百六十条之一规定的"情节恶劣"，以虐待被监护、看护人罪定罪处罚：

（一）强迫未成年人、残疾人使用的；

（二）引诱、欺骗未成年人、残疾人长期使用的；

（三）其他严重损害未成年人、残疾人身心健康的情形。

第四条 在普通高等学校招生、公务员录用等法律规定的国家考试涉及的体育、体能测试等体育运动中，组织考生非法使用兴奋剂的，应当依照刑法第二百八十四条之一的规定，以组织考试作弊罪定罪处罚。

明知他人实施前款犯罪而为其提供兴奋剂的，依照前款的规定定罪处罚。

第五条 生产、销售含有兴奋剂目录所列物质的食品，符合刑法第一百四十三条、第一百四十四条规定的，以生产、销售不符合安全标准的食品罪、生产、销售有毒、有害食品罪定罪处罚。

第六条 国家机关工作人员在行使反兴奋剂管理职权时滥用职权或者玩忽职守,造成严重兴奋剂违规事件,严重损害国家声誉或者造成恶劣社会影响,符合刑法第三百九十七条规定的,以滥用职权罪、玩忽职守罪定罪处罚。

依法或者受委托行使反兴奋剂管理职权的单位的工作人员,在行使反兴奋剂管理职权时滥用职权或者玩忽职守的,依照前款规定定罪处罚。

第七条 实施本解释规定的行为,涉案物质属于毒品、制毒物品等,构成有关犯罪的,依照相应犯罪定罪处罚。

第八条 对于是否属于本解释规定的"兴奋剂""兴奋剂目录所列物质""体育运动""国内、国际重大体育竞赛"等专门性问题,应当依据《中华人民共和国体育法》《反兴奋剂条例》等法律法规,结合国务院体育主管部门出具的认定意见等证据材料作出认定。

第九条 本解释自2020年1月1日起施行。

最高人民法院 最高人民检察院 公安部 司法部
关于办理恶势力刑事案件若干问题的意见

2019年2月28日　　　　法发〔2019〕10号

为认真贯彻落实中央开展扫黑除恶专项斗争的部署要求,正确理解和适用最高人民法院、最高人民检察院、公安部、司法部《关于办理黑恶势力犯罪案件若干问题的指导意见》(法发〔2018〕1号,以下简称《指导意见》),根据刑法、刑事诉讼法及有关司法解释、规范性文件的规定,现对办理恶势力刑事案件若干问题提出

如下意见:

一、办理恶势力刑事案件的总体要求

1. 人民法院、人民检察院、公安机关和司法行政机关要深刻认识恶势力违法犯罪的严重社会危害,毫不动摇地坚持依法严惩方针,在侦查、起诉、审判、执行各阶段,运用多种法律手段全面体现依法从严惩处精神,有力震慑恶势力违法犯罪分子,有效打击和预防恶势力违法犯罪。

2. 人民法院、人民检察院、公安机关和司法行政机关要严格坚持依法办案,确保在案件事实清楚,证据确实、充分的基础上,准确认定恶势力和恶势力犯罪集团,坚决防止人为拔高或者降低认定标准。要坚持贯彻落实宽严相济刑事政策,根据犯罪嫌疑人、被告人的主观恶性、人身危险性、在恶势力、恶势力犯罪集团中的地位、作用以及在具体犯罪中的罪责,切实做到宽严有据,罚当其罪,实现政治效果、法律效果和社会效果的统一。

3. 人民法院、人民检察院、公安机关和司法行政机关要充分发挥各自职能,分工负责,互相配合,互相制约,坚持以审判为中心的刑事诉讼制度改革要求,严格执行"三项规程",不断强化程序意识和证据意识,有效加强法律监督,确保严格执法、公正司法,充分保障当事人、诉讼参与人的各项诉讼权利。

二、恶势力、恶势力犯罪集团的认定标准

4. 恶势力,是指经常纠集在一起,以暴力、威胁或者其他手段,在一定区域或者行业内多次实施违法犯罪活动,为非作恶,欺压百姓,扰乱经济、社会生活秩序,造成较为恶劣的社会影响,但尚未形成黑社会性质组织的违法犯罪组织。

5. 单纯为牟取不法经济利益而实施的"黄、赌、毒、盗、抢、骗"等违法犯罪活动,不具有为非作恶、欺压百姓特征的,或者因本人及近亲属的婚恋纠纷、家庭纠纷、邻里纠纷、劳动纠纷、合法债务纠纷而引发以及其他确属事出有因的违法犯罪活

动,不应作为恶势力案件处理。

6. 恶势力一般为3人以上,纠集者相对固定。纠集者,是指在恶势力实施的违法犯罪活动中起组织、策划、指挥作用的违法犯罪分子。成员较为固定且符合恶势力其他认定条件,但多次实施违法犯罪活动是由不同的成员组织、策划、指挥,也可以认定为恶势力,有前述行为的成员均可以认定为纠集者。

恶势力的其他成员,是指知道或应当知道与他人经常纠集在一起是为了共同实施违法犯罪,仍按照纠集者的组织、策划、指挥参与违法犯罪活动的违法犯罪分子,包括已有充分证据证明但尚未归案的人员,以及因法定情形不予追究法律责任,或者因参与实施恶势力违法犯罪活动已受到行政或刑事处罚的人员。仅因临时雇佣或被雇佣、利用或被利用以及受蒙蔽参与少量恶势力违法犯罪活动的,一般不应认定为恶势力成员。

7. "经常纠集在一起,以暴力、威胁或者其他手段,在一定区域或者行业内多次实施违法犯罪活动",是指犯罪嫌疑人、被告人于2年之内,以暴力、威胁或者其他手段,在一定区域或者行业内多次实施违法犯罪活动,且包括纠集者在内,至少应有2名相同的成员多次参与实施违法犯罪活动。对于"纠集在一起"时间明显较短,实施违法犯罪活动刚刚达到"多次"标准,且尚不足以造成较为恶劣影响的,一般不应认定为恶势力。

8. 恶势力实施的违法犯罪活动,主要为强迫交易、故意伤害、非法拘禁、敲诈勒索、故意毁坏财物、聚众斗殴、寻衅滋事,但也包括具有为非作恶、欺压百姓特征,主要以暴力、威胁为手段的其他违法犯罪活动。

恶势力还可能伴随实施开设赌场、组织卖淫、强迫卖淫、贩卖毒品、运输毒品、制造毒品、抢劫、抢夺、聚众扰乱社会秩序、聚众扰乱公共场所秩序、交通秩序以及聚众"打砸抢"等违法犯罪活动,但仅有前述伴随实施的违法犯罪活动,且不能认定具有为非作恶、欺压百姓特征的,一般不应认定为恶势力。

9. 办理恶势力刑事案件,"多次实施违法犯罪活动"至少应包括1次犯罪活动。对于反复实施强迫交易、非法拘禁、敲诈勒索、寻衅滋事等单一性质的违法行为，单次情节、数额尚不构成犯罪，但按照刑法或者有关司法解释、规范性文件的规定累加后应作为犯罪处理的，在认定是否属于"多次实施违法犯罪活动"时，可将已用于累加的违法行为计为1次犯罪活动，其他违法行为单独计算违法活动的次数。

已被处理或者已作为民间纠纷调处，后经查证确属恶势力违法犯罪活动的，均可以作为认定恶势力的事实依据，但不符合法定情形的，不得重新追究法律责任。

10. 认定"扰乱经济、社会生活秩序，造成较为恶劣的社会影响"，应当结合侵害对象及其数量、违法犯罪次数、手段、规模、人身损害后果、经济损失数额、违法所得数额、引起社会秩序混乱的程度以及对人民群众安全感的影响程度等因素综合把握。

11. 恶势力犯罪集团，是指符合恶势力全部认定条件，同时又符合犯罪集团法定条件的犯罪组织。 《刑法》第二十六条 ↑P9

恶势力犯罪集团的首要分子，是指在恶势力犯罪集团中起组织、策划、指挥作用的犯罪分子。恶势力犯罪集团的其他成员，是指知道或者应当知道是为共同实施犯罪而组成的较为固定的犯罪组织，仍接受首要分子领导、管理、指挥，并参与该组织犯罪活动的犯罪分子。

恶势力犯罪集团应当有组织地实施多次犯罪活动，同时还可能伴随实施违法活动。恶势力犯罪集团所实施的违法犯罪活动，参照《指导意见》第十条第二款的规定认定。

12. 全部成员或者首要分子、纠集者以及其他重要成员均为未成年人、老年人、残疾人的，认定恶势力、恶势力犯罪集团时应当特别慎重。

三、正确运用宽严相济刑事政策的有关要求

13. 对于恶势力的纠集者、恶势力犯罪集团的首要分子、重

要成员以及恶势力、恶势力犯罪集团共同犯罪中罪责严重的主犯，要正确运用法律规定加大惩处力度，对依法应当判处重刑或死刑的，坚决判处重刑或死刑。同时要严格掌握取保候审，严格掌握不起诉，严格掌握缓刑、减刑、假释，严格掌握保外就医适用条件，充分利用资格刑、财产刑等法律手段全方位从严惩处。对于符合刑法第三十七条之一规定的，可以依法禁止其从事相关职业。

《刑法》第三十七条之一 ↑$\mathcal{P}_{11}$

对于恶势力、恶势力犯罪集团的其他成员，在共同犯罪中罪责相对较小、人身危险性、主观恶性相对不大的，具有自首、立功、坦白、初犯等法定或酌定从宽处罚情节，可以依法从轻、减轻或免除处罚。认罪认罚或者仅参与实施少量的犯罪活动且只起次要、辅助作用，符合缓刑条件的，可以适用缓刑。

14. 恶势力犯罪集团的首要分子检举揭发与该犯罪集团及其违法犯罪活动有关联的其他犯罪线索，如果在认定立功的问题上存在事实、证据或法律适用方面的争议，应当严格把握。依法应认定为立功或者重大立功的，在决定是否从宽处罚、如何从宽处罚时，应当根据罪责刑相一致原则从严掌握。可能导致全案量刑明显失衡的，不予从宽处罚。

恶势力犯罪集团的其他成员如果能够配合司法机关查办案件，有提供线索、帮助收集证据或者其他协助行为，并在侦破恶势力犯罪集团案件、查处"保护伞"等方面起到较大作用的，即使依法不能认定立功，一般也应酌情对其从轻处罚。

15. 犯罪嫌疑人、被告人同时具有法定、酌定从严和法定、酌定从宽处罚情节的，量刑时要根据所犯具体罪行的严重程度，结合被告人在恶势力、恶势力犯罪集团中的地位、作用、主观恶性、人身危险性等因素整体把握。对于恶势力的纠集者、恶势力犯罪集团的首要分子、重要成员，量刑时要体现总体从严。对于在共同犯罪中罪责相对较小、人身危险性、主观恶性相对不大，且能够真诚认罪悔罪的其他成员，量刑时要体现总体从宽。

16. 恶势力刑事案件的犯罪嫌疑人、被告人自愿如实供述自己的罪行，承认指控的犯罪事实，愿意接受处罚的，可以依法从宽处理，并适用认罪认罚从宽制度。对于犯罪性质恶劣、犯罪手段残忍、社会危害严重的犯罪嫌疑人、被告人，虽然认罪认罚，但不足以从轻处罚的，不适用该制度。

四、办理恶势力刑事案件的其他问题

17. 人民法院、人民检察院、公安机关经审查认为案件符合恶势力认定标准的，应当在起诉意见书、起诉书、判决书、裁定书等法律文书中的案件事实部分明确表述，列明恶势力的纠集者、其他成员、违法犯罪事实以及据以认定的证据；符合恶势力犯罪集团认定标准的，应当在上述法律文书中明确定性，列明首要分子、其他成员、违法犯罪事实以及据以认定的证据，并引用刑法总则关于犯罪集团的相关规定。被告人及其辩护人对恶势力定性提出辩解和辩护意见，人民法院可以在裁判文书中予以评析回应。

恶势力刑事案件的起诉意见书、起诉书、判决书、裁定书等法律文书，可以在案件事实部分先概述恶势力、恶势力犯罪集团的概括事实，再分述具体的恶势力违法犯罪事实。

18. 对于公安机关未在起诉意见书中明确认定，人民检察院在审查起诉期间发现构成恶势力或者恶势力犯罪集团，且相关违法犯罪事实已经查清，证据确实、充分，依法应追究刑事责任的，应当作出起诉决定，根据查明的事实向人民法院提起公诉，并在起诉书中明确认定为恶势力或者恶势力犯罪集团。人民检察院认为恶势力相关违法犯罪事实不清、证据不足，或者存在遗漏恶势力违法犯罪事实、遗漏同案犯罪嫌疑人等情形需要补充侦查的，应当提出具体的书面意见，连同案卷材料一并退回公安机关补充侦查；人民检察院也可以自行侦查，必要时可以要求公安机关提供协助。

对于人民检察院未在起诉书中明确认定，人民法院在审判期间发现构成恶势力或恶势力犯罪集团的，可以建议人民检察院补充或者变更起诉；人民检察院不同意或者在七日内未回复意见的,人民法院不应主动认定,可仅就起诉指控的犯罪事实依照相关规定作出判决、裁定。

审理被告人或者被告人的法定代理人、辩护人、近亲属上诉的案件时,一审判决认定黑社会性质组织有误的,二审法院应当纠正,符合恶势力、恶势力犯罪集团认定标准,应当作出相应认定;一审判决认定恶势力或恶势力犯罪集团有误的,应当纠正,但不得升格认定;一审判决未认定恶势力或恶势力犯罪集团的,不得增加认定。

19. 公安机关、人民检察院、人民法院应当分别以起诉意见书、起诉书、裁判文书所明确的恶势力、恶势力犯罪集团,作为相关数据的统计依据。

20. 本意见自 2019 年 4 月 9 日起施行。

最高人民法院　最高人民检察院

关于办理洗钱刑事案件适用法律
若干问题的解释（节录）

2024 年 8 月 19 日　　　　　　　　法释〔2024〕10 号

为依法惩治洗钱犯罪活动,根据《中华人民共和国刑法》、《中华人民共和国刑事诉讼法》的规定,现就办理洗钱刑事案件适用法律的若干问题解释如下:

第一条　为掩饰、隐瞒本人实施刑法第一百九十一条规定的上游犯罪的所得及其产生的收益的来源和性质,实施该条第一款规定的洗钱行为的,依照刑法第一百九十一条的规定定罪处罚。

第二条　知道或者应当知道是他人实施刑法第一百九十一条规定的上游犯罪的所得及其产生的收益,为掩饰、隐瞒其来源和性质,实施该条第一款规定的洗钱行为的,依照刑法第一百九十一条的规定定罪处罚。

第三条 认定"知道或者应当知道",应当根据行为人所接触、接收的信息,经手他人犯罪所得及其收益的情况,犯罪所得及其收益的种类、数额,犯罪所得及其收益的转移、转换方式,交易行为、资金账户等异常情况,结合行为人职业经历、与上游犯罪人员之间的关系以及其供述和辩解,同案人指证和证人证言等情况综合审查判断。有证据证明行为人确实不知道的除外。

将刑法第一百九十一条规定的某一上游犯罪的犯罪所得及其收益,认作该条规定的上游犯罪范围内的其他犯罪所得及其收益的,不影响"知道或者应当知道"的认定。

第四条 洗钱数额在五百万元以上的,且具有下列情形之一的,应当认定为刑法第一百九十一条规定的"情节严重":

(一)多次实施洗钱行为的;

(二)拒不配合财物追缴,致使赃款赃物无法追缴的;

(三)造成损失二百五十万元以上的;

(四)造成其他严重后果的。

二次以上实施洗钱犯罪行为,依法应予刑事处理而未经处理的,洗钱数额累计计算。

第五条 为掩饰、隐瞒实施刑法第一百九十一条规定的上游犯罪的所得及其产生的收益的来源和性质,实施下列行为之一的,可以认定为刑法第一百九十一条第一款第五项规定的"以其他方法掩饰、隐瞒犯罪所得及其收益的来源和性质":

(一)通过典当、租赁、买卖、投资、拍卖、购买金融产品等方式,转移、转换犯罪所得及其收益的;

(二)通过与商场、饭店、娱乐场所等现金密集型场所的经营收入相混合的方式,转移、转换犯罪所得及其收益的;

(三)通过虚构交易、虚设债权债务、虚假担保、虚报收入等方式,转移、转换犯罪所得及其收益的;

(四)通过买卖彩票、奖券、储值卡、黄金等贵金属等方式,转换犯罪所得及其收益的;

（五）通过赌博方式，将犯罪所得及其收益转换为赌博收益的；

（六）通过"虚拟资产"交易、金融资产兑换方式，转移、转换犯罪所得及其收益的；

（七）以其他方式转移、转换犯罪所得及其收益的。

第六条 掩饰、隐瞒刑法第一百九十一条规定的上游犯罪的犯罪所得及其产生的收益，构成刑法第一百九十一条规定的洗钱罪，同时又构成刑法第三百一十二条规定的掩饰、隐瞒犯罪所得、犯罪所得收益罪的，依照刑法第一百九十一条的规定定罪处罚。

实施刑法第一百九十一条规定的洗钱行为，构成洗钱罪，同时又构成刑法第三百四十九条、第二百二十五条、第一百七十七条之一或者第一百二十条之一规定的犯罪的，依照处罚较重的规定定罪处罚。

第十二条 本解释所称"上游犯罪"，是指刑法第一百九十一条规定的毒品犯罪、黑社会性质的组织犯罪、恐怖活动犯罪、走私犯罪、贪污贿赂犯罪、破坏金融管理秩序犯罪、金融诈骗犯罪。

最高人民法院　最高人民检察院　公安部
关于办理洗钱刑事案件若干问题的意见

2020年11月6日　　　　　　法发〔2020〕41号

为依法惩治洗钱犯罪活动，维护金融管理秩序和国家经济金融安全，根据刑法、刑事诉讼法及有关司法解释等规定，现就办理洗钱刑事案件若干问题提出如下意见。

一、办理洗钱刑事案件的总体要求

1. 充分认识依法严惩洗钱犯罪的重大意义。洗钱犯罪严重破坏金融管理秩序，严重危害国家经济金融安全。当前，我国反洗钱工作面临艰巨任务。党中央、国务院高度重视反洗钱工作。各级人民法院、人民检察院、公安机关要进一步提高政治站位，从维护国家经济金融安全、推进国家治理体系和治理能力现代化、参与全球治理的高度，深刻认识加强反洗钱工作，依法严惩洗钱犯罪的重大意义，把思想和行动统一到党中央的决策部署上来，依法从严惩处洗钱犯罪，切实维护金融管理秩序，更好服务保障金融安全和经济发展，发挥我国在参与国际反洗钱治理、惩治洗钱犯罪方面的积极作用。

2. 坚持以事实为根据，以法律为准绳。人民法院、人民检察院、公安机关办理洗钱刑事案件，必须坚持以事实为根据，以法律为准绳，正确区分罪与非罪、此罪与彼罪的界限，确保每一起洗钱刑事案件事实清楚，证据确实、充分，定罪准确，量刑适当。要坚持证据裁判和原则，严格按照证据裁判标准和要求，全面收集、固定、审查和认定证据，依法排除非法证据，确保洗钱刑事案件办案质量。要切实贯彻宽严相济的刑事政策，依法从严惩处洗钱犯罪，加大财产刑力度，严格控制适用，同时对具有法定从宽处罚情节的要依法体现政策，做到罪责刑相适应，确保法律效果、政治效果和社会效果的统一。

3. 坚持分工负责、互相配合、互相制约。人民法院、人民检察院、公安机关要切实改变"重上游犯罪、轻洗钱犯罪"的倾向，充分发挥职能作用，切实强化洗钱刑事案件的侦查、起诉和审判工作。要加强工作协调配合，健全完善工作机制，形成工作合力，依法、及时、有效惩治洗钱犯罪。要坚持以审判为中心，按照刑事诉讼制度改革要求，不断强化证据意识和程序意识，充分发挥庭审在查明事实、认定证据、保护诉权、公正裁判中的决定性作用，有效加强法律监督，确保严格执法、公正司法。

二、依法准确认定洗钱犯罪

4. 刑法第一百九十一条规定的与刑法第三百一十二条规定的掩饰、隐瞒犯罪所得、犯罪所得收益罪是刑法特别规定与一般规定的关系。掩饰、隐瞒犯罪所得、犯罪所得收益罪包含传统的窝藏犯罪和普通的洗钱犯罪，洗钱罪是针对、黑社会性质的组织犯罪、恐怖活动犯罪、贪污贿赂犯罪、破坏金融管理秩序犯罪、金融诈骗犯罪等严重犯罪而为其洗钱的行为所作的特别规定。同时符合刑法第一百九十一条和第三百一十二条规定的，优先适用第一百九十一条特别规定。

5. 刑法第一百九十一条规定的"黑社会性质的组织犯罪所得及其产生的收益"，是指黑社会性质组织及其成员实施的各种犯罪所得及其产生的收益，包括黑社会性质组织的形成、发展过程中，该组织及组织成员通过违法犯罪活动或其他不正当手段聚敛的全部财物、财产性权益及其孳息、收益。

6. 主观上认识到是刑法第一百九十一条规定的上游犯罪的所得及其产生的收益，并实施该条第一款规定的洗钱行为的，可以认定其具有掩饰、隐瞒犯罪所得及其收益的来源和性质的目的，但有证据证明不是为掩饰、隐瞒犯罪所得及其收益的来源和性质的除外。

7. 刑法第一百九十一条规定的洗钱罪，应当以上游犯罪事实成立为认定前提。上游犯罪是否既遂，不影响洗钱罪的认定。上游犯罪尚未依法裁判，但查证属实的，不影响洗钱罪的认定。

上游犯罪事实经查证属实，因行为人死亡、未达到刑事责任年龄等原因依法不予追究刑事责任的，不影响洗钱罪的认定。

8. 主观上认识到是刑法第一百九十一条规定的上游犯罪的所得及其产生的收益，包括知道或者应当知道。其中："知道"是指根据、被告人的供述、证言等证据，可以直接证明犯罪嫌疑人、被告人知悉、了解其所掩饰、隐瞒的是刑法第一百九十一条规定的上游犯罪的所得及其产生的收益；"应当知道"是指结合查证的主、客观证据，可以证明犯罪嫌疑人、被告人知悉、了解其所掩饰、隐瞒的是刑法第一百九十一条规定的上游犯罪的所得及其产生的收益。

认定主观认知，应当结合犯罪嫌疑人、被告人的身份背景、职业经历、认知能力及其所接触、接收的信息，与上游犯罪嫌疑人、被告人的亲属关系、上下级关系、交往情况、了解程度、信任程度，接触、接收他人犯罪所得及其收益的情况，犯罪所得及其收益的种类、数额，犯罪所得及其收益的转换、转移方式，交易行为、资金账户的异常情况，以及犯罪嫌疑人、被告人的供述及证人证言等主、客观因素，进行综合分析判断。对于犯罪嫌疑人、被告人的供述和辩解，要结合全案证据进行审查判断。

9. 主观上认识到是刑法第一百九十一条规定的上游犯罪的所得及其产生的收益，是指对上游犯罪客观事实的认识，而非对行为性质的认识。将某一上游犯罪的所得及其产生的收益认为是该条规定的其他上游犯罪的所得及其产生的收益的，不影响主观认知的认定。

10. 实施刑法第一百九十一条规定的洗钱行为，构成洗钱罪的同时，又构成刑法第三百四十九条规定的窝藏、转移、隐瞒毒赃罪，刑法第一百二十条之一规定的帮助恐怖活动罪，或者刑法第二百二十五条规定的，依照处罚较重的规定定罪处罚。法律和司法解释另有规定的除外。

具有刑法第一百九十一条规定的上游犯罪的犯罪事实，又具有为其他不是同一事实的上游犯罪洗钱的犯罪事实的，分别以上游犯罪、洗钱罪定罪处罚，依法实行数罪并罚。

三、依法从严惩处洗钱犯罪

11. 行为人主观上认识到是刑法第一百九十一条规定的七类上游犯罪的所得及其产生的收益，并实施该条第一款规定的洗钱行为，从而掩饰、隐瞒犯罪所得及其收益的来源和性质，构成犯罪的，应依法以洗钱罪定罪处罚。

12. 洗钱数额在十万元以上的,或者洗钱数额在五万元以上,且具有下列情形之一的,可以认定为"情节严重":(1)多次实施洗钱行为的;(2)曾因洗钱行为受过刑事追究的;(3)拒不交代涉案资金去向或者拒不配合追缴工作,致使赃款无法追缴的;(4)造成重大损失或者其他严重后果的。

二次以上实施洗钱犯罪行为,依法应予刑事处理而未经处理的,洗钱数额累计计算。

13. 地下钱庄实施洗钱犯罪的,或者金融机构及其从业人员实施洗钱犯罪的,可以依法从重处罚。

14. 单位实施洗钱犯罪行为的,与自然人犯罪的定罪量刑标准相同,对单位判处,并依法对其直接负责的主管人员和其他直接责任人员定罪处罚。

15. 要依法用足用好财产刑,从经济上最大限度制裁洗钱犯罪分子。对洗钱犯罪判处罚金,应当根据被告人的犯罪情节,在法律规定的数额幅度内决定罚金数额,充分体现从重处罚的政策精神。对于自然人洗钱犯罪"情节严重"的,一般可并处洗钱数额百分之十以上百分之二十以下罚金。对,一般可判处洗钱数额百分之十以上罚金。

16. 对于行为人如实供述犯罪事实,认罪悔罪,并如实交代涉案资金去向,积极配合调查和追缴工作,符合刑事诉讼法规定的认罪认罚从宽适用范围和条件的,可以依法从宽处理。

17. 要从严掌握洗钱犯罪的缓刑适用。适用缓刑,应当综合考虑犯罪情节、悔罪表现、再犯罪的危险以及宣告缓刑对所居住社区的影响,依法作出决定。对于地下钱庄犯罪分子,以洗钱为业,多次实施洗钱行为,或者拒不交代涉案资金去向的,一般不适用缓刑。

四、强化洗钱刑事案件证据的收集、审查和运用

18. 人民法院、人民检察院、公安机关在办理毒品犯罪、黑社会性质的组织犯罪、恐怖活动犯罪、走私犯罪、贪污贿赂犯罪、破坏金融管理秩序犯罪、金融诈骗犯罪案件过程中，要以"追踪资金"为重点，深挖洗钱犯罪线索，依法惩治洗钱犯罪和上游犯罪。进一步加大对涉地下钱庄洗钱犯罪的惩治力度，在办理地下钱庄犯罪案件中，深挖洗钱犯罪和上游犯罪线索，坚决遏制职业化、专业化、组织化的洗钱犯罪活动。

19. 公安机关要加强对洗钱刑事案件的侦查取证工作，深入查明犯罪事实。对刑法第一百九十一条规定的上游犯罪开展"一案双查"，发现涉嫌洗钱犯罪的，依法立案侦查。在侦查工作中，紧紧围绕洗钱犯罪的犯罪构成事实，就行为人主观上是否认识到是洗钱罪的上游犯罪的所得及其产生的收益，是否具有掩饰、隐瞒犯罪所得及其收益的来源和性质的目的，以及实施的具体洗钱行为等进行调查取证，及时收集固定证据，依法移送起诉。对跨境、跨区域或重大、复杂的洗钱刑事案件，及时与人民检察院沟通，必要时可以商请人民检察院适时介入侦查活动，提供指导。

20. 人民检察院要积极履行在刑事诉讼中指控证明犯罪的主导责任，加强对洗钱刑事案件证据的审查，对审查发现可能影响洗钱罪认定的事实证据问题，要引导公安机关按照洗钱罪的构成要件及时补充侦查、完善证据。要注重从上游犯罪的事实证据中挖掘、发现洗钱犯罪线索，办理刑法第一百九十一条规定的上游犯罪案件时，同步审查是否涉嫌洗钱罪，审查发现洗钱犯罪线索的，及时要求公安机关开展侦查，引导侦查人员收集完善证据，会同相关部门加大对洗钱犯罪的查处力度。

21. 人民法院要强化对洗钱刑事案件证据的审查、判断，综合运用证据，就行为人主观上是否认识到是洗钱罪的七类上游犯罪的所得及其产生的收益，是否通过实施洗钱行为掩饰、隐瞒犯罪所得及其收益的来源和性质等犯罪事实进行审查、认定，确保案件事实清楚，证据确实、充分。同时要注重从上游犯罪的事实证据中挖掘洗钱犯罪线索，发现洗钱犯罪线索或者新的洗钱犯罪事实的，应当及时将有关材料移送公安机关，或者建议人民检察院补充、追加或者变更起诉。

22. 公安机关对人民法院、人民检察院、监察机关、中国人民银行等相关部门移送的洗钱犯罪线索，要及时进行调查，对涉嫌洗钱、犯罪的要及时立案侦查，必要时可请相关部门予以协助并提供相关证据材料。人民检察院要加强刑事立案监督、侦查活动监督工作，督促公安机关利用反洗钱工具和措施进行追踪、监测，对洗钱犯罪行为及时依法追诉。

23. 人民法院、人民检察院、公安机关办理洗钱刑事案件，应当依法查询、查封、扣押、冻结全部涉案财产。对于依法查封、扣押、冻结的涉案财产，应当全面收集、审查证明其来源、性质、用途、权属及价值大小等有关证据。

对于涉及洗钱犯罪及其上游犯罪的违法所得及其产生的收益，应当依法追缴、没收。依法应当追缴、没收的财产无法找到、价值灭失或者与其他合法财产混合且不可分割的，可以追缴、没收洗钱犯罪行为人的其他等值财产。人民法院可以依法判决责令行为人以其他等值财产在违法所得范围内退赔。

对于依法查封、扣押、冻结的涉案财产，有证据证明确属被害人合法财产，或者确与行为人及其犯罪活动无关的，应予返还。

五、合力预防和惩治洗钱犯罪

24. 人民法院、人民检察院、公安机关要健全完善洗钱刑事案件立案侦查、审查起诉、审判执行等相关工作机制，建立健全专业化、一体化、规范化执法司法协作工作机制，形成工作合力，规范调查取证、审查起诉、审判执行工作，及时立案侦查、审查起诉、审判执行，确保办案质量、办案效率和办案效果。办案中遇到重大争议问题，及时层报最高人民法院、最高人民检察院、公安部。

25. 人民法院、人民检察院、公安机关要加强与中国人民银行等相关部门协作配合，充分发挥反洗钱工作联席会议机制，健全完善情报会商、信息交流、数据共享、案件反馈机制，加强对洗钱犯罪线索的分析研判，建立健全可疑交易线索移交合作机制，及时发现、有效预防和惩治洗钱犯罪。对于案情复杂、性质认定疑难案件，必要时可以听取中国人民银行等相关部门的意见，并根据案件事实和法律规定作出认定。

26. 人民法院、人民检察院、公安机关要加强洗钱刑事案件的国际合作，完善刑事司法协助、引渡、警务合作制度机制和工作程序，强化打击跨国（境）洗钱犯罪，提升惩治跨国（境）洗钱犯罪效能。要规范跨国（境）刑事案件证据收集、移交、审查工作，依照国际条约或者互惠原则，提请证据材料所在地司法机关收集，或通过国际警务合作、国际刑警组织渠道收集的境外证据材料，公安机关应对其来源、提取人、提取时间或者提供人、提供时间以及保管移交的过程等作出说明；对其他来自境外的证据材料，应当对其来源、提供人、提供时间以及提取人、提取时间进行审查。能够证明案件事实的，可以作为证据使用。

27. 人民法院、人民检察院、公安机关要加强反洗钱数据统计，在案件侦查、起诉、审判环节、扣押、冻结、没收犯罪资产、国际合作等工作中细化数据统计，按照要求梳理、统计相关信息、数据和案例；建立健全全国洗钱犯罪案件数据库，运用大数据、人工智能、云计算等信息技术为反洗钱工作提供支持。

28. 人民法院、人民检察院、公安机关要结合工作实际，进一步健全办案机构，加强办案力量，加大办案工作力度，要加强反洗钱工作执法司法队伍专业化建设，鼓励、支持省级人民法院、人民检察院、公安机关辖区内专业办案能力建设和培养。通过联合调研、联合培训、发布典型案例等方式，进一步统一思想认识，统一执法司法尺度，提高办理洗钱刑事案件的能力和水平。

三、相关行政法规、部门规章、部门规范性文件

麻醉药品和精神药品管理条例

（2005年8月3日国务院令第442号公布 根据2013年12月7日《国务院关于修改部分行政法规的决定》第一次修订 根据2016年2月6日《国务院关于修改部分行政法规的决定》第二次修订）

第一章 总 则

第一条 为加强麻醉药品和精神药品的管理，保证麻醉药品和精神药品的合法、安全、合理使用，防止流入非法渠道，根据药品管理法和其他有关法律的规定，制定本条例。

第二条 麻醉药品药用原植物的种植，麻醉药品和精神药品的实验研究、生产、经营、使用、储存、运输等活动以及监督管理，适用本条例。

麻醉药品和精神药品的进出口依照有关法律的规定办理。

第三条 本条例所称麻醉药品和精神药品，是指列入麻醉药品目录、精神药品目录（以下称目录）的药品和其他物质。精神药品分为第一类精神药品和第二类精神药品。

目录由国务院药品监督管理部门会同国务院公安部门、国务院卫生主管部门制定、调整并公布。

上市销售但尚未列入目录的药品和其他物质或者第二类精神药品发生滥用，已经造成或者可能造成严重社会危害的，国务院药品监督管理部门会同国务院公安部门、国务院卫生主管部门应

当及时将该药品和该物质列入目录或者将该第二类精神药品调整为第一类精神药品。

第四条 国家对麻醉药品药用原植物以及麻醉药品和精神药品实行管制。除本条例另有规定的外，任何单位、个人不得进行麻醉药品药用原植物的种植以及麻醉药品和精神药品的实验研究、生产、经营、使用、储存、运输等活动。

第五条 国务院药品监督管理部门负责全国麻醉药品和精神药品的监督管理工作，并会同国务院农业主管部门对麻醉药品药用原植物实施监督管理。国务院公安部门负责对造成麻醉药品药用原植物、麻醉药品和精神药品流入非法渠道的行为进行查处。国务院其他有关主管部门在各自的职责范围内负责与麻醉药品和精神药品有关的管理工作。

省、自治区、直辖市人民政府药品监督管理部门负责本行政区域内麻醉药品和精神药品的监督管理工作。县级以上地方公安机关负责对本行政区域内造成麻醉药品和精神药品流入非法渠道的行为进行查处。县级以上地方人民政府其他有关主管部门在各自的职责范围内负责与麻醉药品和精神药品有关的管理工作。

第六条 麻醉药品和精神药品生产、经营企业和使用单位可以依法参加行业协会。行业协会应当加强行业自律管理。

第二章 种植、实验研究和生产

第七条 国家根据麻醉药品和精神药品的医疗、国家储备和企业生产所需原料的需要确定需求总量，对麻醉药品药用原植物的种植、麻醉药品和精神药品的生产实行总量控制。

国务院药品监督管理部门根据麻醉药品和精神药品的需求总量制定年度生产计划。

国务院药品监督管理部门和国务院农业主管部门根据麻醉药品年度生产计划，制定麻醉药品药用原植物年度种植计划。

第八条 麻醉药品药用原植物种植企业应当根据年度种植计划，种植麻醉药品药用原植物。

麻醉药品药用原植物种植企业应当向国务院药品监督管理部门和国务院农业主管部门定期报告种植情况。

第九条 麻醉药品药用原植物种植企业由国务院药品监督管理部门和国务院农业主管部门共同确定，其他单位和个人不得种植麻醉药品药用原植物。

第十条 开展麻醉药品和精神药品实验研究活动应当具备下列条件，并经国务院药品监督管理部门批准：

（一）以医疗、科学研究或者教学为目的；

（二）有保证实验所需麻醉药品和精神药品安全的措施和管理制度；

（三）单位及其工作人员2年内没有违反有关禁毒的法律、行政法规规定的行为。

第十一条 麻醉药品和精神药品的实验研究单位申请相关药品批准证明文件，应当依照药品管理法的规定办理；需要转让研究成果的，应当经国务院药品监督管理部门批准。

第十二条 药品研究单位在普通药品的实验研究过程中，产生本条例规定的管制品种的，应当立即停止实验研究活动，并向国务院药品监督管理部门报告。国务院药品监督管理部门应当根据情况，及时作出是否同意其继续实验研究的决定。

第十三条 麻醉药品和第一类精神药品的临床试验，不得以健康人为受试对象。

第十四条 国家对麻醉药品和精神药品实行定点生产制度。

国务院药品监督管理部门应当根据麻醉药品和精神药品的需求总量，确定麻醉药品和精神药品定点生产企业的数量和布局，并根据年度需求总量对数量和布局进行调整、公布。

第十五条 麻醉药品和精神药品的定点生产企业应当具备下列条件：

（一）有药品生产许可证；

（二）有麻醉药品和精神药品实验研究批准文件；

（三）有符合规定的麻醉药品和精神药品生产设施、储存条件和相应的安全管理设施；

（四）有通过网络实施企业安全生产管理和向药品监督管理部门报告生产信息的能力；

（五）有保证麻醉药品和精神药品安全生产的管理制度；

（六）有与麻醉药品和精神药品安全生产要求相适应的管理水平和经营规模；

（七）麻醉药品和精神药品生产管理、质量管理部门的人员应当熟悉麻醉药品和精神药品管理以及有关禁毒的法律、行政法规；

（八）没有生产、销售假药、劣药或者违反有关禁毒的法律、行政法规规定的行为；

（九）符合国务院药品监督管理部门公布的麻醉药品和精神药品定点生产企业数量和布局的要求。

第十六条 从事麻醉药品、精神药品生产的企业，应当经所在地省、自治区、直辖市人民政府药品监督管理部门批准。

第十七条 定点生产企业生产麻醉药品和精神药品，应当依照药品管理法的规定取得药品批准文号。

国务院药品监督管理部门应当组织医学、药学、社会学、伦理学和禁毒等方面的专家成立专家组，由专家组对申请首次上市的麻醉药品和精神药品的社会危害性和被滥用的可能性进行评价，并提出是否批准的建议。

未取得药品批准文号的，不得生产麻醉药品和精神药品。

第十八条 发生重大突发事件，定点生产企业无法正常生产或者不能保证供应麻醉药品和精神药品时，国务院药品监督管理部门可以决定其他药品生产企业生产麻醉药品和精神药品。

重大突发事件结束后，国务院药品监督管理部门应当及时决定前款规定的企业停止麻醉药品和精神药品的生产。

第十九条 定点生产企业应当严格按照麻醉药品和精神药品年度生产计划安排生产，并依照规定向所在地省、自治区、直辖市人民政府药品监督管理部门报告生产情况。

第二十条 定点生产企业应当依照本条例的规定，将麻醉药品和精神药品销售给具有麻醉药品和精神药品经营资格的企业或者依照本条例规定批准的其他单位。

第二十一条 麻醉药品和精神药品的标签应当印有国务院药品监督管理部门规定的标志。

第三章 经 营

第二十二条 国家对麻醉药品和精神药品实行定点经营制度。

国务院药品监督管理部门应当根据麻醉药品和第一类精神药品的需求总量，确定麻醉药品和第一类精神药品的定点批发企业布局，并应当根据年度需求总量对布局进行调整、公布。

药品经营企业不得经营麻醉药品原料药和第一类精神药品原料药。但是，供医疗、科学研究、教学使用的小包装的上述药品可以由国务院药品监督管理部门规定的药品批发企业经营。

第二十三条 麻醉药品和精神药品定点批发企业除应当具备药品管理法第十五条规定的药品经营企业的开办条件外，还应当具备下列条件：

（一）有符合本条例规定的麻醉药品和精神药品储存条件；

（二）有通过网络实施企业安全管理和向药品监督管理部门报告经营信息的能力；

（三）单位及其工作人员2年内没有违反有关禁毒的法律、行政法规规定的行为；

（四）符合国务院药品监督管理部门公布的定点批发企业布局。

麻醉药品和第一类精神药品的定点批发企业，还应当具有保证供应责任区域内医疗机构所需麻醉药品和第一类精神药品的能力，并具有保证麻醉药品和第一类精神药品安全经营的管理制度。

第二十四条 跨省、自治区、直辖市从事麻醉药品和第一类精神药品批发业务的企业（以下称全国性批发企业），应当经国务院药品监督管理部门批准；在本省、自治区、直辖市行政区域内从事麻醉药品和第一类精神药品批发业务的企业（以下称区域性批发企业），应当经所在地省、自治区、直辖市人民政府药品监督管理部门批准。专门从事第二类精神药品批发业务的企业，应当经所在地省、自治区、直辖市人民政府药品监督管理部门批准。

全国性批发企业和区域性批发企业可以从事第二类精神药品批发业务。

第二十五条 全国性批发企业可以向区域性批发企业，或者经批准可以向取得麻醉药品和第一类精神药品使用资格的医疗机构以及依照本条例规定批准的其他单位销售麻醉药品和第一类精神药品。

全国性批发企业向取得麻醉药品和第一类精神药品使用资格的医疗机构销售麻醉药品和第一类精神药品，应当经医疗机构所在地省、自治区、直辖市人民政府药品监督管理部门批准。

国务院药品监督管理部门在批准全国性批发企业时，应当明确其所承担供药责任的区域。

第二十六条 区域性批发企业可以向本省、自治区、直辖市行政区域内取得麻醉药品和第一类精神药品使用资格的医疗机构销售麻醉药品和第一类精神药品；由于特殊地理位置的原因，需要就近向其他省、自治区、直辖市行政区域内取得麻醉药品和第一类精神药品使用资格的医疗机构销售的，应当经企业所在地省、自治区、直辖市人民政府药品监督管理部门批准。审批情况由负责审批的药品监督管理部门在批准后5日内通报医疗机构所在地省、自治区、直辖市人民政府药品监督管理部门。

省、自治区、直辖市人民政府药品监督管理部门在批准区域性批发企业时，应当明确其所承担供药责任的区域。区域性批发企业之间因医疗急需、运输困难等特殊情况需要调剂麻醉药品和第一类精神药品的，应当在调剂后2日内将调剂情况分别报所在地省、自治区、直辖市人民政府药品监督管理部门备案。

第二十七条 全国性批发企业应当从定点生产企业购进麻醉药品和第一类精神药品。

区域性批发企业可以从全国性批发企业购进麻醉药品和第一类精神药品；经所在地省、自治区、直辖市人民政府药品监督管理部门批准，也可以从定点生产企业购进麻醉药品和第一类精神药品。

第二十八条 全国性批发企业和区域性批发企业向医疗机构销售麻醉药品和第一类精神药品，应当将药品送至医疗机构。医疗机构不得自行提货。

第二十九条 第二类精神药品定点批发企业可以向医疗机构、定点批发企业和符合本条例第三十一条规定的药品零售企业以及依照本条例规定批准的其他单位销售第二类精神药品。

第三十条 麻醉药品和第一类精神药品不得零售。

禁止使用现金进行麻醉药品和精神药品交易，但是个人合法购买麻醉药品和精神药品的除外。

第三十一条 经所在地设区的市级药品监督管理部门批准，实行统一进货、统一配送、统一管理的药品零售连锁企业可以从事第二类精神药品零售业务。

第三十二条 第二类精神药品零售企业应当凭执业医师出具的处方，按规定剂量销售第二类精神药品，并将处方保存 2 年备查；禁止超剂量或者无处方销售第二类精神药品；不得向未成年人销售第二类精神药品。

第三十三条 麻醉药品和精神药品实行政府定价，在制定出厂和批发价格的基础上，逐步实行全国统一零售价格。具体办法由国务院价格主管部门制定。

第四章 使 用

第三十四条 药品生产企业需要以麻醉药品和第一类精神药品为原料生产普通药品的，应当向所在地省、自治区、直辖市人民政府药品监督管理部门报送年度需求计划，由省、自治区、直辖市人民政府药品监督管理部门汇总报国务院药品监督管理部门批准后，向定点生产企业购买。

药品生产企业需要以第二类精神药品为原料生产普通药品的，应当将年度需求计划报所在地省、自治区、直辖市人民政府药品监督管理部门，并向定点批发企业或者定点生产企业购买。

第三十五条 食品、食品添加剂、化妆品、油漆等非药品生产企业需要使用咖啡因作为原料的，应当经所在地省、自治区、直辖市人民政府药品监督管理部门批准，向定点批发企业或者定点生产企业购买。

科学研究、教学单位需要使用麻醉药品和精神药品开展实验、教学活动的，应当经所在地省、自治区、直辖市人民政府药品监督管理部门批准，向定点批发企业或者定点生产企业购买。需要使用麻醉药品和精神药品的标准品、对照品的，应当经所在地省、自治区、直辖市人民政府药品监督管理部门批准，向国务院药品监督管理部门批准的单位购买。

第三十六条 医疗机构需要使用麻醉药品和第一类精神药品的，应当经所在地设区的市级人民政府卫生主管部门批准，取得麻醉药品、第一类精神药品购用印鉴卡（以下称印鉴卡）。医疗机构应当凭印鉴卡向本省、自治区、直辖市行政区域内的定点批发企业购买麻醉药品和第一类精神药品。

设区的市级人民政府卫生主管部门发给医疗机构印鉴卡时，应当将取得印鉴卡的医疗机构情况抄送所在地设区的市级药品监督管理部门，并报省、自治区、直辖市人民政府卫生主管部门备案。省、自治区、直辖市人民政府卫生主管部门应当将取得印鉴卡的医疗机构名单向本行政区域内的定点批发企业通报。

第三十七条 医疗机构取得印鉴卡应当具备下列条件：

（一）有专职的麻醉药品和第一类精神药品管理人员；

（二）有获得麻醉药品和第一类精神药品处方资格的执业医师；

（三）有保证麻醉药品和第一类精神药品安全储存的设施和管理制度。

第三十八条 医疗机构应当按照国务院卫生主管部门的规定，对本单位执业医师进行有关麻醉药品和精神药品使用知识的培训、考核，经考核合格的，授予麻醉药品和第一类精神药品处方资格。执业医师取得麻醉药品和第一类精神药品的处方资格后，方可在本医疗机构开具麻醉药品和第一类精神药品处方，但不得为自己开具该种处方。医疗机构应当将具有麻醉药品和第一类精神药品处方资格的执业医师名单及其变更情况，定期报送所在地设区的市级人民政府卫生主管部门，并抄送同级药品监督管理部门。医务人员应当根据国务院卫生主管部门制定的临床应用指导原则，使用麻醉药品和精神药品。

第三十九条 具有麻醉药品和第一类精神药品处方资格的执业医师，根据临床应用指导原则，对确需使用麻醉药品或者第一类精神药品的患者，应当满足其合理用药需求。在医疗机构就诊的癌症疼痛患者和其他危重患者得不到麻醉药品或者第一类精神药品时，患者或者其亲属可以向执业医师提出申请。具有麻醉药品和第一类精神药品处方资格的执业医师认为要求合理的，应当及时为患者提供所需麻醉药品或者第一类精神药品。

第四十条 执业医师应当使用专用处方开具麻醉药品和精神药品，单张处方的最大用量应当符合国务院卫生主管部门的规定。

对麻醉药品和第一类精神药品处方，处方的调配人、核对人应当仔细核对，签署姓名，并予以登记；对不符合本条例规定的，处方的调配人、核对人应当拒绝发药。

麻醉药品和精神药品专用处方的格式由国务院卫生主管部门规定。

第四十一条 医疗机构应当对麻醉药品和精神药品处方进行专册登记，加强管理。麻醉药品处方至少保存 3 年，精神药品处方至少保存 2 年。

第四十二条　医疗机构抢救病人急需麻醉药品和第一类精神药品而本医疗机构无法提供时，可以从其他医疗机构或者定点批发企业紧急借用；抢救工作结束后，应当及时将借用情况报所在地设区的市级药品监督管理部门和卫生主管部门备案。

第四十三条　对临床需要而市场无供应的麻醉药品和精神药品，持有医疗机构制剂许可证和印鉴卡的医疗机构需要配制制剂的，应当经所在地省、自治区、直辖市人民政府药品监督管理部门批准。医疗机构配制的麻醉药品和精神药品制剂只能在本医疗机构使用，不得对外销售。

第四十四条　因治疗疾病需要，个人凭医疗机构出具的医疗诊断书、本人身份证明，可以携带单张处方最大用量以内的麻醉药品和第一类精神药品；携带麻醉药品和第一类精神药品出入境的，由海关根据自用、合理的原则放行。

医务人员为了医疗需要携带少量麻醉药品和精神药品出入境的，应当持有省级以上人民政府药品监督管理部门发放的携带麻醉药品和精神药品证明。海关凭携带麻醉药品和精神药品证明放行。

第四十五条　医疗机构、戒毒机构以开展戒毒治疗为目的，可以使用美沙酮或者国家确定的其他用于戒毒治疗的麻醉药品和精神药品。具体管理办法由国务院药品监督管理部门、国务院公安部门和国务院卫生主管部门制定。

第五章　储　存

第四十六条　麻醉药品药用原植物种植企业、定点生产企业、全国性批发企业和区域性批发企业以及国家设立的麻醉药品储存单位，应当设置储存麻醉药品和第一类精神药品的专库。该专库应当符合下列要求：

（一）安装专用防盗门，实行双人双锁管理；

（二）具有相应的防火设施；

（三）具有监控设施和报警装置，报警装置应当与公安机关报警系统联网。

全国性批发企业经国务院药品监督管理部门批准设立的药品储存点应当符合前款的规定。

麻醉药品定点生产企业应当将麻醉药品原料药和制剂分别存放。

第四十七条 麻醉药品和第一类精神药品的使用单位应当设立专库或者专柜储存麻醉药品和第一类精神药品。专库应当设有防盗设施并安装报警装置；专柜应当使用保险柜。专库和专柜应当实行双人双锁管理。

第四十八条 麻醉药品药用原植物种植企业、定点生产企业、全国性批发企业和区域性批发企业、国家设立的麻醉药品储存单位以及麻醉药品和第一类精神药品的使用单位，应当配备专人负责管理工作，并建立储存麻醉药品和第一类精神药品的专用账册。药品入库双人验收，出库双人复核，做到账物相符。专用账册的保存期限应当自药品有效期期满之日起不少于5年。

第四十九条 第二类精神药品经营企业应当在药品库房中设立独立的专库或者专柜储存第二类精神药品，并建立专用账册，实行专人管理。专用账册的保存期限应当自药品有效期期满之日起不少于5年。

第六章 运 输

第五十条 托运、承运和自行运输麻醉药品和精神药品的，应当采取安全保障措施，防止麻醉药品和精神药品在运输过程中被盗、被抢、丢失。

第五十一条 通过铁路运输麻醉药品和第一类精神药品的，应当使用集装箱或者铁路行李车运输，具体办法由国务院药品监督管理部门会同国务院铁路主管部门制定。

没有铁路需要通过公路或者水路运输麻醉药品和第一类精神药品的，应当由专人负责押运。

第五十二条 托运或者自行运输麻醉药品和第一类精神药品的单位,应当向所在地设区的市级药品监督管理部门申请领取运输证明。运输证明有效期为1年。

运输证明应当由专人保管,不得涂改、转让、转借。

第五十三条 托运人办理麻醉药品和第一类精神药品运输手续,应当将运输证明副本交付承运人。承运人应当查验、收存运输证明副本,并检查货物包装。没有运输证明或者货物包装不符合规定的,承运人不得承运。

承运人在运输过程中应当携带运输证明副本,以备查验。

第五十四条 邮寄麻醉药品和精神药品,寄件人应当提交所在地设区的市级药品监督管理部门出具的准予邮寄证明。邮政营业机构应当查验、收存准予邮寄证明;没有准予邮寄证明的,邮政营业机构不得收寄。

省、自治区、直辖市邮政主管部门指定符合安全保障条件的邮政营业机构负责收寄麻醉药品和精神药品。邮政营业机构收寄麻醉药品和精神药品,应当依法对收寄的麻醉药品和精神药品予以查验。

邮寄麻醉药品和精神药品的具体管理办法,由国务院药品监督管理部门会同国务院邮政主管部门制定。

第五十五条 定点生产企业、全国性批发企业和区域性批发企业之间运输麻醉药品、第一类精神药品,发货人在发货前应当向所在地省、自治区、直辖市人民政府药品监督管理部门报送本次运输的相关信息。属于跨省、自治区、直辖市运输的,收到信息的药品监督管理部门应当向收货人所在地的同级药品监督管理部门通报;属于在本省、自治区、直辖市行政区域内运输的,收到信息的药品监督管理部门应当向收货人所在地设区的市级药品监督管理部门通报。

第七章 审批程序和监督管理

第五十六条 申请人提出本条例规定的审批事项申请,应当提交能够证明其符合本条例规定条件的相关资料。审批部门应当自收到申请之日起40日内作出是否批准的决定；作出批准决定的，发给许可证明文件或者在相关许可证明文件上加注许可事项；作出不予批准决定的，应当书面说明理由。

确定定点生产企业和定点批发企业，审批部门应当在经审查符合条件的企业中，根据布局的要求，通过公平竞争的方式初步确定定点生产企业和定点批发企业，并予公布。其他符合条件的企业可以自公布之日起10日内向审批部门提出异议。审批部门应当自收到异议之日起20日内对异议进行审查，并作出是否调整的决定。

第五十七条 药品监督管理部门应当根据规定的职责权限，对麻醉药品药用原植物的种植以及麻醉药品和精神药品的实验研究、生产、经营、使用、储存、运输活动进行监督检查。

第五十八条 省级以上人民政府药品监督管理部门根据实际情况建立监控信息网络，对定点生产企业、定点批发企业和使用单位的麻醉药品和精神药品生产、进货、销售、库存、使用的数量以及流向实行实时监控，并与同级公安机关做到信息共享。

第五十九条 尚未连接监控信息网络的麻醉药品和精神药品定点生产企业、定点批发企业和使用单位，应当每月通过电子信息、传真、书面等方式，将本单位麻醉药品和精神药品生产、进货、销售、库存、使用的数量以及流向，报所在地设区的市级药品监督管理部门和公安机关；医疗机构还应当报所在地设区的市级人民政府卫生主管部门。

设区的市级药品监督管理部门应当每3个月向上一级药品监督管理部门报告本地区麻醉药品和精神药品的相关情况。

第六十条 对已经发生滥用，造成严重社会危害的麻醉药品和精神药品品种，国务院药品监督管理部门应当采取在一定期限内中止生产、经营、使用或者限定其使用范围和用途等措施。对不再作为药品使用的麻醉药品和精神药品，国务院药品监督管理部门应当撤销其药品批准文号和药品标准，并予以公布。

药品监督管理部门、卫生主管部门发现生产、经营企业和使用单位的麻醉药品和精神药品管理存在安全隐患时，应当责令其立即排除或者限期排除；对有证据证明可能流入非法渠道的，应当及时采取查封、扣押的行政强制措施，在7日内作出行政处理决定，并通报同级公安机关。

《禁毒法》第二十三条
↑𝒫38

药品监督管理部门发现取得印鉴卡的医疗机构未依照规定购买麻醉药品和第一类精神药品时，应当及时通报同级卫生主管部门。接到通报的卫生主管部门应当立即调查处理。必要时，药品监督管理部门可以责令定点批发企业中止向该医疗机构销售麻醉药品和第一类精神药品。

第六十一条　麻醉药品和精神药品的生产、经营企业和使用单位对过期、损坏的麻醉药品和精神药品应当登记造册，并向所在地县级药品监督管理部门申请销毁。药品监督管理部门应当自接到申请之日起5日内到场监督销毁。医疗机构对存放在本单位的过期、损坏麻醉药品和精神药品，应当按照本条规定的程序向卫生主管部门提出申请，由卫生主管部门负责监督销毁。

对依法收缴的麻醉药品和精神药品，除经国务院药品监督管理部门或者国务院公安部门批准用于科学研究外，应当依照国家有关规定予以销毁。

第六十二条　县级以上人民政府卫生主管部门应当对执业医师开具麻醉药品和精神药品处方的情况进行监督检查。

第六十三条　药品监督管理部门、卫生主管部门和公安机关应当互相通报麻醉药品和精神药品生产、经营企业和使用单位的名单以及其他管理信息。

各级药品监督管理部门应当将在麻醉药品药用原植物的种植以及麻醉药品和精神药品的实验研究、生产、经营、使用、储存、运输等各环节的管理中的审批、撤销等事项通报同级公安机关。

麻醉药品和精神药品的经营企业、使用单位报送各级药品监督管理部门的备案事项，应当同时报送同级公安机关。

第六十四条 发生麻醉药品和精神药品被盗、被抢、丢失或者其他流入非法渠道的情形的，案发单位应当立即采取必要的控制措施，同时报告所在地县级公安机关和药品监督管理部门。医疗机构发生上述情形的，还应当报告其主管部门。

公安机关接到报告、举报，或者有证据证明麻醉药品和精神药品可能流入非法渠道时，应当及时开展调查，并可以对相关单位采取必要的控制措施。

药品监督管理部门、卫生主管部门以及其他有关部门应当配合公安机关开展工作。

第八章 法律责任

第六十五条 药品监督管理部门、卫生主管部门违反本条例的规定，有下列情形之一的，由其上级行政机关或者监察机关责令改正；情节严重的，对直接负责的主管人员和其他直接责任人员依法给予行政处分；构成犯罪的，依法追究刑事责任：

（一）对不符合条件的申请人准予行政许可或者超越法定职权作出准予行政许可决定的；

（二）未到场监督销毁过期、损坏的麻醉药品和精神药品的；

（三）未依法履行监督检查职责，应当发现而未发现违法行为、发现违法行为不及时查处，或者未依照本条例规定的程序实施监督检查的；

（四）违反本条例规定的其他失职、渎职行为。

第六十六条 麻醉药品药用原植物种植企业违反本条例的规定，有下列情形之一的，由药品监督管理部门责令限期改正，给予警告；逾期不改正的，处5万元以上10万元以下的罚款；情节严重的，取消其种植资格：

（一）未依照麻醉药品药用原植物年度种植计划进行种植的；

（二）未依照规定报告种植情况的；

（三）未依照规定储存麻醉药品的。

第六十七条 定点生产企业违反本条例的规定，有下列情形之一的，由药品监督管理部门责令限期改正，给予警告，并没收违法所得和违法销售的药品；逾期不改正的，责令停产，并处5万元以上10万元以下的罚款；情节严重的，取消其定点生产资格：

（一）未按照麻醉药品和精神药品年度生产计划安排生产的；

（二）未依照规定向药品监督管理部门报告生产情况的；

（三）未依照规定储存麻醉药品和精神药品，或者未依照规定建立、保存专用账册的；

（四）未依照规定销售麻醉药品和精神药品的；

（五）未依照规定销毁麻醉药品和精神药品的。

第六十八条 定点批发企业违反本条例的规定销售麻醉药品和精神药品，或者违反本条例的规定经营麻醉药品原料药和第一类精神药品原料药的，由药品监督管理部门责令限期改正，给予警告，并没收违法所得和违法销售的药品；逾期不改正的，责令停业，并处违法销售药品货值金额2倍以上5倍以下的罚款；情节严重的，取消其定点批发资格。

第六十九条 定点批发企业违反本条例的规定，有下列情形之一的，由药品监督管理部门责令限期改正，给予警告；逾期不改正的，责令停业，并处2万元以上5万元以下的罚款；情节严重的，取消其定点批发资格：

（一）未依照规定购进麻醉药品和第一类精神药品的；

（二）未保证供药责任区域内的麻醉药品和第一类精神药品的供应的；

（三）未对医疗机构履行送货义务的；

（四）未依照规定报告麻醉药品和精神药品的进货、销售、库存数量以及流向的；

（五）未依照规定储存麻醉药品和精神药品，或者未依照规定建立、保存专用账册的；

（六）未依照规定销毁麻醉药品和精神药品的；

（七）区域性批发企业之间违反本条例的规定调剂麻醉药品和第一类精神药品，或者因特殊情况调剂麻醉药品和第一类精神药品后未依照规定备案的。

第七十条　第二类精神药品零售企业违反本条例的规定储存、销售或者销毁第二类精神药品的，由药品监督管理部门责令限期改正，给予警告，并没收违法所得和违法销售的药品；逾期不改正的，责令停业，并处5000元以上2万元以下的罚款；情节严重的，取消其第二类精神药品零售资格。

第七十一条　本条例第三十四条、第三十五条规定的单位违反本条例的规定，购买麻醉药品和精神药品的，由药品监督管理部门没收违法购买的麻醉药品和精神药品，责令限期改正，给予警告；逾期不改正的，责令停产或者停止相关活动，并处2万元以上5万元以下的罚款。

第七十二条　取得印鉴卡的医疗机构违反本条例的规定，有下列情形之一的，由设区的市级人民政府卫生主管部门责令限期改正，给予警告；逾期不改正的，处5000元以上1万元以下的罚款；情节严重的，吊销其印鉴卡；对直接负责的主管人员和其他直接责任人员，依法给予降级、撤职、开除的处分：

（一）未依照规定购买、储存麻醉药品和第一类精神药品的；

（二）未依照规定保存麻醉药品和精神药品专用处方，或者未依照规定进行处方专册登记的；

（三）未依照规定报告麻醉药品和精神药品的进货、库存、使用数量的；

（四）紧急借用麻醉药品和第一类精神药品后未备案的；

（五）未依照规定销毁麻醉药品和精神药品的。

第七十三条　具有麻醉药品和第一类精神药品处方资格的执业医师，违反本条例的规定开具麻醉药品和第一类精神药品处方，或者未按照临床应用指导原则的要求使用麻醉药品和第一类精神药品的，由其所在医疗机构取消其麻醉药品和第一类精神药品处方资格；造成严重后果的，由原发证部门吊销其执业证书。

执业医师未按照临床应用指导原则的要求使用第二类精神药品或者未使用专用处方开具第二类精神药品，造成严重后果的，由原发证部门吊销其执业证书。

未取得麻醉药品和第一类精神药品处方资格的执业医师擅自开具麻醉药品和第一类精神药品处方，由县级以上人民政府卫生主管部门给予警告，暂停其执业活动；造成严重后果的，吊销其执业证书；构成犯罪的，依法追究刑事责任。

处方的调配人、核对人违反本条例的规定未对麻醉药品和第一类精神药品处方进行核对，造成严重后果的，由原发证部门吊销其执业证书。

第七十四条 违反本条例的规定运输麻醉药品和精神药品的，由药品监督管理部门和运输管理部门依照各自职责，责令改正，给予警告，处2万元以上5万元以下的罚款。

收寄麻醉药品、精神药品的邮政营业机构未依照本条例的规定办理邮寄手续的，由邮政主管部门责令改正，给予警告；造成麻醉药品、精神药品邮件丢失的，依照邮政法律、行政法规的规定处理。

第七十五条 提供虚假材料、隐瞒有关情况，或者采取其他欺骗手段取得麻醉药品和精神药品的实验研究、生产、经营、使用资格的，由原审批部门撤销其已取得的资格，5年内不得提出有关麻醉药品和精神药品的申请；情节严重的，处1万元以上3万元以下的罚款，有药品生产许可证、药品经营许可证、医疗机构执业许可证的，依法吊销其许可证明文件。

第七十六条 药品研究单位在普通药品的实验研究和研制过程中，产生本条例规定管制的麻醉药品和精神药品，未依照本条例的规定报告的，由药品监督管理部门责令改正，给予警告，没收违法药品；拒不改正的，责令停止实验研究和研制活动。

第七十七条 药物临床试验机构以健康人为麻醉药品和第一类精神药品临床试验的受试对象的，由药品监督管理部门责令停止违法行为，给予警告；情节严重的，取消其药物临床试验机构的资格；构成犯罪的，依法追究刑事责任。对受试对象造成损害的，药物临床试验机构依法承担治疗和赔偿责任。

第七十八条 定点生产企业、定点批发企业和第二类精神药品零售企业生产、销售假劣麻醉药品和精神药品的，由药品监督管理部门取消其定点生产资格、定点批发资格或者第二类精神药品零售资格，并依照药品管理法的有关规定予以处罚。

第七十九条 定点生产企业、定点批发企业和其他单位使用现金进行麻醉药品和精神药品交易的，由药品监督管理部门责令改正，给予警告，没收违法交易的药品，并处5万元以上10万元以下的罚款。

第八十条 发生麻醉药品和精神药品被盗、被抢、丢失案件的单位，违反本条例的规定未采取必要的控制措施或者未依照本条例的规定报告的，由药品监督管理部门和卫生主管部门依照各自职责，责令改正，给予警告；情节严重的，处5000元以上1万元以下的罚款；有上级主管部门的，由其上级主管部门对直接负责的主管人员和其他直接责任人员，依法给予降级、撤职的处分。

第八十一条 依法取得麻醉药品药用原植物种植或者麻醉药品和精神药品实验研究、生产、经营、使用、运输等资格的单位，倒卖、转让、出租、出借、涂改其麻醉药品和精神药品许可证明文件的，由原审批部门吊销相应许可证明文件，没收违法所得；情节严重的，处违法所得2倍以上5倍以下的罚款；没有违法所得的，处2万元以上5万元以下的罚款；构成犯罪的，依法追究刑事责任。

第八十二条 违反本条例的规定，致使麻醉药品和精神药品流入非法渠道造成危害，构成犯罪的，依法追究刑事责任；尚不构成犯罪的，由县级以上公安机关处5万元以上10万元以下的罚款；有违法所得的，没收违法所得；情节严重的，处违法所得2倍以上5倍以下的罚款；由原发证部门吊销其药品生产、经营和使用许可证明文件。

药品监督管理部门、卫生主管部门在监督管理工作中发现前款规定情形的,应当立即通报所在地同级公安机关,并依照国家有关规定,将案件以及相关材料移送公安机关。

第八十三条 本章规定由药品监督管理部门作出的行政处罚,由县级以上药品监督管理部门按照国务院药品监督管理部门规定的职责分工决定。

第九章 附 则

第八十四条 本条例所称实验研究是指以医疗、科学研究或者教学为目的的临床前药物研究。

经批准可以开展与计划生育有关的临床医疗服务的计划生育技术服务机构需要使用麻醉药品和精神药品的,依照本条例有关医疗机构使用麻醉药品和精神药品的规定执行。

第八十五条 麻醉药品目录中的罂粟壳只能用于中药饮片和中成药的生产以及医疗配方使用。具体管理办法由国务院药品监督管理部门另行制定。

第八十六条 生产含麻醉药品的复方制剂,需要购进、储存、使用麻醉药品原料药的,应当遵守本条例有关麻醉药品管理的规定。

第八十七条 军队医疗机构麻醉药品和精神药品的供应、使用,由国务院药品监督管理部门会同中国人民解放军总后勤部依据本条例制定具体管理办法。

第八十八条 对动物用麻醉药品和精神药品的管理,由国务院兽医主管部门会同国务院药品监督管理部门依据本条例制定具体管理办法。

第八十九条 本条例自 2005 年 11 月 1 日起施行。1987 年 11 月 28 日国务院发布的《麻醉药品管理办法》和 1988 年 12 月 27 日国务院发布的《精神药品管理办法》同时废止。

非药用类麻醉药品和精神药品列管办法

(2015年9月24日公安部、国家卫生和计划生育委员会、国家食品药品监督管理总局、国家禁毒委员会办公室以公通字〔2015〕27号通知印发)

第一条 为加强对非药用类麻醉药品和精神药品的管理,防止非法生产、经营、运输、使用和进出口,根据《中华人民共和国禁毒法》和《麻醉药品和精神药品管理条例》等法律、法规的规定,制定本办法。

第二条 本办法所称的非药用类麻醉药品和精神药品,是指未作为药品生产和使用,具有成瘾性或者成瘾潜力且易被滥用的物质。

第三条 麻醉药品和精神药品按照药用类和非药用类分类列管。除麻醉药品和精神药品管理品种目录已有列管品种外,新增非药用类麻醉药品和精神药品管制品种由本办法附表列示。非药用类麻醉药品和精神药品管制品种目录的调整由国务院公安部门会同国务院食品药品监督管理部门和国务院卫生计生行政部门负责。

非药用类麻醉药品和精神药品发现医药用途,调整列入药品目录的,不再列入非药用类麻醉药品和精神药品管制品种目录。

第四条 对列管的非药用类麻醉药品和精神药品,禁止任何单位和个人生产、买卖、运输、使用、储存和进出口。因科研、实验需要使用非药用类麻醉药品和精神药品,在药品、医疗器械生产、检测中需要使用非药用类麻醉药品和精神药品标准品、对照品,以及药品生产过程中非药用类麻醉药品和精神药品中间体的管理，按照有关规定执行。

各级公安机关和有关部门依法加强对非药用类麻醉药品和精神药品违法犯罪行为的打击处理。

第五条 各地禁毒委员会办公室（以下简称禁毒办）应当组织公安机关和有关部门加强对非药用类麻醉药品和精神药品的监测，并将监测情况及时上报国家禁毒办。国家禁毒办经汇总、分析后，应当及时发布预警信息。对国家禁毒办发布预警的未列管非药用类麻醉药品和精神药品，各地禁毒办应当进行重点监测。

第六条 国家禁毒办认为需要对特定非药用类麻醉药品和精神药品进行列管的，应当交由非药用类麻醉药品和精神药品专家委员会（以下简称专家委员会）进行风险评估和列管论证。

第七条 专家委员会由国务院公安部门、食品药品监督管理部门、卫生计生行政部门、工业和信息化管理部门、海关等部门的专业人员以及医学、药学、法学、司法鉴定、化工等领域的专家学者组成。

专家委员会应当对拟列管的非药用类麻醉药品和精神药品进行下列风险评估和列管论证，并提出是否予以列管的建议：

（一）成瘾性或者成瘾潜力；

（二）对人身心健康的危害性；

（三）非法制造、贩运或者走私活动情况；

（四）滥用或者扩散情况；

（五）造成国内、国际危害或者其他社会危害情况。

专家委员会启动对拟列管的非药用类麻醉药品和精神药品的风险评估和列管论证工作后，应当在3个月内完成。

第八条 对专家委员会评估后提出列管建议的，国家禁毒办应当建议国务院公安部门会同食品药品监督管理部门和卫生计生行政部门予以列管。

第九条 国务院公安部门会同食品药品监督管理部门和卫生计生行政部门应当在接到国家禁毒办列管建议后6个月内，完成对非药用类麻醉药品和精神药品的列管工作。

对于情况紧急、不及时列管不利于遏制危害发展蔓延的,风险评估和列管工作应当加快进程。

第十条 本办法自 2015 年 10 月 1 日起施行。

附表:非药用类麻醉药品和精神药品管制品种增补目录

附表:

非药用类麻醉药品和精神药品管制品种增补目录[①]

序号	中文名	英文名	CAS 号	备注
1	N-(2-甲氧基苄基)-2-(2,5-二甲氧基-4-溴苯基)乙胺	2-(4-Bromo-2,5-dimethoxyphenyl)-N-(2-methoxybenzyl)ethanamine	1026511-90-9	2C-B-NBOMe
2	2,5-二甲氧基-4-氯苯乙胺	4-Chloro-2,5-dimethoxyphenethylamine	88441-14-9	2C-C
3	N-(2-甲氧基苄基)-2-(2,5-二甲氧基-4-氯苯基)乙胺	2-(4-Chloro-2,5-dimethoxyphenyl)-N-(2-methoxybenzyl)ethanamine	1227608-02-7	2C-C-NBOMe
4	2,5-二甲氧基-4-甲基苯乙胺	4-Methyl-2,5-dimethoxyphenethylamine	24333-19-5	2C-D
5	N-(2-甲氧基苄基)-2-(2,5-二甲氧基-4-甲基苯基)乙胺	2-(4-Methyl-2,5-dimethoxyphenyl)-N-(2-methoxybenzyl)ethanamine	1354632-02-2	2C-D-NBOMe

《国家禁毒委员会办公室关于防范非药用类麻醉药品和精神药品及制毒物品违法犯罪的通告》相关规定 ↑P252

---

① 《最高人民检察院关于〈非药用类麻醉药品和精神药品管制品种增补目录〉能否作为认定毒品依据的批复》规定,2015 年 10 月 1 日起施行的公安部、国家食品药品监督管理总局、国家卫生和计划生育委员会、国家禁毒委员会办公室《非药用类麻醉药品和精神药品列管办法》及其附表《非药用类麻醉药品和精神药品管制品种增补目录》,是根据国务院《麻醉药品和精神药品管理条例》第三条第二款授权制定的,《非药用类麻醉药品和精神药品管制品种增补目录》可以作为认定毒品的依据。

(续表)

序号	中文名	英文名	CAS 号	备注
6	2,5-二甲氧基-4-乙基苯乙胺	4-Ethyl-2,5-dimethoxyphenethylamine	71539-34-9	2C-E
7	N-(2-甲氧基苄基)-2-(2,5-二甲氧基-4-碘苯基)乙胺	2-(4-Iodo-2,5-dimethoxyphenyl)-N-(2-methoxybenzyl) ethanamine	919797-19-6	2C-I-NBOMe
8	2,5-二甲氧基-4-丙基苯乙胺	4-Propyl-2,5-dimethoxyphenethylamine	207740-22-5	2C-P
9	2,5-二甲氧基-4-乙硫基苯乙胺	4-Ethylthio-2,5-dimethoxyphenethylamine	207740-24-7	2C-T-2
10	2,5-二甲氧基-4-异丙基硫基苯乙胺	4-Isopropylthio-2,5-dimethoxyphenethylamin	207740-25-8	2C-T-4
11	2,5-二甲氧基-4-丙硫基苯乙胺	4-Propylthio-2,5-dimethox-phenethylamine	207740-26-9	2C-T-7
12	2-氟苯丙胺	1-(2-Fluorophenyl) propan-2-amine	1716-60-5	2-FA
13	2-氟甲基苯丙胺	N-Methyl-1-(2-fluorophenyl) propan-2-amine	1017176-48-5	2-FMA
14	1-(2-苯并呋喃基)-N-甲基-2-丙胺	N-Methyl-1-(benzofuran-2-yl) propan-2-amine	806596-15-6	2-MAPB

(续表)

序号	中文名	英文名	CAS 号	备注
15	3-氟苯丙胺	1-(3-Fluorophenyl)propan-2-amine	1626-71-7	3-FA
16	3-氟甲基苯丙胺	N-Methyl-1-(3-fluorophenyl) propan-2-amine	1182818-14-9	3-FMA
17	4-氯苯丙胺	1-(4-Chlorophenyl)propan-2-amine	64-12-0	4-CA
18	4-氟苯丙胺	1-(4-Fluorophenyl)propan-2-amine	459-02-9	4-FA
19	4-氟甲基苯丙胺	N-Methyl-1-(4-fluorophenyl) propan-2-amine	351-03-1	4-FMA
20	1-［5-(2,3-二氢苯并呋喃基)］-2-丙胺	1-(2,3-Dihydro-1-benzofuran-5-yl)propan-2-amine	152624-03-8	5-APDB
21	1-(5-苯并呋喃基)-N-甲基-2-丙胺	N-Methyl-1-(benzofuran-5-yl)propan-2-amine	1354631-77-8	5-MAPB
22	6-溴-3,4-亚甲二氧基甲基苯丙胺	N-Methyl-(6-bromo-3,4-methylenedioxyphenyl)propan-2-amine		6-Br-MDMA
23	6-氯-3,4-亚甲二氧基甲基苯丙胺	N-Methyl-(6-chloro-3,4-methylenedioxyphenyl)propan-2-amine	319920-71-3	6-Cl-MDMA

(续表)

序号	中文名	英文名	CAS号	备注
24	1-（2,5-二甲氧基-4-氯苯基）-2-丙胺	1-（4-Chloro-2,5-dimethoxyphenyl）propan-2-amine	123431-31-2	DOC
25	1-（2-噻吩基）-N-甲基-2-丙胺	N-Methyl-1-（thiophen-2-yl）propan-2-amine	801156-47-8	MPA
26	N-（1-氨甲酰基-2-甲基丙基）-1-（5-氟戊基）吲哚-3-甲酰胺	N-（1-Amino-3-methyl-1-oxobutan-2-yl）-1-（5-fluoropentyl）-1H-indole-3-carboxamide	1801338-26-0	5F-ABICA
27	N-（1-氨甲酰基-2-甲基丙基）-1-（5-氟戊基）吲唑-3-甲酰胺	N-（1-Amino-3-methyl-1-oxobutan-2-yl）-1-（5-fluoropentyl）-1H-indazole-3-carboxamide	1800101-60-3	5F-AB-PINACA
28	N-（1-氨甲酰基-2,2-二甲基丙基）-1-（5-氟戊基）吲哚-3-甲酰胺	N-（1-Amino-3,3-dimethyl-1-oxobutan-2-yl）-1-（5-fluoropentyl）-1H-indole-3-carboxamide	1801338-27-1	5F-ADBICA
29	N-（1-甲氧基羰基-2-甲基丙基）-1-（5-氟戊基）吲唑-3-甲酰胺	1-Methoxy-3-methyl-1-oxobutan-2-yl-1-（5-fluoropentyl）-1H-indazole-3-carboxamide	1715016-74-2	5F-AMB
30	N-（1-金刚烷基）-1-（5-氟戊基）吲唑-3-甲酰胺	N-（1-Adamantyl）-1-（5-fluoropentyl）-1H-indazole-3-carboxamide	1400742-13-3	5F-APINACA

(续表)

序号	中文名	英文名	CAS号	备注
31	1-（5-氟戊基）吲哚-3-甲酸-8-喹啉酯	Quinolin-8-yl 1-（5-fluoropentyl）-1H-indole-3-carboxylate	1400742-41-7	5F-PB-22
32	1-（5-氟戊基）-3-（2,2,3,3-四甲基环丙甲酰基）吲哚	（1-（5-Fluoropentyl）-1H-indol-3-yl）（2,2,3,3-tetramethylcyclopropyl）methanone	1364933-54-9	5F-UR-144
33	1-[2-（N-吗啉基）乙基]-3-（2,2,3,3-四甲基环丙甲酰基）吲哚	（1-（2-Morpholin-4-ylethyl）-1H-indol-3-yl）（2,2,3,3-tetramethylcyclopropyl）methanone	895155-26-7	A-796,260
34	1-（4-四氢吡喃基甲基）-3-（2,2,3,3-四甲基环丙甲酰基）吲哚	（1-（Tetrahydropyran-4-ylmethyl）-1H-indol-3-yl）（2,2,3,3-tetramethylcyclopropyl）methanone	895155-57-4	A-834,735
35	N-（1-氨甲酰基-2-甲基丙基）-1-（环己基甲基）吲唑-3-甲酰胺	N-（1-Amino-3-methyl-1-oxobutan-2-yl）-1-（cyclohexylmethyl）-1H-indazole-3-carboxamide	1185887-21-1	AB-CHMINACA

(续表)

序号	中文名	英文名	CAS 号	备注
36	N-（1-氨甲酰基-2-甲基丙基）-1-（4-氟苄基）吲唑-3-甲酰胺	N-(1-Amino-3-methyl-1-oxobutan-2-yl)-1-(4-fluorobenzyl)-1H-indazole-3-carboxamide	1629062-56-1	AB-FUBINACA
37	N-（1-氨甲酰基-2-甲基丙基）-1-戊基吲唑-3-甲酰胺	N-(1-Amino-3-methyl-1-oxobutan-2-yl)-1-pentyl-1H-indazole-3-carboxamide	1445583-20-9	AB-PINACA
38	N-（1-氨甲酰基-2,2-二甲基丙基）-1-戊基吲哚-3-甲酰胺	N-(1-Amino-3,3-dimethyl-1-oxobutan-2-yl)-1-pentyl-1H-indole-3-carboxamide	1445583-48-1	ADBICA
39	N-（1-氨甲酰基-2,2-二甲基丙基）-1-戊基吲唑-3-甲酰胺	N-(1-Amino-3,3-dimethyl-1-oxobutan-2-yl)-1-pentyl-1H-indazole-3-carboxamide	1633766-73-0	ADB-PINACA
40	1-[(N-甲基-2-哌啶基)甲基]-3-(1-萘甲酰基)吲哚	(1-((1-Methylpiperidin-2-yl)methyl)-1H-indol-3-yl)(naphthalen-1-yl)methanone	137642-54-7	AM-1220
41	1-[(N-甲基-2-哌啶基)甲基]-3-(1-金刚烷基甲酰基)吲哚	(1-((1-Methylpiperidin-2-yl)methyl)-1H-indol-3-yl)(adamantan-1-yl)methanone	335160-66-2	AM-1248

(续表)

序号	中文名	英文名	CAS号	备注
42	1-［（N-甲基-2-哌啶基）甲基］-3-（2-碘苯甲酰基）吲哚	(1-((1-Methylpiperidin-2-yl)methyl)-1H-indol-3-yl)(2-iodophenyl)methanone	444912-75-8	AM-2233
43	N-（1-金刚烷基）-1-戊基吲哚-3-甲酰胺	N-(1-Adamantyl)-1-pentyl-1H-indole-3-carboxamide	1345973-50-3	APICA
44	N-（1-金刚烷基）-1-戊基吲唑-3-甲酰胺	N-(1-Adamantyl)-1-pentyl-1H-indazole-3-carboxamide	1345973-53-6	APINACA
45	1-（1-萘甲酰基）-4-戊氧基萘	(4-Pentyloxynaphthalen-1-yl)(naphthalen-1-yl)methanone	432047-72-8	CB-13
46	N-（1-甲基-1-苯基乙基）-1-（4-四氢吡喃基甲基）吲唑-3-甲酰胺	N-(2-Phenylpropan-2-yl)-1-(tetrahydropyran-4-ylmethyl)-1H-indazole-3-carboxamide	1400742-50-8	CUMYL-THPINACA
47	1-（5-氟戊基）-3-（4-乙基-1-萘甲酰基）吲哚	(1-(5-Fluoropentyl)-1H-indol-3-yl)(4-ethylnaphthalen-1-yl)methanone	1364933-60-7	EAM-2201

(续表)

序号	中文名	英文名	CAS号	备注
48	1-（4-氟苄基）-3-（1-萘甲酰基）吲哚	(1-(4-Fluorobenzyl)-1H-indol-3-yl)(naphthalen-1-yl)methanone		FUB-JWH-018
49	1-（4-氟苄基）吲哚-3-甲酸-8-喹啉酯	Quinolin-8-yl 1-(4-fluorobenzyl)-1H-indole-3-carboxylate	1800098-36-5	FUB-PB-22
50	2-甲基-1-戊基-3-（1-萘甲酰基）吲哚	(2-Methyl-1-pentyl-1H-indol-3-yl)(naphthalen-1-yl)methanone	155471-10-6	JWH-007
51	2-甲基-1-丙基-3-（1-萘甲酰基）吲哚	(2-Methyl-1-propyl-1H-indol-3-yl)(naphthalen-1-yl)methanone	155471-08-2	JWH-015
52	1-己基-3-（1-萘甲酰基）吲哚	(1-Hexyl-1H-indol-3-yl)(naphthalen-1-yl)methanone	209414-08-4	JWH-019
53	1-戊基-3-（4-甲氧基-1-萘甲酰基）吲哚	(1-Pentyl-1H-indol-3-yl)(4-methoxynaphthalen-1-yl)methanone	210179-46-7	JWH-081

(续表)

序号	中文名	英文名	CAS 号	备注
54	1-戊基-3-（4-甲基-1-萘甲酰基）吲哚	(1-Pentyl-1H-indol-3-yl)(4-methyl-naphthalen-1-yl)methanone	619294-47-2	JWH-122
55	1-戊基-3-（2-氯苯乙酰基）吲哚	2-(2-Chlorophenyl)-1-(1-pentyl-1H-indol-3-yl)ethanone	864445-54-5	JWH-203
56	1-戊基-3-（4-乙基-1-萘甲酰基）吲哚	(1-Pentyl-1H-indol-3-yl)(4-ethyl-naphthalen-1-yl)methanone	824959-81-1	JWH-210
57	1-戊基-2-（2-甲基苯基）-4-（1-萘甲酰基）吡咯	(5-(2-Methylphenyl)-1-pentyl-1H-pyrrol-3-yl)(naphthalen-1-yl)methanone	914458-22-3	JWH-370
58	1-（5-氟戊基）-3-（4-甲基-1-萘甲酰基）吲哚	(1-(5-Fluoropentyl)-1H-indol-3-yl)(4-methylnaphthalen-1-yl)methanone	1354631-24-5	MAM-2201
59	N-（1-甲氧羰基-2,2-二甲基丙基）-1-（环己基甲基）吲哚-3-甲酰胺	N-(1-Methoxy-3,3-dimethyl-1-oxobutan-2-yl)-1-(cyclohexylmethyl)-1H-indole-3-carboxamide	1715016-78-6	MDMB-CHMICA

(续表)

序号	中文名	英文名	CAS号	备注
60	N-（1-甲氧基羰基-2,2-二甲基丙基）-1-（4-氟苄基）吲唑-3-甲酰胺	N-（1-Methoxy-3,3-dimethyl-1-oxobutan-2-yl）-1-（4-fluorobenzyl）-1H-indazole-3-carboxamide	1715016-77-5	MDMB-FUBINACA
61	1-戊基吲哚-3-甲酸-8-喹啉酯	Quinolin-8-yl 1-pentyl-1H-indole-3-carboxylate	1400742-17-7	PB-22
62	N-（1-氨甲酰基-2-苯基乙基）-1-（5-氟戊基）吲唑-3-甲酰胺	N-（1-Amino-1-oxo-3-phenylpropan-2-yl）-1-（5-fluoropentyl）-1H-indazole-3-carboxamide		PX-2
63	1-戊基-3-（4-甲氧基苯甲酰基）吲哚	（1-Pentyl-1H-indol-3-yl）（4-methoxyphenyl）methanone	1345966-78-0	RCS-4
64	N-（1-金刚烷基）-1-（5-氟戊基）吲哚-3-甲酰胺	N-（1-Adamantyl）-1-（5-fluoropentyl）-1H-indole-3-carboxamide	1354631-26-7	STS-135
65	1-戊基-3-（2,2,3,3-四甲基环丙甲酰基）吲哚	（1-Pentyl-1H-indol-3-yl）（2,2,3,3-tetramethylcyclopropyl）methanone	1199943-44-6	UR-144
66	2-氟甲卡西酮	1-（2-Fluorophenyl）-2-methylaminopropan-1-one	1186137-35-8	2-FMC

(续表)

序号	中文名	英文名	CAS 号	备注
67	2-甲基甲卡西酮	1-(2-Methylphenyl)-2-methylaminopropan-1-one	1246911-71-6	2-MMC
68	3,4-二甲基甲卡西酮	1-(3,4-Dimethylphenyl)-2-methylaminopropan-1-one	1082110-00-6	3,4-DMMC
69	3-氯甲卡西酮	1-(3-Chlorophenyl)-2-methylaminopropan-1-one	1049677-59-9	3-CMC
70	3-甲氧基甲卡西酮	1-(3-Methoxyphenyl)-2-methylaminopropan-1-one	882302-56-9	3-MeOMC
71	3-甲基甲卡西酮	1-(3-Methylphenyl)-2-methylaminopropan-1-one	1246911-86-3	3-MMC
72	4-溴甲卡西酮	1-(4-Bromophenyl)-2-methylaminopropan-1-one	486459-03-4	4-BMC
73	4-氯甲卡西酮	1-(4-Chlorophenyl)-2-methylaminopropan-1-one	1225843-86-6	4-CMC
74	4-氟甲卡西酮	1-(4-Fluorophenyl)-2-methylaminopropan-1-one	447-40-5	4-FMC
75	1-(4-氟苯基)-2-(N-吡咯烷基)-1-戊酮	1-(4-Fluorophenyl)-2-(1-pyrrolidinyl)pentan-1-one	850352-62-4	4-F-α-PVP

(续表)

序号	中文名	英文名	CAS号	备注
76	1-（4-甲基苯基）-2-甲氨基-1-丁酮	1-(4-Methylphenyl)-2-methylaminobutan-1-one	1337016-51-9	4-MeBP
77	1-（4-甲氧基苯基）-2-（N-吡咯烷基）-1-戊酮	1-(4-Methoxyphenyl)-2-(1-pyrrolidinyl)pentan-1-one	14979-97-6	4-MeO-α-PVP
78	1-苯基-2-甲氨基-1-丁酮	1-Phenyl-2-methylaminobutan-1-one	408332-79-6	Buphedrone
79	2-甲氨基-1-[3,4-（亚甲二氧基）苯基]-1-丁酮	1-(3,4-Methylenedioxyphenyl)-2-methylaminobutan-1-one	802575-11-7	Butylone
80	2-二甲氨基-1-[3,4-（亚甲二氧基）苯基]-1-丙酮	1-(3,4-Methylenedioxyphenyl)-2-dimethylaminopropan-1-one	765231-58-1	Dimethylone
81	乙卡西酮	1-Phenyl-2-ethylaminopropan-1-one	18259-37-5	Ethcathinone
82	3,4-亚甲二氧基乙卡西酮	1-(3,4-Methylenedioxyphenyl)-2-ethylaminopropan-1-one	1112937-64-0	Ethylone
83	1-[3,4-（亚甲二氧基）苯基]-2-（N-吡咯烷基）-1-丁酮	1-(3,4-Methylenedioxyphenyl)-2-(1-pyrrolidinyl)butan-1-one	784985-33-7	MDPBP
84	1-[3,4-（亚甲二氧基）苯基]-2-（N-吡咯烷基）-1-丙酮	1-(3,4-Methylenedioxyphenyl)-2-(1-pyrrolidinyl)propan-1-one	783241-66-7	MDPPP

(续表)

序号	中文名	英文名	CAS号	备注
85	4-甲氧基甲卡西酮	1-(4-Methoxyphenyl)-2-methylaminopropan-1-one	530-54-1	Methedrone
86	1-苯基-2-乙氨基-1-丁酮	1-Phenyl-2-ethylaminobutan-1-one	1354631-28-9	NEB
87	1-苯基-2-甲氨基-1-戊酮	1-Phenyl-2-methylaminopentan-1-one	879722-57-3	Pentedrone
88	1-苯基-2-（N-吡咯烷基）-1-丁酮	1-Phenyl-2-(1-pyrrolidinyl)butan-1-one	13415-82-2	α-PBP
89	1-苯基-2-（N-吡咯烷基）-1-己酮	1-Phenyl-2-(1-pyrrolidinyl)hexan-1-one	13415-86-6	α-PHP
90	1-苯基-2-（N-吡咯烷基）-1-庚酮	1-Phenyl-2-(1-pyrrolidinyl)heptan-1-one	13415-83-3	α-PHPP
91	1-苯基-2-（N-吡咯烷基）-1-戊酮	1-Phenyl-2-(1-pyrrolidinyl)pentan-1-one	14530-33-7	α-PVP
92	1-（2-噻吩基）-2-（N-吡咯烷基）-1-戊酮	1-(Thiophen-2-yl)-2-(1-pyrrolidinyl)pentan-1-one	1400742-66-6	α-PVT
93	2-（3-甲氧基苯基）-2-乙氨基环己酮	2-(3-Methoxyphenyl)-2-(ethylamino)cyclohexanone	1239943-76-0	MXE

(续表)

序号	中文名	英文名	CAS 号	备注
94	乙基去甲氯胺酮	2-(2-Chlorophenyl)-2-(ethylamino) cyclohexanone	1354634-10-8	NENK
95	N,N-二烯丙基-5-甲氧基色胺	5-Methoxy-N,N-diallyltryptamine	928822-98-4	5-MeO-DALT
96	N,N-二异丙基-5-甲氧基色胺	5-Methoxy-N,N-diisopropyltryptamine	4021-34-5	5-MeO-DiPT
97	N,N-二甲基-5-甲氧基色胺	5-Methoxy-N,N-dimethyltryptamine	1019-45-0	5-MeO-DMT
98	N-甲基-N-异丙基-5-甲氧基色胺	5-Methoxy-N-isopropyl-N-methyltryptamine	96096-55-8	5-MeO-MiPT
99	α-甲基色胺	alpha-Methyltryptamine	299-26-3	AMT
100	1,4-二苄基哌嗪	1,4-Dibenzylpiperazine	1034-11-3	DBZP
101	1-(3-氯苯基)哌嗪	1-(3-Chlorophenyl) piperazine	6640-24-0	mCPP
102	1-(3-三氟甲基苯基)哌嗪	1-(3-Trifluoromethylphenyl) piperazine	15532-75-9	TFMPP

(续表)

序号	中文名	英文名	CAS号	备注
103	2-氨基茚满	2-Aminoindane	2975-41-9	2-AI
104	5,6-亚甲二氧基-2-氨基茚满	5,6-Methylenedioxy-2-aminoindane	132741-81-2	MDAI
105	2-二苯甲基哌啶	2-Diphenylmethylpiperidine	519-74-4	2-DPMP
106	3,4-二氯哌甲酯	Methyl 2-(3,4-dichlorophenyl)-2-(piperidin-2-yl)acetate	1400742-68-8	3,4-CTMP
107	乙酰芬太尼	N-(1-Phenethylpiperidin-4-yl)-N-phenylacetamide	3258-84-2	Acetylfentanyl
108	3,4-二氯-N-[(1-二甲氨基环己基)甲基]苯甲酰胺	3,4-Dichloro-N-((1-(dimethylamino)cyclohexyl)methyl)benzamide	55154-30-8	AH-7921
109	丁酰芬太尼	N-(1-Phenethylpiperidin-4-yl)-N-phenylbutyramide	1169-70-6	Butyrylfentanyl
110	哌乙酯	Ethyl 2-phenyl-2-(piperidin-2-yl)acetate	57413-43-1	Ethylphenidate
111	1-[1-(2-甲氧基苯基)-2-苯基乙基]哌啶	1-(1-(2-Methoxyphenyl)-2-phenylethyl)piperidine	127529-46-8	Methoxphenidine

(续表)

序号	中文名	英文名	CAS号	备注
112	芬纳西泮	7-Bromo-5-(2-chlorophenyl)-1,3-dihydro-2H-1,4-benzodiazepin-2-one	51753-57-2	Phenazepam
113	β-羟基硫代芬太尼	N-(1-(2-Hydroxy-2-(thiophen-2-yl)ethyl)piperidin-4-yl)-N-phenyl-propanamide	1474-34-6	β-Hydroxythio-fentanyl
114	4-氟丁酰芬太尼	N-(4-Fluorophenyl)-N-(1-phenethylpiperidin-4-yl)butyramide	244195-31-1	4-Fluorobutyr-fentanyl
115	异丁酰芬太尼	N-(1-Phenethylpiperidin-4-yl)-N-phenylisobutyramide	119618-70-1	Isobutyrfentanyl
116	奥芬太尼	N-(2-Fluorophenyl)-2-methoxy-N-(1-phenethylpiperidin-4-yl)acetamide	101343-69-5	Ocfentanyl

注：上述品种包括其可能存在的盐类、旋光异构体及其盐类（另有规定的除外）。

麻醉药品品种目录（2023年版）

（2013年11月11日国家食品药品监督管理总局、公安部、国家卫生和计划生育委员会以食药监药化监〔2013〕230号通知印发，根据2023年4月14日国家药监局、公安部、国家卫生健康委2023年第43号《关于调整麻醉药品和精神药品目录的公告》修改）

《刑法》第三百五十五条 ↑P33

《麻醉药品和精神药品管理条例》 ↑P138~157

序号	中文名	英文名	CAS号	备注
1	醋托啡	Acetorphine	25333-77-1	
2	乙酰阿法甲基芬太尼	Acetyl-*alpha*-methylfentanyl	101860-00-8	
3	醋美沙多	Acetylmethadol	509-74-0	
4	阿芬太尼	Alfentanil	71195-58-9	
5	烯丙罗定	Allylprodine	25384-17-2	
6	阿醋美沙多	Alphacetylmethadol	17199-58-5	
7	阿法美罗定	Alphameprodine	468-51-9	
8	阿法美沙多	Alphamethadol	17199-54-1	
9	阿法甲基芬太尼	Alpha-methylfentanyl	79704-88-4	
10	阿法甲基硫代芬太尼	Alpha-methylthiofentanyl	103963-66-2	

(续表)

序号	中文名	英文名	CAS 号	备注
11	阿法罗定	Alphaprodine	77-20-3	
12	阿尼利定	Anileridine	144-14-9	
13	苄替啶	Benzethidine	3691-78-9	
14	苄吗啡	Benzylmorphine	36418-34-5	
15	倍醋美沙多	Betacetylmethadol	17199-59-6	
16	倍他羟基芬太尼	Beta-hydroxyfentanyl	78995-10-5	
17	倍他羟基-3-甲基芬太尼	Beta-hydroxy-3-methyl-fentanyl	78995-14-9	
18	倍他美罗定	Betameprodine	468-50-8	
19	倍他美沙多	Betamethadol	17199-55-2	
20	倍他罗定	Betaprodine	468-59-7	
21	贝齐米特	Bezitramide	15301-48-1	
22	大麻和大麻树脂与大麻浸膏和酊	Cannabis and Cannabis Resin and Extracts and Tinctures of Cannabis	8063-14-7 6465-30-1	
23	氯尼他秦	Clonitazene	3861-76-5	
24	古柯叶	Coca Leaf		

(续表)

序号	中文名	英文名	CAS号	备注
25	可卡因*	Cocaine	50-36-2	
26	可多克辛	Codoxime	7125-76-0	
27	罂粟浓缩物*	Concentrate of Poppy Straw		包括罂粟果提取物*，罂粟果提取物粉*
28	地索吗啡	Desomorphine	427-00-9	
29	右吗拉胺	Dextromoramide	357-56-2	
30	地恩丙胺	Diampromide	552-25-0	
31	二乙噻丁	Diethylthiambutene	86-14-6	
32	地芬诺辛	Difenoxin	28782-42-5	
33	二氢埃托啡*	Dihydroetorphine	14357-76-7	
34	双氢吗啡	Dihydromorphine	509-60-4	
35	地美沙多	Dimenoxadol	509-78-4	
36	地美庚醇	Dimepheptanol	545-90-4	
37	二甲噻丁	Dimethylthiambutene	524-84-5	
38	吗苯丁酯	Dioxaphetyl Butyrate	467-86-7	
39	地芬诺酯*	Diphenoxylate	915-30-0	

(续表)

序号	中文名	英文名	CAS 号	备注
40	地匹哌酮	Dipipanone	467-83-4	
41	羟蒂巴酚	Drotebanol	3176-03-2	
42	芽子碱	Ecgonine	481-37-8	
43	乙甲噻丁	Ethylmethylthiambutene	441-61-2	
44	依托尼秦	Etonitazene	911-65-9	
45	埃托啡	Etorphine	14521-96-1	
46	依托利定	Etoxeridine	469-82-9	
47	芬太尼*	Fentanyl	437-38-7	
48	呋替啶	Furethidine	2385-81-1	
49	海洛因	Heroin	561-27-3	
50	氢可酮*	Hydrocodone	125-29-1	
51	氢吗啡醇	Hydromorphinol	2183-56-4	
52	氢吗啡酮*	Hydromorphone	466-99-9	
53	羟哌替啶	Hydroxypethidine	468-56-4	
54	异美沙酮	Isomethadone	466-40-0	
55	凯托米酮	Ketobemidone	469-79-4	

(续表)

序号	中文名	英文名	CAS 号	备注
56	左美沙芬	Levomethorphan	125-70-2	
57	左吗拉胺	Levomoramide	5666-11-5	
58	左芬啡烷	Levophenacylmorphan	10061-32-2	
59	左啡诺	Levorphanol	77-07-6	
60	美他佐辛	Metazocine	3734-52-9	
61	美沙酮*	Methadone	76-99-3	
62	美沙酮中间体	Methadone Intermediate	125-79-1	4-氰基-2-二甲氨基-4,4-二苯基丁烷
63	甲地索啡	Methyldesorphine	16008-36-9	
64	甲二氢吗啡	Methyldihydromorphine	509-56-8	
65	3-甲基芬太尼	3-Methylfentanyl	42045-86-3	
66	3-甲基硫代芬太尼	3-Methylthiofentanyl	86052-04-2	
67	美托酮	Metopon	143-52-2	
68	吗拉胺中间体	Moramide Intermediate	3626-55-9	2-甲基-3-吗啉基-1,1-二苯基丁酸
69	吗哌利定	Morpheridine	469-81-8	

(续表)

序号	中文名	英文名	CAS 号	备注
70	吗啡*	Morphine	57-27-2	包括吗啡阿托品注射液*
71	吗啡甲溴化物	Morphine Methobromide	125-23-5	包括其他五价氮吗啡衍生物,特别包括吗啡-N-氧化物,其中一种是可待因-N-氧化物
72	吗啡-N-氧化物	Morphine-N-oxide	639-46-3	
73	1-甲基-4-苯基-4-哌啶丙酸酯	1-Methyl-4-phenyl-4-piperidinol propionate (ester)	13147-09-6	MPPP
74	麦罗啡	Myrophine	467-18-5	
75	尼可吗啡	Nicomorphine	639-48-5	
76	诺美沙多	Noracymethadol	1477-39-0	
77	去甲左啡诺	Norlevorphanol	1531-12-0	
78	去甲美沙酮	Normethadone	467-85-6	
79	去甲吗啡	Normorphine	466-97-7	
80	诺匹哌酮	Norpipanone	561-48-8	

(续表)

序号	中文名	英文名	CAS号	备注
81	阿片*	Opium	8008-60-4	包括复方樟脑酊*、阿桔片*
82	奥列巴文	Oripavine	467-04-9	
83	羟考酮*	Oxycodone	76-42-5	
84	羟吗啡酮	Oxymorphone	76-41-5	
85	对氟芬太尼	*Para*-fluorofentanyl	90736-23-5	
86	哌替啶*	Pethidine	57-42-1	
87	哌替啶中间体A	Pethidine Intermediate A	3627-62-1	4-氰基-1-甲基-4-苯基哌啶
88	哌替啶中间体B	Pethidine Intermediate B	77-17-8	4-苯基哌啶-4-羧酸乙酯
89	哌替啶中间体C	Pethidine Intermediate C	3627-48-3	1-甲基-4-苯基哌啶-4-羧酸
90	苯吗庚酮	Phenadoxone	467-84-5	
91	非那丙胺	Phenampromide	129-83-7	
92	非那佐辛	Phenazocine	127-35-5	
93	1-苯乙基-4-苯基-4-哌啶乙酸酯	1-Phenethyl-4-phenyl-4-piperidinol acetate (ester)	64-52-8	PEPAP
94	非诺啡烷	Phenomorphan	468-07-5	

(续表)

序号	中文名	英文名	CAS 号	备注
95	苯哌利定	Phenoperidine	562-26-5	
96	匹米诺定	Piminodine	13495-09-5	
97	哌腈米特	Piritramide	302-41-0	
98	普罗庚嗪	Proheptazine	77-14-5	
99	丙哌利定	Properidine	561-76-2	
100	消旋甲啡烷	Racemethorphan	510-53-2	
101	消旋吗拉胺	Racemoramide	545-59-5	
102	消旋啡烷	Racemorphan	297-90-5	
103	瑞芬太尼*	Remifentanil	132875-61-7	
104	舒芬太尼*	Sufentanil	56030-54-7	
105	醋氢可酮	Thebacon	466-90-0	
106	蒂巴因*	Thebaine	115-37-7	
107	硫代芬太尼	Thiofentanyl	1165-22-6	
108	替利定	Tilidine	20380-58-9	
109	三甲利定	Trimeperidine	64-39-1	
110	醋氢可待因	Acetyldihydrocodeine	3861-72-1	

(续表)

序号	中文名	英文名	CAS 号	备注
111	可待因*	Codeine	76-57-3	
112	右丙氧芬*	Dextropropoxyphene	469-62-5	
113	双氢可待因*	Dihydrocodeine	125-28-0	
114	乙基吗啡*	Ethylmorphine	76-58-4	
115	尼可待因	Nicocodine	3688-66-2	
116	烟氢可待因	Nicodicodine	808-24-2	
117	去甲可待因	Norcodeine	467-15-2	
118	福尔可定*	Pholcodine	509-67-1	
119	丙吡兰	Propiram	15686-91-6	
120	布桂嗪*	Bucinnazine		
121	罂粟壳*	Poppy Shell		
122	奥赛利定	来源：《国家药监局、公安部、国家卫生健康委关于调整麻醉药品和精神药品目录的公告》（2023 年第 43 号）		

注：1. 上述品种包括其可能存在的盐和单方制剂（除非另有规定）。

2. 上述品种包括其可能存在的异构体、酯及醚（除非另有规定）。

3. 品种目录有*的麻醉药品为我国生产及使用的品种。

精神药品品种目录（2023年版）

（2013年11月11日国家食品药品监督管理总局、公安部、国家卫生和计划生育委员会以食药监化监〔2013〕230号通知印发，根据食品药品监管总局、公安部、国家卫生和计划生育委员会2015年第10号《关于将含可待因复方口服液体制剂列入第二类精神药品管理的公告》、国家药监局、公安部、国家卫生健康委2019年第63号《关于将含羟考酮复方制剂等品种列入精神药品管理的公告》、国家药监局、公安部、国家卫生健康委2019年第108号《关于将瑞马唑仑列入第二类精神药品管理的公告》，2023年4月14日国家药监局、公安部、国家卫生健康委2023年第43号《关于调整麻醉药品和精神药品目录的公告》修改）

第一类

序号	中文名	英文名	CAS号	备注
1	布苯丙胺	Brolamfetamine	64638-07-9	DOB
2	卡西酮	Cathinone	71031-15-7	
3	二乙基色胺	3-[2-(Diethylamino)ethyl] indole	7558-72-7	DET
4	二甲氧基安非他明	(±)-2,5-Dimethoxy-alpha-methylphenethylamine	2801-68-5	DMA
5	（1,2-二甲基庚基）羟基四氢甲基二苯吡喃	3-(1,2-dimethylheptyl)-7,8,9,10-tetrahydro-6,6,9-trimethyl-6Hdibenzo [b, d] pyran-1-ol	32904-22-6	DMHP
6	二甲基色胺	3-[2-(Dimethylamino)ethyl] indole	61-50-7	DMT

(续表)

序号	中文名	英文名	CAS 号	备注
7	二甲氧基乙基安非他明	(±)-4-ethyl-2,5-dimethoxy-α-methylphenethylamine	22139-65-7	DOET
8	乙环利定	Eticyclidine	2201-15-2	PCE
9	乙色胺	Etryptamine	2235-90-7	
10	羟芬胺	(±)-N-[alpha-methyl-3,4-(methylenedioxy)phenethyl] hydroxylamine	74698-47-8	N-hydroxy MDA
11	麦角二乙胺	(+)-Lysergide	50-37-3	LSD
12	乙芬胺	(±)-N-ethyl-alpha-methyl-3,4-(methylenedioxy)phenethylamine	82801-81-8	N-ethyl MDA
13	二亚甲基双氧安非他明	(±)-N,alpha-dimethyl-3,4-(methylene-dioxy)phenethylamine	42542-10-9	MDMA
14	麦司卡林	Mescaline	54-04-6	
15	甲卡西酮	Methcathinone	5650-44-2（右旋体），49656-78-2（右旋体盐酸盐），112117-24-5（左旋体），66514-93-0（左旋体盐酸盐）	
16	甲米雷司	4-Methylaminorex	3568-94-3	
17	甲羟芬胺	5-methoxy-α-methyl-3,4-(methylenedioxy)phenethylamine	13674-05-0	MMDA
18	4-甲基硫基安非他明	4-Methylthioamfetamine	14116-06-4	
19	六氢大麻酚	Parahexyl	117-51-7	

(续表)

序号	中文名	英文名	CAS号	备注
20	副甲氧基安非他明	P-methoxy-alpha-methyl-phenethylamine	64-13-1	PMA
21	赛洛新	Psilocine	520-53-6	
22	赛洛西宾	Psilocybine	520-52-5	
23	咯环利定	Rolicyclidine	2201-39-0	PHP
24	二甲氧基甲苯异丙胺	2,5-Dimethoxy-*alpha*,4-dimethylphenethylamine	15588-95-1	STP
25	替苯丙胺	Tenamfetamine	4764-17-4	MDA
26	替诺环定	Tenocyclidine	21500-98-1	TCP
27	四氢大麻酚	Tetrahydrocannabinol		包括同分异构体及其立体化学变体
28	三甲氧基安非他明	(±)-3,4,5-Trimethoxy-alpha-methylphenethylamine	1082-88-8	TMA
29	苯丙胺	Amfetamine	300-62-9	
30	氨奈普汀	Amineptine	57574-09-1	
31	2,5-二甲氧基-4-溴苯乙胺	4-Bromo-2,5-dimethoxy-phenethylamine	66142-81-2	2-CB
32	右苯丙胺	Dexamfetamine	51-64-9	
33	屈大麻酚	Dronabinol	1972-08-3	δ-9-四氢大麻酚及其立体化学异构体
34	芬乙茶碱	Fenetylline	3736-08-1	

(续表)

序号	中文名	英文名	CAS号	备注
35	左苯丙胺	Levamfetamine	156-34-3	
36	左甲苯丙胺	Levomethamfetamine	33817-09-3	
37	甲氯喹酮	Mecloqualone	340-57-8	
38	去氧麻黄碱	Metamfetamine	537-46-2	
39	去氧麻黄碱外消旋体	Metamfetamine Racemate	7632-10-2	
40	甲喹酮	Methaqualone	72-44-6	
41	哌醋甲酯*	Methylphenidate	113-45-1	
42	苯环利定	Phencyclidine	77-10-1	PCP
43	芬美曲秦	Phenmetrazine	134-49-6	
44	司可巴比妥*	Secobarbital	76-73-3	
45	齐培丙醇	Zipeprol	34758-83-3	
46	安非拉酮	Amfepramone	90-84-6	
47	苄基哌嗪	Benzylpiperazine	2759-28-6	BZP
48	丁丙诺啡*	Buprenorphine	52485-79-7	
49	1-丁基-3-(1-萘甲酰基)吲哚	1 - Butyl - 3 - (1 - naphthoyl) indole	208987-48-8	JWH-073
50	恰特草	Catha edulis Forssk		Khat
51	2,5-二甲氧基-4-碘苯乙胺	2, 5 - Dimethoxy - 4 - iodo-phenethylamine	69587-11-7	2C-I
52	2,5-二甲氧基苯乙胺	2, 5 - Dimethoxyphenethyl-amine	3600-86-0	2C-H

(续表)

序号	中文名	英文名	CAS 号	备注
53	二甲基安非他明	Dimethylamfetamine	4075-96-1	
54	依他喹酮	Etaqualone	7432-25-9	
55	[1-(5-氟戊基)-1H-吲哚-3-基](2-碘苯基)甲酮	(1-(5-Fluoropentyl)-3-(2-iodobenzoyl) indole)	335161-03-0	AM-694
56	1-(5-氟戊基)-3-(1-萘甲酰基)-1H-吲哚	1-(5-Fluoropentyl)-3-(1-naphthoyl) indole	335161-24-5	AM-2201
57	γ-羟丁酸*	Gamma-hydroxybutyrate	591-81-1	GHB
58	氯胺酮*	Ketamine	6740-88-1	
59	马吲哚*	Mazindol	22232-71-9	
60	2-(2-甲氧基苯基)-1-(1-戊基-1H-吲哚-3-基)乙酮	2-(2-Methoxyphenyl)-1-(1-pentyl-1H-indol-3-yl) ethanone	864445-43-2	JWH-250
61	亚甲基二氧吡咯戊酮	Methylenedioxypyrovalerone	687603-66-3	MDPV
62	4-甲基乙卡西酮	4-Methylethcathinone	1225617-18-4	4-MEC
63	4-甲基甲卡西酮	4-Methylmethcathinone	5650-44-2	4-MMC
64	3,4-亚甲二氧基甲卡西酮	3,4-Methylenedioxy-N-methylcathinone	186028-79-5	Methylone
65	莫达非尼	Modafinil	68693-11-8	

(续表)

序号	中文名	英文名	CAS 号	备注
66	1-戊基-3-(1-萘甲酰基)吲哚	1-Pentyl-3-(1-naphthoyl) indole	209414-07-3	JWH-018
67	他喷他多	Tapentadol	175591-23-8	
68	三唑仑*	Triazolam	28911-01-5	
69	口服固体制剂每剂量单位含羟考酮碱大于5毫克，且不含其他麻醉药品、精神药品或药品类易制毒化学品的复方制剂	来源：《国家药监局、公安部、国家卫生健康委关于将含羟考酮复方制剂等品种列入精神药品管理的公告》（2019年第63号）		
70	将每剂量单位含氢可酮碱大于5毫克，且不含其他麻醉药品、精神药品或药品类易制毒化学品的复方口服固体制剂	来源：《国家药监局、公安部、国家卫生健康委关于调整麻醉药品和精神药品目录的公告》（2023年第43号）		

第二类

序号	中文名	英文名	CAS 号	备注
1	异戊巴比妥*	Amobarbital	57-43-2	
2	布他比妥	Butalbital	77-26-9	
3	去甲伪麻黄碱	Cathine	492-39-7	
4	环己巴比妥	Cyclobarbital	52-31-3	

(续表)

序号	中文名	英文名	CAS号	备注
5	氟硝西泮	Flunitrazepam	1622-62-4	
6	格鲁米特*	Glutethimide	77-21-4	
7	喷他佐辛*	Pentazocine	55643-30-6	
8	戊巴比妥*	Pentobarbital	76-74-4	
9	阿普唑仑	Alprazolam	28981-97-7	
10	阿米雷司	Aminorex	2207-50-3	
11	巴比妥*	Barbital	57-44-3	
12	苄非他明	Benzfetamine	156-08-1	
13	溴西泮	Bromazepam	1812-30-2	
14	溴替唑仑	Brotizolam	57801-81-7	
15	丁巴比妥	Butobarbital	77-28-1	
16	卡马西泮	Camazepam	36104-80-0	
17	氯氮䓬	Chlordiazepoxide	58-25-3	
18	氯巴占	Clobazam	22316-47-8	
19	氯硝西泮*	Clonazepam	1622-61-3	
20	氯拉䓬酸	Clorazepate	23887-31-2	
21	氯噻西泮	Clotiazepam	33671-46-4	
22	氯噁唑仑	Cloxazolam	24166-13-0	
23	地洛西泮	Delorazepam	2894-67-9	
24	地西泮*	Diazepam	439-14-5	

(续表)

序号	中文名	英文名	CAS号	备注
25	艾司唑仑*	Estazolam	29975-16-4	
26	乙氯维诺	Ethchlorvynol	113-18-8	
27	炔己蚁胺	Ethinamate	126-52-3	
28	氯氟䓬乙酯	Ethyl Loflazepate	29177-84-2	
29	乙非他明	Etilamfetamine	457-87-4	
30	芬坎法明	Fencamfamin	1209-98-9	
31	芬普雷司	Fenproporex	16397-28-7	
32	氟地西泮	Fludiazepam	3900-31-0	
33	氟西泮*	Flurazepam	17617-23-1	
34	哈拉西泮	Halazepam	23092-17-3	
35	卤沙唑仑	Haloxazolam	59128-97-1	
36	凯他唑仑	Ketazolam	27223-35-4	
37	利非他明	Lefetamine	7262-75-1	SPA
38	氯普唑仑	Loprazolam	61197-73-7	
39	劳拉西泮*	Lorazepam	846-49-1	
40	氯甲西泮	Lormetazepam	848-75-9	
41	美达西泮	Medazepam	2898-12-6	
42	美芬雷司	Mefenorex	17243-57-1	
43	甲丙氨酯*	Meprobamate	57-53-4	
44	美索卡	Mesocarb	34262-84-5	

(续表)

序号	中文名	英文名	CAS 号	备注
45	甲苯巴比妥	Methylphenobarbital	115-38-8	
46	甲乙哌酮	Methyprylon	125-64-4	
47	咪达唑仑*	Midazolam	59467-70-8	
48	尼美西泮	Nimetazepam	2011-67-8	
49	硝西泮*	Nitrazepam	146-22-5	
50	去甲西泮	Nordazepam	1088-11-5	
51	奥沙西泮*	Oxazepam	604-75-1	
52	奥沙唑仑	Oxazolam	24143-17-7	
53	匹莫林*	Pemoline	2152-34-3	
54	苯甲曲秦	Phendimetrazine	634-03-7	
55	苯巴比妥*	Phenobarbital	50-06-6	
56	芬特明	Phentermine	122-09-8	
57	匹那西泮	Pinazepam	52463-83-9	
58	哌苯甲醇	Pipradrol	467-60-7	
59	普拉西泮	Prazepam	2955-38-6	
60	吡咯戊酮	Pyrovalerone	3563-49-3	
61	仲丁比妥	Secbutabarbital	125-40-6	
62	替马西泮	Temazepam	846-50-4	
63	四氢西泮	Tetrazepam	10379-14-3	
64	乙烯比妥	Vinylbital	2430-49-1	

(续表)

序号	中文名	英文名	CAS 号	备注
65	唑吡坦*	Zolpidem	82626-48-0	
66	阿洛巴比妥	Allobarbital	58-15-1	
67	丁丙诺啡透皮贴剂*	Buprenorphine Transdermal patch		
68	布托啡诺及其注射剂*	Butorphanol and its injection	42408-82-2	
69	咖啡因*	Caffeine	58-08-2	
70	安钠咖	Caffeine Sodium Benzoate		CNB
71	右旋芬氟拉明	Dexfenfluramine	3239-44-9	
72	地佐辛及其注射剂*	Dezocine and Its Injection	53648-55-8	
73	麦角胺咖啡因片*	Ergotamine and Caffeine Tablet	379-79-3	
74	芬氟拉明	Fenfluramine	458-24-2	
75	呋芬雷司	Furfennorex	3776-93-0	
76	纳布啡及其注射剂	Nalbuphine and its injection	20594-83-6	
77	氨酚氢可酮片*	Paracetamol and Hydrocodone Bitartrate Tablet		
78	丙己君	Propylhexedrine	101-40-6	
79	曲马多*	Tramadol	27203-92-5	
80	扎来普隆*	Zaleplon	151319-34-5	
81	佐匹克隆	Zopiclone	43200-80-2	
82	含可待因复方口服液体制剂（包括口服溶液剂、糖浆剂）	来源:《食品药品监管总局、公安部、国家卫生和计划生育委员会关于将含可待因复方口服液体制剂列入第二类精神药品管理的公告》（2015年第10号）		

(续表)

序号	中文名	英文名	CAS 号	备注
83	口服固体制剂每剂量单位含羟考酮碱不超过 5 毫克，且不含其他麻醉药品、精神药品或药品类易制毒化学品的复方制剂	来源：《国家药监局、公安部、国家卫生健康委关于将含羟考酮复方制剂等品种列入精神药品管理的公告》（2019 年第 63 号）		
84	丁丙诺啡与纳洛酮的复方口服固体制剂			
85	瑞马唑仑（包括其可能存在的盐、单方制剂和异构体）	来源：《国家药监局、公安部、国家卫生健康委关于将瑞马唑仑列入第二类精神药品管理的公告》（2019 年第 108 号）		
86	苏沃雷生			
87	吡仑帕奈			
88	依他佐辛			
89	曲巴多复方制剂			
90	每剂量单位含氢可酮碱不超过 5 毫克，且不含其他麻醉药品、精神药品或药品类易制毒化学品的复方口服固体制剂	来源：《国家药监局、公安部、国家卫生健康委关于调整麻醉药品和精神药品目录的公告》（2023 年第 43 号）		

注：1. 上述品种包括其可能存在的盐和单方制剂（除非另有规定）。

2. 上述品种包括其可能存在的异构体（除非另有规定）。

3. 品种目录有 * 的精神药品为我国生产及使用的品种。

国家药监局　公安部　国家卫生健康委
关于调整麻醉药品和精神药品目录的公告
2023 年 9 月 6 日　　　　　　　　2023 年第 120 号

根据《麻醉药品和精神药品管理条例》有关规定,国家药品监督管理局、公安部、国家卫生健康委员会决定调整麻醉药品和精神药品目录。现公告如下:

一、将泰吉利定列入麻醉药品目录。

二、将地达西尼、依托咪酯(在中国境内批准上市的含依托咪酯的药品制剂除外)列入第二类精神药品目录。

三、将莫达非尼由第一类精神药品调整为第二类精神药品。

本公告自 2023 年 10 月 1 日起施行。

特此公告。

公安部 国家食品药品监督管理总局 国家卫生和计划生育委员会 关于将 N-甲基-N-（2-二甲氨基环己基）-3,4-二氯苯甲酰胺（U-47700）等四种物质列入非药用类麻醉药品和精神药品管制品种增补目录的公告

（2017年5月22日）

根据《麻醉药品和精神药品管理条例》、《非药用类麻醉药品和精神药品列管办法》的有关规定，公安部、国家食品药品监督管理总局和国家卫生和计划生育委员会决定将 N-甲基-N-（2-二甲氨基环己基）-3,4-二氯苯甲酰胺（U-47700）、1-环己基-4-（1,2-二苯基乙基）哌嗪（MT-45）、4-甲氧基甲基苯丙胺（PMMA）和 2-氨基-4-甲基-5-（4-甲基苯基）-4,5-二氢恶唑（4,4′-DMAR）四种物质列入非药用类麻醉药品和精神药品管制品种增补目录。

本公告自2017年7月1日起施行。

附表：
非药用类麻醉药品和精神药品管制品种增补目录

序号	中文名	英文名	CAS号	备注
1	N-甲基-N-（2-二甲氨基环己基）-3,4-二氯苯甲酰胺	3,4-Dichloro-N-(2-(dimethylamino)cyclohexyl)-N-methylbenzamide	121348-98-9	U-47700
2	1-环己基-4-（1,2-二苯基乙基）哌嗪	1-Cyclohexyl-4-(1,2-diphenylethyl)piperazine	52694-55-0	MT-45
3	4-甲氧基甲基苯丙胺	N-Methyl-1-(4-methoxyphenyl)propan-2-amine	22331-70-0	PMMA
4	2-氨基-4-甲基-5-（4-甲基苯基）-4,5-二氯恶唑	4-Methyl-5-(4-methyl-phenyl)-4,5-dihydroox-azol-2-amine	1445569-01-6	4,4′-DMAR

公安部 国家卫生健康委员会 国家药品监督管理局 关于将4-氯乙卡西酮等32种物质列入非药用类麻醉药品和精神药品管制品种增补目录的公告

（2018年8月16日）

根据《麻醉药品和精神药品管理条例》《非药用类麻醉药品和精神药品列管办法》的有关规定，公安部、国家卫生健康委员会和国家药品监督管理局决定将4-氯乙卡西酮等32种物质列入非药用类麻醉药品和精神药品管制品种增补目录。

本公告自2018年9月1日起施行。

附表：
非药用类麻醉药品和精神药品管制品种增补目录

序号	中文名	英文名	CAS 号	备注
1	4-氯乙卡西酮	1-（4-Chlorophenyl）-2-（ethylamino）propan-1-one	14919-85-8	4-CEC
2	1-［3,4-（亚甲二氧基）苯基］-2-乙氨基-1-戊酮	1-（3,4-Methylenedioxyphenyl）-2-（ethylamino）pentan-1-one	727641-67-0	N-Ethylpentylone
3	1-（4-氯苯基）-2-（N-吡咯烷基）-1-戊酮	1-（4-Chlorophenyl）-2-（1-pyrrolidinyl）pentan-1-one	5881-77-6	4-Cl-α-PVP
4	1-［3,4-（亚甲二氧基）苯基］-2-二甲氨基-1-丁酮	1-（3,4-Methylenedioxyphenyl）-2-（dimethylamino）butan-1-one	802286-83-5	Dibutylone
5	1-［3,4-（亚甲二氧基）苯基］-2-甲氨基-1-戊酮	1-（3,4-Methylenedioxyphenyl）-2-（methylamino）pentan-1-one	698963-77-8	Pentylone
6	1-苯基-2-乙氨基-1-己酮	1-Phenyl-2-（ethylamino）hexan-1-one	802857-66-5	N-Ethylhexedrone
7	1-（4-甲基苯基）-2-（N-吡咯烷基）-1-己酮	1-（4-Methylphenyl）-2-（1-pyrrolidinyl）hexan-1-one	34138-58-4	4-MPHP
8	1-（4-氯苯基）-2-（N-吡咯烷基）-1-丙酮	1-（4-Chlorophenyl）-2-（1-pyrrolidinyl）propan-1-one	28117-79-5	4-Cl-α-PPP

(续表)

序号	中文名	英文名	CAS号	备注
9	1-[2-(5,6,7,8-四氢萘基)]-2-(N-吡咯烷基)-1-戊酮	1-(5,6,7,8-Tetrahydronaphthalen-2-yl)-2-(1-pyrrolidinyl)pentan-1-one		β-TH-Naphyrone
10	1-(4-氟苯基)-2-(N-吡咯烷基)-1-己酮	1-(4-Fluorophenyl)-2-(1-pyrrolidinyl)hexan-1-one	2230706-09-7	4-F-α-PHP
11	4-乙基甲卡西酮	1-(4-Ethylphenyl)-2-(methylamino)propan-1-one	1225622-14-9	4-EMC
12	1-(4-甲基苯基)-2-乙氨基-1-戊酮	1-(4-Methylphenyl)-2-(ethylamino)pentan-1-one	746540-82-9	4-MEAPP
13	1-(4-甲基苯基)-2-甲氨基-3-甲氧基-1-丙酮	1-(4-Methylphenyl)-2-(methylamino)-3-methoxypropan-1-one	2166915-02-0	Mexedrone
14	1-[3,4-(亚甲二氧基)苯基]-2-(N-吡咯烷基)-1-己酮	1-(3,4-Methylenedioxyphenyl)-2-(1-pyrrolidinyl)hexan-1-one	776994-64-0	MDPHP
15	1-(4-甲基苯基)-2-甲氨基-1-戊酮	1-(4-Methylphenyl)-2-(methylamino)pentan-1-one	1373918-61-6	4-MPD
16	1-(4-甲基苯基)-2-二甲氨基-1-丙酮	1-(4-Methylphenyl)-2-(dimethylamino)propan-1-one	1157738-08-3	4-MDMC
17	3,4-亚甲二氧基丙卡西酮	1-(3,4-Methylenedioxyphenyl)-2-(propylamino)propan-1-one	201474-93-3	Propylone

(续表)

序号	中文名	英文名	CAS号	备注
18	1-(4-氯苯基)-2-乙氨基-1-戊酮	1-(4-Chlorophenyl)-2-(ethylamino)pentan-1-one		4-Cl-EAPP
19	1-苯基-2-(N-吡咯烷基)-1-丙酮	1-Phenyl-2-(1-pyrrolidinyl)propan-1-one	19134-50-0	α-PPP
20	1-(4-氯苯基)-2-甲氨基-1-戊酮	1-(4-Chlorophenyl)-2-(methylamino)pentan-1-one	2167949-43-9	4-Cl-Pentedrone
21	3-甲基-2-[1-(4-氟苄基)吲唑-3-甲酰氨基]丁酸甲酯	N-(1-Methoxy-3-methyl-1-oxobutan-2-yl)-1-(4-fluorobenzyl)-1H-indazole-3-carboxamide	1715016-76-4	AMB-FUBINACA
22	1-(4-氟苄基)-N-(1-金刚烷基)吲唑-3-甲酰胺	N-(1-Adamantyl)-1-(4-fluorobenzyl)-1H-indazole-3-carboxamide	2180933-90-6	FUB-APINACA
23	N-(1-氨甲酰基-2,2-二甲基丙基)-1-(环己基甲基)吲唑-3-甲酰胺	N-(1-Amino-3,3-dimethyl-1-oxobutan-2-yl)-1-(cyclohexylmethyl)-1H-indazole-3-carboxamide	1863065-92-2	ADB-CHMINACA
24	N-(1-氨甲酰基-2,2-二甲基丙基)-1-(4-氟苄基)吲唑-3-甲酰胺	N-(1-Amino-3,3-dimethyl-1-oxobutan-2-yl)-1-(4-fluorobenzyl)-1H-indazole-3-carboxamide	1445583-51-6	ADB-FUBINACA

（续表）

序号	中文名	英文名	CAS 号	备注
25	3,3-二甲基-2-[1-(5-氟戊基)吲唑-3-甲酰氨基]丁酸甲酯	N-(1-Methoxy-3,3-dimethyl-1-oxobutan-2-yl)-1-(5-fluoropentyl)-1H-indazole-3-carboxamide	1715016-75-3	5F-ADB
26	3-甲基-2-[1-(环己基甲基)吲哚-3-甲酰氨基]丁酸甲酯	N-(1-Methoxy-3-methyl-1-oxobutan-2-yl)-1-(cyclohexylmethyl)-1H-indole-3-carboxamide	1971007-94-9	AMB-CHMICA
27	1-(5-氟戊基)-2-(1-萘甲酰基)苯并咪唑	(1-(5-Fluoropentyl)-1H-benzimidazol-2-yl)(naphthalen-1-yl)methanone	1984789-90-3	BIM-2201
28	1-(5-氟戊基)吲哚-3-甲酸-1-萘酯	Naphthalen-1-yl 1-(5-fluoropentyl)-1H-indole-3-carboxylate	2042201-16-9	NM-2201
29	2-苯基-2-甲氨基环己酮	2-Phenyl-2-(methylamino)cyclohexanone	7063-30-1	DCK
30	3-甲基-5-[2-(8-甲基-3-苯基-8-氮杂环[3,2,1]辛烷基)]-1,2,4-噁二唑	8-Methyl-2-(3-methyl-1,2,4-oxadiazol-5-yl)-3-phenyl-8-aza-bicyclo[3.2.1]octane	146659-37-2	RTI-126
31	4-氟异丁酰芬太尼	N-(4-Fluorophenyl)-N-(1-phenethylpiperidin-4-yl)isobutyramide	244195-32-2	4-FIBF
32	四氢呋喃芬太尼	N-Phenyl-N-(1-phenethylpiperidin-4-yl)tetrahydrofuran-2-carboxamide	2142571-01-3	THF-F

公安部 国家卫生健康委员会 国家药品监督管理局 关于将芬太尼类物质列入《非药用类麻醉药品和精神药品管制品种增补目录》的公告

(2019年4月1日)

根据《麻醉药品和精神药品管理条例》《非药用类麻醉药品和精神药品列管办法》有关规定，公安部、国家卫生健康委员会和国家药品监督管理局决定将芬太尼类物质列入《非药用类麻醉药品和精神药品管制品种增补目录》。"芬太尼类物质"是指化学结构与芬太尼（N－[1－(2-苯乙基)－4-哌啶基]－N-苯基丙酰胺）相比，符合以下一个或多个条件的物质：

一、使用其他酰基替代丙酰基；

二、使用任何取代或未取代的单环芳香基团替代与氮原子直接相连的苯基；

三、哌啶环上存在烷基、烯基、烷氧基、酯基、醚基、羟基、卤素、卤代烷基、氨基及硝基等取代基；

四、使用其他任意基团（氢原子除外）替代苯乙基。

上述所列管物质如果发现有医药、工业、科研或者其他合法用途，按照《非药用类麻醉药品和精神药品列管办法》第三条第二款规定予以调整。

已列入《麻醉药品和精神药品品种目录》和《非药用类麻醉药品和精神药品管制品种增补目录》的芬太尼类物质依原有目录予以管制。

本公告自2019年5月1日起施行。

公安部　国家卫生健康委员会　国家药品监督管理局关于将合成大麻素类物质和氟胺酮等18种物质列入《非药用类麻醉药品和精神药品管制品种增补目录》的公告

（2021年3月15日）

根据《麻醉药品和精神药品管理条例》《非药用类麻醉药品和精神药品列管办法》有关规定，公安部、国家卫生健康委员会和国家药品监督管理局决定将合成大麻素类物质和氟胺酮等18种物质列入《非药用类麻醉药品和精神药品管制品种增补目录》。

一、合成大麻素类物质。"合成大麻素类物质"是指具有下列化学结构通式的物质：

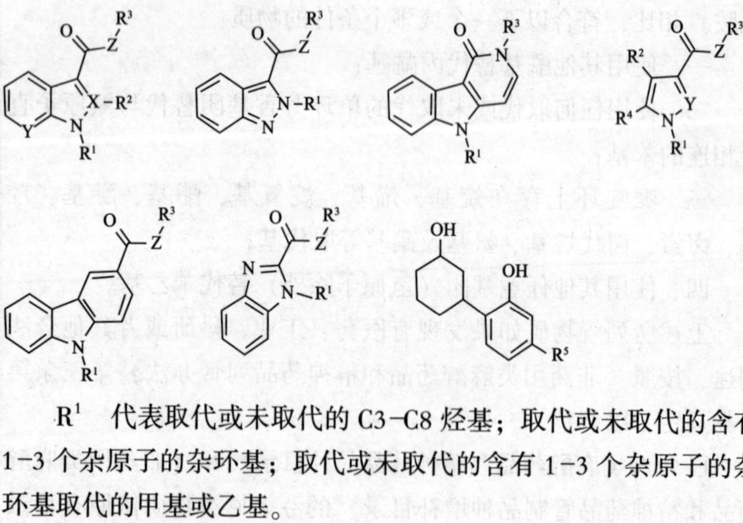

R^1　代表取代或未取代的C3-C8烃基；取代或未取代的含有1-3个杂原子的杂环基；取代或未取代的含有1-3个杂原子的杂环基取代的甲基或乙基。

R^2　代表氢或甲基或无任何原子。

R^3　代表取代或未取代的C6-C10的芳基；取代或未取代的

C3-C10 的烃基；取代或未取代的含有 1-3 个杂原子的杂环基；取代或未取代的含有 1-3 个杂原子的杂环基取代的甲基或乙基。

R⁴ 代表氢；取代或未取代的苯基；取代或未取代的苯甲基。

R⁵ 代表取代或未取代的 C3-C10 的烃基。

X 代表 N 或 C。

Y 代表 N 或 CH。

Z 代表 O 或 NH 或无任何原子。

上述所列管物质如果发现医药、工业、科研或者其他合法用途，按照《非药用类麻醉药品和精神药品列管办法》第三条第二款规定予以调整。已列入《麻醉药品和精神药品品种目录》和《非药用类麻醉药品和精神药品管制品种增补目录》的合成大麻素类物质依原有目录予以管制。

二、氟胺酮等 18 种物质。（详见附表）

本公告自 2021 年 7 月 1 日起施行。

附表：
非药用类麻醉药品和精神药品管制品种增补目录

序号	中文名	英文名	CAS 号	备注
1	氟胺酮	2-(2-Fluorophenyl)-2-(methylamino) cyclohexan-1-one	111982-50-4	2-FDCK fluoroketamine
2	(6a2R, 10aR)-3-(1,1-二甲基庚基)-6a,7,10,10a-四氢-1-羟基-6,6-二甲基-6H-二苯并[b, d]吡喃-9-甲醇	(6a2R, 10aR)-3-(1,1-Dimethylheptyl)-6a,7,10,10a-tetrahydro-1-hydroxy-6,6-dimethyl-6H-dibenzo[b, d]pyran-9-methanol	112830-95-2	HU-210
3	1-[3,4-(亚甲二氧基)苯基]-2-丁氨基-1-戊酮	1-(3,4-Methylenedioxy-phenyl)-2-(butylamino) pentan-1-one	688727-54-0	N-Butylpentylone

(续表)

序号	中文名	英文名	CAS号	备注
4	1-[3,4-(亚甲二氧基)苯基]-2-苄氨基-1-丙酮	1-(3,4-Methylenedioxyphenyl)-2-(benzylamino) propan-1-one	1387636-19-2	BMDP
5	1-[3,4-(亚甲二氧基)苯基]-2-乙氨基-1-丁酮	1-(3,4-Methylenedioxyphenyl)-2-(ethylamino) butan-1-one	802855-66-9	Eutylone
6	2-乙氨基-1-苯基-1-庚酮	2-(Ethylamino)-1-phenylheptan-1-one	2514784-72-4	N-Ethylheptedrone
7	1-(4-氯苯基)-2-二甲氨基-1-丙酮	1-(4-Chlorophenyl)-2-(dimethylamino) propan-1-one	1157667-29-2	4-CDMC
8	2-丁氨基-1-苯基-1-己酮	2-(Butylamino)-1-phenylhexan-1-one	802576-87-0	N-Butylhexedrone
9	1-[1-(3-甲氧基苯基)环己基]哌啶	1-(1-(3-Methoxyphenyl) cyclohexyl) piperidine	72242-03-6	3-MeO-PCP
10	α-甲基-5-甲氧基色胺	1-(5-Methoxy-1H-indol-3-yl) propan-2-amine	1137-04-8	5-MeO-AMT
11	科纳唑仑	6-(2-Chlorophenyl)-1-methyl-8-nitro-4H-benzo [f] [1,2,4] triazolo [4,3-α] [1,4] diazepine	33887-02-4	Clonazolam
12	二氯西洋	7-Chloro-5-(2-chlorophenyl)-1-methyl-1,3-dihydro-2H-benzo [e] [1,4] diazepin-2-one	2894-68-0	Diclazepam
13	氟阿普唑仑	8-Chloro-6-(2-fluorophenyl)-1-methyl-4H-benzo [f] [1,2,4] triazolo [4,3-a] [1,4] diazepine	28910-91-0	Flualprazolam

(续表)

序号	中文名	英文名	CAS 号	备注
14	N,N-二乙基-2-(2-(4-异丙氧基苯基)-5-硝基-1H-苯并[d]咪唑-1-基)-1-乙胺	N,N-Diethyl-2-(2-(4-isopropoxybenzyl)-5-nitro-1H-benzo[d]imidazol-1-yl)ethan-1-amine	14188-81-9	Isotonitazene
15	氧溴唑仑	8-Bromo-6-(2-fluorophenyl)-1-methyl-4H-benzo[f][1,2,4]triazolo[4,3,1-a][1,4]diazepine	612526-40-6	Flubromazolam
16	1-(1,2-二苯基乙基)哌啶	1-(1,2-Diphenylethyl)piperidine	36794-52-2	Diphenidine
17	2-(3-氟苯基)-3-甲基吗啉	2-(3-Fluorophenyl)-3-methylmorpholine	1350768-28-3	3-FPM 3-Fluorophenmetrazine
18	依替唑仑	4-(2-Chlorophenyl)-2-ethyl-9-methyl-6H-thieno[3,2-f][1,2,4]triazolo[4,3-a][1,4]diazepine	40054-69-1	Etizolam

国家食品药品监督管理局
非法药物折算表
(本折算表药物均以纯品计)

(2004年10月)

一、阿片类

(一) 药物依赖性(身体依赖性和精神依赖性)很强且医疗上不准许使用的品种

序号	药物名称	相当于海洛因
1	1克醋托啡(Acetorphine)	1克
2	1克乙酰阿法甲基芬太尼(Acetyl-alpha-methylfentanyl)	10克
3	1克阿法甲基芬太尼(Alpha-methylfentanyl)	10克
4	1克阿法甲基硫代芬太尼(Alpha-methylthiofentanyl)	10克
5	1克倍它羟基芬太尼(Beta-hydroxyfentanyl)	10克
6	1克倍它羟基-3甲基芬太尼 Beta-hydroxy-3-methylfentanyl	10克
7	1克地索吗啡(Desomorphine)	1克
8	1克埃托啡(Etorphine)	100克
9	1克海洛因(Heroin)	1克
10	1克凯托米酮(Ketobemidone)	1克

(续表)

序号	药物名称	相当于海洛因
11	1克3-甲基芬太尼（3-methylfentanyl）	10克
12	1克3-甲基硫代芬太尼（3-methylthiofentanyl）	10克
13	1克1-甲基-4-苯基-4-哌啶丙盐酸 1-methyl-4-phenyl-4-piperidinol propionate（ester），MP-PP	1克
14	1克仲氟代芬太尼（Para-fluorofentanyl）	10克
15	1克1-苯乙基-4-苯基-4-哌啶丙盐酸 1-phenethyl-4-phenyl-4-piperidinol acetate（ester），PEP-AP	1克
16	1克硫代芬太尼（Thiofentanyl）	10克

（二）药物依赖性强，但医疗上广泛使用的品种

序号	药物名称	相当于海洛因
1	1克阿芬太尼（Alfentanil）	15克
2	1克安那度尔（Alphaprodine）	0.05克
3	1克二氢埃托啡（Dihydroetorphine）	50克
4	1克芬太尼（Fentanyl）	40克
5	1克氢可酮（Hydrocodone）	0.5克
6	1克氢吗啡酮（Hydromorphone）	0.02克
7	1克氢吗啡醇（Hydromorphinol）	0.02克
8	1克左啡诺（Levorphanol）	0.2克
9	1克美沙酮（Methadone）	0.5克

(续表)

序号	药物名称	相当于海洛因
10	1克吗啡（Morphine）	0.5克
11	1克去甲吗啡（Normorphine）	0.02克
12	1克阿片（Opium）	0.05克
13	1克羟考酮（Oxycodone）	0.5克
14	1克羟吗啡酮（Oxymorphone）	0.5克
15	1克哌替啶（度冷丁）（Pethidine）	0.05克
16	1克瑞芬太尼（Remifentanil）	40克
17	1克舒芬太尼（Sufentanil）	40克
18	1克替利定（Tilidine）	0.5克

（三）药物依赖性相对较弱，且医疗上广泛使用的品种

序号	药物名称	相当于海洛因
1	1克醋氢可待因（Acetyldihydrocodeine）	0.02克
2	1克布桂嗪（强痛定）（Bucinnazine）	0.005克
3	1克丁丙诺啡（Buprenorphine）	0.01克
4	1克布托啡诺（Butophanol）	0.005克
5	1克可待因（Codeine）	0.02克
6	1克右丙氧芬（Dextropropoxyphene）	0.02克
7	1克地唑辛（Dezocine）	0.01克
8	1克双氢可待因（Dihydrocodeine）	0.02克

(续表)

序号	药物名称	相当于海洛因
9	1克地芬诺脂（苯乙哌啶）（Diphenoxylate）	0.05克
10	1克乙基吗啡（Ethylmorphine）	0.05克
11	1克尼可待因（Nicocodine）	0.02克
12	1克尼二可待因（Nicodicodine）	0.02克
13	1克去甲可待因（Norcodeine）	0.02克
14	1克喷他佐辛（镇痛新）（Pentazocine）	0.005克
15	1克吗琳乙基吗啡（福尔可定）（Pholcodine）	0.02克
16	1克丙吡胺（Propiram）	0.02克

二、苯丙胺类（含致幻剂）

（一）致幻型苯丙胺类、致幻剂及甲喹酮：精神依赖性很强且医疗上不准使用的品种

序号	药物名称	相当于海洛因
1	1克布苯丙胺 Brolamfetamine（DOB）	1克
2	1克卡西酮（Cathinone）	1克
3	1克二乙基色胺（DET）	1克
4	1克二甲氧基安非他明（DMA）	1克
5	1克羟基四氢甲基二苯吡喃（DMHP）	1克
6	1克二甲基色胺（DMT）	1克
7	1克二甲氧基乙基安非他明（DOET）	1克

(续表)

序号	药物名称	相当于海洛因
8	1克乙环利定 Eticyclidine（PCE）	1克
9	1克乙色胺（Etryptamine）	1克
10	1克麦角乙二胺（+）-Lysergide（LSD，LSD-25）	1克
11	1克麦司卡林（Mescaline）	1克
12	1克二亚甲基双氧安非他明（MDMA）	1克
13	1克甲卡西酮（Methcathinone）	1克
14	1克甲米雷司（4-methylaminorex）	1克
15	1克甲羟芬胺（MMDA）	1克
16	1克乙芬胺（N-ethy1，MDA）	1克
17	1克羟芬胺（N-hydroxy，MDA）	1克
18	1克六氢大麻酚（Parahexy1）	1克
19	1克副甲氧基安非他明 Parametoxyamphetamine（PMA）	1克
20	1克塞洛新 Psilocine（Psilotsin）	1克
21	1克塞洛西宾（Psilocycbine）	1克
22	1克咯环利定 Rolicyclidine（PHP，PCPY）	1克
23	1克二甲氧基甲苯异丙胺（STP，DOM）	1克
24	1克替苯丙胺 Tenamfetamine（MDA）	1克
25	1克替诺环定 Tenocyclidine（TCP）	1克
26	1克四氢大麻酚（包括其同分异构物及其立体化学变体）Tetrahydrocannabinol	1克

(续表)

序号	药物名称	相当于海洛因
27	1克三甲氧基安非他明（TMA）	1克
28	1克δ-9-四氢大麻酚及其立体化学变体 Delta-9-tetrahydrocannabinol and its stereochemical variants	1克
29	1克4-甲基硫基安非他明（4-methylthioamfetamine）	1克
30	1克甲喹酮（安眠酮）（Methaqualone）	0.007克

（二）苯丙胺类兴奋剂及致幻型麻醉剂：精神依赖性强尚有医疗用途的品种

序号	药物名称	相当于海洛因
1	1克苯丙胺（安非他明）（Amfetamine）	0.2克
2	1克苄非他明（Benzfetamine）	0.025克
3	1克右苯丙胺（Dexamfetamine）	0.2克
4	1克芬乙茶碱（Fenetylline）	0.04克
5	1克芬普雷司（Fenproporex）	0.025克
6	1克氯胺酮（Ketamine）	0.1克
7	1克左苯丙胺（Levamfetamine）	0.04克
8	1克左甲苯丙胺（Levomethamphetamine）	0.04克
9	1克甲氯喹酮（Mecloqualone）	0.1克
10	1克美芬雷司（Mefenorex）	0.025克
11	1克美索卡（Mesocarb）	0.025克
12	1克去氧麻黄碱（冰毒）（Metamfetamine）	1克

(续表)

序号	药物名称	相当于海洛因
13	1克去氧麻黄碱外消旋体（Metamfetamine Racemate）	1克
14	1克哌醋甲酯（利他林）（Methylphenidate）	0.1克
15	1克苯环利定 Phencyclidine（PCP）	0.1克
16	1克苯甲曲秦（Phendimetrazine）	0.025克
17	1克芬美曲秦（苯甲吗啉）（Phenmetrazine）	0.025克
18	1克吡咯戊酮（Pyrovalerone）	0.025克
19	1克γ-羟丁酸 Hydroxyburate（GHB）	0.1克

（三）弱苯丙胺类，精神依赖性相对较弱有医疗用途的品种

序号	药物名称	相当于海洛因
1	1克安非拉酮（Amfepramone）	0.05克
2	1克去甲麻黄碱（苯丙醇胺）（Cathine）	0.025克
3	1克右旋氟苯丙胺（Dexfenfluramine）	0.05克
4	1克乙非他明（Etilamfetamine）	0.025克
5	1克氟苯丙胺（芬氟拉明）（Fenfluramine）	0.05克
6	1克马吲哚（Mazindol）	0.025克
7	1克匹莫林（Pemoline）	0.05克
8	1克芬特明（Phentermine）	0.025克

三、可卡因类

序号	药物名称	相当于海洛因
1	1克可卡因（Cocaine）	0.05克
2	1克可卡因碱（Crack）	20克

四、大麻类

序号	药物名称	相当于海洛因
1	1克大麻（Cannabis）	0.001克
2	1克大麻脂（Cannabis resin）	0.005克

五、其他兴奋剂

序号	药物名称	相当于海洛因
1	1克咖啡因（Caffeine）	0.00001克
2	1克麻黄碱（左旋右旋）（Ephedrine）	0.01克
3	1克莫达芬尼（Modafinil）	0.01克

六、苯二氮卓类镇静安眠药

序号	药物名称	相当于海洛因
1	1克溴西泮（Bromazepam）	0.0001克
2	1克溴替唑仑（Brotizolam）	0.0001克
3	1克卡马西泮（Camazepam）	0.0001克

(续表)

序号	药物名称	相当于海洛因
4	1克氯硝西泮（Clonazepam）	0.0001克
5	1克氯氮卓（利眠宁）（Chlordiazepoxide）	0.0001克
6	1克地洛西泮（Delorazepam）	0.0001克
7	1克地西泮（安定）（Diazepam）	0.0001克
8	1克艾司唑仑（舒乐安定）（Estazolam）	0.0001克
9	1克氟地西泮（Fludiazepam）	0.001克
10	1克氟硝西泮（Flunitrazepam）	0.0001克
11	1克氟西泮（FlurazePam）	0.0001克
12	1克哈拉西泮（Halazepam）	0.0001克
13	1克卤恶唑仑（Haloxazolam）	0.0001克
14	1克凯他唑仑（Ketazolam）	0.0001克
15	1克氯普唑仑（Loprazolam）	0.0001克
16	1克劳拉西泮（Lorazepam）	0.0001克
17	1克氯甲西泮（Lormetazepam）	0.0001克
18	1克美达西泮（Medazepam）	0.0001克
19	1克咪达唑仑（Midazolam）	0.0001克
20	1克硝甲西泮（Nimetazepam）	0.0001克
21	1克硝西泮（硝基安定）（Nitrazepam）	0.0001克
22	1克去甲西泮（Nordazepam）	0.0001克
23	1克奥沙西泮（Oxazepam）	0.0001克

(续表)

序号	药物名称	相当于海洛因
24	1克恶唑仑（Oxazolam）	0.0001 克
25	1克匹那西泮（Pinazepam）	0.0001 克
26	1克普拉西泮（Prazepam）	0.0001 克
27	1克替马西泮（Temazepam）	0.0001 克
28	1克四氢西泮（Tetrazepam）	0.0001 克
29	1克三唑仑（海乐神）（Triazolam）	0.001 克
30	1克唑吡坦（Zolpiden）	0.0001 克

七、巴比妥类

序号	药物名称	相当于海洛因
1	1克阿洛巴比妥（Allobarbital）	0.0002 克
2	1克异戊巴比妥（Amobarbital）	0.0002 克
3	1克巴比妥（Barbital）	0.0002 克
4	1克布他比妥（Butalbital）	0.0002 克
5	1克丁巴比妥（Butobarbital）	0.0002 克
6	1克环已巴比妥（Cyclobarbital）	0.0002 克
7	1克甲苯巴比妥（Methylphenobarbital）	0.0002 克
8	1克戊巴比妥（Pentobarbital）	0.0002 克
9	1克苯巴比妥（Phenobarbital）	0.0002 克
10	1克司可巴比妥（Secobarbital）	0.002 克

八、其他类镇静安眠药

序号	药物名称	相当于海洛因
1	1 克甲丙氨酯（眠尔通）（Meprobamate）	0.0002 克
2	1 克扎来普隆（Zaleplone）	0.0002 克

国家禁毒委员会办公室
关于印发《3 种合成大麻素依赖性折算表》的通知

2019 年 1 月 16 日　　　　禁毒办通〔2019〕6 号

各省、自治区、直辖市禁毒委员会办公室，新疆生产建设兵团禁毒委员会办公室：

为进一步加大对已列管麻醉药品和精神药品违法犯罪活动的打击力度，我办委托国内专业机构对 3 种合成大麻素与海洛因的依赖性折算标准进行了调研、论证。经商最高人民法院、最高人民检察院、国家药品监督管理局同意，现将折算表印发给你们，供在执法实践中参考。

此折算表在实践中的具体适用情况请及时报送我办。

特此通知。

附

3种合成大麻素依赖性折算表

序号	英文名称	中文名称	折算标准（1克该物质相当于）海洛因	分类
1	AMB-FUBINACA	3-甲基-2-［1-（4-氟苄基）吲唑-3-甲酰氨基］丁酸甲酯	5.5克	合成大麻素类
2	ADB-FUBINACA	N-（1-氨甲酰基-2,2-二甲基丙基）-1-（4-氟苄基）吲唑-3-甲酰胺	2.5克	合成大麻素类
3	5F-ADB	3,3-二甲基-2［1-（5-氟戊基）吲唑-3-甲酰胺基］丁酸甲酯	14.0克	合成大麻素类

国家禁毒委员会办公室

关于印发《104种非药用类麻醉药品和精神药品管制品种依赖性折算表》的通知

2016年6月24日　　　　禁毒办通〔2016〕38号

各省、自治区、直辖市禁毒委员会办公室，新疆生产建设兵团禁毒委员会办公室：

为加强对非药用类麻醉药品和精神药品的管制，防止非法生产、经营、运输、使用和进出口，遏制有关违法犯罪活动的发展蔓延，2015年9月24日，国家禁毒办联合公安部、国家食品药品监督管理总局、国家卫生和计划生育委员会共同印发了《非药用类麻醉药品和精神药品列管办法》(自 2015 年 10 月 1 日起正式施行),并增加列管了 116 种非药用类麻醉药品和精神药品。其中 12 种苯丙胺类非药用类麻醉药品和精神药品的定罪量刑数量标准,《最高人民法院关于审理毒品犯罪案件适用法律若干问题的解释》(法释〔2016〕8 号)已作出明确规定。为进一步加大对已列管非药用类麻醉药品和精神药品违法犯罪活动的打击工作力度,我办委托国内专业研究机构对其余列管的 104 种非药用类麻醉药品和精神药品与海洛因或甲基苯丙胺的折算标准进行了调研、论证。经商最高人民法院、最高人民检察院、国家卫生和计划生育委员会、国家食品药品监督管理总局同意,现将折算表印发给你们,供在执法实践中参考。

此折算表在实践中的具体适用情况请及时报送我办。

特此通知。

附

104 种非药用类麻醉药品和精神药品
管制品种依赖性折算表

序号	英文名称	中文名称	折算标准(1 克该物质相当于)海洛因	折算标准(1 克该物质相当于)甲基苯丙胺	参照物质*	分类
1	2C-B-NBOMe	N-(2-甲氧基苄基)-2-(2,5-二甲氧基-4-溴苯基)乙胺	1 克	—	2C-I	苯乙胺
2	2C-C	2,5-二甲氧基-4-氯苯乙胺	1 克	—	2C-I	苯乙胺
3	2C-C-NBOMe	N-(2-甲氧基苄基)-2-(2,5-二甲氧基-4-氯苯基)乙胺	1 克	—	2C-I	苯乙胺

(续表)

序号	英文名称	中文名称	折算标准（1克该物质相当于） 海洛因	甲基苯丙胺	参照物质*	分类
4	2C-D	2,5-二甲氧基-4-甲基苯乙胺	1克	—	2C-I	苯乙胺
5	2C-D-NBOMe	N-(2-甲氧基苄基)-2-(2,5-二甲氧基-4-甲基苯基)乙胺	1克	—	2C-I	苯乙胺
6	2C-E	2,5-二甲氧基-4-乙基苯乙胺	1克	—	2C-I	苯乙胺
7	2C-I-NBOMe	N-(2-甲氧基苄基)-2-(2,5-二甲氧基-4-碘苯基)乙胺	16克	—	2C-I	苯乙胺
8	2C-P	2,5-二甲氧基-4-丙基苯乙胺	1克	—	2C-I	苯乙胺
9	2C-T-2	2,5-二甲氧基-4-乙硫基苯乙胺	0.73克	—	—	苯乙胺
10	2C-T-4	2,5-二甲氧基-4-异丙基硫基苯乙胺	1克	—	2C-I	苯乙胺
11	2C-T-7	2,5-二甲氧基-4-丙硫基苯乙胺	0.75克	—	—	苯乙胺
12	2-MAPB	1-(2-苯并呋喃基)-N-甲基-2-丙胺	—	1克	MA	其他
13	MPA	1-(2-噻吩基)-N-甲基-2-丙胺	—	1克	MA	其他
14	5F-ABICA	N-(1-氨甲酰基-2-甲基丙基)-1-(5-氟戊基)吲哚-3-甲酰胺	1.44克	—	AB-PINACA	合成大麻素

(续表)

序号	英文名称	中文名称	折算标准（1克该物质相当于）海洛因	折算标准（1克该物质相当于）甲基苯丙胺	参照物质*	分类
15	5F-AB-PINA-CA	N-（1-氨甲酰基-2-甲基丙基）-1-（5-氟戊基）吲唑-3-甲酰胺	1.44克	—	AB-PINACA	合成大麻素
16	5F-ADBICA	N-（1-氨甲酰基-2,2-二甲基丙基）-1-（5-氟戊基）吲哚-3-甲酰胺	1.44克	—	AB-PINACA	合成大麻素
17	5F-AMB	N-（1-甲氧基羰基-2-甲基丙基）-1-（5-氟戊基）吲唑-3-甲酰胺	1.44克	—	AB-PINACA	合成大麻素
18	5F-APINACA	N-（1-金刚烷基）-1-（5-氟戊基）吲唑-3-甲酰胺	3.48克	—	APINACA	合成大麻素
19	5F-PB-22	1-（5-氟戊基）吲哚-3-甲酸-8-喹啉酯	21.8克	—	—	合成大麻素
20	5F-UR-144	1-（5-氟戊基）-3-（2,2,3,3-四甲基环丙甲酰基）吲哚	1.43克	—	—	合成大麻素
21	A-796,260	1[2-（N-吗啉基）乙基]-3-（2,2,3,3-四甲基环丙甲酰基）吲哚	1.43克	—	5F-UR-144	合成大麻素

(续表)

序号	英文名称	中文名称	折算标准（1克该物质相当于）海洛因	甲基苯丙胺	参照物质*	分类
22	A-834,735	1-（4-四氢吡喃基甲基）-3-（2,2,3,3-四甲基环丙甲酰基）吲哚	1.43克	—	5F-UR-144	合成大麻素
23	AB-CHMINACA	N-（1-氨甲酰基-2-甲基丙基）-1-（环己基甲基）吲唑-3-甲酰胺	14.79克	—	—	合成大麻素
24	AB-FUBINACA	N-（1-氨甲酰基-2-甲基丙基）-1-（4-氟苄基）吲唑-3-甲酰胺	4.7克	—	—	合成大麻素
25	AB-PINACA	N-（1-氨甲酰基-2-甲基丙基）-1-戊基吲唑-3-甲酰胺	1.5克	—	—	合成大麻素
26	ADBICA	N-（1-氨甲酰基-2,2-二甲基丙基）-1-戊基吲哚-3-甲酰胺	10.5克	—	—	合成大麻素
27	ADB-PINACA	N-（1-氨甲酰基-2,2-二甲基丙基）-1-戊基吲唑-3-甲酰胺	2克	—	—	合成大麻素
28	AM-1220	1-[（N-甲基-2-哌啶基）甲基]-3-（1-萘甲酰基）吲哚	1.43克	—	5F-UR-144	合成大麻素

(续表)

序号	英文名称	中文名称	折算标准(1克该物质相当于) 海洛因	折算标准(1克该物质相当于) 甲基苯丙胺	参照物质*	分类
29	AM-1248	1-[(N-甲基-2-哌啶基)甲基]-3-(1-金刚烷基甲酰基)吲哚	1.43克	—	5F-UR-144	合成大麻素
30	AM-2233	1-[(N-甲基-2-哌啶基)甲基]-3-(2-碘苯甲酰基)吲哚	2克	—	—	合成大麻素
31	APICA	N-(1-金刚烷基)-1-戊基吲哚-3-甲酰胺	1.7克	—	—	合成大麻素
32	APINACA	N-(1-金刚烷基)-1-戊基吲唑-3-甲酰胺	4克	—	—	合成大麻素
33	CB-13	1-(1-萘甲酰基)-4-戊氧基萘	23.6克	—	—	合成大麻素
34	CUMYL-THPINACA	N-(1-甲基-1-苯基乙基)-1-(4-四氢吡喃基甲基)吲唑-3-甲酰胺	4克	—	AKB48	合成大麻素
35	EAM-2201	1-(5-氟戊基)-3-(4-乙基-1-萘甲酰基)吲哚	10克	—	JWH-210	合成大麻素
36	FUB-JWH-018	1-(4-氟苄基)-3-(1-萘甲酰基)吲哚	4克	—	JWH-007	合成大麻素
37	FUB-PB-22	1-(4-氟苄基)吲哚-3-甲酸-8-喹啉酯	2克	—	ADB-PINACA	合成大麻素

(续表)

序号	英文名称	中文名称	折算标准（1克该物质相当于）海洛因	折算标准（1克该物质相当于）甲基苯丙胺	参照物质*	分类
38	JWH-007	2-甲基-1-戊基-3-（1-萘甲酰基）吲哚	4克	—		合成大麻素
39	JWH-015	2-甲基-1-丙基-3-（1-萘甲酰基）吲哚	4克	—	JWH-007	合成大麻素
40	JWH-019	1-己基-3-（1-萘甲酰基）吲哚	4克	—	JWH-007	合成大麻素
41	JWH-081	1-戊基-3-（4-甲氧基-1-萘甲酰基）吲哚	34克	—		合成大麻素
42	JWH-122	1-戊基-3-（4-甲基-1-萘甲酰基）吲哚	3.7克	—		合成大麻素
43	JWH-203	1-戊基-3-（2-氯苯乙酰基）吲哚	0.37克	—		合成大麻素
44	JWH-210	1-戊基-3-（4-乙基-1-萘甲酰基）吲哚	10克	—		合成大麻素
45	JWH-370	1-戊基-2-（2-甲基苯基）-4-（1-萘甲酰基）吡咯	10克	—	JWH-210	合成大麻素
46	MAM-2201	1-（5-氟戊基）-3-（4-甲基-1-萘甲酰基）吲哚	10克	—	JWH-210	合成大麻素

(续表)

序号	英文名称	中文名称	折算标准（1克该物质相当于）海洛因	甲基苯丙胺	参照物质*	分类
47	MDMB-CHMICA	N-（1-甲氧基羰基-2,2-二甲基丙基）-1-（环己基甲基）吲哚-3-甲酰胺	10.5克	—	ADBICA	合成大麻素
48	MDMB-FUBINACA	N-（1-甲氧基羰基-2,2-二甲基丙基）-1-（4-氟苄基）吲唑-3-甲酰胺	4.7克	—	AB-FUBINACA	合成大麻素
49	PB-22	1-戊基吲哚-3-甲酸-8-喹啉酯	49克	—	—	合成大麻素
50	PX-2	N-（1-氨甲酰基-2-苯基乙基）-1-（5-氟戊基）吲唑-3-甲酰胺	1.44克	—	AB-PINACA	合成大麻素
51	RCS-4	1-戊基-3-（4-甲氧基苯甲酰基）吲哚	0.03克	—	—	合成大麻素
52	STS-135	N-（1-金刚烷基）-1-（5-氟戊基）吲哚-3-甲酰胺	19克	—	—	合成大麻素
53	UR-144	1-戊基-3-（2,2,3,3-四甲基环丙甲酰基）吲哚	0.714克	—	—	合成大麻素
54	2-FMC	2-氟甲卡西酮	0.476克	—	3-FMC	卡西酮
55	2-MMC	2-甲基甲卡西酮	—	0.3克	4-MMC	卡西酮
56	3,4-DMMC	3,4-二甲基甲卡西酮	—	0.3克	4-MMC	卡西酮

(续表)

序号	英文名称	中文名称	折算标准（1克该物质相当于）海洛因	甲基苯丙胺	参照物质*	分类
57	3-CMC	3-氯甲卡西酮	—	0.3克	4-MMC	卡西酮
58	3-MeOMC	3-甲氧基甲卡西酮	—	0.3克	4-MMC	卡西酮
59	3-MMC	3-甲基甲卡西酮	—	0.3克	4-MMC	卡西酮
60	4-BMC	4-溴甲卡西酮	—	0.14克	4-FMC	卡西酮
61	4-CMC	4-氯甲卡西酮	—	0.14克	4-FMC	卡西酮
62	4-FMC	4-氟甲卡西酮	—	0.14克	—	卡西酮
63	4-F-α-PVP	1-（4-氟苯基）-2-（N-吡咯烷基）-1-戊酮	—	0.4克	α-PVP	卡西酮
64	4-MeBP	1-（4-甲基苯基）-2-甲氨基-1-丁酮	—	0.3克	4-MMC	卡西酮
65	4-MeO-α-PVP	1-（4-甲氧基苯基）-2-（N-吡咯烷基）-1-戊酮	—	0.4克	α-PVP	卡西酮
66	Buphedrone	1-苯基-2-甲氨基-1-丁酮	—	0.3克	4-MMC	卡西酮
67	Butylone	2-甲氨基-1-[3,4-（亚甲二氧基）苯]-1-丁酮	—	0.15克	—	卡西酮
68	Dimethylone	2-二甲氨基-1-[3,4-（亚甲二氧基）苯]-1-丙酮	1克	—	MDPV	卡西酮
69	Ethcathinone	乙卡西酮	—	0.03克	4-MEC	卡西酮

(续表)

序号	英文名称	中文名称	折算标准（1克该物质相当于）海洛因	折算标准（1克该物质相当于）甲基苯丙胺	参照物质*	分类
70	Ethylone	3,4-亚甲二氧基乙卡西酮	—	0.19克	methylone	卡西酮
71	MDPBP	1-［3,4-（亚甲二氧基）苯基］-2-（N-吡咯烷基）-1-丁酮	1克	—	MDPV	卡西酮
72	MDPPP	1-［3,4-（亚甲二氧基）苯基］-2-（N-吡咯烷基）-1-丙酮	1克	—	MDPV	卡西酮
73	Methedrone	4-甲氧基甲卡西酮	—	0.3克	4-MMC	卡西酮
74	NEB	1-苯基-2-乙氨基-1-丁酮	—	0.3克	4-MMC	卡西酮
75	Pentedrone	1-苯基-2-甲氨基-1-戊酮	0.3克	—	—	卡西酮
76	α-PBP	1-苯基-2-（N-吡咯烷基）-1-丁酮	—	0.4克	α-PVP	卡西酮
77	α-PHP	1-苯基-2-（N-吡咯烷基）-1-己酮	—	0.4克	α-PVP	卡西酮
78	α-PHPP	1-苯基-2-（N-吡咯烷基）-1-庚酮	—	0.4克	α-PVP	卡西酮
79	α-PVP	1-苯基-2-（N-吡咯烷基）-1-戊酮	—	0.4克	—	卡西酮

(续表)

序号	英文名称	中文名称	折算标准（1克该物质相当于） 海洛因	折算标准（1克该物质相当于） 甲基苯丙胺	参照物质*	分类
80	α-PVT	1-（2-噻吩基）-2-（N-吡咯烷基）-1-戊酮	—	0.4克	α-PVP	其他
81	MXE	2-（3-甲氧基苯基）-2-乙氨基环己酮	0.025克	—	—	氯胺酮及苯环利定
82	NENK	乙基去甲氯胺酮	0.025克	—	MXE	氯胺酮及苯环利定
83	5-MeO-DALT	N,N-二烯丙基-5-甲氧基色胺	1克	—	5-MeO-DiPT	色胺
84	5-MeO-DiPT	N,N-二异丙基-5-甲氧基色胺	—	1克	—	色胺
85	5-MeO-DMT	N,N-二甲基-5-甲氧基色胺	1克	—	5-MeO-DiPT	色胺
86	5-MeO-MiPT	N-甲基-N-异丙基-5-甲氧基色胺	1克	—	5-MeO-DiPT	色胺
87	AMT	α-甲基色胺	0.134克	—	5-MeO-DiPT	色胺
88	DBZP	1,4-二苄基哌嗪	4克	—	mCPP	哌嗪
89	mCPP	1-（3-氯苯基）哌嗪	4克	—	—	哌嗪
90	TFMPP	1-（3-三氟甲基苯基）哌嗪	0.33克	—	—	哌嗪
91	2-AI	2-氨基茚满	1克	—	MDAI	氨基茚
92	MDAI	5,6-亚甲二氧基-2-氨基茚满	1克	—	—	氨基茚

(续表)

序号	英文名称	中文名称	折算标准（1克该物质相当于）海洛因	甲基苯丙胺	参照物质*	分类
93	2-DPMP	2-二苯甲基哌啶	1.165克	—	—	其他
94	3,4-CTMP	3,4-二氯哌甲酯	—	8克	—	其他
95	Acetylfentanyl	乙酰芬太尼	6克	—	—	其他（芬太尼）
96	AH-7921	3,4-二氯-N-[（1-二甲氨基环己基）甲基]苯甲酰胺	0.4克	—	—	其他
97	butyrylfentanyl	丁酰芬太尼	1.25克	—	—	其他（芬太尼）
98	Ethylphenidate	哌乙酯	—	1克	Methylphenidate	其他
99	Methoxphenidine	1-[1-（2-甲氧基苯基）-2-苯基乙基]哌啶	1.165克	—	2-DPMP	其他
100	Phenazepam	芬纳西泮	0.005克	—	—	其他
101	β-Hydroxy-thiofentanyl	β-羟基硫代芬太尼	40克	—	芬太尼	其他（芬太尼）
102	4-Fluorobutyr-fentanyl	4-氟丁酰芬太尼	1.25克	—	Butyryl-fentanyl	其他（芬太尼）
103	Isobutyrfentanyl	异丁酰芬太尼	1.25克	—	Butyryl-fentanyl	其他（芬太尼）
104	Ocfentanyl	奥芬太尼	66.8克	—	—	其他（芬太尼）

* 参照物质以文献或化学结构相似程度而确定。

国家禁毒委员会办公室
关于印发《氟胺酮和 7 种合成大麻素依赖性折算表》的通知

2021 年 11 月 12 日　　　　禁毒办通〔2021〕42 号

各省、自治区、直辖市禁毒委员会办公室，新疆生产建设兵团禁毒委员会办公室：

为进一步加大对已列管麻醉药品和精神药品违法犯罪活动的打击力度，我办委托国内专业机构对氟胺酮和 7 种合成大麻素与海洛因的依赖性折算标准进行了调研、论证。经商最高人民法院、最高人民检察院、国家卫生健康委员会、国家药品监督管理局同意，现将折算表印发给你们，供在执法实践中参考。

此折算表在实践中的具体适用情况请及时报送我办。

特此通知。

附

氟胺酮和 7 种合成大麻素依赖性折算表

序号	英文名称	中文名称	CAS	折算标准（1 克该物质相当于）海洛因	分类
1	2-FDCK Fluoroketamine	氟胺酮	111982-50-4	0.1 克	氯胺酮及苯环利啶类

(续表)

序号	英文名称	中文名称	CAS	折算标准（1克该物质相当于）海洛因	分类
2	ADB-4en-PI-NACA	N-（1-氨基-3,3-二甲基-1-氧亚基丁-2-基）-1-（戊-4-烯-1-基）-1H-吲唑-3-甲酰胺	2659308-44-6	0.2克	合成大麻素类
3	MDMB-4en-PINACA	3,3-二甲基-2-［1-（戊-4-烯-1-基）-1H-吲唑-3-甲酰氨基］丁酸甲酯	2504100-70-1	0.2克	合成大麻素类
4	ADB-BUTINACA	N-（1-氨基-3,3-二甲基-1-氧亚基丁-2-基）-1-丁基-1H-吲唑-3-甲酰胺	2682867-55-4	0.5克	合成大麻素类
5	4CN-CUMYL-BUTINACA	1-（4-氰基丁基）-N（2-苯基丙-2-基）-1H-吲唑-3-甲酰胺	1631074-54-8	0.5克	合成大麻素类
6	5F-EMB-PICA	2-［1-（5-氟戊基）-1H-吲哚-3-甲酰氨基］-3-甲基丁酸乙酯	2648861-83-8	0.5克	合成大麻素类

(续表)

序号	英文名称	中文名称	CAS	折算标准（1克该物质相当于）海洛因	分类
7	5F-MDMB-PICA	2-［1-（5-氟戊基）-1H-吲哚-3-甲酰氨基］-3,3-二甲基丁酸甲酯	1971007-88-1	0.5克	合成大麻素类
8	4F-MDMB-BUTICA	2-［1-（4-氟丁基）-1H-H-吲哚-3-甲酰氨基］-3,3-二甲基丁酸甲酯	2682867-53-2	5.0克	合成大麻素类

国家禁毒委员会办公室
关于印发《100种麻醉药品和精神药品管制品种依赖性折算表》的通知

2017年10月20日　　　　　禁毒办通〔2017〕52号

各省、自治区、直辖市禁毒委员会办公室，新疆生产建设兵团禁毒委员会办公室：

　　为进一步加大对已列管麻醉药品和精神药品违法犯罪活动的打击力度，我办委托国内专业机构对《麻醉药品和精神药品品种目录（2013年版）》中尚未明确定罪量刑数量标准的100种麻醉药品和精神药品与海洛因或甲基苯丙胺的折算标准进行了调研、论证。经商最高人民法院、最高人民检察院、国家卫生和计划生育委员会、国家食品药品监督管理总局同意,现将折算表印发给你们,供在执法实践中参考。

此折算表在实践中的具体适用情况请及时报送我办。

特此通知。

附

100种麻醉药品和精神药品管制品种依赖性折算表

序号	中文名称	英文名称	折算标准(1克该物质相当于)	
			海洛因	甲基苯丙胺
1	醋美沙多	Acetylmethadol	2.5克	—
2	烯丙罗定	Allylprodine	11.5克	—
3	阿醋美沙多	Alphacetylmethadol	2.5克	—
4	阿法美罗定	Alphameprodine	0.46克	—
5	阿法美沙多	Alphamethadol	2.5克	—
6	阿尼利定	Anileridine	8.9克	—
7	苄替啶	Benzethidine	1.84克	—
8	苄吗啡	Benzylmorphine	85毫克	—
9	倍醋美沙多	Betacetylmethadol	2.5克	—
10	倍他美罗定	Betameprodine	11.5克	—
11	倍他美沙多	Betamethadol	2.5克	—
12	倍他罗定	Betaprodine	11.5克	—
13	贝齐米特	Bezitramide	6.4克	—
14	氯尼他秦	Clonitazene	1.5克	—
15	古柯叶	Coca Leaf	2.8毫克	—
16	可多克辛	Codoxime	1.3克	—

(续表)

序号	中文名称	英文名称	折算标准（1克该物质相当于）	
			海洛因	甲基苯丙胺
17	罂粟浓缩物	Concentrate of Poppy Straw	3.38 毫克	—
18	右吗拉胺	Dextromoramide	1.5 克	—
19	地恩丙胺	Diampromide	0.5 克	—
20	二乙噻丁	Diethylthiambutene	0.85 克	—
21	地芬诺辛	Difenoxin	0.375 克	—
22	双氢吗啡	Dihydromorphine	0.6 克	—
23	地美沙多	Dimenoxadol	2.5 克	—
24	地美庚醇	Dimepheptanol	2.5 克	—
25	二甲噻丁	Dimethylthiambutene	0.85 克	—
26	吗苯丁酯	Dioxaphetyl Butyrate	0.204 克	—
27	地匹哌酮	Dipipanone	0.258 克	—
28	羟蒂巴酚	Drotebanol	80 毫克	—
29	芽子碱	Ecgonine	88 毫克	—
30	乙甲噻丁	Ethylmethylthiambutene	0.85 克	—
31	依托尼秦	Etonitazene	30 克	—
32	依托利定	Etoxeridine	0.69 克	—
33	呋替啶	Furethidine	3.68 克	—
34	羟哌替啶	Hydroxypethidine	0.63 克	—
35	异美沙酮	Isomethadone	0.22 克	—
36	左美沙芬	Levomethorphan	2.25 克	—
37	左吗拉胺	Levomoramide	1.5 克	—

(续表)

序号	中文名称	英文名称	折算标准（1克该物质相当于）	
			海洛因	甲基苯丙胺
38	左芬啡烷	Levophenacylmorphan	2 克	—
39	美他佐辛	Metazocine	0.545 克	—
40	美沙酮中间体	Methadone Intermediate	0.32 克	—
41	甲地索啡	Methyldesorphine	7.5 克	—
42	甲二氢吗啡	Methyldihydromorphine	0.17 克	—
43	美托酮	Metopon	1.43 克	—
44	吗拉胺中间体	Moramide Intermediate	1.9 克	—
45	吗哌利定	Morpheridine	0.29 克	—
46	吗啡甲溴化物	Morphine Methobromide	20 毫克	—
47	吗啡-N-氧化物	Morphine-N-oxide	6 毫克	—
48	麦罗啡	Myrophine	20 毫克	—
49	尼可吗啡	Nicomorphine	0.5 克	—
50	诺美沙多	Noracymethadol	1.62 克	—
51	去甲左啡诺	Norlevorphanol	0.05 克	—
52	去甲美沙酮	Normethadone	0.05 克	—
53	诺匹哌酮	Norpipanone	0.05 克	—
54	奥列巴文	Oripavine	0.05 克	—
55	哌替啶中间体 A	Pethidine Intermediate A	0.015 克	—
56	哌替啶中间体 B	Pethidine Intermediate B	0.015 克	—

(续表)

序号	中文名称	英文名称	折算标准（1克该物质相当于）	
			海洛因	甲基苯丙胺
57	哌替啶中间体 C	Pethidine Intermediate C	0.015 克	—
58	苯吗庚酮	Phenadoxone	0.05 克	—
59	非那丙胺	Phenampromide	0.024 克	—
60	非那佐辛	Phenazocine	2 克	—
61	非诺啡烷	Phenomorphan	35 克	—
62	苯哌利定	Phenoperidine	5 克	—
63	匹米诺定	Piminodine	0.05 克	—
64	哌腈米特	Piritramide	0.375 克	—
65	普罗庚嗪	Proheptazine	0.05 克	—
66	丙哌利定	Properidine	0.05 克	—
67	消旋甲啡烷	Racemethorphan	0.025 克	—
68	消旋吗拉胺	Dextromoramide	0.5 克	—
69	消旋啡烷	Racemorphan	0.025 克	—
70	醋氢可酮	Thebacon	1.3 克	—
71	蒂巴因	Thebaine	0.5 克	—
72	三甲利定	Trimeperidine	0.25 克	—
73	氨奈普汀	Amineptine	0.1 毫克	—
74	2,5-二甲氧基-4-溴苯乙胺	4 - Bromo - 2, 5 - dimethoxyphenethylamine	—	1 克
75	齐培丙醇	Zipeprol	0.15 毫克	—
76	依他喹酮	Etaqualone	0.007 毫克	—
77	他喷他多	Tapentadol	0.145 克	—
78	格鲁米特	Glutethimide	0.4 毫克	—

(续表)

序号	中文名称	英文名称	折算标准（1克该物质相当于）	
			海洛因	甲基苯丙胺
79	阿米雷司	Aminorex	0.132 克	—
80	氯巴占	Clobazam	0.1 毫克	—
81	氯拉䓬酸	Clorazepate	0.05 毫克	—
82	氯噻西泮	Clotiazepam	0.1 毫克	—
83	氯噁唑仑	Cloxazolam	0.1 毫克	—
84	乙氯维诺	Ethchlorvynol	0.01 毫克	—
85	炔己蚁胺	Ethinamate	0.001 毫克	—
86	氯氟䓬乙酯	Ethyl Loflazepate	0.1 毫克	—
87	芬坎法明	Fencamfamin	0.5 克	—
88	利非他明	Lefetamine	0.5 克	—
89	甲乙哌酮	Methyprylon	0.1 克	—
90	哌苯甲醇	Pipradrol	—	0.1 克
91	仲丁比妥	Secbutabarbital	0.2 毫克	
92	乙烯比妥	Vinylbital	0.2 毫克	
93	麦角胺咖啡因片*	Ergotamine and Caffeine Tablet	—	0.001 毫克
94	呋芬雷司	Furfennorex	—	1 克
95	纳布啡及其注射剂	Nalbuphine and its injection	0.5 克	—
96	氨酚氢可酮片*	Paracetamol and Hydrocodone Bitartrate Tablet	0.5 克	—
97	丙己君	Propylhexedrine	—	0.02 克
98	佐匹克隆	Zopiclone	0.025 毫克	
99	2,5-二甲氧基苯乙胺	2,5-Dimethoxyphenethylamine	—	0.02 克

(续表)

序号	中文名称	英文名称	折算标准（1克该物质相当于）	
			海洛因	甲基苯丙胺
100	4-甲基甲卡西酮	4－Methylmethcathinone	—	1克

反兴奋剂条例

（2004年1月13日国务院令第398号公布 根据2011年1月8日《国务院关于废止和修改部分行政法规的决定》第一次修订 根据2014年7月29日《国务院关于修改部分行政法规的决定》第二次修订 根据2018年9月18日《国务院关于修改部分行政法规的决定》第三次修订）

第一章 总 则

第一条 为了防止在体育运动中使用兴奋剂，保护体育运动参加者的身心健康，维护体育竞赛的公平竞争，根据《中华人民共和国体育法》和其他有关法律，制定本条例。

第二条 本条例所称兴奋剂，是指兴奋剂目录所列的禁用物质等。兴奋剂目录由国务院体育主管部门会同国务院药品监督管理部门、国务院卫生主管部门、国务院商务主管部门和海关总署制定、调整并公布。

第三条 国家提倡健康、文明的体育运动，加强反兴奋剂的宣传、教育和监督管理，坚持严格禁止、严格检查、严肃处理的反兴奋剂工作方针，禁止使用兴奋剂。

任何单位和个人不得向体育运动参加者提供或者变相提供兴奋剂。

第四条 国务院体育主管部门负责并组织全国的反兴奋剂工作。

县级以上人民政府负责药品监督管理的部门和卫生、教育等有关部门，在各自职责范围内依照本条例和有关法律、行政法规的规定负责反兴奋剂工作。

第五条 县级以上人民政府体育主管部门，应当加强反兴奋剂宣传、教育工作，提高体育运动参加者和公众的反兴奋剂意识。

广播电台、电视台、报刊媒体以及互联网信息服务提供者应当开展反兴奋剂的宣传。

第六条 任何单位和个人发现违反本条例规定行为的，有权向体育主管部门和其他有关部门举报。

第二章 兴奋剂管理

第七条 国家对兴奋剂目录所列禁用物质实行严格管理，任何单位和个人不得非法生产、销售、进出口。

第八条 生产兴奋剂目录所列蛋白同化制剂、肽类激素（以下简称蛋白同化制剂、肽类激素），应当依照《中华人民共和国药品管理法》（以下简称药品管理法）的规定取得《药品生产许可证》、药品批准文号。

生产企业应当记录蛋白同化制剂、肽类激素的生产、销售和库存情况，并保存记录至超过蛋白同化制剂、肽类激素有效期2年。

第九条 依照药品管理法的规定取得《药品经营许可证》的药品批发企业，具备下列条件，并经省、自治区、直辖市人民政府药品监督管理部门批准，方可经营蛋白同化制剂、肽类激素：

（一）有专门的管理人员；

（二）有专储仓库或者专储药柜；

（三）有专门的验收、检查、保管、销售和出入库登记制度；
（四）法律、行政法规规定的其他条件。

蛋白同化制剂、肽类激素的验收、检查、保管、销售和出入库登记记录应当保存至超过蛋白同化制剂、肽类激素有效期2年。

第十条 除胰岛素外，药品零售企业不得经营蛋白同化制剂或者其他肽类激素。

第十一条 进口蛋白同化制剂、肽类激素，除依照药品管理法及其实施条例的规定取得国务院药品监督管理部门发给的进口药品注册证书外，还应当取得省、自治区、直辖市人民政府药品监督管理部门颁发的进口准许证。

申请进口蛋白同化制剂、肽类激素，应当说明其用途。省、自治区、直辖市人民政府药品监督管理部门应当自收到申请之日起15个工作日内作出决定；对用途合法的，应当予以批准，发给进口准许证。海关凭进口准许证放行。

第十二条 申请出口蛋白同化制剂、肽类激素，应当说明供应对象并提交进口国政府主管部门的相关证明文件等资料。省、自治区、直辖市人民政府药品监督管理部门应当自收到申请之日起15个工作日内作出决定；提交进口国政府主管部门的相关证明文件等资料的，应当予以批准，发给出口准许证。海关凭出口准许证放行。

第十三条 境内企业接受境外企业委托生产蛋白同化制剂、肽类激素，应当签订书面委托生产合同，并将委托生产合同报省、自治区、直辖市人民政府药品监督管理部门备案。委托生产合同应当载明委托企业的国籍、委托生产的蛋白同化制剂或者肽类激素的品种、数量、生产日期等内容。

境内企业接受境外企业委托生产的蛋白同化制剂、肽类激素不得在境内销售。

第十四条 蛋白同化制剂、肽类激素的生产企业只能向医疗机构、符合本条例第九条规定的药品批发企业和其他同类生产企业供应蛋白同化制剂、肽类激素。

蛋白同化制剂、肽类激素的批发企业只能向医疗机构、蛋白同化制剂、肽类激素的生产企业和其他同类批发企业供应蛋白同化制剂、肽类激素。

蛋白同化制剂、肽类激素的进口单位只能向蛋白同化制剂、肽类激素的生产企业、医疗机构和符合本条例第九条规定的药品批发企业供应蛋白同化制剂、肽类激素。

肽类激素中的胰岛素除依照本条第一款、第二款、第三款的规定供应外,还可以向药品零售企业供应。

第十五条 医疗机构只能凭依法享有处方权的执业医师开具的处方向患者提供蛋白同化制剂、肽类激素。处方应当保存2年。

第十六条 兴奋剂目录所列禁用物质属于麻醉药品、精神药品、医疗用毒性药品和易制毒化学品的,其生产、销售、进口、运输和使用,依照药品管理法和有关行政法规的规定实行特殊管理。

蛋白同化制剂、肽类激素和前款规定以外的兴奋剂目录所列其他禁用物质,实行处方药管理。

第十七条 药品、食品中含有兴奋剂目录所列禁用物质的,生产企业应当在包装标识或者产品说明书上用中文注明"运动员慎用"字样。

第三章 反兴奋剂义务

第十八条 实施运动员注册管理的体育社会团体(以下简称体育社会团体)应当加强对在本体育社会团体注册的运动员和教练、领队、队医等运动员辅助人员的监督管理和反兴奋剂的教育、培训。

运动员管理单位应当加强对其所属的运动员和运动员辅助人员的监督管理和反兴奋剂的教育、培训。

第十九条 体育社会团体、运动员管理单位和其他单位,不得向运动员提供兴奋剂，不得组织、强迫、欺骗运动员在体育运动中使用兴奋剂。

科研单位不得为使用兴奋剂或者逃避兴奋剂检查提供技术支持。

第二十条 运动员管理单位应当为其所属运动员约定医疗机构，指导运动员因医疗目的合理使用药物；应当记录并按照兴奋剂检查规则的规定向相关体育社会团体提供其所属运动员的医疗信息和药物使用情况。

第二十一条 体育社会团体、运动员管理单位，应当按照兴奋剂检查规则的规定提供运动员名单和每名运动员的教练、所从事的运动项目以及运动成绩等相关信息，并为兴奋剂检查提供便利。

第二十二条 全国性体育社会团体应当对在本体育社会团体注册的成员的下列行为规定处理措施和处理程序：

（一）运动员使用兴奋剂的；

（二）运动员辅助人员、运动员管理单位向运动员提供兴奋剂的；

（三）运动员、运动员辅助人员、运动员管理单位拒绝、阻挠兴奋剂检查的。

前款所指的处理程序还应当规定当事人的抗辩权和申诉权。全国性体育社会团体应当将处理措施和处理程序报国务院体育主管部门备案。

第二十三条 运动员辅助人员应当教育、提示运动员不得使用兴奋剂，并向运动员提供有关反兴奋剂规则的咨询。

运动员辅助人员不得向运动员提供兴奋剂，不得组织、强迫、欺骗、教唆、协助运动员在体育运动中使用兴奋剂，不得阻挠兴奋剂检查，不得实施影响采样结果的行为。

运动员发现运动员辅助人员违反前款规定的，有权检举、控告。

第二十四条 运动员不得在体育运动中使用兴奋剂。

第二十五条 在体育社会团体注册的运动员、运动员辅助人员凭依法享有处方权的执业医师开具的处方，方可持有含有兴奋剂目录所列禁用物质的药品。

在体育社会团体注册的运动员接受医疗诊断时，应当按照兴奋剂检查规则的规定向医师说明其运动员身份。医师对其使用药品时，应当首先选择不含兴奋剂目录所列禁用物质的药品；确需使用含有这类禁用物质的药品的，应当告知其药品性质和使用后果。

第二十六条 在全国性体育社会团体注册的运动员，因医疗目的确需使用含有兴奋剂目录所列禁用物质的药品的，应当按照兴奋剂检查规则的规定申请核准后方可使用。

第二十七条 运动员应当接受兴奋剂检查，不得实施影响采样结果的行为。

第二十八条 在全国性体育社会团体注册的运动员离开运动员驻地的，应当按照兴奋剂检查规则的规定报告。

第二十九条 实施中等及中等以上教育的学校和其他教育机构应当加强反兴奋剂教育，提高学生的反兴奋剂意识，并采取措施防止在学校体育活动中使用兴奋剂；发现学生使用兴奋剂，应当予以制止。

体育专业教育应当包括反兴奋剂的教学内容。

第三十条 体育健身活动经营单位及其专业指导人员，不得向体育健身活动参加者提供含有禁用物质的药品、食品。

第四章 兴奋剂检查与检测

第三十一条 国务院体育主管部门应当制定兴奋剂检查规则和兴奋剂检查计划并组织实施。

第三十二条 国务院体育主管部门应当根据兴奋剂检查计划，决定对全国性体育竞赛的参赛运动员实施赛内兴奋剂检查；并可以决定对省级体育竞赛的参赛运动员实施赛内兴奋剂检查。

其他体育竞赛需要进行赛内兴奋剂检查的，由竞赛组织者决定。

第三十三条　国务院体育主管部门应当根据兴奋剂检查计划，决定对在全国性体育社会团体注册的运动员实施赛外兴奋剂检查。

第三十四条　兴奋剂检查工作人员（以下简称检查人员）应当按照兴奋剂检查规则实施兴奋剂检查。

第三十五条　实施兴奋剂检查，应当有2名以上检查人员参加。检查人员履行兴奋剂检查职责时，应当出示兴奋剂检查证件；向运动员采集受检样本时，还应当出示按照兴奋剂检查规则签发的一次性兴奋剂检查授权书。

检查人员履行兴奋剂检查职责时，有权进入体育训练场所、体育竞赛场所和运动员驻地。有关单位和人员应当对检查人员履行兴奋剂检查职责予以配合，不得拒绝、阻挠。

第三十六条　受检样本由国务院体育主管部门确定的符合兴奋剂检测条件的检测机构检测。

兴奋剂检测机构及其工作人员，应当按照兴奋剂检查规则规定的范围和标准对受检样本进行检测。

第五章　法律责任

第三十七条　体育主管部门和其他行政机关及其工作人员不履行职责，或者包庇、纵容非法使用、提供兴奋剂，或者有其他违反本条例行为的，对负有责任的主管人员和其他直接责任人员，依法给予行政处分；构成犯罪的，依法追究刑事责任。

第三十八条　违反本条例规定，有下列行为之一的，由县级以上人民政府负责药品监督管理的部门按照国务院药品监督管理部门规定的职责分工，没收非法生产、经营的蛋白同化制剂、肽类激素和违法所得，并处违法生产、经营药品货值金额2倍以上5倍以下的罚款；情节严重的，由发证机关吊销《药品生产许可证》、《药品经营许可证》；构成犯罪的，依法追究刑事责任：

（一）生产企业擅自生产蛋白同化制剂、肽类激素，或者未

按照本条例规定渠道供应蛋白同化制剂、肽类激素的;

（二）药品批发企业擅自经营蛋白同化制剂、肽类激素，或者未按照本条例规定渠道供应蛋白同化制剂、肽类激素的;

（三）药品零售企业擅自经营蛋白同化制剂、肽类激素的。

第三十九条 体育社会团体、运动员管理单位向运动员提供兴奋剂或者组织、强迫、欺骗运动员在体育运动中使用兴奋剂的，由国务院体育主管部门或者省、自治区、直辖市人民政府体育主管部门收缴非法持有的兴奋剂;负有责任的主管人员和其他直接责任人员4年内不得从事体育管理工作和运动员辅助工作;情节严重的，终身不得从事体育管理工作和运动员辅助工作;造成运动员人身损害的，依法承担民事赔偿责任;构成犯罪的，依法追究刑事责任。

体育社会团体、运动员管理单位未履行本条例规定的其他义务的，由国务院体育主管部门或者省、自治区、直辖市人民政府体育主管部门责令改正;造成严重后果的，负有责任的主管人员和其他直接责任人员2年内不得从事体育管理工作和运动员辅助工作。

第四十条 运动员辅助人员组织、强迫、欺骗、教唆运动员在体育运动中使用兴奋剂的，由国务院体育主管部门或者省、自治区、直辖市人民政府体育主管部门收缴非法持有的兴奋剂;4年内不得从事运动员辅助工作和体育管理工作;情节严重的，终身不得从事运动员辅助工作和体育管理工作;造成运动员人身损害的，依法承担民事赔偿责任;构成犯罪的，依法追究刑事责任。

运动员辅助人员向运动员提供兴奋剂，或者协助运动员在体育运动中使用兴奋剂，或者实施影响采样结果行为的，由国务院体育主管部门或者省、自治区、直辖市人民政府体育主管部门收缴非法持有的兴奋剂;2年内不得从事运动员辅助工作和体育管理工作;情节严重的，终身不得从事运动员辅助工作和体育管理工作;造成运动员人身损害的，依法承担民事赔偿责任;构成犯罪的，依法追究刑事责任。

第四十一条 运动员辅助人员非法持有兴奋剂的，由国务院体育主管部门或者省、自治区、直辖市人民政府体育主管部门收缴非法持有的兴奋剂；情节严重的，2年内不得从事运动员辅助工作。

第四十二条 体育社会团体、运动员管理单位违反本条例规定，负有责任的主管人员和其他直接责任人员属于国家工作人员的，还应当依法给予撤职、开除的行政处分。

运动员辅助人员违反本条例规定，属于国家工作人员的，还应当依法给予撤职、开除的行政处分。

第四十三条 按照本条例第三十九条、第四十条、第四十一条规定作出的处理决定应当公开，公众有权查阅。

第四十四条 医师未按照本条例的规定使用药品，或者未履行告知义务的，由县级以上人民政府卫生主管部门给予警告；造成严重后果的，责令暂停6个月以上1年以下执业活动。

第四十五条 体育健身活动经营单位向体育健身活动参加者提供含有禁用物质的药品、食品的，由负责药品监督管理的部门、食品安全监督管理部门依照药品管理法、《中华人民共和国食品安全法》和有关行政法规的规定予以处罚。

第四十六条 运动员违反本条例规定的，由有关体育社会团体、运动员管理单位、竞赛组织者作出取消参赛资格、取消比赛成绩或者禁赛的处理。

运动员因受到前款规定的处理不服的，可以向体育仲裁机构申请仲裁。

第六章 附　则

第四十七条 本条例自2004年3月1日起施行。

公安部
关于认定海洛因有关问题的批复
2002年6月28日　　　　　公禁毒〔2002〕236号

甘肃省公安厅：

你厅《关于海洛因认定问题的请示》（甘公禁〔2002〕27号）收悉。现批复如下：

一、海洛因是以"二乙酰吗啡"或"盐酸二乙酰吗啡"为主要成分的化学合成的精制鸦片类毒品，"单乙酰吗啡"和"单乙酰可待因"是只有在化学合成海洛因过程中才会衍生的化学物质，属于同一种类的精制鸦片类毒品。海洛因在运输、贮存过程中，因湿度、光照等因素的影响，会出现"二乙酰吗啡"自然降解为"单乙酰吗啡"的现象，即"二乙酰吗啡"含量呈下降趋势，"单乙酰吗啡"含量呈上升趋势，甚至出现只检出"单乙酰吗啡"成分而未检出"二乙酰吗啡"成分的检验结果。因此，不论是否检出"二乙酰吗啡"成分，只要检出"单乙酰吗啡"或"单乙酰吗啡和单乙酰可待因"的，根据化验部门出具的检验报告，均应当认定送检样品为海洛因。

二、根据海洛因的毒理作用，海洛因进入吸毒者的体内代谢后，很快由"二乙酰吗啡"转化为"单乙酰吗啡"，然后再代谢为吗啡。在海洛因滥用者或中毒者的尿液或其他检材检验中，只能检出少量"单乙酰吗啡"及吗啡成分，无法检出"二乙酰吗啡"成分。因此，在尿液及其他检材中，只要检验出"单乙酰吗啡"，即证明涉嫌人员服用了海洛因。

公安部
关于在成品药中非法添加阿普唑仑和曲马多进行销售能否认定为制造贩卖毒品有关问题的批复

2009 年 3 月 19 日　　　　　　公复字〔2009〕1 号

海南省公安厅：

你厅《关于在成品药中非法添加阿普唑仑和曲马多进行销售能否认定为毒品的请示》（琼公发〔2009〕2 号）收悉。经商最高人民检察院有关部门，现批复如下：

一、阿普唑仑和曲马多为国家管制的二类精神药品。根据《中华人民共和国刑法》第三百五十五条的规定，如果行为人具有生产、管理、使用阿普唑仑和曲马多的资质，却将其掺加在其他药品中，违反国家规定向吸食、注射毒品的人提供的，构成非法提供精神药品罪；向走私、贩卖毒品的犯罪分子或以牟利为目的向吸食、注射毒品的人提供的，构成走私、贩卖毒品罪。根据《中华人民共和国刑法》第三百四十七条的规定，如果行为人没有生产、管理、使用阿普唑仑和曲马多的资质，而将其掺加在其他药品中予以贩卖，构成贩卖、制造毒品罪。

二、在办案中应当注意区别为治疗、戒毒依法合理使用的行为与上述犯罪行为的界限。只有违反国家规定，明知是走私、贩卖毒品的人员而向其提供阿普唑仑和曲马多，或者明知是吸毒人员而向其贩卖或超出规定的次数、数量向其提供阿普唑仑和曲马多的，才可以认定为犯罪。

公安部
关于印发《涉毒人员毛发样本检测规范》的通知

2018年10月31日　　　　公禁毒〔2018〕938号

各省、自治区、直辖市公安厅、局，新疆生产建设兵团公安局：

为规范涉毒人员毛发样本的检测工作，全面推广毛发检毒技术的实战应用，提升公安机关排查管控吸毒人员的能力，公安部制定了《涉毒人员毛发样本检测规范》（以下简称《规范》）。请各地结合本地工作实际，准确理解和把握《规范》的主要内容和具体要求，及时组织开展《规范》的宣贯和培训工作，确保毛发样本提取、保存、送检和检测工作顺利有序开展。

各地在执行《规范》过程中遇到的问题，请及时报公安部禁毒局。

涉毒人员毛发样本检测规范

第一条 为规范涉毒人员毛发样本检测工作，充分发挥毛发样本检测在办理涉毒案件中的积极作用，根据《吸毒检测程序规定》，制定本规范。

第二条 本规范所称毛发样本检测，是指运用科学技术手段对涉嫌吸毒人员的毛发样本（头发）进行检测，为公安机关认定吸毒行为提供科学依据的活动。

第三条 提取毛发样本时，工作人员应当佩戴一次性手套，使用医用剪刀或者锯齿剪刀紧贴被提取人员头皮表面剪取头顶后部（如头顶后部无法提取到足够头发的，可选择离该部位最近的头部部位）长度为3厘米以内的头发；长于3厘米的头发，需从发根端截取3厘米。

第四条　提取的毛发样本应当分为A、B两份，每份样本重量不少于50毫克，用铝箔纸包裹，分别装入纸质信封后将信封封装。信封上应当填写样本编号、提取日期和提取人等信息，信封封口处由被提取人员按手印并签字确认。被提取人员拒绝按手印或签字的，提取人应当注明，并对提取的全部过程进行录像。

第五条　毛发提取工作人员应当制作毛发样本提取信息表，记载被提取人姓名、被提取人居民身份号码、提取毛发种类、提取地点、提取单位、提取人员、提取时间等信息。

第六条　提取不同人员毛发的，应当分别提取，独立包装，统一编号，并及时清理采样过程中提取器材上的残留物，确保样本不被交叉污染。

第七条　提取的毛发样本应当置于室温、避光、干燥、通风、洁净的环境中保存，不得和缴获的毒品在同一房间内保存。疑似有传染性疾病等危险性的样本应按相关规定保存。

第八条　对提取的毛发样本，应当按照有关规定及时进行现场检测或者实验室检测。

第九条　毛发样本中O^6-单乙酰吗啡、吗啡、甲基苯丙胺、苯丙胺、3,4-亚甲二氧基苯丙胺（MDA）、3,4-亚甲二氧基甲基苯丙胺（MDMA）、氯胺酮、去甲氯胺酮、甲卡西酮的检测含量阈值为0.2纳克/毫克；可卡因的检测含量阈值为0.5纳克/毫克；苯甲酰爱康宁和四氢大麻酚的检测含量阈值为0.05纳克/毫克。实际检测含量值在阈值以上的，认定检测结果为阳性。

第十条　发根端3厘米以内的头发样本检测结果为阳性的，表明被检测人员在毛发样本提取之日前6个月以内摄入过毒品。

第十一条　本规范所称"以上""以内"均包含本数。

第十二条　本规范自发布之日起施行。

国家禁毒委员会办公室
关于防范非药用类麻醉药品和精神药品及制毒物品违法犯罪的通告

(2019年8月1日)

为切实加强对非药用类麻醉药品和精神药品、制毒物品的管控,有效遏制此类违法犯罪活动,根据国家相关法律法规规定,现将有关事项通告如下:

一、根据《中华人民共和国刑法》第350条之规定,严禁任何组织和个人非法生产、买卖、运输醋酸酐、乙醚、三氯甲烷或者其他用于制造毒品的原料、配剂,或者携带上述物品进出境。严禁任何组织和个人明知他人制造毒品而为其生产、买卖、运输前款规定的物品。

二、根据《中华人民共和国刑法》相关规定,明知某种非列管物质将被用于非法制造非药用类麻醉药品或精神药品而仍然为其生产、销售、运输或进出口的,按照制造毒品犯罪共犯论处。

三、根据《中华人民共和国禁毒法》第21条、第22条之规定,严禁任何组织和个人非法生产、买卖、运输、储存、提供、持有、使用麻醉药品、精神药品和易制毒化学品。严禁任何组织和个人走私麻醉药品、精神药品和易制毒化学品。

四、根据《非药用类麻醉药品和精神药品列管办法》之规定,非药用类麻醉药品和精神药品除《非药用类麻醉药品和精神药品管制品种增补目录》中列明的品种外,还包括其可能存在的盐类、旋光异构体及其盐类。

五、根据《易制毒化学品管理条例》第5条之规定,严禁任何组织和个人走私或者非法生产、经营、购买、转让、运输易制毒化学品。严禁使用现金或者实物进行易制毒化学品交易。严禁个人携带易制毒化学品进出境，个人合理自用的药品类复方制剂和高锰酸钾除外。

六、根据《易制毒化学品进出口管理规定》第 47 条之规定，严禁任何组织和个人未经许可或超出许可范围进出口易制毒化学品，严禁个人携带易制毒化学品进出境，个人合理自用的药品类复方制剂和高锰酸钾除外。

七、邮政、物流、快递企业发现非法邮寄、运输、夹带疑似非药用类麻醉药品或精神药品、易制毒化学品等制毒原料或配剂的，应当立即向公安机关或者海关报告，并配合公安机关或者海关进行调查。邮政、物流、快递企业应当如实记录或者保存上述信息。

八、任何单位或者个人出租、转让其反应釜、离心机、氢气钢瓶等特种设备的，应当如实登记承租或者受让企业、个人信息，并及时将登记信息向所在地县（市、区）安全生产监管部门和公安机关报告。

九、明知某种非药用类麻醉药品和精神药品或制毒物品已在国外被列为毒品或易制毒化学品进行管制而仍然向该国生产、销售、走私的，将可能面临该国执法部门的刑事指控或制裁。

十、鼓励广大群众向公安等有关行政主管部门举报新精神活性物质等毒品或者制毒物品违法犯罪行为。对举报属实的，将按照有关规定予以现金奖励。相关部门将对举报信息严格保密，对举报人依法予以保护。

特此通告。

易制毒化学品管理条例

(2005年8月26日国务院令第445号公布 根据2014年7月29日《国务院关于修改部分行政法规的决定》第一次修订 根据2016年2月6日《国务院关于修改部分行政法规的决定》第二次修订 根据2018年9月18日《国务院关于修改部分行政法规的决定》第三次修订)

第一章 总 则

第一条 为了加强易制毒化学品管理,规范易制毒化学品的生产、经营、购买、运输和进口、出口行为,防止易制毒化学品被用于制造毒品,维护经济和社会秩序,制定本条例。

第二条 国家对易制毒化学品的生产、经营、购买、运输和进口、出口实行分类管理和许可制度。

易制毒化学品分为三类。第一类是可以用于制毒的主要原料,第二类、第三类是可以用于制毒的化学配剂。易制毒化学品的具体分类和品种,由本条例附表列示。

易制毒化学品的分类和品种需要调整的,由国务院公安部门会同国务院药品监督管理部门、安全生产监督管理部门、商务主管部门、卫生主管部门和海关总署提出方案,报国务院批准。

省、自治区、直辖市人民政府认为有必要在本行政区域内调整分类或者增加本条例规定以外的品种的,应当向国务院公安部门提出,由国务院公安部门会同国务院有关行政主管部门提出方案,报国务院批准。

第三条 国务院公安部门、药品监督管理部门、安全生产监督管理部门、商务主管部门、卫生主管部门、海关总署、价格主管部门、铁路主管部门、交通主管部门、市场监督管理部门、生态环境主管部门在各自的职责范围内,负责全国的易制毒化学品有关管理工作;县级以上地方各级人民政府有关行政主管部门在各自的职责范围内,负责本行政区域内的易制毒化学品有关管理工作。

县级以上地方各级人民政府应当加强对易制毒化学品管理工作的领导,及时协调解决易制毒化学品管理工作中的问题。

第四条 易制毒化学品的产品包装和使用说明书,应当标明产品的名称(含学名和通用名)、化学分子式和成分。

第五条 易制毒化学品的生产、经营、购买、运输和进口、出口,除应当遵守本条例的规定外,属于药品和危险化学品的,还应当遵守法律、其他行政法规对药品和危险化学品的有关规定。

禁止走私或者非法生产、经营、购买、转让、运输易制毒化学品。

禁止使用现金或者实物进行易制毒化学品交易。但是,个人合法购买第一类中的药品类易制毒化学品药品制剂和第三类易制毒化学品的除外。

生产、经营、购买、运输和进口、出口易制毒化学品的单位,应当建立单位内部易制毒化学品管理制度。

第六条 国家鼓励向公安机关等有关行政主管部门举报涉及易制毒化学品的违法行为。接到举报的部门应当为举报者保密。对举报属实的,县级以上人民政府及有关行政主管部门应当给予奖励。

第二章 生产、经营管理

第七条 申请生产第一类易制毒化学品,应当具备下列条件,并经本条例第八条规定的行政主管部门审批,取得生产许可证后,方可进行生产:

(一)属依法登记的化工产品生产企业或者药品生产企业;

《国家禁毒委员会办公室关于防范非药用类麻醉药品和精神药品及制毒物品违法犯罪的通告》相关规定
↑P253

（二）有符合国家标准的生产设备、仓储设施和污染物处理设施；

（三）有严格的安全生产管理制度和环境突发事件应急预案；

（四）企业法定代表人和技术、管理人员具有安全生产和易制毒化学品的有关知识，无毒品犯罪记录；

（五）法律、法规、规章规定的其他条件。

申请生产第一类中的药品类易制毒化学品，还应当在仓储场所等重点区域设置电视监控设施以及与公安机关联网的报警装置。

第八条 申请生产第一类中的药品类易制毒化学品的，由省、自治区、直辖市人民政府药品监督管理部门审批；申请生产第一类中的非药品类易制毒化学品的，由省、自治区、直辖市人民政府安全生产监督管理部门审批。

前款规定的行政主管部门应当自收到申请之日起60日内，对申请人提交的申请材料进行审查。对符合规定的，发给生产许可证，或者在企业已经取得的有关生产许可证件上标注；不予许可的，应当书面说明理由。

审查第一类易制毒化学品生产许可申请材料时，根据需要，可以进行实地核查和专家评审。

第九条 申请经营第一类易制毒化学品，应当具备下列条件，并经本条例第十条规定的行政主管部门审批，取得经营许可证后，方可进行经营：

（一）属依法登记的化工产品经营企业或者药品经营企业；

（二）有符合国家规定的经营场所，需要储存、保管易制毒化学品的，还应当有符合国家技术标准的仓储设施；

（三）有易制毒化学品的经营管理制度和健全的销售网络；

（四）企业法定代表人和销售、管理人员具有易制毒化学品的有关知识，无毒品犯罪记录；

（五）法律、法规、规章规定的其他条件。

第十条 申请经营第一类中的药品类易制毒化学品的，由省、自治区、直辖市人民政府药品监督管理部门审批；申请经营第一类中的非药品类易制毒化学品的，由省、自治区、直辖市人民政府安全生产监督管理部门审批。

前款规定的行政主管部门应当自收到申请之日起30日内，对申请人提交的申请材料进行审查。对符合规定的，发给经营许可证，或者在企业已经取得的有关经营许可证件上标注；不予许可的，应当书面说明理由。

审查第一类易制毒化学品经营许可申请材料时，根据需要，可以进行实地核查。

第十一条 取得第一类易制毒化学品生产许可或者依照本条例第十三条第一款规定已经履行第二类、第三类易制毒化学品备案手续的生产企业，可以经销自产的易制毒化学品。但是，在厂外设立销售网点经销第一类易制毒化学品的，应当依照本条例的规定取得经营许可。

第一类中的药品类易制毒化学品药品单方制剂，由麻醉药品定点经营企业经销，且不得零售。

第十二条 取得第一类易制毒化学品生产、经营许可的企业，应当凭生产、经营许可证到市场监督管理部门办理经营范围变更登记。未经变更登记，不得进行第一类易制毒化学品的生产、经营。

第一类易制毒化学品生产、经营许可证被依法吊销的，行政主管部门应当自作出吊销决定之日起5日内通知市场监督管理部门；被吊销许可证的企业，应当及时到市场监督管理部门办理经营范围变更或者企业注销登记。

第十三条 生产第二类、第三类易制毒化学品的，应当自生产之日起30日内，将生产的品种、数量等情况，向所在地的设区的市级人民政府安全生产监督管理部门备案。

经营第二类易制毒化学品的，应当自经营之日起30日内，将经营的品种、数量、主要流向等情况，向所在地的设区的市级人民政府安全生产监督管理部门备案；经营第三类易制毒化学品的，应当自经营之日起 30 日内，将经营的品种、数量、主要流向等情况，向所在地的县级人民政府安全生产监督管理部门备案。

前两款规定的行政主管部门应当于收到备案材料的当日发给备案证明。

第三章　购买管理

第十四条　申请购买第一类易制毒化学品，应当提交下列证件，经本条例第十五条规定的行政主管部门审批，取得购买许可证：

（一）经营企业提交企业营业执照和合法使用需要证明；

（二）其他组织提交登记证书（成立批准文件）和合法使用需要证明。

第十五条　申请购买第一类中的药品类易制毒化学品的，由所在地的省、自治区、直辖市人民政府药品监督管理部门审批；申请购买第一类中的非药品类易制毒化学品的，由所在地的省、自治区、直辖市人民政府公安机关审批。

前款规定的行政主管部门应当自收到申请之日起 10 日内，对申请人提交的申请材料和证件进行审查。对符合规定的，发给购买许可证；不予许可的，应当书面说明理由。

审查第一类易制毒化学品购买许可申请材料时，根据需要，可以进行实地核查。

第十六条　持有麻醉药品、第一类精神药品购买印鉴卡的医疗机构购买第一类中的药品类易制毒化学品的，无须申请第一类易制毒化学品购买许可证。

个人不得购买第一类、第二类易制毒化学品。

第十七条　购买第二类、第三类易制毒化学品的，应当在购买前将所需购买的品种、数量，向所在地的县级人民政府公安机关备案。个人自用购买少量高锰酸钾的，无须备案。

第十八条　经营单位销售第一类易制毒化学品时，应当查验购买许可证和经办人的身份证明。对委托代购的，还应当查验购买人持有的委托文书。

经营单位在查验无误、留存上述证明材料的复印件后，方可出售第一类易制毒化学品；发现可疑情况的，应当立即向当地公安机关报告。

第十九条 经营单位应当建立易制毒化学品销售台账，如实记录销售的品种、数量、日期、购买方等情况。销售台账和证明材料复印件应当保存2年备查。

第一类易制毒化学品的销售情况，应当自销售之日起5日内报当地公安机关备案；第一类易制毒化学品的使用单位，应当建立使用台账，并保存2年备查。

第二类、第三类易制毒化学品的销售情况，应当自销售之日起30日内报当地公安机关备案。

第四章 运输管理

第二十条 跨设区的市级行政区域（直辖市为跨市界）或者在国务院公安部门确定的禁毒形势严峻的重点地区跨县级行政区域运输第一类易制毒化学品的，由运出地的设区的市级人民政府公安机关审批；运输第二类易制毒化学品的，由运出地的县级人民政府公安机关审批。经审批取得易制毒化学品运输许可证后，方可运输。

运输第三类易制毒化学品的，应当在运输前向运出地的县级人民政府公安机关备案。公安机关应当于收到备案材料的当日发给备案证明。

第二十一条 申请易制毒化学品运输许可，应当提交易制毒化学品的购销合同，货主是企业的，应当提交营业执照；货主是其他组织的，应当提交登记证书（成立批准文件）；货主是个人的，应当提交其个人身份证明。经办人还应当提交本人的身份证明。

公安机关应当自收到第一类易制毒化学品运输许可申请之日

起 10 日内，收到第二类易制毒化学品运输许可申请之日起 3 日内，对申请人提交的申请材料进行审查。对符合规定的，发给运输许可证；不予许可的，应当书面说明理由。

审查第一类易制毒化学品运输许可申请材料时，根据需要，可以进行实地核查。

第二十二条 对许可运输第一类易制毒化学品的，发给一次有效的运输许可证。

对许可运输第二类易制毒化学品的，发给 3 个月有效的运输许可证；6 个月内运输安全状况良好的，发给 12 个月有效的运输许可证。

易制毒化学品运输许可证应当载明拟运输的易制毒化学品的品种、数量、运入地、货主及收货人、承运人情况以及运输许可证种类。

第二十三条 运输供教学、科研使用的 100 克以下的麻黄素样品和供医疗机构制剂配方使用的小包装麻黄素以及医疗机构或者麻醉药品经营企业购买麻黄素片剂 6 万片以下、注射剂 1.5 万支以下，货主或者承运人持有依法取得的购买许可证明或者麻醉药品调拨单的，无须申请易制毒化学品运输许可。

第二十四条 接受货主委托运输的，承运人应当查验货主提供的运输许可证或者备案证明，并查验所运货物与运输许可证或者备案证明载明的易制毒化学品品种等情况是否相符；不相符的，不得承运。

运输易制毒化学品，运输人员应当自启运起全程携带运输许可证或者备案证明。公安机关应当在易制毒化学品的运输过程中进行检查。

运输易制毒化学品，应当遵守国家有关货物运输的规定。

第二十五条 因治疗疾病需要，患者、患者近亲属或者患者委托的人凭医疗机构出具的医疗诊断书和本人的身份证明，可以随身携带第一类中的药品类易制毒化学品药品制剂，但是不得超过医用单张处方的最大剂量。

医用单张处方最大剂量,由国务院卫生主管部门规定、公布。

第五章 进口、出口管理

第二十六条 申请进口或者出口易制毒化学品,应当提交下列材料,经国务院商务主管部门或者其委托的省、自治区、直辖市人民政府商务主管部门审批,取得进口或者出口许可证后,方可从事进口、出口活动:

(一)对外贸易经营者备案登记证明复印件;

(二)营业执照副本;

(三)易制毒化学品生产、经营、购买许可证或者备案证明;

(四)进口或者出口合同(协议)副本;

(五)经办人的身份证明。

申请易制毒化学品出口许可的,还应当提交进口方政府主管部门出具的合法使用易制毒化学品的证明或者进口方合法使用的保证文件。

第二十七条 受理易制毒化学品进口、出口申请的商务主管部门应当自收到申请材料之日起20日内,对申请材料进行审查,必要时可以进行实地核查。对符合规定的,发给进口或者出口许可证;不予许可的,应当书面说明理由。

对进口第一类中的药品类易制毒化学品的,有关的商务主管部门在作出许可决定前,应当征得国务院药品监督管理部门的同意。

第二十八条 麻黄素等属于重点监控物品范围的易制毒化学品,由国务院商务主管部门会同国务院有关部门核定的企业进口、出口。

第二十九条 国家对易制毒化学品的进口、出口实行国际核查制度。易制毒化学品国际核查目录及核查的具体办法,由国务院商务主管部门会同国务院公安部门规定、公布。

国际核查所用时间不计算在许可期限之内。

对向毒品制造、贩运情形严重的国家或者地区出口易制毒化学品以及本条例规定品种以外的化学品的，可以在国际核查措施以外实施其他管制措施，具体办法由国务院商务主管部门会同国务院公安部门、海关总署等有关部门规定、公布。

第三十条 进口、出口或者过境、转运、通运易制毒化学品的，应当如实向海关申报，并提交进口或者出口许可证。海关凭许可证办理通关手续。

易制毒化学品在境外与保税区、出口加工区等海关特殊监管区域、保税场所之间进出的，适用前款规定。

易制毒化学品在境内与保税区、出口加工区等海关特殊监管区域、保税场所之间进出的，或者在上述海关特殊监管区域、保税场所之间进出的，无须申请易制毒化学品进口或者出口许可证。

进口第一类中的药品类易制毒化学品，还应当提交药品监督管理部门出具的进口药品通关单。

第三十一条 进出境人员随身携带第一类中的药品类易制毒化学品药品制剂和高锰酸钾，应当以自用且数量合理为限，并接受海关监管。

进出境人员不得随身携带前款规定以外的易制毒化学品。

第六章 监督检查

第三十二条 县级以上人民政府公安机关、负责药品监督管理的部门、安全生产监督管理部门、商务主管部门、卫生主管部门、价格主管部门、铁路主管部门、交通主管部门、市场监督管理部门、生态环境主管部门和海关，应当依照本条例和有关法律、行政法规的规定，在各自的职责范围内，加强对易制毒化学品生产、经营、购买、运输、价格以及进口、出口的监督检查；对非法生产、经营、购买、运输易制毒化学品，或者走私易制毒化学品的行为，依法予以查处。

前款规定的行政主管部门在进行易制毒化学品监督检查时，

可以依法查看现场、查阅和复制有关资料、记录有关情况、扣押相关的证据材料和违法物品；必要时，可以临时查封有关场所。

被检查的单位或者个人应当如实提供有关情况和材料、物品，不得拒绝或者隐匿。

第三十三条 对依法收缴、查获的易制毒化学品，应当在省、自治区、直辖市或者设区的市级人民政府公安机关、海关或者生态环境主管部门的监督下，区别易制毒化学品的不同情况进行保管、回收，或者依照环境保护法律、行政法规的有关规定，由有资质的单位在生态环境主管部门的监督下销毁。其中，对收缴、查获的第一类中的药品类易制毒化学品，一律销毁。

易制毒化学品违法单位或者个人无力提供保管、回收或者销毁费用的，保管、回收或者销毁的费用在回收所得中开支，或者在有关行政主管部门的禁毒经费中列支。

第三十四条 易制毒化学品丢失、被盗、被抢的，发案单位应当立即向当地公安机关报告，并同时报告当地的县级人民政府负责药品监督管理的部门、安全生产监督管理部门、商务主管部门或者卫生主管部门。接到报案的公安机关应当及时立案查处，并向上级公安机关报告；有关行政主管部门应当逐级上报并配合公安机关的查处。

第三十五条 有关行政主管部门应当将易制毒化学品许可以及依法吊销许可的情况通报有关公安机关和市场监督管理部门；市场监督管理部门应当将生产、经营易制毒化学品企业依法变更或者注销登记的情况通报有关公安机关和行政主管部门。

第三十六条 生产、经营、购买、运输或者进口、出口易制毒化学品的单位，应当于每年3月31日前向许可或者备案的行政主管部门和公安机关报告本单位上年度易制毒化学品的生产、经营、购买、运输或者进口、出口情况；有条件的生产、经营、购买、运输或者进口、出口单位，可以与有关行政主管部门建立计算机联网，及时通报有关经营情况。

第三十七条 县级以上人民政府有关行政主管部门应当加强

协调合作，建立易制毒化学品管理情况、监督检查情况以及案件处理情况的通报、交流机制。

第七章 法律责任

第三十八条 违反本条例规定，未经许可或者备案擅自生产、经营、购买、运输易制毒化学品，伪造申请材料骗取易制毒化学品生产、经营、购买或者运输许可证，使用他人的或者伪造、变造、失效的许可证生产、经营、购买、运输易制毒化学品的，由公安机关没收非法生产、经营、购买或者运输的易制毒化学品、用于非法生产易制毒化学品的原料以及非法生产、经营、购买或者运输易制毒化学品的设备、工具，处非法生产、经营、购买或者运输的易制毒化学品货值 10 倍以上 20 倍以下的罚款，货值的 20 倍不足 1 万元的，按 1 万元罚款；有违法所得的，没收违法所得；有营业执照的，由市场监督管理部门吊销营业执照；构成犯罪的，依法追究刑事责任。

对有前款规定违法行为的单位或者个人，有关行政主管部门可以自作出行政处罚决定之日起 3 年内，停止受理其易制毒化学品生产、经营、购买、运输或者进口、出口许可申请。

第三十九条 违反本条例规定，走私易制毒化学品的，由海关没收走私的易制毒化学品；有违法所得的，没收违法所得，并依照海关法律、行政法规给予行政处罚；构成犯罪的，依法追究刑事责任。

第四十条 违反本条例规定，有下列行为之一的，由负有监督管理职责的行政主管部门给予警告，责令限期改正，处 1 万元以上 5 万元以下的罚款；对违反规定生产、经营、购买的易制毒化学品可以予以没收；逾期不改正的，责令限期停产停业整顿；逾期整顿不合格的，吊销相应的许可证：

（一）易制毒化学品生产、经营、购买、运输或者进口、出口单位未按规定建立安全管理制度的；

（二）将许可证或者备案证明转借他人使用的；

（三）超出许可的品种、数量生产、经营、购买易制毒化学品的；

（四）生产、经营、购买单位不记录或者不如实记录交易情况、不按规定保存交易记录或者不如实、不及时向公安机关和有关行政主管部门备案销售情况的；

（五）易制毒化学品丢失、被盗、被抢后未及时报告，造成严重后果的；

（六）除个人合法购买第一类中的药品类易制毒化学品药品制剂以及第三类易制毒化学品外，使用现金或者实物进行易制毒化学品交易的；

（七）易制毒化学品的产品包装和使用说明书不符合本条例规定要求的；

（八）生产、经营易制毒化学品的单位不如实或者不按时向有关行政主管部门和公安机关报告年度生产、经销和库存等情况的。

企业的易制毒化学品生产经营许可被依法吊销后，未及时到市场监督管理部门办理经营范围变更或者企业注销登记的，依照前款规定，对易制毒化学品予以没收，并处罚款。

第四十一条 运输的易制毒化学品与易制毒化学品运输许可证或者备案证明载明的品种、数量、运入地、货主及收货人、承运人等情况不符，运输许可证种类不当，或者运输人员未全程携带运输许可证或者备案证明的，由公安机关责令停运整改，处5000元以上5万元以下的罚款；有危险物品运输资质的，运输主管部门可以依法吊销其运输资质。

个人携带易制毒化学品不符合品种、数量规定的，没收易制毒化学品，处1000元以上5000元以下的罚款。

第四十二条 生产、经营、购买、运输或者进口、出口易制毒化学品的单位或者个人拒不接受有关行政主管部门监督检查的，由负有监督管理职责的行政主管部门责令改正，对直接负责的主管人员以及其他直接责任人员给予警告；情节严重的，对单位处1万元以上5万元以下的罚款,对直接负责的主管人员以及其他直接责任人员处1000元以上5000元以下的罚款;有违反治安管理行为的,依法给予治安管理处罚;构成犯罪的,依法追究刑事责任。

第四十三条 易制毒化学品行政主管部门工作人员在管理工作中有应当许可而不许可、不应当许可而滥许可,不依法受理备案,以及其他滥用职权、玩忽职守、徇私舞弊行为的,依法给予行政处分;构成犯罪的,依法追究刑事责任。

第八章 附　则

第四十四条 易制毒化学品生产、经营、购买、运输和进口、出口许可证,由国务院有关行政主管部门根据各自的职责规定式样并监制。

第四十五条 本条例自2005年11月1日起施行。

本条例施行前已经从事易制毒化学品生产、经营、购买、运输或者进口、出口业务的,应当自本条例施行之日起6个月内,依照本条例的规定重新申请许可。

附表:

易制毒化学品的分类和品种目录[①]

第一类

1. 1-苯基-2-丙酮
2. 3,4-亚甲基二氧苯基-2-丙酮

3. 胡椒醛
4. 黄樟素
5. 黄樟油
6. 异黄樟素

---

① 2008年7月8日,公安部、商务部等公告将羟亚胺列入本目录第一类易制毒化学品。2014年5月12日,公安部、商务部等公告将1-苯基-2-溴-1-丙酮和3-氧-2-苯基丁腈增列为第一类易制毒化学品。2017年12月22日,公安部、商务部等公告将N-苯乙基-4-哌啶酮、4-苯胺基-N-苯乙基哌啶、N-甲基-1-苯基-1-氯-2-丙胺增列为第一类易制毒化学品,将溴素、1-苯基-1-丙酮增列为第二类易制毒化学品。

7. N-乙酰邻氨基苯酸

8. 邻氨基苯甲酸

9. 麦角酸*

10. 麦角胺*

11. 麦角新碱*

12. 麻黄素、伪麻黄素、消旋麻黄素、去甲麻黄素、甲基麻黄素、麻黄浸膏、麻黄浸膏粉等麻黄素类物质*

第二类

1. 苯乙酸

2. 醋酸酐

3. 三氯甲烷

4. 乙醚

5. 哌啶

第三类

1. 甲苯

2. 丙酮

3. 甲基乙基酮

4. 高锰酸钾

5. 硫酸

6. 盐酸

说明：

一、第一类、第二类所列物质可能存在的盐类，也纳入管制。

二、带有*标记的品种为第一类中的药品类易制毒化学品，第一类中的药品类易制毒化学品包括原料药及其单方制剂。

娱乐场所管理条例（节录）

(2006年1月29日国务院令第458号公布　根据2016年2月6日《国务院关于修改部分行政法规的决定》第一次修订　根据2020年11月29日《国务院关于修改和废止部分行政法规的决定》第二次修订)

第二条　本条例所称娱乐场所，是指以营利为目的，并向公众开放、消费者自娱自乐的歌舞、游艺等场所。

第五条　有下列情形之一的人员，不得开办娱乐场所或者在娱乐场所内从业：

（一）曾犯有组织、强迫、引诱、容留、介绍卖淫罪，制作、贩卖、传播淫秽物品罪，走私、贩卖、运输、制造毒品罪，强奸罪，强制猥亵、侮辱妇女罪，赌博罪，洗钱罪，组织、领导、参加黑社会性质组织罪的；

（二）因犯罪曾被剥夺政治权利的；

（三）因吸食、注射毒品曾被强制戒毒的；

（四）因卖淫、嫖娼曾被处以行政拘留的。

第十三条　国家倡导弘扬民族优秀文化，禁止娱乐场所内的娱乐活动含有下列内容：

（一）违反宪法确定的基本原则的；

（二）危害国家统一、主权或者领土完整的；

（三）危害国家安全，或者损害国家荣誉、利益的；

（四）煽动民族仇恨、民族歧视，伤害民族感情或者侵害民族风俗、习惯，破坏民族团结的；

（五）违反国家宗教政策，宣扬邪教、迷信的；

（六）宣扬淫秽、赌博、暴力以及与毒品有关的违法犯罪活动，或者教唆犯罪的；

（七）违背社会公德或者民族优秀文化传统的；

（八）侮辱、诽谤他人，侵害他人合法权益的；

（九）法律、行政法规禁止的其他内容。

第十四条　娱乐场所及其从业人员不得实施下列行为，不得为进入娱乐场所的人员实施下列行为提供条件：

（一）贩卖、提供毒品，或者组织、强迫、教唆、引诱、欺骗、容留他人吸食、注射毒品；

（二）组织、强迫、引诱、容留、介绍他人卖淫、嫖娼；

（三）制作、贩卖、传播淫秽物品；

（四）提供或者从事以营利为目的的陪侍；

（五）赌博；

（六）从事邪教、迷信活动；

（七）其他违法犯罪行为。

娱乐场所的从业人员不得吸食、注射毒品，不得卖淫、嫖娼；娱乐场所及其从业人员不得为进入娱乐场所的人员实施上述行为提供条件。

第三十条　娱乐场所应当在营业场所的大厅、包厢、包间内的显著位置悬挂含有禁毒、禁赌、禁止卖淫嫖娼等内容的警示标志、未成年人禁入或者限入标志。标志应当注明公安部门、文化主管部门的举报电话。

第四十三条　娱乐场所实施本条例第十四条禁止行为的，由县级公安部门没收违法所得和非法财物，责令停业整顿3个月至6个月；情节严重的，由原发证机关吊销娱乐经营许可证，对直接负责的主管人员和其他直接责任人员处1万元以上2万元以下的罚款。

第五十一条　娱乐场所未按照本条例规定悬挂警示标志、未成年人禁入或者限入标志的，由县级人民政府文化主管部门、县级公安部门依据法定职权责令改正，给予警告。

戒毒条例

(2011年6月26日国务院令第597号公布　根据2018年9月18日《国务院关于修改部分行政法规的决定》修订)

第一章　总　则

第一条　为了规范戒毒工作，帮助吸毒成瘾人员戒除毒瘾，维护社会秩序，根据《中华人民共和国禁毒法》，制定本条例。

第二条　县级以上人民政府应当建立政府统一领导，禁毒委员会组织、协调、指导，有关部门各负其责，社会力量广泛参与的戒毒工作体制。

戒毒工作坚持以人为本、科学戒毒、综合矫治、关怀救助的原则，采取自愿戒毒、社区戒毒、强制隔离戒毒、社区康复等多种措施，建立戒毒治疗、康复指导、救助服务兼备的工作体系。

第三条 县级以上人民政府应当按照国家有关规定将戒毒工作所需经费列入本级财政预算。

第四条 县级以上地方人民政府设立的禁毒委员会可以组织公安机关、卫生行政和负责药品监督管理的部门开展吸毒监测、调查，并向社会公开监测、调查结果。

县级以上地方人民政府公安机关负责对涉嫌吸毒人员进行检测，对吸毒人员进行登记并依法实行动态管控，依法责令社区戒毒、决定强制隔离戒毒、责令社区康复，管理公安机关的强制隔离戒毒场所、戒毒康复场所，对社区戒毒、社区康复工作提供指导和支持。

设区的市级以上地方人民政府司法行政部门负责管理司法行政部门的强制隔离戒毒场所、戒毒康复场所，对社区戒毒、社区康复工作提供指导和支持。

县级以上地方人民政府卫生行政部门负责戒毒医疗机构的监督管理，会同公安机关、司法行政等部门制定戒毒医疗机构设置规划，对戒毒医疗服务提供指导和支持。

县级以上地方人民政府民政、人力资源社会保障、教育等部门依据各自的职责，对社区戒毒、社区康复工作提供康复和职业技能培训等指导和支持。

第五条 乡（镇）人民政府、城市街道办事处负责社区戒毒、社区康复工作。

第六条 县级、设区的市级人民政府需要设置强制隔离戒毒场所、戒毒康复场所的，应当合理布局，报省、自治区、直辖市人民政府批准，并纳入当地国民经济和社会发展规划。

强制隔离戒毒场所、戒毒康复场所的建设标准，由国务院建设部门、发展改革部门会同国务院公安部门、司法行政部门制定。

第七条 戒毒人员在入学、就业、享受社会保障等方面不受歧视。

对戒毒人员戒毒的个人信息应当依法予以保密。对戒断3年未复吸的人员，不再实行动态管控。

第八条 国家鼓励、扶持社会组织、企业、事业单位和个人参与戒毒科研、戒毒社会服务和戒毒社会公益事业。

对在戒毒工作中有显著成绩和突出贡献的，按照国家有关规定给予表彰、奖励。

第二章 自愿戒毒

第九条 国家鼓励吸毒成瘾人员自行戒除毒瘾。吸毒人员可以自行到戒毒医疗机构接受戒毒治疗。对自愿接受戒毒治疗的吸毒人员，公安机关对其原吸毒行为不予处罚。

《禁毒法》相关规定
↑P40、45

第十条 戒毒医疗机构应当与自愿戒毒人员或者其监护人签订自愿戒毒协议，就戒毒方法、戒毒期限、戒毒的个人信息保密、戒毒人员应当遵守的规章制度、终止戒毒治疗的情形等作出约定，并应当载明戒毒疗效、戒毒治疗风险。

第十一条 戒毒医疗机构应当履行下列义务：

（一）对自愿戒毒人员开展艾滋病等传染病的预防、咨询教育；

（二）对自愿戒毒人员采取脱毒治疗、心理康复、行为矫治等多种治疗措施，并应当符合国务院卫生行政部门制定的戒毒治疗规范；

（三）采用科学、规范的诊疗技术和方法，使用的药物、医院制剂、医疗器械应当符合国家有关规定；

（四）依法加强药品管理，防止麻醉药品、精神药品流失滥用。

第十二条 符合参加戒毒药物维持治疗条件的戒毒人员，由本人申请，并经登记，可以参加戒毒药物维持治疗。登记参加戒毒药物维持治疗的戒毒人员的信息应当及时报公安机关备案。

戒毒药物维持治疗的管理办法，由国务院卫生行政部门会同国务院公安部门、药品监督管理部门制定。

第三章 社区戒毒

第十三条 对吸毒成瘾人员，县级、设区的市级人民政府公安机关可以责令其接受社区戒毒，并出具责令社区戒毒决定书，送达本人及其家属，通知本人户籍所在地或者现居住地乡（镇）人民政府、城市街道办事处。

第十四条 社区戒毒人员应当自收到责令社区戒毒决定书之日起15日内到社区戒毒执行地乡（镇）人民政府、城市街道办事处报到，无正当理由逾期不报到的，视为拒绝接受社区戒毒。

社区戒毒的期限为3年，自报到之日起计算。

第十五条 乡（镇）人民政府、城市街道办事处应当根据工作需要成立社区戒毒工作领导小组，配备社区戒毒专职工作人员，制定社区戒毒工作计划，落实社区戒毒措施。

第十六条 乡（镇）人民政府、城市街道办事处，应当在社区戒毒人员报到后及时与其签订社区戒毒协议，明确社区戒毒的具体措施、社区戒毒人员应当遵守的规定以及违反社区戒毒协议应承担的责任。

第十七条 社区戒毒专职工作人员、社区民警、社区医务人员、社区戒毒人员的家庭成员以及禁毒志愿者共同组成社区戒毒工作小组具体实施社区戒毒。

第十八条 乡（镇）人民政府、城市街道办事处和社区戒毒工作小组应当采取下列措施管理、帮助社区戒毒人员：

（一）戒毒知识辅导；

（二）教育、劝诫；

（三）职业技能培训，职业指导，就学、就业、就医援助；

（四）帮助戒毒人员戒除毒瘾的其他措施。

第十九条 社区戒毒人员应当遵守下列规定：

（一）履行社区戒毒协议；

（二）根据公安机关的要求，定期接受检测；

（三）离开社区戒毒执行地所在县（市、区）3日以上的，须书面报告。

第二十条 社区戒毒人员在社区戒毒期间，逃避或者拒绝接受检测3次以上，擅自离开社区戒毒执行地所在县（市、区）3次以上或者累计超过30日的，属于《中华人民共和国禁毒法》规定的"严重违反社区戒毒协议"。

第二十一条 社区戒毒人员拒绝接受社区戒毒，在社区戒毒期间又吸食、注射毒品，以及严重违反社区戒毒协议的，社区戒毒专职工作人员应当及时向当地公安机关报告。

第二十二条 社区戒毒人员的户籍所在地或者现居住地发生变化，需要变更社区戒毒执行地的，社区戒毒执行地乡（镇）人民政府、城市街道办事处应当将有关材料转送至变更后的乡（镇）人民政府、城市街道办事处。

社区戒毒人员应当自社区戒毒执行地变更之日起15日内前往变更后的乡（镇）人民政府、城市街道办事处报到，社区戒毒时间自报到之日起连续计算。

变更后的乡（镇）人民政府、城市街道办事处，应当按照本条例第十六条的规定，与社区戒毒人员签订新的社区戒毒协议，继续执行社区戒毒。

第二十三条 社区戒毒自期满之日起解除。社区戒毒执行地公安机关应当出具解除社区戒毒通知书送达社区戒毒人员本人及其家属，并在7日内通知社区戒毒执行地乡（镇）人民政府、城市街道办事处。

第二十四条 社区戒毒人员被依法收监执行刑罚、采取强制性教育措施的，社区戒毒终止。

社区戒毒人员被依法拘留、逮捕的，社区戒毒中止，由羁押场所给予必要的戒毒治疗，释放后继续接受社区戒毒。

《禁毒法》第三十八条
P41

第四章　强制隔离戒毒

第二十五条　吸毒成瘾人员有《中华人民共和国禁毒法》第三十八条第一款所列情形之一的，由县级、设区的市级人民政府公安机关作出强制隔离戒毒的决定。

对于吸毒成瘾严重，通过社区戒毒难以戒除毒瘾的人员，县级、设区的市级人民政府公安机关可以直接作出强制隔离戒毒的决定。

吸毒成瘾人员自愿接受强制隔离戒毒的，经强制隔离戒毒场所所在地县级、设区的市级人民政府公安机关同意，可以进入强制隔离戒毒场所戒毒。强制隔离戒毒场所应当与其就戒毒治疗期限、戒毒治疗措施等作出约定。

第二十六条　对依照《中华人民共和国禁毒法》第三十九条第一款规定不适用强制隔离戒毒的吸毒成瘾人员，县级、设区的市级人民政府公安机关应当作出社区戒毒的决定，依照本条例第三章的规定进行社区戒毒。

第二十七条　强制隔离戒毒的期限为2年，自作出强制隔离戒毒决定之日起计算。

被强制隔离戒毒的人员在公安机关的强制隔离戒毒场所执行强制隔离戒毒3个月至6个月后，转至司法行政部门的强制隔离戒毒场所继续执行强制隔离戒毒。

执行前款规定不具备条件的省、自治区、直辖市，由公安机关和司法行政部门共同提出意见报省、自治区、直辖市人民政府决定具体执行方案，但在公安机关的强制隔离戒毒场所执行强制隔离戒毒的时间不得超过12个月。

第二十八条　强制隔离戒毒场所对强制隔离戒毒人员的身体和携带物品进行检查时发现的毒品等违禁品，应当依法处理；对生活必需品以外的其他物品，由强制隔离戒毒场所代为保管。

女性强制隔离戒毒人员的身体检查，应当由女性工作人员进行。

第二十九条　强制隔离戒毒场所设立戒毒医疗机构应当经所

在地省、自治区、直辖市人民政府卫生行政部门批准。强制隔离戒毒场所应当配备设施设备及必要的管理人员，依法为强制隔离戒毒人员提供科学规范的戒毒治疗、心理治疗、身体康复训练和卫生、道德、法制教育，开展职业技能培训。

第三十条　强制隔离戒毒场所应当根据强制隔离戒毒人员的性别、年龄、患病等情况对强制隔离戒毒人员实行分别管理；对吸食不同种类毒品的，应当有针对性地采取必要的治疗措施；根据戒毒治疗的不同阶段和强制隔离戒毒人员的表现，实行逐步适应社会的分级管理。

《禁毒法》第四十四条 ↑$\mathcal{P}_{42}$

第三十一条　强制隔离戒毒人员患严重疾病，不出所治疗可能危及生命的，经强制隔离戒毒场所主管机关批准，并报强制隔离戒毒决定机关备案，强制隔离戒毒场所可以允许其所外就医。所外就医的费用由强制隔离戒毒人员本人承担。

所外就医期间，强制隔离戒毒期限连续计算。对于健康状况不再适宜回所执行强制隔离戒毒的，强制隔离戒毒场所应当向强制隔离戒毒决定机关提出变更为社区戒毒的建议，强制隔离戒毒决定机关应当自收到建议之日起7日内，作出是否批准的决定。经批准变更为社区戒毒的，已执行的强制隔离戒毒期限折抵社区戒毒期限。

第三十二条　强制隔离戒毒人员脱逃的，强制隔离戒毒场所应当立即通知所在地县级人民政府公安机关，并配合公安机关追回脱逃人员。被追回的强制隔离戒毒人员应当继续执行强制隔离戒毒，脱逃期间不计入强制隔离戒毒期限。被追回的强制隔离戒毒人员不得提前解除强制隔离戒毒。

第三十三条　对强制隔离戒毒场所依照《中华人民共和国禁毒法》第四十七条第二款、第三款规定提出的提前解除强制隔离戒毒、延长戒毒期限的意见，强制隔离戒毒决定机关应当自收到意见之日起7日内，作出是否批准的决定。对提前解除强制隔离戒毒或者延长强制隔离戒毒期限的，批准机关应当出具提前解除强制隔离戒毒决定书或者延长强制隔离戒毒期限决定书，送达被

《禁毒法》相关规定 ↑$\mathcal{P}_{43}$

决定人，并在送达后 24 小时以内通知被决定人的家属、所在单位以及其户籍所在地或者现居住地公安派出所。

第三十四条 解除强制隔离戒毒的，强制隔离戒毒场所应当在解除强制隔离戒毒 3 日前通知强制隔离戒毒决定机关，出具解除强制隔离戒毒证明书送达戒毒人员本人，并通知其家属、所在单位、其户籍所在地或者现居住地公安派出所将其领回。

第三十五条 强制隔离戒毒诊断评估办法由国务院公安部门、司法行政部门会同国务院卫生行政部门制定。

第三十六条 强制隔离戒毒人员被依法收监执行刑罚、采取强制性教育措施或者被依法拘留、逮捕的，由监管场所、羁押场所给予必要的戒毒治疗，强制隔离戒毒的时间连续计算；刑罚执行完毕时、解除强制性教育措施时或者释放时强制隔离戒毒尚未期满的，继续执行强制隔离戒毒。

第五章 社区康复

《禁毒法》相关规定
↑$\mathcal{P}_{43}$

第三十七条 对解除强制隔离戒毒的人员，强制隔离戒毒的决定机关可以责令其接受不超过 3 年的社区康复。

社区康复在当事人户籍所在地或者现居住地乡（镇）人民政府、城市街道办事处执行，经当事人同意，也可以在戒毒康复场所中执行。

第三十八条 被责令接受社区康复的人员，应当自收到责令社区康复决定书之日起 15 日内到户籍所在地或者现居住地乡（镇）人民政府、城市街道办事处报到，签订社区康复协议。

被责令接受社区康复的人员拒绝接受社区康复或者严重违反社区康复协议，并再次吸食、注射毒品被决定强制隔离戒毒的，强制隔离戒毒不得提前解除。

第三十九条 负责社区康复工作的人员应当为社区康复人员提供必要的心理治疗和辅导、职业技能培训、职业指导以及就学、就业、就医援助。

第四十条 社区康复自期满之日起解除。社区康复执行地公安机关出具解除社区康复通知书送达社区康复人员本人及其家属，并在7日内通知社区康复执行地乡（镇）人民政府、城市街道办事处。

第四十一条 自愿戒毒人员、社区戒毒、社区康复的人员可以自愿与戒毒康复场所签订协议，到戒毒康复场所戒毒康复、生活和劳动。

戒毒康复场所应当配备必要的管理人员和医务人员，为戒毒人员提供戒毒康复、职业技能培训和生产劳动条件。

第四十二条 戒毒康复场所应当加强管理，严禁毒品流入，并建立戒毒康复人员自我管理、自我教育、自我服务的机制。

戒毒康复场所组织戒毒人员参加生产劳动，应当参照国家劳动用工制度的规定支付劳动报酬。

第六章 法律责任

第四十三条 公安、司法行政、卫生行政等有关部门工作人员泄露戒毒人员个人信息的，依法给予处分；构成犯罪的，依法追究刑事责任。

第四十四条 乡（镇）人民政府、城市街道办事处负责社区戒毒、社区康复工作的人员有下列行为之一的，依法给予处分：

（一）未与社区戒毒、社区康复人员签订社区戒毒、社区康复协议，不落实社区戒毒、社区康复措施的；

（二）不履行本条例第二十一条规定的报告义务的；

（三）其他不履行社区戒毒、社区康复监督职责的行为。

第四十五条 强制隔离戒毒场所的工作人员有下列行为之一的，依法给予处分；构成犯罪的，依法追究刑事责任：

（一）侮辱、虐待、体罚强制隔离戒毒人员的；

（二）收受、索要财物的；

（三）擅自使用、损毁、处理没收或者代为保管的财物的；

（四）为强制隔离戒毒人员提供麻醉药品、精神药品或者违反规定传递其他物品的；

（五）在强制隔离戒毒诊断评估工作中弄虚作假的；

（六）私放强制隔离戒毒人员的；

（七）其他徇私舞弊、玩忽职守、不履行法定职责的行为。

第七章 附 则

第四十六条 本条例自公布之日起施行。1995年1月12日国务院发布的《强制戒毒办法》同时废止。

公安机关缴获毒品管理规定

（2016年5月19日公安部以公禁毒〔2016〕486号通知印发）

第一章 总 则

第一条 为进一步规范公安机关缴获毒品管理工作，保障毒品案件的顺利办理，根据有关法律、行政法规和规章，制定本规定。

第二条 公安机关（含铁路、交通、民航、森林公安机关和海关缉私机构、边防管理部门）对办理毒品刑事案件、行政案件过程中依法扣押、收缴的毒品进行保管、移交、入库、调用、出库、处理等工作，适用本规定。

第三条 各级公安机关应当高度重视毒品管理工作，建立健全毒品管理制度，强化监督，确保安全，严防流失，适时销毁。

第二章 毒品的保管

第四条 省级公安机关禁毒部门负责对缴获毒品实行集中统一保管。

办理毒品案件的公安派出所、出入境边防检查机关以及除省级公安机关禁毒部门外的县级以上公安机关办案部门（以下统称办案部门）负责临时保管缴获毒品。

经省级公安机关禁毒部门批准并报公安部禁毒局备案，设区的市一级公安机关禁毒部门可以对缴获毒品实行集中统一保管。

第五条 有条件的公安机关可以指定涉案财物管理部门负责临时保管缴获毒品。

经省级公安机关批准并报公安部禁毒局备案，设区的市一级公安机关涉案财物管理部门可以对缴获毒品实行集中统一保管。

第六条 公安机关鉴定机构负责临时保管鉴定剩余的毒品检材和留存备查的毒品检材。

对不再需要保留的毒品检材，公安机关鉴定机构应当及时交还委托鉴定的办案部门或者移交同级公安机关禁毒部门。

第七条 公安机关集中统一保管毒品的，应当划设独立的房间或者场地，设置长期固定的专用保管仓库；临时保管毒品的，应当设置保管仓库或者使用专用保管柜。

毒品保管仓库应当符合避光、防潮、通风和保密的要求，安装防盗安全门、防护栏、防火设施、通风设施、控温设施、视频监控系统和入侵报警系统。

毒品专用保管仓库不得存放其他物品。

第八条 办案部门应当指定不承担办案或者鉴定工作的民警负责本部门毒品的接收、保管、移交等管理工作。

毒品保管仓库和专用保险柜应当由专人负责看守。毒品保管实行双人双锁制度；毒品入库双人验收，出库双人复核，做到账物相符。

第九条 办案部门和负责毒品保管的涉案财物管理部门应当设立毒品保管账册并保存二十年备查。

有条件的省级公安机关，可以建立缴获毒品管理信息系统，对毒品进行实时、全程录入和管理，并与执法办案信息系统关联。

第十条 对易燃、易爆、具有毒害性以及对保管条件、保管场所有特殊要求的毒品,在处理前应当存放在符合条件的专门场所。公安机关没有具备保管条件的场所的,可以借用其他单位符合条件的场所进行保管。

对借用其他单位的场所保管的毒品,公安机关应当派专人看守或者进行定期检查。

第十一条 公安机关应当采取安全保障措施,防止保管的毒品发生泄漏、遗失、损毁或者受到污染等。

毒品保管人员应当定期检查毒品保管仓库和毒品保管柜并清点保管的毒品,及时发现和排除安全隐患。

第三章 毒品的移交、入库

第十二条 对办理毒品案件过程中发现的毒品,办案人员应当及时固定、提取,依法予以扣押、收缴。

办案人员应当在缴获毒品的现场对毒品及其包装物进行封装,并及时完成称量、取样、送检等工作;确因客观原因无法在现场实施封装的,应当经办案部门负责人批准。

第十三条 办案人员依法扣押、收缴毒品后,应当在二十四小时以内将毒品移交本部门的毒品保管人员,并办理移交手续。

异地办案或者在偏远、交通不便地区办案的,办案人员应当在返回办案单位后的二十四小时以内办理移交手续。

需要将毒品送至鉴定机构进行取样、鉴定的,经办案部门负责人批准,办案人员可以在送检完成后的二十四小时以内办理移交手续。

第十四条 除禁毒部门外的其他办案部门应当在扣押、收缴毒品之日起七日以内将毒品移交所在地的县级或者设区的市一级公安机关禁毒部门。

具有案情复杂、缴获毒品数量较大、异地办案等情形的,移交毒品的时间可以延长至二十日。

第十五条 刑事案件侦查终结、依法撤销或者对行政案件作出行政处罚决定、终止案件调查后,县级公安机关禁毒部门应当及时将临时保管的毒品移交上一级公安机关禁毒部门。

对因犯罪嫌疑人或者违法行为人无法确定、负案在逃等客观原因无法侦查终结或者无法作出行政处罚决定的案件,应当在立案或者受案后的一年以内移交。

第十六条 不起诉决定或者判决、裁定(含死刑复核判决、裁定)发生法律效力,或者行政处罚决定已过复议诉讼期限后,负责临时保管毒品的设区的市一级公安机关禁毒部门应当及时将临时保管的毒品移交省级公安机关禁毒部门集中统一保管。

第十七条 公安机关指定涉案财物管理部门负责保管毒品的,禁毒部门应当及时将本部门缴获的毒品和其他办案部门、鉴定机构移交的毒品移交同级涉案财物管理部门。

负责临时保管毒品的涉案财物管理部门应当依照本规定第十五条、第十六条的规定及时移交临时保管的毒品。

第十八条 毒品保管人员对本部门办案人员或者其他办案部门、鉴定机构移交的毒品,应当当场检查毒品及其包装物的封装是否完好以及封装袋上的标记、编号、签名等是否清晰、完整,并对照有关法律文书对移交的毒品逐一查验、核对。

对符合条件可以办理入库的毒品,毒品保管人员应当将入库毒品登记造册,详细登记移交毒品的种类、数量、封装情况、移交单位、移交人员、移交时间等情况,在《扣押清单》《证据保全清单》或者《收缴/追缴物品清单》上签字并留存一份备查。

对缺少法律文书、法律文书对必要事项记载不全、移交的毒品与法律文书记载不符或者移交的毒品未按规定封装的,毒品保管人员可以拒绝接收,并应当要求办案人员及时补齐相关法律文书、信息或者按规定封装后移交。

第四章 毒品的调用、出库

第十九条 因讯问、询问、鉴定、辨认、检验等办案工作需要,经本条第二款规定的负责人审批,办案人员可以调用毒品。

调用办案部门保管的毒品的,应当经办案部门负责人批准;

调用涉案财物管理部门保管的毒品的，应当经涉案财物管理部门所属公安机关的禁毒部门负责人批准；除禁毒部门外的其他办案部门调用禁毒部门保管的毒品的，应当经负责毒品保管的禁毒部门负责人批准。

人民法院、人民检察院在案件诉讼过程中需要调用毒品的，应当由办案部门依照前两款的规定办理调用手续。

第二十条 因开展禁毒宣传教育、缉毒犬训练、教学科研等工作需要调用集中统一保管的毒品的，应当经省级或者经授权的设区的市一级公安机关分管禁毒工作的负责人批准。

第二十一条 毒品保管人员应当对照批准文件核对调用出库的毒品，详细登记调用人、审批人、调用事由、调用期限、出库时间以及出库毒品的状态和数量等事项。

第二十二条 调用人应当按照批准的调用目的使用毒品，并采取措施妥善保管调用的毒品，防止流失或者出现缺损、调换、灭失等情况。

调用人应当在调用结束后的二十四小时以内将毒品归还毒品保管人员。

调用人归还毒品时，毒品保管人员应当对照批准文件进行核对，检查包装，复称重量；必要时，可以进行检验或者鉴定。经核对、检查无误，毒品保管人员应当重新办理毒品入库手续。

对出现缺损、调换、灭失等情况的，毒品保管人员应当如实记录，并报告调用人所属部门；毒品在调用过程中出现分解、潮解等情况的，调用人应当作出书面说明；因鉴定取样、实验研究等情况导致调用毒品发生合理损耗的，调用人应当提供相应的证明材料。

第二十三条 公安机关需要运输毒品的，应当由两名以上民警负责押运或者通过安全可靠的运输渠道进行运输。

负责押运的民警应当自启运起全程携带相关证明文件。

运输毒品过程中，公安机关应当采取安全保障措施，防止毒品发生泄漏、遗失、损毁或者受到污染等。

第五章 毒品的处理

第二十四条 缴获毒品不随案移送人民检察院、人民法院，但办案部门应当将其清单、照片或者其他证明文件随案移送。

对需要作为证据使用的毒品，不起诉决定或者判决、裁定（含死刑复核判决、裁定）发生法律效力，或者行政处罚决定已过复议诉讼期限后方可销毁。

第二十五条 对集中统一保管的毒品，除因办案、留样备查等工作需要少量留存外，省级公安机关或者经授权的市一级公安机关应当适时组织销毁。

其他任何部门或者个人不得以任何理由擅自处理毒品。

第二十六条 需要销毁毒品的，应当由负责毒品集中统一保管的禁毒部门提出销毁毒品的种类、数量和销毁的地点、时间、方式等，经省级公安机关负责人批准，方可销毁。

第二十七条 毒品保管人员应当对照批准文件核对出库销毁的毒品，并将毒品出库情况登记造册。

公安机关需要销毁毒品的，应当制定安全保卫方案和突发事件应急处理预案；必要时，可以邀请检察机关和环境保护主管部门派员监督；有条件的，可以委托具有危险废物无害化处理资质的单位进行销毁。

第二十八条 设区的市一级公安机关禁毒部门应当于每年12月31日前将本年度保管毒品的入库量、出库量、库存量、销毁量和缴获毒品管理工作情况报省级公安机关禁毒部门备案。

省级公安机关禁毒部门应当于每年1月31日前将上年度保管毒品的入库量、出库量、库存量、销毁量和本省（自治区、直辖市）缴获毒品管理工作情况报公安部禁毒局备案。

第六章 监 督

第二十九条 各级公安机关分管禁毒工作的负责人对毒品管理工作承担重要领导责任，各级公安机关禁毒部门和负责毒品保管的涉案财物管理部门的主要负责人对毒品管理工作承担主要领导责任。

第三十条 各级公安机关应当将毒品管理工作纳入执法监督和执法质量考评范围，定期或者不定期地组织有关部门对本机关和办案部门负责保管的毒品进行核查，防止流失、毁灭或者不按规定移交、调用、处理等；发现毒品管理不当的，应当责令立即改正。

第三十一条 未按本规定严格管理毒品，致使毒品流失、毁灭或者导致严重后果的，应当依照有关规定追究相关责任人和毒品管理人员的责任；涉嫌犯罪的，移送司法机关依法追究刑事责任。

第七章 附 则

第三十二条 本规定所称的公安机关禁毒部门，包括县级以上地方公安机关毒品犯罪侦查部门以及县级以上地方公安机关根据公安部有关规定确定的承担禁毒工作职责的业务部门。

本规定所称的毒品，包括毒品的成品、半成品、疑似物以及其他含有毒品成分的物质，但不包括含有毒品成分的人体生物样本。

第三十三条 本规定所称的"以上""以内"包括本数，"日"是指工作日。

第三十四条 各地公安机关可以根据本规定，结合本地和各警种实际情况，制定缴获毒品管理的具体办法，并报上一级公安机关备案。

第三十五条 公安机关从其他部门和个人接收毒品的管理，依照本规定执行。

第三十六条 本规定自 2016 年 7 月 1 日起施行。2001 年 8 月 23 日印发的《公安机关缴获毒品管理规定》（公禁毒〔2001〕218 号）同时废止。

易制毒化学品进出口管理规定

（2006年9月21日商务部令第7号公布 自公布之日起30日后施行 根据2015年10月28日《商务部关于修改部分规章和规范性文件的决定》修正）

第一章 总 则

第一条 为加强易制毒化学品进出口管理，防止其流入非法制毒渠道，根据《中华人民共和国对外贸易法》和《易制毒化学品管理条例》等法律、行政法规，制定本规定。

第二条 本规定所称的易制毒化学品系指《易制毒化学品管理条例》附表所列可用于制毒的主要原料及化学配剂，目录见本规定附件。

第三条 国家对易制毒化学品进出口实行许可证管理制度。以任何方式进出口易制毒化学品均需申领许可证。

第四条 商务部负责全国易制毒化学品的进出口管理工作。国务院其他部门在各自职责范围内负责有关管理工作。

各省、自治区、直辖市及计划单列市商务主管部门（以下统称省级商务主管部门）负责本地区易制毒化学品进出口管理工作。同时接受商务部委托负责本地区易制毒化学品进出口许可初审及部分易制毒化学品进出口许可工作。

县级以上商务主管部门负责本地区易制毒化学品进出口监督检查工作。

第五条 通过对外交流、交换、合作、赠送、援助、服务等形式进出口易制毒化学品的，应按照本规定申请进（出）口许可证。

第六条 易制毒化学品进出口经营者（以下简称经营者）以加工贸易方式进出口易制毒化学品或加工制成品、副产品为易制毒化学品需内销的，应首先按照本办法规定取得相应的进（出）口许可，并凭进（出）口许可证办理相关手续。

第七条 混合物中含有易制毒化学品的，经营者应折算易制毒化学品数量后按照本规定申请进（出）口许可，含易制毒化学品的复方药品制剂除外。

第八条 易制毒化学品样品的进出口应按照本规定申请进（出）口许可。

第九条 易制毒化学品的过境、转运、通运应当按照本规定申请进（出）口许可。

第十条 易制毒化学品在境外与保税区、出口加工区等海关特殊监管区域、保税场所之间进出的，应当按照本规定申请进（出）口许可证。

易制毒化学品在境内与保税区、出口加工区等海关特殊监管区域、保税场所之间进出的，或者在上述海关特殊监管区域、保税场所之间进出的，无须申请进（出）口许可证。

第十一条 经营者在进出口易制毒化学品时，应当如实向海关申报，提交进（出）口许可证，海关凭许可证办理通关验放手续。进口第一类中的药品类易制毒化学品，还应提交食品药品监督管理部门出具的进口药品通关单。

第十二条 进出境人员随身携带《易制毒化学品管理条例》第一类中的药品类易制毒化学品药品制剂和高锰酸钾的，应当以自用且数量合理为限，并接受海关监管。

进出境人员不得随身携带前款规定以外的易制毒化学品。

第十三条 国家对部分易制毒化学品的进出口实行国际核查制度。管理规定另行制定。

第十四条 麻黄素等属于重点监控范围的易制毒化学品，由商务部会同国务院有关部门核定的企业进口、出口。管理办法另行制定。

第二章 进出口许可申请和审查

第十五条 经营者申请进出口易制毒化学品，应通过商务部两用物项和技术进出口管理电子政务平台如实、准确、完整填写《易制毒化学品进（出）口申请表》，并提交电子数据。

第十六条 省级商务主管部门应自收到进出口申请电子数据之日起3日内进行审查，符合填报要求的，网上通知经营者报送书面材料；不符合填报要求的，网上说明理由并退回重新填报。

第十七条 经营者收到报送书面材料的通知后，应向省级商务主管部门提交下列书面材料：

（一）经签字并加盖公章的《易制毒化学品进（出）口申请表》原件；

（二）对外贸易经营者备案登记表复印件；

（三）营业执照副本复印件；

（四）易制毒化学品生产、经营、购买许可证或者备案证明；

（五）进口或者出口合同（协议）复印件；

（六）经办人的身份证明复印件。

申请易制毒化学品出口许可的，还应当提交进口方政府主管部门出具的合法使用易制毒化学品的证明复印件或进口方合法使用的保证文件原件。

对本条规定的材料复印件有疑问时，商务主管部门可要求经营者交验上述有关材料原件。

书面材料不齐全或不符合法定形式的，省级商务主管部门应在收到书面材料之日起5日内告知经营者需要补正的全部内容，逾期不告知的，自收到书面材料之日起即为受理。

第十八条 申请进出口目录第三类中无需国际核查的易制毒化学品的，省级商务主管部门应自收到齐备、合格的书面材料之日起5日内对经营者提交的书面材料和电子数据进行审查，并作出是否许可的决定。

许可的，省级商务主管部门应在上述期限内发放《两用物项和技术进（出）口批复单》，并将电子数据报商务部备案；不予许可的，省级商务主管部门书面通知经营者并说明理由。

第十九条 对于申请进出口目录第一、二类易制毒化学品和目录第三类中需国际核查的易制毒化学品的，省级商务主管部门应自收到齐备、合格的书面材料之日起 3 日内对申请进行初审。

初审合格后，对于申请进出口无需国际核查的目录第一、二类易制毒化学品的，省级商务主管部门将电子数据转报商务部审查；对于申请进出口需国际核查的易制毒化学品的，省级商务主管部门将书面材料和电子数据转报商务部审查。

第二十条 对于申请进出口目录第一、二类中无需国际核查的易制毒化学品的，商务部应自收到省级商务主管部门上报电子数据之日起 8 日内进行审查，作出是否许可的决定并通知省级商务主管部门。

商务部依据前款对进出口申请予以许可的，省级商务主管部门应在收到许可决定后 2 日内发放《两用物项和技术进（出）口批复单》；不予许可的，省级商务主管部门书面通知经营者并说明理由。

第二十一条 对于申请进口需国际核查的易制毒化学品的，商务部应自收到省级商务主管部门上报电子数据和书面材料之日起 8 日内进行审查，作出是否许可的决定并通知省级商务主管部门。

商务部依据前款对进口申请予以许可的，省级商务主管部门应在收到许可决定后 2 日内发放《两用物项和技术进口批复单》；不予许可的，省级商务主管部门书面通知经营者并说明理由。

应易制毒化学品出口国家或者地区政府主管部门提出的国际核查要求，商务部可会同公安部对经营者进口易制毒化学品的有关情况进行核查。

第二十二条 对于申请出口需国际核查的易制毒化学品的，商务部应自收到省级商务主管部门上报书面材料和电子数据之日起 5 日内进行审查，符合规定的，进行国际核查。

商务部应自收到国际核查结果之日起 3 日内作出是否许可的决定并通知省级商务主管部门。商务部予以许可的，省级商务主管部门应在收到许可决定后 2 日内发放《两用物项和技术出口批复单》；不予许可的，省级商务主管部门书面通知经营者并说明理由。

国际核查所用时间不计算在许可期限之内。

第二十三条　申请进口第一类中的药品类易制毒化学品的，商务部在作出许可决定之前，应当征得国务院食品药品监督管理部门的同意。

申请出口第一类中的药品类易制毒化学品，需要在取得出口许可证后办理购买许可证的，应当向省级食品药品监督管理部门申请购买许可证。

第二十四条　在易制毒化学品进出口许可审查过程中，商务主管部门可以对申请材料的实质内容进行实地核查。

第二十五条　经营者可通过商务部两用物项和技术进出口管理电子政务平台查询有关申请办理进程及结果。

第二十六条　经营者凭《两用物项和技术进（出）口批复单》依据《两用物项和技术进出口许可证管理办法》有关规定申领两用物项和技术进（出）口许可证。

第三章　外商投资企业进出口许可申请和审查

第二十七条　外商投资企业申请进出口易制毒化学品的，通过外商投资企业进出口管理网络系统申报，如实、准确、完整填写《外商投资企业易制毒化学品进（出）口申请表》，并提交电子数据；手工不经过网络系统申报的，省级商务主管部门须按规范录入上述系统。

第二十八条　省级商务主管部门应自收到进出口申请电子数据之日起 3 日内进行审查，符合填报要求的，网上通知外商投资企业报送书面材料；不符合填报要求的，网上说明理由并退回重新填报。

第二十九条 外商投资企业收到报送书面材料的通知后,应向省级商务主管部门提交下列书面材料:

(一)经签字并加盖公章的《外商投资企业易制毒化学品进(出)口申请表》原件;

(二)批准证书复印件;

(三)营业执照副本复印件;

(四)商务主管部门关于设立该企业的批文及企业合营合同或章程;

(五)易制毒化学品生产、经营、购买许可证或者备案证明;

(六)进口或者出口合同(协议)复印件;

(七)经办人的身份证明复印件。

申请易制毒化学品出口许可的,还应当提交进口方政府主管部门出具的合法使用易制毒化学品的证明或进口方合法使用的保证文件原件。

申请易制毒化学品进口许可的,还需提交申请进口易制毒化学品的报告,包括外商投资企业对监管手段的说明及不得用于制毒的保证函。

对本条规定的材料复印件有疑问时,商务主管部门可要求外商投资企业交验上述有关材料原件。

书面材料不齐全或不符合法定形式的,省级商务主管部门应在收到书面材料之日起5日内告知外商投资企业需要补正的全部内容,逾期不告知的,自收到书面材料之日起即为受理。

第三十条 申请进出口目录第三类中无需国际核查的易制毒化学品的,省级商务主管部门应自收到齐备、合格的书面材料之日起5日内对外商投资企业提交的书面材料和电子数据进行审查,并作出是否许可的决定。

许可的,省级商务主管部门应在上述期限内发放《外商投资企业易制毒化学品进(出)口批复单》,并将电子数据报商务部备案;不予许可的,省级商务主管部门书面通知外商投资企业并说明理由。

第三十一条　对于申请进出口目录第一、二类易制毒化学品和目录第三类中需国际核查的易制毒化学品的，省级商务主管部门应自收到齐备、合格的书面材料之日起 3 日内对申请进行初审。

初审合格后，对于申请进出口无需国际核查的目录第一、二类易制毒化学品的，省级商务主管部门将电子数据转报商务部审查；对于申请进出口需国际核查的易制毒化学品的，省级商务主管部门将书面材料和电子数据转报商务部审查。

第三十二条　对于申请进口目录第一、二类中无需国际核查的易制毒化学品的，商务部应自收到省级商务主管部门上报电子数据之日起 8 日内进行审查，作出是否许可的决定并通知省级商务主管部门。

商务部依据前款对进口申请予以许可的，省级商务主管部门应在收到许可决定后 2 日内发放《外商投资企业易制毒化学品进口批复单》；不予许可的，省级商务主管部门书面通知外商投资企业并说明理由。

第三十三条　对于申请出口第一、二类中无需国际核查的易制毒化学品的，商务部应自收到省级商务主管部门上报电子数据和书面材料之日起 10 日内进行审查，作出是否许可的决定并通知省级商务主管部门。许可的，商务部应在上述期限内发放《外商投资企业易制毒化学品出口批复单》，省级商务主管部门通知外商投资企业；不予许可的，省级商务主管部门书面通知外商投资企业并说明理由。

第三十四条　对于申请进口需国际核查的易制毒化学品的，商务部应自收到省级商务主管部门上报电子数据和书面材料之日起 8 日内进行审查，作出是否许可的决定并通知省级商务主管部门。

商务部依据前款对进口申请予以许可的，省级商务主管部门应在收到许可决定后 2 日内发放《外商投资企业易制毒化学品进口批复单》；不予许可的，省级商务主管部门书面通知外商投资企业并说明理由。

应易制毒化学品出口国家或者地区政府主管部门提出的国际核查要求，商务部可会同公安部对外商投资企业进口易制毒化学品的有关情况进行核查。

第三十五条 对于申请出口需国际核查的易制毒化学品的，商务部应自收到省级商务主管部门上报书面材料和电子数据之日起5日内进行审查，符合规定的，进行国际核查。

商务部应自收到国际核查结果之日起5日内作出是否许可的决定并通知省级商务主管部门。许可的，商务部应在上述期限内发放《外商投资企业易制毒化学品出口批复单》，省级商务主管部门通知外商投资企业；不予许可的，省级商务主管部门书面通知外商投资企业并说明理由。

国际核查所用时间不计算在许可期限之内。

第三十六条 外商投资企业申请进口第一类中的药品类易制毒化学品的，商务部在作出许可决定之前，应当征得国务院食品药品监督管理部门的同意。

外商投资企业申请出口第一类中的药品类易制毒化学品，需要在取得出口许可证后办理购买许可证的，应当向省级食品药品监督管理部门申请购买许可证。

第三十七条 在外商投资企业易制毒化学品进出口许可审查过程中，商务主管部门可以对申请材料的实质内容进行实地核查。

第三十八条 《外商投资企业易制毒化学品进（出）口批复单》须加盖商务主管部门公章。

第三十九条 外商投资企业可通过外商投资企业进出口管理网络系统查询有关申请办理进程及结果。

第四十条 外商投资企业凭《外商投资企业易制毒化学品进（出）口批复单》依据《两用物项和技术进出口许可证管理办法》有关规定申领两用物项和技术进（出）口许可证。

第四章　监督检查

第四十一条　县级以上商务主管部门应当按照本规定和其他有关法律、法规规定，严格履行对本地区易制毒化学品进出口的监督检查职责，依法查处违法行为。

第四十二条　县级以上商务主管部门对经营者进行监督检查时，可以依法查看现场、查阅和复制有关资料、记录有关情况、扣押相关的证据材料和物品；必要时，可以临时查封有关场所。

有关单位和个人应当及时如实提供有关情况和材料、物品，不得拒绝或隐匿。

第四十三条　易制毒化学品在进出口环节发生丢失、被盗、被抢案件，发案单位应当立即报告当地公安机关和当地商务主管部门。接到报案的商务主管部门应当逐级上报，并配合公安机关查处。

第四十四条　经营者应当建立健全易制毒化学品进出口内部管理制度，建立健全易制毒化学品进出口管理档案，至少留存两年备查，并指定专人负责易制毒化学品进出口相关工作。

第四十五条　经营者知道或者应当知道，或者得到商务主管部门通知，拟进出口的易制毒化学品可能流入非法渠道时，应及时终止合同执行，并将情况报告有关商务主管部门。

经营者违反本规定或当拟进出口易制毒化学品存在被用于制毒危险时，商务部或省级商务主管部门可对已经颁发的进（出）口许可证予以撤销。经营者应采措施停止相关交易。

第四十六条　经营者应当于每年3月31日前向省级商务主管部门和当地公安机关报告本单位上年度易制毒化学品进出口情况，药品类易制毒化学品进出口经营者还须向当地食品药品监督管理部门报告本单位上年度药品类易制毒化学品进出口情况。省级商务主管部门将本行政区域内的易制毒化学品进出口情况汇总后报商务部。

有条件的经营者，可以与商务主管部门建立计算机联网，及时通报有关进出口情况。

第五章　法律责任

> 《国家禁毒委员会办公室关于防范非药用类麻醉药品和精神药品及制毒物品违法犯罪的通告》
> ↑P253

第四十七条　未经许可或超出许可范围进出口易制毒化学品的，或者违反本规定第十二条的，由海关依照有关法律、行政法规的规定处理、处罚；构成犯罪的，依法追究刑事责任。

第四十八条　违反本规定，有下列行为之一的，商务部可给予警告、责令限期改正，并处1万元以上5万元以下罚款：

（一）经营者未按本规定建立健全内部管理制度；

（二）将进出口许可证转借他人使用的；

（三）易制毒化学品在进出口环节发生丢失、被盗、被抢后未及时报告，造成严重后果的。

第四十九条　违反本规定第四十五、四十六条规定的，商务部可给予警告、责令限期改正，并处3万元以下罚款。

第五十条　经营者或者个人拒不接受商务主管部门监督检查的，商务部可责令改正，对直接负责的主管人员以及其他直接责任人员给予警告；情节严重的，对单位处1万元以上5万元以下罚款，对直接负责的主管人员以及其他直接责任人员处1000元以上5000元以下罚款。

第五十一条　自相关行政处罚决定生效之日或者刑事处罚判决生效之日起，商务部可在三年内不受理违法行为人提出的易制毒化学品进出口许可申请，或者禁止违法行为人在一年以上三年以下的期限内从事有关的易制毒化学品进出口经营活动。

第五十二条　商务主管部门的工作人员在易制毒化学品进出口管理工作中有应当许可而不许可、不应许可而滥许可，以及其他滥用职权、玩忽职守、徇私舞弊行为的，依法给予行政处分；构成犯罪的，依法追究刑事责任。

第六章　附　则

第五十三条　《两用物项和技术进（出）口批复单》、《外商投资企业易制毒化学品进（出）口批复单》由商务部规定式样并监督印制。

第五十四条 《向特定国家（地区）出口易制毒化学品暂行管理规定》中与本办法规定不一致的，从其规定。

第五十五条 本规定自公布之日起30日后起施行。原《易制毒化学品进出口管理规定》（原外经贸部1999年第4号令）、《对外贸易经济合作部关于印发〈外商投资企业易制毒化学品进出口审批原则和审批程序〉的通知》[（1997）外经贸资三函字第197号] 同时废止。

附件：

易制毒化学品进出口管理目录

序号	商品名称	商品编码
第一类			
1.	麻黄碱（麻黄素，盐酸麻黄碱）*	2939410010
2.	硫酸麻黄碱*	2939410020
3.	消旋盐酸麻黄碱*	2939410030
4.	草酸麻黄碱*	2939410040
5.	伪麻黄碱（伪麻黄素，盐酸伪麻黄碱）*	2939420010
6.	硫酸伪麻黄碱*	2939420020
7.	盐酸甲基麻黄碱	2939490010
8.	消旋盐酸甲基麻黄碱*	2939490020
9.	去甲麻黄碱及其盐*	2939490030
10.	供制农药用麻黄浸膏粉*	1302199011
11.	供制农药用麻黄浸膏*	1302199012
12.	供制医药用麻黄浸膏粉*	1302199091

序号	商品名称	商品编码
13.	供制医药用麻黄浸膏*	1302199092
14.	其他麻黄浸膏粉*	1302199093
15.	其他麻黄浸膏*	1302199094
16.	药料用麻黄草粉*	1211903910
17.	香料用麻黄草粉*	1211905010
18.	其他用麻黄草粉*	1211909910
19.	麻黄碱盐类单方制剂［指盐酸（伪）麻黄碱片，盐酸麻黄碱注射剂，硫酸麻黄碱片］*	3004409010
20.	胡椒醛（洋茉莉醛、3，4—亚甲二氧基苯甲醛、天芥菜精）*	2932930000
21.	1—苯基—2—丙酮（苯丙酮）*	2914310000
22.	3，4—亚甲基二氧苯基—2—丙酮*	2932920000
23.	黄樟素（4—烯丙基—1，2—亚甲二氧基苯）*	2932940000
24.	异黄樟素（4—丙烯基—1，2—亚甲二氧基苯）*	2932910000
25.	黄樟油*	3301299010
26.	N—乙酰邻氨基苯酸（N—乙酰邻氨基苯甲酸，2—乙酰氨基苯甲酸）*	2924230010
27.	邻氨基苯甲酸（氯茴酸）*	2922431000
28.	麦角新碱*	2939610010
29.	麦角胺*	2939620010
30.	麦角酸*	2939630010
	第二类	
31.	苯乙酸*	2916340010
32.	醋酸酐（乙酸酐）*	2915240000
33.	三氯甲烷（氯仿）	2903130000

序号	商品名称	商品编码
34.	乙醚	2909110000
35.	哌啶（六氢哌啶）	2933321000
	第三类	
36.	甲苯	2902300000
37.	丙酮	2914110000
38.	甲基乙基酮（丁酮）	2914120000
39.	高锰酸钾*	2841610000
40.	硫酸	2807000010
41.	盐酸（氯化氢）	2806100000

注：带*号的为国际核查易制毒化学品。

戒毒药物维持治疗工作管理办法

（2014年12月31日国家卫生计生委、公安部、国家食品药品监管总局以国卫疾控发〔2014〕91号通知印发）

第一章 总 则

第一条 为减少因滥用阿片类物质造成的艾滋病等疾病传播和违法犯罪行为，巩固戒毒成效，规范戒毒药物维持治疗工作，根据《中华人民共和国禁毒法》、《中华人民共和国传染病防治法》、《中华人民共和国执业医师法》、《戒毒条例》、《艾滋病防治条例》、《医疗机构管理条例》和《麻醉药品和精神药品管理条例》等有关法律法规，制定本办法。

第二条 本办法所称戒毒药物维持治疗（以下简称维持治疗），是指在符合条件的医疗机构，选用适宜的药品对阿片类物质成瘾者进行长期维持治疗，以减轻他们对阿片类物质的依赖，促进身体康复的戒毒医疗活动。

本办法所称戒毒药物维持治疗机构（以下简称维持治疗机构），是指经省级卫生计生行政部门批准，从事戒毒药物维持治疗工作的医疗机构。

第三条 维持治疗工作是防治艾滋病与禁毒工作的重要组成部分，必须坚持公益性原则，不得以营利为目的。

维持治疗工作应当纳入各级人民政府防治艾滋病与禁毒工作规划，实行政府统一领导，有关部门各负其责，社会广泛参与的工作机制。

第四条 对在维持治疗工作中有显著成绩和作出突出贡献的单位与个人，按照国家有关规定给予表彰、奖励。

第二章 组织管理

第五条 国家卫生计生委会同公安部、国家食品药品监管总局组织协调、监测评估与监督管理全国的维持治疗工作。

国家卫生计生委根据全国艾滋病防治工作需要和各省级卫生计生行政部门上报的维持治疗工作计划，确定各省（区、市）工作任务。

第六条 省级卫生计生行政部门会同同级公安、食品药品监管等有关部门制订本辖区的维持治疗工作规划，开展组织协调、监测评估等工作。

省级卫生计生行政部门负责本辖区维持治疗工作的审批，组织维持治疗机构的专业人员培训，并对维持治疗工作进行监督管理与技术指导。

省级公安机关负责本辖区治疗人员信息的备案登记工作。

省级食品药品监管部门负责辖区内维持治疗药品配制单位的审核和确定，维持治疗药品配制、供应的监督管理工作，对治疗人员开展药物滥用监测工作。

第七条 县级、设区的市级卫生计生行政部门会同同级公安机关、食品药品监管部门建立联席会议机制,协商解决维持治疗工作中存在的问题。

县级、设区的市级卫生计生行政部门负责维持治疗机构内维持治疗药品使用和有关医疗活动的监督管理。

县级、设区的市级公安机关负责依法处理维持治疗工作中的违法犯罪行为。

县级、设区的市级食品药品监管部门负责对维持治疗药品配制、供应等进行日常监督检查。

第八条 维持治疗机构对符合条件的申请维持治疗人员按照规范提供治疗及综合干预服务,并按规定开展实验室检测、信息管理等工作。

维持治疗机构应当与社区戒毒和社区康复工作机构相互配合,对正在执行社区戒毒、社区康复的治疗人员,开展必要的社会心理干预等工作。

第三章 机构人员

第九条 省级卫生计生行政部门会同同级公安机关、食品药品监管部门,根据本辖区内现有阿片类物质成瘾者分布状况和需求,结合辖区内现有医疗卫生资源分布状况,规划维持治疗机构的数量和布局,并可以根据情况变化进行调整。

第十条 医疗机构拟开展维持治疗工作的,应当将书面申请材料提交执业登记机关,由其将书面材料报省级卫生计生行政部门批准。省级卫生计生行政部门应当根据本辖区的维持治疗工作规划、本办法及有关规定进行审查,自受理申请之日起 20 个工作日内,作出批准或者不予批准的决定,并书面告知申请人。批准前,应当征求同级公安机关及食品药品监管部门意见。

被批准开展维持治疗工作的医疗机构,应当在省级卫生计生行政部门批准后,及时向同级公安机关备案。省级卫生计生行政部门应当将有关信息通报同级公安机关、食品药品监管部门。省级卫生计生、公安、食品药品监管等部门应当分别报上一级行政部门备案。

第十一条 维持治疗机构的名称、场所、主要负责人等发生变化时,应当按照《医疗机构管理条例》及其实施细则等相关规定办理变更登记,并向省级卫生计生行政部门以及同级公安机关备案。

第十二条 申请开展维持治疗工作的机构应当具备以下条件:

(一)具有《医疗机构执业许可证》;

(二)取得麻醉药品和第一类精神药品购用印鉴卡(以下简称印鉴卡);

(三)具有与开展维持治疗工作相适应的执业医师、护士等专业技术人员和安保人员;

(四)符合维持治疗有关技术规范的相关规定。

具有戒毒医疗服务资质的医疗机构申请开展维持治疗工作的,应当按照本办法第十条的规定办理。

第十三条 从事维持治疗工作的医师应当符合以下条件:

(一)具有执业医师资格并经注册取得《医师执业证书》;

(二)按规定参加维持治疗相关培训;

(三)使用麻醉药品和第一类精神药品的医师应当取得麻醉药品和第一类精神药品处方权;

(四)省级卫生计生行政部门规定的其他条件。

第十四条 从事维持治疗工作的护士应当符合以下条件:

(一)具有护士执业资格并经注册取得《护士执业证书》;

(二)按规定参加维持治疗工作相关培训;

(三)省级卫生计生行政部门规定的其他条件。

第十五条 从事维持治疗工作的药师应当符合以下条件:

(一)具有药学初级以上专业技术资格;

（二）按规定参加维持治疗工作相关培训；

（三）省级卫生计生行政部门规定的其他条件。

第十六条 维持治疗机构根据实际情况，可以设立延伸服药点，并由省级卫生计生行政部门按照本办法第十二条第一款规定的条件进行审批。维持治疗机构负责延伸服药点的日常管理。

第十七条 维持治疗机构依法对治疗人员的相关信息予以保密。除法律法规规定的情况外，未经本人或者其监护人同意，维持治疗机构不得向任何单位和个人提供治疗人员的相关信息。

第四章 药品管理

第十八条 维持治疗使用的药品为盐酸美沙酮口服溶液（规格：1mg/ml，5000ml/瓶）。

配制盐酸美沙酮口服溶液的原料药实行计划供应，由维持治疗药品配制单位根据实际情况提出需用计划，经国家食品药品监管总局核准后执行。

第十九条 经确定的维持治疗药品配制单位应当按照国家药品标准配制盐酸美沙酮口服溶液，并配送至维持治疗机构。

第二十条 维持治疗机构应当凭印鉴卡从本省（区、市）确定的维持治疗药品配制单位购进盐酸美沙酮口服溶液。跨省购进的，需报相关省级食品药品监管部门备案。

维持治疗机构调配和拆零药品所使用的容器和工具应当定期消毒或者更换，防止污染药品。

第二十一条 维持治疗药品的运输、使用及储存管理等必须严格执行《中华人民共和国药品管理法》和《麻醉药品和精神药品管理条例》的相关规定。

第五章 维持治疗

第二十二条 年龄在18周岁以上、有完全民事行为能力的阿片类物质成瘾者，可以按照自愿的原则申请参加维持治疗。18

周岁以下的阿片类物质成瘾者，采取其他戒毒措施无效且经其监护人书面同意，可以申请参加维持治疗。

有治疗禁忌症的，暂不宜接受维持治疗。禁忌症治愈后，可以申请参加维持治疗。

第二十三条 申请参加维持治疗的人员应当向维持治疗机构提供以下资料：

（一）个人身份证复印件；

（二）吸毒经历书面材料；

（三）相关医学检查报告。

维持治疗机构接到申请人提交的合格资料后5个工作日内，书面告知申请人是否可以参加治疗，并将审核结果报维持治疗机构所在地公安机关备案。

第二十四条 申请参加治疗的人员应当承诺治疗期间严格遵守维持治疗机构的各项规章制度，接受维持治疗机构开展的传染病定期检查以及毒品检测，并签订自愿治疗协议书。

第二十五条 维持治疗机构应当为治疗人员建立病历档案，并按规定将治疗人员信息及时报维持治疗机构所在地公安机关登记备案。

第二十六条 符合维持治疗条件的社区戒毒、社区康复人员，经乡（镇）、街道社区戒毒、社区康复工作机构同意，可以向维持治疗机构申请参加维持治疗。

第二十七条 维持治疗机构除为治疗人员提供维持治疗外，还需开展以下工作：

（一）开展禁毒和防治艾滋病法律法规宣传；

（二）开展艾滋病、丙型肝炎、梅毒等传染病防治和禁毒知识宣传；

（三）提供心理咨询、心理康复及行为矫治等工作；

（四）开展艾滋病、丙型肝炎、梅毒和毒品检测；

（五）协助相关部门对艾滋病病毒抗体阳性治疗人员进行随

访、治疗和转介；

（六）协助食品药品监管部门开展治疗人员药物滥用的监测工作。

第二十八条 维持治疗机构应当与当地社区戒毒、社区康复工作机构及戒毒康复场所建立衔接机制，加强信息的沟通与交流。

社区戒毒、社区康复工作机构、强制隔离戒毒所和戒毒康复场所应当对正在执行戒毒治疗和康复措施的人员开展维持治疗相关政策和知识的宣传教育，对有意愿参加维持治疗的人员，应当帮助他们与维持治疗机构做好信息沟通。

第二十九条 维持治疗机构发现治疗人员脱失的，应当及时报告当地公安机关；发现正在执行社区戒毒、社区康复治疗人员脱失的，应当同时通报相关社区戒毒、社区康复工作机构。

第三十条 因户籍所在地或者现居住地发生变化，不能在原维持治疗机构接受治疗的，治疗人员应当及时向原维持治疗机构报告，由原维持治疗机构负责治疗人员的转介工作，以继续在异地接受维持治疗服务。

正在执行社区戒毒、社区康复措施的，应当会同社区戒毒、社会康复工作机构一并办理相关手续。

第三十一条 治疗人员在参加维持治疗期间出现违反治疗规定、复吸毒品、严重影响维持治疗机构正常工作秩序或者因违法犯罪行为被羁押而不能继续接受治疗等情形的，维持治疗机构应当终止其治疗，及时报告当地公安机关。

被终止治疗者申请再次参加维持治疗的，维持治疗机构应当进行严格审核，重新开展医学评估，并根据审核和评估结果确定是否接受申请人重新进入维持治疗。维持治疗机构应当将审核结果及时报所在地公安机关备案。

第六章 监督管理

第三十二条 国家卫生计生委、公安部和国家食品药品监管总局定期组织开展全国维持治疗工作的监督管理、督导和考核评估工作。

第三十三条 县级以上地方卫生计生行政部门监督检查的主要内容包括：

（一）维持治疗机构及其工作人员的资质情况；

（二）麻醉药品和第一类精神药品使用资质；

（三）维持治疗机构工作职责落实情况；

（四）维持治疗机构工作人员培训情况；

（五）维持治疗药品使用、存储、销毁和安全管理情况。

第三十四条 县级以上地方公安机关监督检查的主要内容包括：

（一）维持治疗机构治安秩序的维护情况；

（二）治疗人员信息登记备案情况；

（三）治疗人员违法犯罪行为的依法处理情况。

第三十五条 县级以上地方食品药品监管部门监督检查的主要内容包括：

（一）维持治疗药品的配制和质量控制情况；

（二）维持治疗药品的供应情况；

（三）维持治疗药品配制单位药品的安全管理情况。

第三十六条 维持治疗机构应当制订内部监督管理制度，并对工作人员履行职责的情况进行监督管理。

第三十七条 维持治疗机构及工作人员应当自觉接受社会和公民的监督。卫生计生行政部门应当会同公安机关及食品药品监管部门及时处理个人或者组织对违反本办法行为的举报。

第三十八条 开展维持治疗应当遵守国家有关法律法规和规章，执行维持治疗有关技术规范。维持治疗工作中违反本办法规定的，卫生计生行政部门、公安机关及食品药品监管部门将依照国家有关法律法规进行处理。

第七章　保障措施

第三十九条　维持治疗机构提供维持治疗服务的价格执行当地省级价格、卫生计生、人力资源社会保障等部门的有关规定。维持治疗机构按规定收取治疗人员的诊疗费用，可以用于维持治疗药品的配制、运输、配送和维持治疗机构的日常运转、人员培训、延伸服药点的管理等各项开支。

第四十条　符合规划设立的维持治疗机构所需设备购置等必要的工作经费纳入同级财政预算安排，中央财政给予适当补助。

第四十一条　维持治疗机构可以根据当地经济发展状况，为确需治疗且经济困难的治疗人员给予体检、维持治疗费用减免等关怀救助。

第四十二条　维持治疗机构应当对工作人员开展艾滋病等传染病的职业暴露防护培训，并采取有效防护措施。

维持治疗工作中发生艾滋病病毒职业暴露的，按照相关规定执行暴露后预防措施。

第八章　附　则

第四十三条　维持治疗需要使用其他药品时，由国家卫生计生委会同公安部和国家食品药品监管总局确定并公布。

第四十四条　县级以上地方卫生计生行政部门应当在本办法施行之日起6个月内，按照本办法规定对辖区内已经开展维持治疗工作的机构进行审核评估。符合规定的，由省级卫生计生行政部门批准其维持治疗机构资格，同时将情况通报同级公安机关。对不符合规定的，责令其限期整改，整改期满后予以复查。仍不合格的，撤销其开展维持治疗机构资格，并通报同级公安机关。

第四十五条　本办法仅适用于维持治疗工作，其他戒毒医疗服务适用《戒毒医疗服务管理暂行办法》（卫医政发〔2010〕2号）。

第四十六条 本办法自2015年2月1日起施行。《滥用阿片类物质成瘾者社区药物维持治疗工作方案》（卫疾控发〔2006〕256号）同时废止。

司法行政机关强制隔离戒毒工作规定

（2013年3月22日司法部部务会议审议通过
2013年4月3日司法部令第127号发布
自2013年6月1日起施行）

第一章 总 则

第一条 为了规范司法行政机关强制隔离戒毒工作，帮助吸毒成瘾人员戒除毒瘾，维护社会秩序，根据《中华人民共和国禁毒法》、《戒毒条例》等法律法规和相关规定，制定本规定。

第二条 司法行政机关强制隔离戒毒工作应当遵循以人为本、科学戒毒、综合矫治、关怀救助的原则，教育和挽救吸毒成瘾人员。

第三条 司法行政机关强制隔离戒毒所对经公安机关作出强制隔离戒毒决定，在公安机关强制隔离戒毒场所执行三个月至六个月后，或者依据省、自治区、直辖市具体执行方案送交的强制隔离戒毒人员（以下简称"戒毒人员"），依法执行强制隔离戒毒。

第四条 从事强制隔离戒毒工作的人民警察应当严格、公正、廉洁、文明执法，尊重戒毒人员人格，保障其合法权益。

第五条 司法行政机关强制隔离戒毒工作所需经费，按照国家规定的标准纳入当地政府财政预算。

第二章 场所设置

第六条 设置司法行政机关强制隔离戒毒所，应当符合司法部的规划，经省、自治区、直辖市司法厅（局）审核，由省级人民政府批准，并报司法部备案。

具备条件的地方，应当单独设置收治女性戒毒人员的强制隔离戒毒所和收治未成年戒毒人员的强制隔离戒毒所。

第七条 强制隔离戒毒所以其所在地地名加"强制隔离戒毒所"命名，同一地域有多个强制隔离戒毒所的，可以采取其他方式命名。

专门收治女性戒毒人员的强制隔离戒毒所名称，为地名后加"女子强制隔离戒毒所"；专门收治未成年人的强制隔离戒毒所名称，为地名后加"未成年人强制隔离戒毒所"。

第八条 强制隔离戒毒所设所长一人、政治委员一人、副所长若干人，设置职能机构和戒毒大队，根据收治规模配备从事管教、医疗和后勤保障的工作人员。

第九条 强制隔离戒毒所设置医疗机构，接受卫生行政部门对医疗工作的指导和监督。

第十条 强制隔离戒毒所工作人员享受国家规定的工资福利待遇及保险。

第三章 接 收

第十一条 强制隔离戒毒所根据县级以上人民政府公安机关强制隔离戒毒决定书接收戒毒人员。

第十二条 强制隔离戒毒所接收戒毒人员时，应当核对戒毒人员身份，进行必要的健康检查，填写强制隔离戒毒人员入所健康状况检查表。

戒毒人员身体有伤的，强制隔离戒毒所应当予以记录，由移送的公安机关工作人员和戒毒人员本人签字确认。

对女性戒毒人员应当进行妊娠检测。对怀孕或者正在哺乳自己不满一周岁婴儿的妇女，不予接收。

第十三条　强制隔离戒毒所应当对接收的戒毒人员的身体和携带物品进行检查，依法处理违禁品，对生活必需品以外的其他物品进行登记并由戒毒人员本人签字，由其指定的近亲属领回或者由强制隔离戒毒所代为保管。检查时应当有两名以上人民警察在场。

女性戒毒人员的身体检查，应当由女性人民警察进行。

第十四条　强制隔离戒毒所接收戒毒人员，应当填写强制隔离戒毒人员入所登记表，查收戒毒人员在公安机关强制隔离戒毒期间的相关材料。

第十五条　戒毒人员入所后，强制隔离戒毒所应当书面通知其家属，通知书应当自戒毒人员入所之日起五日内发出。

第四章　管　理

第十六条　强制隔离戒毒所应当根据性别、年龄、患病等情况，对戒毒人员实行分别管理；根据戒毒治疗情况，对戒毒人员实行分期管理；根据戒毒人员表现，实行逐步适应社会的分级管理。

第十七条　强制隔离戒毒所人民警察对戒毒人员实行直接管理，严禁由其他人员代行管理职权。

女性戒毒人员由女性人民警察直接管理。

第十八条　强制隔离戒毒所应当建立安全管理制度，进行安全检查，及时发现和消除安全隐患。

强制隔离戒毒所应当制定突发事件应急预案，并定期演练。

第十九条　强制隔离戒毒所应当安装监控、应急报警、门禁检查和违禁品检测等安全技防系统，按照规定保存监控录像和有关信息资料。

强制隔离戒毒所应当安排专门人民警察负责强制隔离戒毒所的安全警戒工作。

第二十条 对强制隔离戒毒所以外的人员交给戒毒人员的物品和邮件，强制隔离戒毒所应当进行检查，防止夹带毒品及其他违禁品。检查时，应当有两名以上人民警察在场。

检查邮件时，应当依法保护戒毒人员的通信自由和通信秘密。

第二十一条 经强制隔离戒毒所批准，戒毒人员可以使用指定的固定电话与其亲属、监护人或者所在单位、就读学校有关人员通话。

戒毒人员在所内不得持有、使用移动通讯设备。

第二十二条 戒毒人员的亲属和所在单位或者就读学校的工作人员，可以按照强制隔离戒毒所探访规定探访戒毒人员。

强制隔离戒毒所应当检查探访人员身份证件，对身份不明或者无法核实的不允许探访。

对正被采取保护性约束措施或者正处于单独管理期间的戒毒人员，不予安排探访。

第二十三条 探访应当在探访室进行。探访人员应当遵守探访规定；探访人员违反规定经劝阻无效的，可以终止其探访。

探访人员交给戒毒人员物品须经批准，并由人民警察当面检查；交给戒毒人员现金的，应当存入戒毒人员所内个人账户；发现探访人员利用探访传递毒品的，应当移交公安机关依法处理；发现探访人员利用探访传递其他违禁品的，应当依照有关规定处理。

第二十四条 戒毒人员因配偶、直系亲属病危、死亡或者家庭有其他重大变故，可以申请外出探视。申请外出探视须有医疗单位、戒毒人员户籍所在地或者现居住地公安派出所、原单位或者街道（乡、镇）的证明材料。

除前款规定外,强制隔离戒毒所可以批准戒治效果好的戒毒人员外出探视其配偶、直系亲属。

第二十五条 强制隔离戒毒所批准戒毒人员外出探视的,应当发给戒毒人员外出探视证明。戒毒人员外出探视及在途时间不得超过十日。对非因不可抗力逾期不归的戒毒人员,视作脱逃处理。

第二十六条 戒毒人员外出探视回所后,强制隔离戒毒所应当对其进行检测。发现重新吸毒的,不得报请提前解除强制隔离戒毒。

第二十七条 对有下列情形之一的戒毒人员,应当根据不同情节分别给予警告、训诫、责令具结悔过:

(一)违反戒毒人员行为规范、不遵守强制隔离戒毒所纪律,经教育不改正的;

(二)欺侮、殴打、虐待其他戒毒人员的;

(三)隐匿违禁品的;

(四)交流吸毒信息、传授犯罪方法的。

对戒毒人员处以警告、训诫和责令具结悔过,由戒毒大队决定并执行。

第二十八条 对有严重扰乱所内秩序、私藏或者吸食、注射毒品、预谋或者实施脱逃、行凶、自杀、自伤、自残等行为以及涉嫌犯罪应当移送司法机关处理的戒毒人员,强制隔离戒毒所应当对其实行单独管理。

单独管理应当经强制隔离戒毒所负责人批准。在紧急情况下,可以先行采取单独管理措施,并在二十四小时内补办审批手续。

对单独管理的戒毒人员,应当安排人民警察专门管理。一次单独管理的时间不得超过五日。单独管理不得连续使用。

第二十九条 对私藏或者吸食、注射毒品的戒毒人员,不得报请提前解除强制隔离戒毒,并应当在期满前诊断评估时,作为延长强制隔离戒毒期限的依据；涉嫌犯罪的，应当依法追究刑事责任。

第三十条 遇有戒毒人员脱逃、暴力袭击他人等危险行为，强制隔离戒毒所人民警察可以依法使用警械予以制止。警械使用情况，应当记录在案。

第三十一条 戒毒人员脱逃的，强制隔离戒毒所应当立即通知当地公安机关，并配合公安机关追回脱逃人员。被追回的戒毒人员应当继续执行强制隔离戒毒，脱逃期间不计入强制隔离戒毒期限。对被追回的戒毒人员不得报请提前解除强制隔离戒毒。

第三十二条 戒毒人员提出申诉、检举、揭发、控告的，强制隔离戒毒所应当及时依法处理；对强制隔离戒毒决定不服提起行政复议或者行政诉讼的，强制隔离戒毒所应当将有关材料登记后及时转送有关部门。

第三十三条 强制隔离戒毒所工作人员因工作失职致使毒品等违禁品进入强制隔离戒毒所，违反规定允许戒毒人员携带、使用或者为其传递毒品等违禁品的，应当依法给予处分；涉嫌犯罪的，应当依法追究刑事责任。

进入强制隔离戒毒所的其他人员为戒毒人员传递毒品的，应当移交司法机关依法处理。

第五章 治疗康复

第三十四条 强制隔离戒毒所应当根据戒毒人员吸食、注射毒品的种类、成瘾程度和戒断症状等进行有针对性的生理治疗、心理治疗和身体康复训练。

对公安机关强制隔离戒毒所移送的戒毒人员，应当做好戒毒治疗的衔接工作。

第三十五条 对戒毒人员进行戒毒治疗，应当采用科学、规范的诊疗技术和方法，使用符合国家有关规定的药物、医疗器械。戒毒治疗使用的麻醉药品和精神药品应当按照规定申请购买并严格管理，使用时须由具有麻醉药品、精神药品处方权的医师按照有关技术规范开具处方。

禁止以戒毒人员为对象进行戒毒药物试验。

第三十六条 强制隔离戒毒所应当定期对戒毒人员进行身体检查。对患有疾病的戒毒人员，应当及时治疗。对患有传染病的戒毒人员，应当按照国家有关规定采取必要的隔离治疗措施。

第三十七条 戒毒人员患有严重疾病，不出所治疗可能危及生命的，凭所内医疗机构或者二级以上医院出具的诊断证明，经强制隔离戒毒所所在省、自治区、直辖市司法行政机关戒毒管理部门批准，报强制隔离戒毒决定机关备案，强制隔离戒毒所可以允许其所外就医，并发给所外就医证明。

第三十八条 戒毒人员所外就医期间，强制隔离戒毒期限连续计算。对于健康状况不再适宜回所执行强制隔离戒毒的，强制隔离戒毒所应当向强制隔离戒毒决定机关提出变更为社区戒毒的建议，同时报强制隔离戒毒所所在省、自治区、直辖市司法行政机关戒毒管理部门备案。

第三十九条 强制隔离戒毒所应当建立戒毒人员心理健康档案，开展心理健康教育，提供心理咨询，对戒毒人员进行心理治疗；对心理状态严重异常或者有行凶、自伤、自残等危险倾向的戒毒人员应当实施心理危机干预。

第四十条 对可能发生自伤、自残等情形的戒毒人员使用保护性约束措施应当经强制隔离戒毒所负责人批准。采取保护性约束措施应当遵守有关医疗规范。

对被采取保护性约束措施的戒毒人员，人民警察和医护人员应当密切观察；可能发生自伤、自残等情形消除后，应当及时解除保护性约束措施。

第四十一条 强制隔离戒毒所可以与社会医疗机构开展医疗合作，提高戒毒治疗水平和医疗质量。

第四十二条 强制隔离戒毒所应当通过组织体育锻炼、娱乐活动、生活技能培训等方式对戒毒人员进行身体康复训练，帮助戒毒人员恢复身体机能、增强体能。

第四十三条 强制隔离戒毒所根据戒毒的需要，可以组织有劳动能力的戒毒人员参加必要的生产劳动。

组织戒毒人员参加生产劳动的，应当支付劳动报酬。戒毒人员劳动时间每周不超过五天，每天不超过六小时。法定节假日不得安排戒毒人员参加生产劳动。

第四十四条 强制隔离戒毒所应当建立安全生产管理制度，对参加生产劳动的戒毒人员进行安全生产教育，提供必要的劳动防护用品。生产劳动场地和劳动项目应当符合安全生产管理的有关规定，不得引进易燃、易爆等危险生产项目，不得组织戒毒人员从事有碍身体康复的劳动。

第六章 教 育

第四十五条 强制隔离戒毒所应当对新接收的戒毒人员进行时间不少于一个月的入所教育，教育内容包括强制隔离戒毒有关法律法规、所规所纪、戒毒人员权利义务等。

第四十六条 强制隔离戒毒所应当采取课堂教学的方式，对戒毒人员集中进行卫生、法制、道德和形势政策等教育。

第四十七条 强制隔离戒毒所应当对戒毒人员开展有针对性的个别教育。戒毒大队人民警察应当熟悉分管戒毒人员的基本情况，掌握思想动态，对分管的每名戒毒人员每月至少进行一次个别谈话。戒毒人员有严重思想、情绪波动的，应当及时进行谈话疏导。

第四十八条 强制隔离戒毒所应当开展戒毒文化建设，运用影视、广播、展览、文艺演出、图书、报刊、宣传栏和所内局域网等文化载体，活跃戒毒人员文化生活，丰富教育形式。

第四十九条 强制隔离戒毒所应当加强同当地有关部门和单位的联系，通过签订帮教协议、来所开展帮教等形式，做好戒毒人员的教育工作。

强制隔离戒毒所可以邀请有关专家、学者、社会工作者、志愿人员以及戒毒成功人员协助开展教育工作。对协助教育有显著成绩和突出贡献的,应当予以表彰、奖励。

第五十条 强制隔离戒毒所应当协调人力资源社会保障部门,对戒毒人员进行职业技能培训和职业技能鉴定;职业技能鉴定合格的,颁发相应的职业资格证书。

第五十一条 强制隔离戒毒所应当在戒毒人员出所前进行回归社会教育,教育时间不少于一周。

强制隔离戒毒所可以安排戒毒人员到戒毒康复场所及戒毒药物维持治疗场所参观、体验,开展戒毒康复、戒毒药物维持治疗相关知识的宣传教育,为解除强制隔离戒毒后自愿进入戒毒康复场所康复或者参加戒毒药物维持治疗的戒毒人员提供便利。

第七章 生活卫生

第五十二条 强制隔离戒毒所应当按规定设置戒毒人员生活设施。戒毒人员宿舍应当坚固安全、通风明亮,配备必要的生活用品。戒毒人员的生活环境应当绿化美化。

第五十三条 强制隔离戒毒所应当保持戒毒人员生活区整洁,定期组织戒毒人员理发、洗澡、晾晒被褥,保持其个人卫生。

强制隔离戒毒所应当统一戒毒人员的着装。

第五十四条 强制隔离戒毒所应当保证戒毒人员的伙食供应不低于规定标准。戒毒人员伙食经费不得挪作他用。戒毒人员食堂应当按月公布伙食账目。

对正在进行脱毒治疗和患病的戒毒人员在伙食上应当给予适当照顾。对少数民族戒毒人员,应当尊重其饮食习惯。

第五十五条 强制隔离戒毒所应当保证戒毒人员的饮食安全。食堂管理人员和炊事人员应当取得卫生行政主管部门颁发的健康证明，每半年进行一次健康检查，健康检查不合格的应当及时予以调整。

戒毒人员食堂实行四十八小时食品留样制度。

第五十六条 戒毒人员可以在所内商店购买日常用品。所内商店出售商品应当价格合理，明码标价，禁止出售过期、变质商品。

强制隔离戒毒所应当对所内商店采购的商品进行检查，防止违禁品流入。

第五十七条 强制隔离戒毒所应当做好疾病预防控制工作。发生传染病疫情，应当按规定及时报告主管机关和当地疾病预防控制部门，并采取相应的防治措施。

第八章 解 除

第五十八条 强制隔离戒毒所应当按照有关规定对戒毒人员进行诊断评估。对强制隔离戒毒期限届满且经诊断评估达到规定标准的戒毒人员，应当解除强制隔离戒毒。

经诊断评估，对符合规定条件的戒毒人员，强制隔离戒毒所可以提出提前解除强制隔离戒毒的意见或者延长强制隔离戒毒期限的意见，并按规定程序报强制隔离戒毒决定机关批准。强制隔离戒毒所收到强制隔离戒毒决定机关出具的提前解除强制隔离戒毒决定书或者延长强制隔离戒毒期限决定书的，应当及时送达戒毒人员。

第五十九条 强制隔离戒毒所应当在解除强制隔离戒毒三日前通知强制隔离戒毒决定机关，同时通知戒毒人员家属、所在单位、户籍所在地或者现居住地公安派出所将其按期领回。戒毒人员出所时无人领回，自行离所的，强制隔离戒毒所应当及时通知强制隔离戒毒决定机关。

对解除强制隔离戒毒的所外就医人员，强制隔离戒毒所应当及时通知其来所办理解除强制隔离戒毒手续。

第六十条 解除强制隔离戒毒的,强制隔离戒毒所应当向戒毒人员出具解除强制隔离戒毒证明书,同时发还代管财物。

第六十一条 戒毒人员被依法收监执行刑罚或者依法拘留、逮捕的,强制隔离戒毒所应当根据有关法律文书,与相关部门办理移交手续,并通知强制隔离戒毒决定机关;戒毒人员被依法释放时强制隔离戒毒尚未期满的,继续执行强制隔离戒毒。

第六十二条 戒毒人员在强制隔离戒毒所内死亡的,强制隔离戒毒所应当立即报告所属主管机关,通知其家属、强制隔离戒毒决定机关和当地人民检察院。戒毒人员家属对死亡原因有疑义的,可以委托有关部门作出鉴定。其他善后事宜依照国家有关规定处理。

第六十三条 强制隔离戒毒所应当妥善保管戒毒人员档案。档案内容包括:强制隔离戒毒决定书、强制隔离戒毒人员入所登记表、强制隔离戒毒人员入所健康状况检查表、财物保管登记表、病历、心理健康档案、诊断评估结果、提前解除强制隔离戒毒决定书或者延长强制隔离戒毒期限决定书、解除强制隔离戒毒证明书以及在强制隔离戒毒期间产生的重要文书、视听资料。

除法律明确规定外,强制隔离戒毒所不得对外提供戒毒人员档案信息。

第九章 附 则

第六十四条 吸毒成瘾人员自愿接受强制隔离戒毒的,应当凭强制隔离戒毒所所在地公安机关的书面同意意见,向强制隔离戒毒所提出申请。强制隔离戒毒所同意接收的,应当与其就戒毒治疗期限、戒毒治疗措施、权利义务等事项签订书面协议;协议未约定的,参照本规定有关规定执行。

第六十五条 本规定自 2013 年 6 月 1 日起施行。

公安机关强制隔离戒毒所管理办法

(2011年9月19日公安部部长办公会议通过
2011年9月28日公安部令第117号发布施行)

第一章 总 则

第一条 为加强和规范公安机关强制隔离戒毒所的管理，保障强制隔离戒毒工作顺利进行，根据《中华人民共和国禁毒法》、《国务院戒毒条例》以及相关规定，制定本办法。

第二条 强制隔离戒毒所是公安机关依法通过行政强制措施为戒毒人员提供科学规范的戒毒治疗、心理治疗、身体康复训练和卫生、道德、法制教育，开展职业技能培训的场所。

第三条 强制隔离戒毒所应当坚持戒毒治疗与教育康复相结合的方针，遵循依法、严格、科学、文明管理的原则，实现管理规范化、治疗医院化、康复多样化、帮教社会化、建设标准化。

第四条 强制隔离戒毒所应当建立警务公开制度，依法接受监督。

第二章 设 置

第五条 强制隔离戒毒所由县级以上地方人民政府设置。

强制隔离戒毒所由公安机关提出设置意见，经本级人民政府和省级人民政府公安机关分别审核同意后，报省级人民政府批准，并报公安部备案。

第六条 强制隔离戒毒所机构名称为××省（自治区、直辖市）、××市（县、区、旗）强制隔离戒毒所。

同级人民政府设置有司法行政部门管理的强制隔离戒毒所的，公安机关管理的强制隔离戒毒所名称为××省（自治区、直辖市）、××市（县、区、旗）第一强制隔离戒毒所。

第七条 强制隔离戒毒所建设，应当符合国家有关建设规范。建设方案，应当经省级人民政府公安机关批准。

第八条 强制隔离戒毒所设所长一人，副所长二至四人，必要时可设置政治委员或教导员。强制隔离戒毒所根据工作需要设置相应的机构，配备相应数量的管教、监控、巡视、医护、技术、财会等民警和工勤人员，落实岗位责任。

强制隔离戒毒所根据工作需要配备一定数量女民警。

公安机关可以聘用文职人员参与强制隔离戒毒所的戒毒治疗、劳动技能培训、法制教育等非执法工作，可以聘用工勤人员从事勤杂工作。

第九条 强制隔离戒毒所管理人员、医务人员享受国家规定的工资福利待遇和职业保险。

第十条 强制隔离戒毒所的基础建设经费、日常运行公用经费、办案（业务）经费、业务装备经费、戒毒人员监管给养经费，按照县级以上人民政府的财政预算予以保障。

各省、自治区、直辖市公安机关应当会同本地财政部门每年度对戒毒人员伙食费、医疗费等戒毒人员经费标准进行核算。

第十一条 强制隔离戒毒所应当建立并严格执行财物管理制度，接受有关部门的检查和审计。

第十二条 强制隔离戒毒所按照收戒规模设置相应的医疗机构，接受卫生行政部门对医疗工作的指导和监督。

强制隔离戒毒所按照卫生行政部门批准的医疗机构要求配备医务工作人员。

强制隔离戒毒所医务工作人员应当参加卫生行政部门组织的业务培训和职称评定考核。

第三章 入　所

第十三条　强制隔离戒毒所凭《强制隔离戒毒决定书》，接收戒毒人员。

第十四条　强制隔离戒毒所接收戒毒人员时，应当对戒毒人员进行必要的健康检查，确认是否受伤、患有传染病或者其他疾病，对女性戒毒人员还应当确认是否怀孕，并填写《戒毒人员健康检查表》。

办理入所手续后，强制隔离戒毒所民警应当向强制隔离戒毒决定机关出具收戒回执。

第十五条　对怀孕或者正在哺乳自己不满一周岁婴儿的妇女，强制隔离戒毒所应当通知强制隔离戒毒决定机关依法变更为社区戒毒。

戒毒人员不满十六周岁且强制隔离戒毒可能影响其学业的，强制隔离戒毒所可以建议强制隔离戒毒决定机关依法变更为社区戒毒。

对身体有外伤的，强制隔离戒毒所应当予以记录，由送戒人员出具伤情说明并由戒毒人员本人签字确认。

第十六条　强制隔离戒毒所办理戒毒人员入所手续，应当填写《戒毒人员入所登记表》，并在全国禁毒信息管理系统中录入相应信息，及时进行信息维护。

戒毒人员基本信息与《强制隔离戒毒决定书》相应信息不一致的，强制隔离戒毒所应当要求办案部门核查并出具相应说明。

第十七条　强制隔离戒毒所应当对戒毒人员人身和随身携带的物品进行检查。除生活必需品外，其他物品由强制隔离戒毒所代为保管，并填写《戒毒人员财物保管登记表》一式二份，强制隔离戒毒所和戒毒人员各存一份。经戒毒人员签字同意，强制隔离戒毒所可以将代为保管物品移交戒毒人员近亲属保管。

对检查时发现的毒品以及其他依法应当没收的违禁品，强制隔离戒毒所应当逐件登记，并依照有关规定处理。与案件有关的物品应当移交强制隔离戒毒决定机关处理。

对女性戒毒人员的人身检查，应当由女性工作人员进行。

第十八条 强制隔离戒毒所应当配合办案部门查清戒毒人员真实情况，对新入所戒毒人员信息应当与在逃人员、违法犯罪人员等信息系统进行比对，发现戒毒人员有其他违法犯罪行为或者为在逃人员的，按照相关规定移交有关部门处理。

第四章 管 理

第十九条 强制隔离戒毒所应当根据戒毒人员性别、年龄、患病、吸毒种类等情况设置不同病区，分别收戒管理。

强制隔离戒毒所根据戒毒治疗的不同阶段和戒毒人员表现，实行逐步适应社会的分级管理。

第二十条 强制隔离戒毒所应当建立新入所戒毒人员管理制度，对新入所戒毒人员实行不少于十五天的过渡管理和教育。

第二十一条 强制隔离戒毒所应当在戒毒人员入所二十四小时内进行谈话教育，书面告知其应当遵守的管理规定和依法享有的权利及行使权利的途径，掌握其基本情况，疏导心理，引导其适应新环境。

第二十二条 戒毒人员提出检举、揭发、控告，以及提起行政复议或者行政诉讼的，强制隔离戒毒所应当登记后及时将有关材料转送有关部门。

第二十三条 强制隔离戒毒所应当保障戒毒人员通信自由和通信秘密。对强制隔离戒毒所以外的人员交给戒毒人员的物品和邮件，强制隔离戒毒所应当进行检查。检查时，应当有两名以上工作人员同时在场。

经强制隔离戒毒所批准，戒毒人员可以用指定的固定电话与其亲友、监护人或者所在单位、就读学校通话。

第二十四条 强制隔离戒毒所建立探访制度，允许戒毒人员亲属、所在单位或者就读学校的工作人员探访。

探访人员应当接受强制隔离戒毒所身份证件检查，遵守探访规定。对违反规定的探访人员，强制隔离戒毒所可以提出警告或者责令其停止探访。

第二十五条 戒毒人员具有以下情形之一的，强制隔离戒毒所可以批准其请假出所：

（一）配偶、直系亲属病危或者有其他正当理由需离所探视的；

（二）配偶、直系亲属死亡需要处理相应事务的；

（三）办理婚姻登记等必须由本人实施的民事法律行为的。

戒毒人员应当提出请假出所的书面申请并提供相关证明材料，经强制隔离戒毒所所长批准，并报主管公安机关备案后，发给戒毒人员请假出所证明。

请假出所时间最长不得超过十天，离所和回所当日均计算在内。对请假出所不归的，视作脱逃行为处理。

第二十六条 律师会见戒毒人员应当持律师执业证、律师事务所介绍信和委托书，在强制隔离戒毒所内指定地点进行。

第二十七条 强制隔离戒毒所应当制定并严格执行戒毒人员伙食标准，保证戒毒人员饮食卫生、吃熟、吃热、吃够定量。

对少数民族戒毒人员，应当尊重其饮食习俗。

第二十八条 强制隔离戒毒所应当建立戒毒人员代购物品管理制度，代购物品仅限日常生活用品和食品。

第二十九条 强制隔离戒毒所应当建立戒毒人员一日生活制度。

强制隔离戒毒所应当督促戒毒人员遵守戒毒人员行为规范，并根据其现实表现分别予以奖励或者处罚。

第三十条 强制隔离戒毒所应当建立出入所登记制度。

戒毒区实行封闭管理，非本所工作人员出入应经所领导批准。

第三十一条　强制隔离戒毒所应当统一戒毒人员的着装、被服，衣被上应当设置本所标志。

第三十二条　强制隔离戒毒所应当安装监控录像、应急报警、病室报告装置、门禁检查和违禁物品检测等技防系统。监控录像保存时间不得少于十五天。

第三十三条　强制隔离戒毒所应当定期或者不定期进行安全检查，及时发现和消除安全隐患。

第三十四条　强制隔离戒毒所应当建立突发事件处置预案，并定期进行演练。

遇有戒毒人员脱逃、暴力袭击他人的，强制隔离戒毒所可以依法使用警械予以制止。

第三十五条　强制隔离戒毒所应当建立二十四小时值班巡视制度。

值班人员必须坚守岗位，履行职责，加强巡查，不得擅离职守，不得从事有碍值班的活动。

值班人员发现问题，应当果断采取有效措施，及时处置，并按规定向上级报告。

第三十六条　对有下列情形之一的戒毒人员，应当根据不同情节分别给予警告、训诫、责令具结悔过或者禁闭；构成犯罪的，依法追究刑事责任：

（一）违反戒毒人员行为规范、不遵守强制隔离戒毒所纪律，经教育不改正的；

（二）私藏或者吸食、注射毒品，隐匿违禁物品的；

（三）欺侮、殴打、虐待其他戒毒人员，占用他人财物等侵犯他人权利的；

（四）交流吸毒信息、传授犯罪方法或者教唆他人违法犯罪的；

（五）预谋或者实施自杀、脱逃、行凶的。

对戒毒人员处以警告、训诫和责令具结悔过，由管教民警决定并执行；处以禁闭，由管教民警提出意见，报强制隔离戒毒所所长批准。

对情节恶劣的，在诊断评估时应当作为建议延长其强制隔离戒毒期限的重要情节；构成犯罪的，交由侦查部门侦查，被决定刑事拘留或者逮捕的转看守所羁押。

第三十七条 强制隔离戒毒所发生戒毒人员脱逃的，应当立即报告主管公安机关，并配合追回脱逃人员。被追回的戒毒人员应当继续执行强制隔离戒毒，脱逃期间不计入强制隔离戒毒期限。被追回的戒毒人员不得提前解除强制隔离戒毒，诊断评估时可以作为建议延长其强制隔离戒毒期限的情节。

第三十八条 戒毒人员在强制隔离戒毒期间死亡的，强制隔离戒毒所应当立即向主管公安机关报告，同时通报强制隔离戒毒决定机关，通知其家属和同级人民检察院。主管公安机关应当组织相关部门对死亡原因进行调查。查清死亡原因后，尽快通知死者家属。

其他善后事宜依照国家有关规定处理。

第三十九条 强制隔离戒毒所应当建立询问登记制度，配合办案部门的询问工作。

第四十条 办案人员询问戒毒人员，应当持单位介绍信及有效工作证件，办理登记手续，在询问室进行。

因办案需要，经强制隔离戒毒所主管公安机关负责人批准，办案部门办理交接手续后可以将戒毒人员带离出所，出所期间的安全由办案部门负责。戒毒人员被带离出所以及送回所时，强制隔离戒毒所应对其进行体表检查，做好书面记录，由强制隔离戒毒所民警、办案人员和戒毒人员签字确认。

第五章 医 疗

第四十一条 强制隔离戒毒所戒毒治疗和护理操作规程按照国家有关规定进行。

第四十二条 强制隔离戒毒所根据戒毒人员吸食、注射毒品的种类和成瘾程度等，进行有针对性的生理治疗、心理治疗和身体康复训练，并建立个人病历。

第四十三条 强制隔离戒毒所实行医护人员二十四小时值班和定时查房制度，医护人员应当随时掌握分管戒毒人员的治疗和身体康复情况，并给予及时的治疗和看护。

第四十四条 强制隔离戒毒所对患有传染病的戒毒人员，按照国家有关规定采取必要的隔离、治疗措施。

第四十五条 强制隔离戒毒所对毒瘾发作或者出现精神障碍可能发生自伤、自残或者实施其他危险行为的戒毒人员，可以按照卫生行政部门制定的医疗规范采取保护性约束措施。

对被采取保护性约束措施的戒毒人员，民警和医护人员应当密切观察，可能发生自伤、自残或者实施其他危险行为的情形解除后及时解除保护性约束措施。

第四十六条 戒毒人员患严重疾病，不出所治疗可能危及生命的，经强制隔离戒毒所主管公安机关批准，报强制隔离戒毒决定机关备案，强制隔离戒毒所可以允许其所外就医，并发给所外就医证明。所外就医的费用由戒毒人员本人承担。

所外就医期间，强制隔离戒毒期限连续计算。对于健康状况不再适宜回所执行强制隔离戒毒的，强制隔离戒毒所应当向强制隔离戒毒决定机关提出变更为社区戒毒的建议，强制隔离戒毒决定机关应当自收到建议之日起七日内，作出是否批准的决定。经批准变更为社区戒毒的，已执行的强制隔离戒毒期限折抵社区戒毒期限。

第四十七条 强制隔离戒毒所使用麻醉药品和精神药品，应当按照规定向有关部门申请购买。需要对戒毒人员使用麻醉药品和精神药品的，由具有麻醉药品、精神药品处方权的执业医师按照有关技术规范开具处方，医护人员应当监督戒毒人员当面服药。

强制隔离戒毒所应当按照有关规定严格管理麻醉药品和精神药品，严禁违规使用，防止流入非法渠道。

第四十八条 强制隔离戒毒所应当建立卫生防疫制度，设置供戒毒人员沐浴、理发和洗晒被服的设施。对戒毒病区应当定期消毒，防止传染疫情发生。

第四十九条 强制隔离戒毒所可以与社会医疗机构开展多种形式的医疗合作，保证医疗质量。

第六章 教 育

第五十条 强制隔离戒毒所应当设立教室、心理咨询室、谈话教育室、娱乐活动室、技能培训室等教育、康复活动的功能用房。

第五十一条 强制隔离戒毒所应当建立民警与戒毒人员定期谈话制度。管教民警应当熟悉分管戒毒人员的基本情况，包括戒毒人员自然情况、社会关系、吸毒经历、思想动态和现实表现等。

第五十二条 强制隔离戒毒所应当对戒毒人员经常开展法制、禁毒宣传、艾滋病性病预防宣传等主题教育活动。

第五十三条 强制隔离戒毒所对戒毒人员的教育，可以采取集中授课、个别谈话、社会帮教、亲友规劝、现身说法等多种形式进行。强制隔离戒毒所可以邀请有关专家、学者、社会工作者以及戒毒成功人员协助开展教育工作。

第五十四条 强制隔离戒毒所应当制定奖励制度，鼓励、引导戒毒人员坦白、检举违法犯罪行为。

强制隔离戒毒所应当及时将戒毒人员提供的违法犯罪线索转递给侦查办案部门。办案部门应当及时进行查证并反馈查证情况。

强制隔离戒毒所应当对查证属实、有立功表现的戒毒人员予以奖励，并作为诊断评估的重要依据。

第五十五条　强制隔离戒毒所可以动员、劝导戒毒人员戒毒期满出所后进入戒毒康复场所康复，并提供便利条件。

第五十六条　强制隔离戒毒所应当积极联系劳动保障、教育等有关部门，向戒毒人员提供职业技术、文化教育培训。

第七章　康　复

第五十七条　强制隔离戒毒所应当组织戒毒人员开展文体活动，进行体能训练。一般情况下，每天进行不少于二小时的室外活动。

第五十八条　强制隔离戒毒所应当采取多种形式对戒毒人员进行心理康复训练。

第五十九条　强制隔离戒毒所可以根据戒毒需要和戒毒人员的身体状况组织戒毒人员参加康复劳动，康复劳动时间每天最长不得超过六小时。

强制隔离戒毒所不得强迫戒毒人员参加劳动。

第六十条　强制隔离戒毒所康复劳动场所和康复劳动项目应当符合国家相关规定，不得开展有碍于安全管理和戒毒人员身体康复的项目。

第六十一条　强制隔离戒毒所应当对戒毒人员康复劳动收入和支出建立专门账目，严格遵守财务制度，专款专用。戒毒人员康复劳动收入使用范围如下：

（一）支付戒毒人员劳动报酬；

（二）改善戒毒人员伙食及生活条件；

（三）购置劳保用品；

（四）其他必要开支。

第八章　出　所

第六十二条　对需要转至司法行政部门强制隔离戒毒所继续执行强制隔离戒毒的人员，公安机关应当与司法行政部门办理移交手续。

第六十三条 对外地戒毒人员，如其户籍地强制隔离戒毒所同意接收，强制隔离戒毒决定机关可以变更执行场所，将戒毒人员交付其户籍地强制隔离戒毒所执行并办理移交手续。

第六十四条 强制隔离戒毒所应当建立戒毒诊断评估工作小组，按照有关规定对戒毒人员的戒毒康复、现实表现、适应社会能力等情况作出综合评估。对转至司法行政部门继续执行的，强制隔离戒毒所应当将戒毒人员戒毒康复、日常行为考核等情况一并移交司法行政部门强制隔离戒毒所，并通报强制隔离戒毒决定机关。

第六十五条 戒毒人员被依法收监执行刑罚、采取强制性教育措施或者被依法拘留、逮捕的，强制隔离戒毒所应当根据有关法律文书，与相关部门办理移交手续，并通知强制隔离戒毒决定机关。监管场所、羁押场所应当给予必要的戒毒治疗。

刑罚执行完毕时、解除强制性教育措施时或者释放时强制隔离戒毒尚未期满的，继续执行强制隔离戒毒。

第六十六条 强制隔离戒毒所应当将戒毒人员以下信息录入全国禁毒信息管理系统，进行相应的信息维护：

（一）强制隔离戒毒期满出所的；
（二）转至司法行政部门强制隔离戒毒所继续执行的；
（三）转至司法行政部门强制隔离戒毒所不被接收的；
（四）所外就医的；
（五）变更为社区戒毒的；
（六）脱逃或者请假出所不归的；
（七）脱逃被追回后在其他强制隔离戒毒所执行的。

第六十七条 强制隔离戒毒所应当建立并妥善保管戒毒人员档案。档案内容包括：强制隔离戒毒决定书副本、行政复议或者诉讼结果文书、戒毒人员登记表、健康检查表、财物保管登记表、病历、奖惩情况记录、办案机关或者律师询问记录、诊断评估结果、探访与请假出所记录、出所凭证等在强制隔离戒毒期间产生的有关文书及图片。

戒毒人员死亡的，强制隔离戒毒所应当将《戒毒人员死亡鉴定书》和《戒毒人员死亡通知书》归入其档案。

除法律明确规定外，强制隔离戒毒所不得对外提供戒毒人员档案。

第九章 附 则

第六十八条 对被处以行政拘留的吸毒成瘾人员，本级公安机关没有设立拘留所或者拘留所不具备戒毒治疗条件的，强制隔离戒毒所可以代为执行。

第六十九条 有条件的强制隔离戒毒所可以接收自愿戒毒人员。但应当建立专门的自愿戒毒区，并按照卫生行政部门关于自愿戒毒的规定管理自愿戒毒人员。

对自愿接受强制隔离戒毒的吸毒成瘾人员，强制隔离戒毒所应当与其就戒毒治疗期限、戒毒治疗措施等签订书面协议。

第七十条 强制隔离戒毒所实行等级化管理，具体办法由公安部另行制定。

第七十一条 本办法所称以上，均包括本数、本级。

第七十二条 强制隔离戒毒所的文书格式，由公安部统一制定。

第七十三条 本办法自公布之日起施行，公安部2000年4月17日发布施行的《强制戒毒所管理办法》同时废止。

吸毒成瘾认定办法

(2011年1月30日公安部令第115号发布
根据2016年12月29日公安部、国家卫生和计划生育委员会令第142号《关于修改〈吸毒成瘾认定办法〉的决定》修订)

第一条 为规范吸毒成瘾认定工作,科学认定吸毒成瘾人员,依法对吸毒成瘾人员采取戒毒措施和提供戒毒治疗,根据《中华人民共和国禁毒法》、《戒毒条例》,制定本办法。

第二条 本办法所称吸毒成瘾,是指吸毒人员因反复使用毒品而导致的慢性复发性脑病,表现为不顾不良后果、强迫性寻求及使用毒品的行为,常伴有不同程度的个人健康及社会功能损害。

第三条 本办法所称吸毒成瘾认定,是指公安机关或者其委托的戒毒医疗机构通过对吸毒人员进行人体生物样本检测、收集其吸毒证据或者根据生理、心理、精神的症状、体征等情况,判断其是否成瘾以及是否成瘾严重的工作。

本办法所称戒毒医疗机构,是指符合《戒毒医疗服务管理暂行办法》规定的专科戒毒医院和设有戒毒治疗科室的其他医疗机构。

第四条 公安机关在执法活动中发现吸毒人员,应当进行吸毒成瘾认定;因技术原因认定有困难的,可以委托有资质的戒毒医疗机构进行认定。

第五条 承担吸毒成瘾认定工作的戒毒医疗机构,由省级卫生计生行政部门会同同级公安机关指定。

第六条　公安机关认定吸毒成瘾,应当由两名以上人民警察进行,并在作出人体生物样本检测结论的二十四小时内提出认定意见,由认定人员签名,经所在单位负责人审核,加盖所在单位印章。

有关证据材料,应当作为认定意见的组成部分。

第七条　吸毒人员同时具备以下情形的,公安机关认定其吸毒成瘾:

(一)经血液、尿液和唾液等人体生物样本检测证明其体内含有毒品成分;

(二)有证据证明其有使用毒品行为;

(三)有戒断症状或者有证据证明吸毒史,包括曾经因使用毒品被公安机关查处、曾经进行自愿戒毒、人体毛发样品检测出毒品成分等情形。

戒断症状的具体情形,参照卫生部制定的《阿片类药物依赖诊断治疗指导原则》和《苯丙胺类药物依赖诊断治疗指导原则》、《氯胺酮依赖诊断治疗指导原则》确定。

第八条　吸毒成瘾人员具有下列情形之一的,公安机关认定其吸毒成瘾严重:

(一)曾经被责令社区戒毒、强制隔离戒毒(含《禁毒法》实施以前被强制戒毒或者劳教戒毒)、社区康复或者参加过戒毒药物维持治疗,再次吸食、注射毒品的;

(二)有证据证明其采取注射方式使用毒品或者至少三次使用累计涉及两类以上毒品的;

(三)有证据证明其使用毒品后伴有聚众淫乱、自伤自残或者暴力侵犯他人人身、财产安全或者妨害公共安全等行为的。

第九条　公安机关在吸毒成瘾认定过程中实施人体生物样本检测,依照公安部制定的《吸毒检测程序规定》的有关规定执行。

第十条　公安机关承担吸毒成瘾认定工作的人民警察,应当同时具备以下条件:

（一）具有二级警员以上警衔及两年以上相关执法工作经历；

（二）经省级公安机关、卫生计生行政部门组织培训并考核合格。

第十一条 公安机关委托戒毒医疗机构进行吸毒成瘾认定的，应当在吸毒人员末次吸毒的七十二小时内予以委托并提交委托函。超过七十二小时委托的，戒毒医疗机构可以不予受理。

第十二条 承担吸毒成瘾认定工作的戒毒医疗机构及其医务人员，应当依照《戒毒医疗服务管理暂行办法》的有关规定进行吸毒成瘾认定工作。

第十三条 戒毒医疗机构认定吸毒成瘾，应当由两名承担吸毒成瘾认定工作的医师进行。

第十四条 承担吸毒成瘾认定工作的医师，应当同时具备以下条件：

（一）符合《戒毒医疗服务管理暂行办法》的有关规定；

（二）从事戒毒医疗工作不少于三年；

（三）具有中级以上专业技术职务任职资格。

第十五条 戒毒医疗机构对吸毒人员采集病史和体格检查时，委托认定的公安机关应当派有关人员在场协助。

第十六条 戒毒医疗机构认为需要对吸毒人员进行人体生物样本检测的，委托认定的公安机关应当协助提供现场采集的检测样本。

戒毒医疗机构认为需要重新采集其他人体生物检测样本的，委托认定的公安机关应当予以协助。

第十七条 戒毒医疗机构使用的检测试剂，应当是经国家食品药品监督管理局批准的产品，并避免与常见药物发生交叉反应。

第十八条 戒毒医疗机构及其医务人员应当依照诊疗规范、常规和有关规定，结合吸毒人员的病史、精神症状检查、体格检查和人体生物样本检测结果等，对吸毒人员进行吸毒成瘾认定。

第十九条 戒毒医疗机构应当自接受委托认定之日起三个工作日内出具吸毒成瘾认定报告，由认定人员签名并加盖戒毒医疗机构公章。认定报告一式二份，一份交委托认定的公安机关，一份留存备查。

第二十条 委托戒毒医疗机构进行吸毒成瘾认定的费用由委托单位承担。

第二十一条 各级公安机关、卫生计生行政部门应当加强对吸毒成瘾认定工作的指导和管理。

第二十二条 任何单位和个人不得违反规定泄露承担吸毒成瘾认定工作相关工作人员及被认定人员的信息。

第二十三条 公安机关、戒毒医疗机构以及承担认定工作的相关人员违反本办法规定的，依照有关法律法规追究责任。

第二十四条 本办法所称的两类及以上毒品是指阿片类（包括鸦片、吗啡、海洛因、杜冷丁等）、苯丙胺类（包括各类苯丙胺衍生物）、大麻类、可卡因类，以及氯胺酮等其他类毒品。

第二十五条 本办法自2011年4月1日起施行

药品类易制毒化学品管理办法

（2010年2月23日卫生部部务会议审议通过
2010年3月18日卫生部令第72号发布
自2010年5月1日起施行）

第一章 总 则

第一条 为加强药品类易制毒化学品管理，防止流入非法渠道，根据《易制毒化学品管理条例》（以下简称《条例》），制定本办法。

第二条 药品类易制毒化学品是指《条例》中所确定的麦角酸、麻黄素等物质，品种目录见本办法附件1。

国务院批准调整易制毒化学品分类和品种，涉及药品类易制毒化学品的，国家食品药品监督管理局应当及时调整并予公布。

第三条 药品类易制毒化学品的生产、经营、购买以及监督管理，适用本办法。

第四条 国家食品药品监督管理局主管全国药品类易制毒化学品生产、经营、购买等方面的监督管理工作。

县级以上地方食品药品监督管理部门负责本行政区域内的药品类易制毒化学品生产、经营、购买等方面的监督管理工作。

第二章 生产、经营许可

第五条 生产、经营药品类易制毒化学品，应当依照《条例》和本办法的规定取得药品类易制毒化学品生产、经营许可。

生产药品类易制毒化学品中属于药品的品种，还应当依照《药品管理法》和相关规定取得药品批准文号。

第六条 药品生产企业申请生产药品类易制毒化学品，应当符合《条例》第七条规定的条件，向所在地省、自治区、直辖市食品药品监督管理部门提出申请，报送以下资料：

（一）药品类易制毒化学品生产申请表（见附件2）；

（二）《药品生产许可证》、《药品生产质量管理规范》认证证书和企业营业执照复印件；

（三）企业药品类易制毒化学品管理的组织机构图（注明各部门职责及相互关系、部门负责人）；

（四）反映企业现有状况的周边环境图、总平面布置图、仓储平面布置图、质量检验场所平面布置图、药品类易制毒化学品生产场所平面布置图（注明药品类易制毒化学品相应安全管理设施）；

（五）药品类易制毒化学品安全管理制度文件目录；

（六）重点区域设置电视监控设施的说明以及与公安机关联

网报警的证明；

（七）企业法定代表人、企业负责人和技术、管理人员具有药品类易制毒化学品有关知识的说明材料；

（八）企业法定代表人及相关工作人员无毒品犯罪记录的证明；

（九）申请生产仅能作为药品中间体使用的药品类易制毒化学品的，还应当提供合法用途说明等其他相应资料。

第七条 省、自治区、直辖市食品药品监督管理部门应当在收到申请之日起5日内，对申报资料进行形式审查，决定是否受理。受理的，在30日内完成现场检查，将检查结果连同企业申报资料报送国家食品药品监督管理局。国家食品药品监督管理局应当在30日内完成实质性审查，对符合规定的，发给《药品类易制毒化学品生产许可批件》（以下简称《生产许可批件》，见附件3），注明许可生产的药品类易制毒化学品名称；不予许可的，应当书面说明理由。

第八条 药品生产企业收到《生产许可批件》后，应当向所在地省、自治区、直辖市食品药品监督管理部门提出变更《药品生产许可证》生产范围的申请。省、自治区、直辖市食品药品监督管理部门应当根据《生产许可批件》，在《药品生产许可证》正本的生产范围中标注"药品类易制毒化学品"；在副本的生产范围中标注"药品类易制毒化学品"后，括弧内标注药品类易制毒化学品名称。

第九条 药品类易制毒化学品生产企业申请换发《药品生产许可证》的，省、自治区、直辖市食品药品监督管理部门除按照《药品生产监督管理办法》审查外，还应当对企业的药品类易制毒化学品生产条件和安全管理情况进行审查。对符合规定的，在换发的《药品生产许可证》中继续标注药品类易制毒化学品生产范围和品种名称；对不符合规定的，报国家食品药品监督管理局。

国家食品药品监督管理局收到省、自治区、直辖市食品药品监督管理部门报告后，对不符合规定的企业注销其《生产许可批件》，并通知企业所在地省、自治区、直辖市食品药品监督管理部门注销该企业《药品生产许可证》中的药品类易制毒化学品生产范围。

第十条 药品类易制毒化学品生产企业不再生产药品类易制毒化学品的，应当在停止生产经营后3个月内办理注销相关许可手续。

药品类易制毒化学品生产企业连续1年未生产的，应当书面报告所在地省、自治区、直辖市食品药品监督管理部门；需要恢复生产的，应当经所在地省、自治区、直辖市食品药品监督管理部门对企业的生产条件和安全管理情况进行现场检查。

第十一条 药品类易制毒化学品生产企业变更生产地址、品种范围的，应当重新申办《生产许可批件》。

药品类易制毒化学品生产企业变更企业名称、法定代表人的，由所在地省、自治区、直辖市食品药品监督管理部门办理《药品生产许可证》变更手续，报国家食品药品监督管理局备案。

第十二条 药品类易制毒化学品以及含有药品类易制毒化学品的制剂不得委托生产。

药品生产企业不得接受境外厂商委托加工药品类易制毒化学品以及含有药品类易制毒化学品的产品；特殊情况需要委托加工的，须经国家食品药品监督管理局批准。

第十三条 药品类易制毒化学品的经营许可，国家食品药品监督管理局委托省、自治区、直辖市食品药品监督管理部门办理。

药品类易制毒化学品单方制剂和小包装麻黄素，纳入麻醉药品销售渠道经营，仅能由麻醉药品全国性批发企业和区域性批发企业经销，不得零售。

未实行药品批准文号管理的品种，纳入药品类易制毒化学品原料药渠道经营。

第十四条 药品经营企业申请经营药品类易制毒化学品原料

药，应当符合《条例》第九条规定的条件，向所在地省、自治区、直辖市食品药品监督管理部门提出申请，报送以下资料：

（一）药品类易制毒化学品原料药经营申请表（见附件4）；

（二）具有麻醉药品和第一类精神药品定点经营资格或者第二类精神药品定点经营资格的《药品经营许可证》、《药品经营质量管理规范》认证证书和企业营业执照复印件；

（三）企业药品类易制毒化学品管理的组织机构图（注明各部门职责及相互关系、部门负责人）；

（四）反映企业现有状况的周边环境图、总平面布置图、仓储平面布置图（注明药品类易制毒化学品相应安全管理设施）；

（五）药品类易制毒化学品安全管理制度文件目录；

（六）重点区域设置电视监控设施的说明以及与公安机关联网报警的证明；

（七）企业法定代表人、企业负责人和销售、管理人员具有药品类易制毒化学品有关知识的说明材料；

（八）企业法定代表人及相关工作人员无毒品犯罪记录的证明。

第十五条 省、自治区、直辖市食品药品监督管理部门应当在收到申请之日起5日内，对申报资料进行形式审查，决定是否受理。受理的，在30日内完成现场检查和实质性审查，对符合规定的，在《药品经营许可证》经营范围中标注"药品类易制毒化学品"，并报国家食品药品监督管理局备案；不予许可的，应当书面说明理由。

第三章 购买许可

第十六条 国家对药品类易制毒化学品实行购买许可制度。购买药品类易制毒化学品的，应当办理《药品类易制毒化学品购用证明》（以下简称《购用证明》），但本办法第二十一条规定的情形除外。

《购用证明》由国家食品药品监督管理局统一印制（样式见

附件5），有效期为3个月。

第十七条 《购用证明》申请范围：

（一）经批准使用药品类易制毒化学品用于药品生产的药品生产企业；

（二）使用药品类易制毒化学品的教学、科研单位；

（三）具有药品类易制毒化学品经营资格的药品经营企业；

（四）取得药品类易制毒化学品出口许可的外贸出口企业；

（五）经农业部会同国家食品药品监督管理局下达兽用盐酸麻黄素注射液生产计划的兽药生产企业。

药品类易制毒化学品生产企业自用药品类易制毒化学品原料药用于药品生产的，也应当按照本办法规定办理《购用证明》。

第十八条 购买药品类易制毒化学品应当符合《条例》第十四条规定，向所在地省、自治区、直辖市食品药品监督管理部门或者省、自治区食品药品监督管理部门确定并公布的设区的市级食品药品监督管理部门提出申请，填报购买药品类易制毒化学品申请表（见附件6），提交相应资料（见附件7）。

第十九条 设区的市级食品药品监督管理部门应当在收到申请之日起5日内，对申报资料进行形式审查，决定是否受理。受理的，必要时组织现场检查，5日内将检查结果连同企业申报资料报送省、自治区食品药品监督管理部门。省、自治区食品药品监督管理部门应当在5日内完成审查，对符合规定的，发给《购用证明》；不予许可的，应当书面说明理由。

省、自治区、直辖市食品药品监督管理部门直接受理的，应当在收到申请之日起10日内完成审查和必要的现场检查，对符合规定的，发给《购用证明》；不予许可的，应当书面说明理由。

省、自治区、直辖市食品药品监督管理部门在批准发给《购用证明》之前，应当请公安机关协助核查相关内容；公安机关核查所用的时间不计算在上述期限之内。

第二十条 《购用证明》只能在有效期内一次使用。《购用证明》不得转借、转让。购买药品类易制毒化学品时必须使用

《购用证明》原件，不得使用复印件、传真件。

第二十一条 符合以下情形之一的，豁免办理《购用证明》：

（一）医疗机构凭麻醉药品、第一类精神药品购用印鉴卡购买药品类易制毒化学品单方制剂和小包装麻黄素的；

（二）麻醉药品全国性批发企业、区域性批发企业持麻醉药品调拨单购买小包装麻黄素以及单次购买麻黄素片剂 6 万片以下、注射剂 1.5 万支以下的；

（三）按规定购买药品类易制毒化学品标准品、对照品的；

（四）药品类易制毒化学品生产企业凭药品类易制毒化学品出口许可自营出口药品类易制毒化学品的。

第四章 购销管理

第二十二条 药品类易制毒化学品生产企业应当将药品类易制毒化学品原料药销售给取得《购用证明》的药品生产企业、药品经营企业和外贸出口企业。

第二十三条 药品类易制毒化学品经营企业应当将药品类易制毒化学品原料药销售给本省、自治区、直辖市行政区域内取得《购用证明》的单位。药品类易制毒化学品经营企业之间不得购销药品类易制毒化学品原料药。

第二十四条 教学科研单位只能凭《购用证明》从麻醉药品全国性批发企业、区域性批发企业和药品类易制毒化学品经营企业购买药品类易制毒化学品。

第二十五条 药品类易制毒化学品生产企业应当将药品类易制毒化学品单方制剂和小包装麻黄素销售给麻醉药品全国性批发企业。麻醉药品全国性批发企业、区域性批发企业应当按照《麻醉药品和精神药品管理条例》第三章规定的渠道销售药品类易制毒化学品单方制剂和小包装麻黄素。麻醉药品区域性批发企业之间不得购销药品类易制毒化学品单方制剂和小包装麻黄素。

麻醉药品区域性批发企业之间因医疗急需等特殊情况需要调剂药品类易制毒化学品单方制剂的，应当在调剂后 2 日内将调剂情况分别报所在地省、自治区、直辖市食品药品监督管理部门备案。

第二十六条　药品类易制毒化学品禁止使用现金或者实物进行交易。

第二十七条　药品类易制毒化学品生产企业、经营企业销售药品类易制毒化学品，应当逐一建立购买方档案。

购买方为非医疗机构的，档案内容至少包括：

（一）购买方《药品生产许可证》、《药品经营许可证》、企业营业执照等资质证明文件复印件；

（二）购买方企业法定代表人、主管药品类易制毒化学品负责人、采购人员姓名及其联系方式；

（三）法定代表人授权委托书原件及采购人员身份证明文件复印件；

（四）《购用证明》或者麻醉药品调拨单原件；

（五）销售记录及核查情况记录。

购买方为医疗机构的，档案应当包括医疗机构麻醉药品、第一类精神药品购用印鉴卡复印件和销售记录。

第二十八条　药品类易制毒化学品生产企业、经营企业销售药品类易制毒化学品时，应当核查采购人员身份证明和相关购买许可证明，无误后方可销售，并保存核查记录。

发货应当严格执行出库复核制度，认真核对实物与药品销售出库单是否相符，并确保将药品类易制毒化学品送达购买方《药品生产许可证》或者《药品经营许可证》所载明的地址，或者医疗机构的药库。

在核查、发货、送货过程中发现可疑情况的，应当立即停止销售，并向所在地食品药品监督管理部门和公安机关报告。

第二十九条　除药品类易制毒化学品经营企业外，购用单位应当按照《购用证明》载明的用途使用药品类易制毒化学品，不得转售；外贸出口企业购买的药品类易制毒化学品不得内销。

购用单位需要将药品类易制毒化学品退回原供货单位的，应当分别报其所在地和原供货单位所在地省、自治区、直辖市食品药品监督管理部门备案。原供货单位收到退货后,应当分别向其所在地和原购用单位所在地省、自治区、直辖市食品药品监督管理部门报告。

第五章 安全管理

第三十条 药品类易制毒化学品生产企业、经营企业、使用药品类易制毒化学品的药品生产企业和教学科研单位,应当配备保障药品类易制毒化学品安全管理的设施,建立层层落实责任制的药品类易制毒化学品管理制度。

第三十一条 药品类易制毒化学品生产企业、经营企业和使用药品类易制毒化学品的药品生产企业,应当设置专库或者在药品仓库中设立独立的专库(柜)储存药品类易制毒化学品。

麻醉药品全国性批发企业、区域性批发企业可在其麻醉药品和第一类精神药品专库中设专区存放药品类易制毒化学品。

教学科研单位应当设立专柜储存药品类易制毒化学品。

专库应当设有防盗设施,专柜应当使用保险柜;专库和专柜应当实行双人双锁管理。

药品类易制毒化学品生产企业、经营企业和使用药品类易制毒化学品的药品生产企业,其关键生产岗位、储存场所应当设置电视监控设施,安装报警装置并与公安机关联网。

第三十二条 药品类易制毒化学品生产企业、经营企业和使用药品类易制毒化学品的药品生产企业,应当建立药品类易制毒化学品专用账册。专用账册保存期限应当自药品类易制毒化学品有效期期满之日起不少于 2 年。

药品类易制毒化学品生产企业自营出口药品类易制毒化学品的,必须在专用账册中载明,并留存出口许可及相应证明材料备查。

药品类易制毒化学品入库应当双人验收,出库应当双人复核,做到账物相符。

第三十三条 发生药品类易制毒化学品被盗、被抢、丢失或者其他流入非法渠道情形的，案发单位应当立即报告当地公安机关和县级以上地方食品药品监督管理部门。接到报案的食品药品监督管理部门应当逐级上报，并配合公安机关查处。

第六章 监督管理

第三十四条 县级以上地方食品药品监督管理部门负责本行政区域内药品类易制毒化学品生产企业、经营企业、使用药品类易制毒化学品的药品生产企业和教学科研单位的监督检查。

第三十五条 食品药品监督管理部门应当建立对本行政区域内相关企业的监督检查制度和监督检查档案。监督检查至少应当包括药品类易制毒化学品的安全管理状况、销售流向、使用情况等内容；对企业的监督检查档案应当全面详实，应当有现场检查等情况的记录。每次检查后应当将检查结果以书面形式告知被检查单位；需要整改的应当提出整改内容及整改期限，并实施跟踪检查。

第三十六条 食品药品监督管理部门对药品类易制毒化学品的生产、经营、购买活动进行监督检查时，可以依法查看现场、查阅和复制有关资料、记录有关情况、扣押相关的证据材料和违法物品；必要时，可以临时查封有关场所。

被检查单位及其工作人员应当配合食品药品监督管理部门的监督检查，如实提供有关情况和材料、物品，不得拒绝或者隐匿。

第三十七条 食品药品监督管理部门应当将药品类易制毒化学品许可、依法吊销或者注销许可的情况及时通报有关公安机关和工商行政管理部门。

食品药品监督管理部门收到工商行政管理部门关于药品类易制毒化学品生产企业、经营企业吊销营业执照或者注销登记的情况通报后，应当及时注销相应的药品类易制毒化学品许可。

第三十八条 药品类易制毒化学品生产企业、经营企业应当于每月 10 日前，向所在地县级食品药品监督管理部门、公安机关及中国麻醉药品协会报送上月药品类易制毒化学品生产、经营和库存情况；每年 3 月 31 日前向所在地县级食品药品监督管理部门、公安机关及中国麻醉药品协会报送上年度药品类易制毒化学品生产、经营和库存情况。食品药品监督管理部门应当将汇总情况及时报告上一级食品药品监督管理部门。

药品类易制毒化学品生产企业、经营企业应当按照食品药品监督管理部门制定的药品电子监管实施要求，及时联入药品电子监管网，并通过网络报送药品类易制毒化学品生产、经营和库存情况。

第三十九条 药品类易制毒化学品生产企业、经营企业、使用药品类易制毒化学品的药品生产企业和教学科研单位，对过期、损坏的药品类易制毒化学品应当登记造册，并向所在地县级以上地方食品药品监督管理部门申请销毁。食品药品监督管理部门应当自接到申请之日起 5 日内到现场监督销毁。

第四十条 有《行政许可法》第六十九条第一款、第二款所列情形的，省、自治区、直辖市食品药品监督管理部门或者国家食品药品监督管理局应当撤销根据本办法作出的有关许可。

第七章　法律责任

第四十一条 药品类易制毒化学品生产企业、经营企业、使用药品类易制毒化学品的药品生产企业、教学科研单位，未按规定执行安全管理制度的，由县级以上食品药品监督管理部门按照《条例》第四十条第一款第一项的规定给予处罚。

第四十二条 药品类易制毒化学品生产企业自营出口药品类易制毒化学品，未按规定在专用账册中载明或者未按规定留存出口许可、相应证明材料备查的，由县级以上食品药品监督管理部门按照《条例》第四十条第一款第四项的规定给予处罚。

第四十三条 有下列情形之一的，由县级以上食品药品监督管理部门给予警告，责令限期改正，可以并处 1 万元以上 3 万元以下的罚款：

（一）药品类易制毒化学品生产企业连续停产 1 年以上未按规定报告的，或者未经所在地省、自治区、直辖市食品药品监督管理部门现场检查即恢复生产的；

（二）药品类易制毒化学品生产企业、经营企业未按规定渠道购销药品类易制毒化学品的；

（三）麻醉药品区域性批发企业因特殊情况调剂药品类易制毒化学品后未按规定备案的；

（四）药品类易制毒化学品发生退货，购用单位、供货单位未按规定备案、报告的。

第四十四条　药品类易制毒化学品生产企业、经营企业、使用药品类易制毒化学品的药品生产企业和教学科研单位，拒不接受食品药品监督管理部门监督检查的，由县级以上食品药品监督管理部门按照《条例》第四十二条规定给予处罚。

第四十五条　对于由公安机关、工商行政管理部门按照《条例》第三十八条作出行政处罚决定的单位，食品药品监督管理部门自该行政处罚决定作出之日起 3 年内不予受理其药品类易制毒化学品生产、经营、购买许可的申请。

第四十六条　食品药品监督管理部门工作人员在药品类易制毒化学品管理工作中有应当许可而不许可、不应当许可而滥许可，以及其他滥用职权、玩忽职守、徇私舞弊行为的，依法给予行政处分；构成犯罪的，依法追究刑事责任。

第八章　附　则

第四十七条　申请单位按照本办法的规定申请行政许可事项的，应当对提交资料的真实性负责，提供资料为复印件的，应当加盖申请单位的公章。

第四十八条　本办法所称小包装麻黄素是指国家食品药品监督管理局指定生产的供教学、科研和医疗机构配制制剂使用的特定包装的麻黄素原料药。

第四十九条 对兽药生产企业购用盐酸麻黄素原料药以及兽用盐酸麻黄素注射液生产、经营等监督管理,按照农业部和国家食品药品监督管理局的规定执行。

第五十条 本办法自 2010 年 5 月 1 日起施行。原国家药品监督管理局 1999 年 6 月 26 日发布的《麻黄素管理办法》(试行)同时废止。

附件:1. 药品类易制毒化学品品种目录
　　　2. 药品类易制毒化学品生产申请表(略)
　　　3. 药品类易制毒化学品生产许可批件(略)
　　　4. 药品类易制毒化学品原料药经营申请表(略)
　　　5. 药品类易制毒化学品购用证明(略)
　　　6. 购买药品类易制毒化学品申请表(略)
　　　7. 购买药品类易制毒化学品申报资料要求

附件 1

药品类易制毒化学品品种目录

　　1. 麦角酸
　　2. 麦角胺
　　3. 麦角新碱
　　4. 麻黄素、伪麻黄素、消旋麻黄素、去甲麻黄素、甲基麻黄素、麻黄浸膏、麻黄浸膏粉等麻黄素类物质

说明:
　　一、所列物质包括可能存在的盐类。
　　二、药品类易制毒化学品包括原料药及其单方制剂。

附件 7

购买药品类易制毒化学品申报资料要求

申购单位类型 \ 资料项目	药品生产企业	药品经营企业	教学科研单位	外贸出口企业
企业营业执照复印件	+	+	−	+
《药品生产许可证》复印件	+	−	−	−
《药品经营许可证》复印件	−	+	−	−
其他资质证明文件复印件	−	−	+	+
《药品生产质量管理规范》认证证书复印件	+	−	−	−
《药品经营质量管理规范》认证证书复印件	−	+	−	−
药品批准证明文件复印件	+[1]	−	−	+
国内购货合同复印件	+[2]	+	−	+
上次购买的增值税发票复印件（首次购买的除外）	+[2]	+	−	+
上次购买的使用、销售或出口情况（首次购买的除外）	+	+	+	+
用途证明材料	−	−	+	−
确保将药品类易制毒化学品用于合法用途的保证函	−	−	+	−
本单位安全保管制度及设施情况的说明材料	−	−	+	−
加强安全管理的承诺书	+	+	+	+
出口许可文件复印件	−	−	−	+
应当提供的其他材料*	−	−	+	−

注：

1. "+"指必须报送的资料；

2. "-"指可以免报的资料；

3. "+^{1}"药品生产企业尚未取得药品批准文号，用于科研的可提交说明材料；

4. "+^{2}"药品类易制毒化学品生产企业自用用于药品生产的可不报送；

5. "*"由省、自治区、直辖市食品药品监督管理部门规定并提前公布。

吸毒检测程序规定

(2009年9月27日公安部令第110号发布
根据2016年12月16日公安部令第141号《公安部关于修改〈吸毒检测程序规定〉的决定》修订)

第一条　为规范公安机关吸毒检测工作，保护当事人的合法权益，根据《中华人民共和国禁毒法》、《戒毒条例》等有关法律规定，制定本规定。

第二条　吸毒检测是运用科学技术手段对涉嫌吸毒的人员进行生物医学检测，为公安机关认定吸毒行为提供科学依据的活动。

吸毒检测的对象，包括涉嫌吸毒的人员，被决定执行强制隔离戒毒的人员，被公安机关责令接受社区戒毒和社区康复的人员，以及戒毒康复场所内的戒毒康复人员。

第三条　吸毒检测分为现场检测、实验室检测、实验室复检。

第四条　现场检测由县级以上公安机关或者其派出机构进行。

实验室检测由县级以上公安机关指定的取得检验鉴定机构资

格的实验室或者有资质的医疗机构进行。

实验室复检由县级以上公安机关指定的取得检验鉴定机构资格的实验室进行。

实验室检测和实验室复检不得由同一检测机构进行。

第五条 吸毒检测样本的采集应当使用专用器材。现场检测器材应当是国家主管部门批准生产或者进口的合格产品。

第六条 检测样本为采集的被检测人员的尿液、血液、唾液或者毛发等生物样本。

第七条 被检测人员拒绝接受检测的，经县级以上公安机关或者其派出机构负责人批准，可以对其进行强制检测。

第八条 公安机关采集、送检、检测样本，应当由两名以上工作人员进行；采集女性被检测人尿液检测样本，应当由女性工作人员进行。

采集的检测样本经现场检测结果为阳性的，应当分别保存在A、B两个样本专用器材中并编号，由采集人和被采集人共同签字封存，采用检材适宜的条件予以保存，保存期不得少于六个月。

第九条 现场检测应当出具检测报告，由检测人签名，并加盖检测的公安机关或者其派出机构的印章。

现场检测结果应当当场告知被检测人，并由被检测人在检测报告上签名。被检测人拒不签名的，公安民警应当在检测报告上注明。

第十条 被检测人对现场检测结果有异议的，可以在被告知检测结果之日起的三日内，向现场检测的公安机关提出实验室检测申请。

公安机关应当在接到实验室检测申请后的三日内作出是否同意进行实验室检测的决定，并将结果告知被检测人。

第十一条 公安机关决定进行实验室检测的，应当在作出实验室检测决定后的三日内，将保存的A样本送交县级以上公安机关指定的具有检验鉴定资格的实验室或者有资质的医疗机构。

第十二条 接受委托的实验室或者医疗机构应当在接到检测样本后的三日内出具实验室检测报告,由检测人签名,并加盖检测机构公章后,送委托实验室检测的公安机关。公安机关收到检测报告后,应当在二十四小时内将检测结果告知被检测人。

第十三条 被检测人对实验室检测结果有异议的,可以在被告知检测结果后的三日内,向现场检测的公安机关提出实验室复检申请。

公安机关应当在接到实验室复检申请后的三日内作出是否同意进行实验室复检的决定,并将结果告知被检测人。

第十四条 公安机关决定进行实验室复检的,应当在作出实验室复检决定后的三日内,将保存的 B 样本送交县级以上公安机关指定的具有检验鉴定资格的实验室。

第十五条 接受委托的实验室应当在接到检测样本后的三日内出具检测报告,由检测人签名,并加盖专用鉴定章后,送委托实验室复检的公安机关。公安机关收到检测报告后,应当在二十四小时内将检测结果告知被检测人。

第十六条 接受委托的实验室检测机构或者实验室复检机构认为送检样本不符合检测条件的,应当报县级以上公安机关或者其派出机构负责人批准后,由公安机关根据检测机构的意见,重新采集检测样本。

第十七条 被检测人是否申请实验室检测和实验室复检,不影响案件的正常办理。

第十八条 现场检测费用、实验室检测、实验室复检的费用由公安机关承担。

第十九条 公安机关、鉴定机构或者其工作人员违反本规定,有下列情形之一的,应当依照有关规定,对相关责任人给予纪律处分或者行政处分;构成犯罪的,依法追究刑事责任:

(一)因严重不负责任给当事人合法权益造成重大损害的;

(二)故意提供虚假检测报告的;

(三)法律、行政法规规定的其他情形。

第二十条 吸毒检测的技术标准由公安部另行制定。

第二十一条 本规定所称"以上"、"内"皆包含本级或者本数,"日"是指工作日。

第二十二条 本规定自 2010 年 1 月 1 日起施行。

易制毒化学品购销和运输管理办法

(2006 年 8 月 22 日公安部令第 87 号发布
自 2006 年 10 月 1 日起施行)

第一章 总 则

第一条 为加强易制毒化学品管理,规范购销和运输易制毒化学品行为,防止易制毒化学品被用于制造毒品,维护经济和社会秩序,根据《易制毒化学品管理条例》,制定本办法。

《易制毒化学品管理条例》
↑P.254~267

第二条 公安部是全国易制毒化学品购销、运输管理和监督检查的主管部门。

县级以上地方人民政府公安机关负责本辖区内易制毒化学品购销、运输管理和监督检查工作。

各省、自治区、直辖市和设区的市级人民政府公安机关禁毒部门应当设立易制毒化学品管理专门机构,县级人民政府公安机关应当设专门人员,负责易制毒化学品的购买、运输许可或者备案和监督检查工作。

第二章 购销管理

第三条 购买第一类中的非药品类易制毒化学品的,应当向所在地省级人民政府公安机关申请购买许可证;购买第二类、第三类易制毒化学品的,应当向所在地县级人民政府公安机关备案。取得购买许可证或者购买备案证明后,方可购买易制毒化学品。

第四条 个人不得购买第一类易制毒化学品和第二类易制毒化学品。

禁止使用现金或者实物进行易制毒化学品交易,但是个人合法购买第一类中的药品类易制毒化学品药品制剂和第三类易制毒化学品的除外。

第五条 申请购买第一类中的非药品类易制毒化学品和第二类、第三类易制毒化学品的,应当提交下列申请材料:

(一)经营企业的营业执照(副本和复印件),其他组织的登记证书或者成立批准文件(原件和复印件),或者个人的身份证明(原件和复印件);

(二)合法使用需要证明(原件)。

合法使用需要证明由购买单位或者个人出具,注明拟购买易制毒化学品的品种、数量和用途,并加盖购买单位印章或者个人签名。

第六条 申请购买第一类中的非药品类易制毒化学品的,由申请人所在地的省级人民政府公安机关审批。负责审批的公安机关应当自收到申请之日起十日内,对申请人提交的申请材料进行审查。对符合规定的,发给购买许可证;不予许可的,应当书面说明理由。

负责审批的公安机关对购买许可证的申请能够当场予以办理的,应当当场办理;对材料不齐备需要补充的,应当一次告知申请人需补充的内容;对提供材料不符合规定不予受理的,应当书面说明理由。

第七条 公安机关审查第一类易制毒化学品购买许可申请材料时,根据需要,可以进行实地核查。遇有下列情形之一的,应当进行实地核查:

(一)购买单位第一次申请的;

(二)购买单位提供的申请材料不符合要求的;

（三）对购买单位提供的申请材料有疑问的。

第八条 购买第二类、第三类易制毒化学品的，应当在购买前将所需购买的品种、数量，向所在地的县级人民政府公安机关备案。公安机关受理备案后，应当于当日出具购买备案证明。

自用一次性购买五公斤以下且年用量五十公斤以下高锰酸钾的，无须备案。

第九条 易制毒化学品购买许可证一次使用有效，有效期一个月。

易制毒化学品购买备案证明一次使用有效，有效期一个月。对备案后一年内无违规行为的单位，可以发给多次使用有效的备案证明，有效期六个月。

对个人购买的，只办理一次使用有效的备案证明。

第十条 经营单位销售第一类易制毒化学品时，应当查验购买许可证和经办人的身份证明。对委托代购的，还应当查验购买人持有的委托文书。

委托文书应当载明委托人与被委托人双方情况、委托购买的品种、数量等事项。

经营单位在查验无误、留存前两款规定的证明材料的复印件后，方可出售第一类易制毒化学品；发现可疑情况的，应当立即向当地公安机关报告。

经营单位在查验购买方提供的许可证和身份证明时，对不能确定其真实性的，可以请当地公安机关协助核查。公安机关应当当场予以核查，对于不能当场核实的，应当于三日内将核查结果告知经营单位。

第十一条 经营单位应当建立易制毒化学品销售台账，如实记录销售的品种、数量、日期、购买方等情况。经营单位销售易制毒化学品时，还应当留存购买许可证或者购买备案证明以及购买经办人的身份证明的复印件。

销售台账和证明材料复印件应当保存二年备查。

第十二条 经营单位应当将第一类易制毒化学品的销售情况

于销售之日起五日内报当地县级人民政府公安机关备案，将第二类、第三类易制毒化学品的销售情况于三十日内报当地县级人民政府公安机关备案。

备案的销售情况应当包括销售单位、地址，销售易制毒化学品的种类、数量等，并同时提交留存的购买方的证明材料复印件。

第十三条 第一类易制毒化学品的使用单位，应当建立使用台账，如实记录购进易制毒化学品的种类、数量、使用情况和库存等，并保存二年备查。

第十四条 购买、销售和使用易制毒化学品的单位，应当在易制毒化学品的出入库登记、易制毒化学品管理岗位责任分工以及企业从业人员的易制毒化学品知识培训等方面建立单位内部管理制度。

第三章 运输管理

第十五条 运输易制毒化学品，有下列情形之一的，应当申请运输许可证或者进行备案：

（一）跨设区的市级行政区域（直辖市为跨市界）运输的；

（二）在禁毒形势严峻的重点地区跨县级行政区域运输的。禁毒形势严峻的重点地区由公安部确定和调整，名单另行公布。

运输第一类易制毒化学品的，应当向运出地的设区的市级人民政府公安机关申请运输许可证。

运输第二类易制毒化学品的，应当向运出地县级人民政府公安机关申请运输许可证。

运输第三类易制毒化学品的，应当向运出地县级人民政府公安机关备案。

第十六条 运输供教学、科研使用的一百克以下的麻黄素样品和供医疗机构制剂配方使用的小包装麻黄素以及医疗机构或者麻醉药品经营企业购买麻黄素片剂六万片以下、注射剂一万五千支以下，货主或者承运人持有依法取得的购买许可证明或者麻醉药品调拨单的，无须申请易制毒化学品运输许可。

第十七条 因治疗疾病需要，患者、患者近亲属或者患者委托的人凭医疗机构出具的医疗诊断书和本人的身份证明，可以随身携带第一类中的药品类易制毒化学品药品制剂，但是不得超过医用单张处方的最大剂量。

第十八条 运输易制毒化学品，应当由货主向公安机关申请运输许可证或者进行备案。

申请易制毒化学品运输许可证或者进行备案，应当提交下列材料：

（一）经营企业的营业执照（副本和复印件），其他组织的登记证书或者成立批准文件（原件和复印件），个人的身份证明（原件和复印件）；

（二）易制毒化学品购销合同（复印件）；

（三）经办人的身份证明（原件和复印件）。

第十九条 负责审批的公安机关应当自收到第一类易制毒化学品运输许可申请之日起十日内，收到第二类易制毒化学品运输许可申请之日起三日内，对申请人提交的申请材料进行审查。对符合规定的，发给运输许可证；不予许可的，应当书面说明理由。

负责审批的公安机关对运输许可申请能够当场予以办理的，应当当场办理；对材料不齐备需要补充的，应当一次告知申请人需补充的内容；对提供材料不符合规定不予受理的，应当书面说明理由。

运输第三类易制毒化学品的，应当在运输前向运出地的县级人民政府公安机关备案。公安机关应当在收到备案材料的当日发给备案证明。

第二十条 负责审批的公安机关对申请人提交的申请材料，应当核查其真实性和有效性，其中查验购销合同时，可以要求申请人出示购买许可证或者备案证明，核对是否相符；对营业执照和登记证书（或者成立批准文件），应当核查其生产范围、经营范围、使用范围、证照有效期等内容。

公安机关审查第一类易制毒化学品运输许可申请材料时，根据需要，可以进行实地核查。遇有下列情形之一的，应当进行实地核查：

（一）申请人第一次申请的；

（二）提供的申请材料不符合要求的；

（三）对提供的申请材料有疑问的。

第二十一条 对许可运输第一类易制毒化学品的，发给一次有效的运输许可证，有效期一个月。

对许可运输第二类易制毒化学品的，发给三个月多次使用有效的运输许可证；对第三类易制毒化学品运输备案的，发给三个月多次使用有效的备案证明；对于领取运输许可证或者运输备案证明后六个月内按照规定运输并保证运输安全的，可以发给有效期十二个月的运输许可证或者运输备案证明。

第二十二条 承运人接受货主委托运输，对应当凭证运输的，应当查验货主提供的运输许可证或者备案证明，并查验所运货物与运输许可证或者备案证明载明的易制毒化学品的品种、数量等情况是否相符；不相符的，不得承运。

承运人查验货主提供的运输许可证或者备案证明时，对不能确定其真实性的，可以请当地人民政府公安机关协助核查。公安机关应当当场予以核查，对于不能当场核实的，应当于三日内将核查结果告知承运人。

第二十三条 运输易制毒化学品时，运输车辆应当在明显部位张贴易制毒化学品标识；属于危险化学品的，应当由有危险化学品运输资质的单位运输；应当凭证运输的，运输人员应当自启运起全程携带运输许可证或者备案证明。承运单位应当派人押运或者采取其他有效措施，防止易制毒化学品丢失、被盗、被抢。

运输易制毒化学品时，还应当遵守国家有关货物运输的规定。

第二十四条 公安机关在易制毒化学品运输过程中应当对运

输情况与运输许可证或者备案证明所载内容是否相符等情况进行检查。交警、治安、禁毒、边防等部门应当在交通重点路段和边境地区等加强易制毒化学品运输的检查。

第二十五条 易制毒化学品运出地与运入地公安机关应当建立情况通报制度。运出地负责审批或者备案的公安机关应当每季度末将办理的易制毒化学品运输许可或者备案情况通报运入地同级公安机关，运入地同级公安机关应当核查货物的实际运达情况后通报运出地公安机关。

第四章 监督检查

第二十六条 县级以上人民政府公安机关应当加强对易制毒化学品购销和运输等情况的监督检查，有关单位和个人应当积极配合。对发现非法购销和运输行为的，公安机关应当依法查处。

公安机关在进行易制毒化学品监督检查时，可以依法查看现场、查阅和复制有关资料、记录有关情况、扣押相关的证据材料和违法物品；必要时，可以临时查封有关场所。

被检查的单位或者个人应当如实提供有关情况和材料、物品，不得拒绝或者隐匿。

第二十七条 公安机关应当对依法收缴、查获的易制毒化学品安全保管。对于可以回收的，应当予以回收；对于不能回收的，应当依照环境保护法律、行政法规的有关规定，交由有资质的单位予以销毁，防止造成环境污染和人身伤亡。对收缴、查获的第一类中的药品类易制毒化学品的，一律销毁。

保管和销毁费用由易制毒化学品违法单位或者个人承担。违法单位或者个人无力承担的，该费用在回收所得中开支，或者在公安机关的禁毒经费中列支。

第二十八条 购买、销售和运输易制毒化学品的单位应当于每年三月三十一日前向所在地县级公安机关报告上年度的购买、销售和运输情况。公安机关发现可疑情况的，应当及时予以核对和检查，必要时可以进行实地核查。

有条件的购买、销售和运输单位,可以与当地公安机关建立计算机联网,及时通报有关情况。

第二十九条 易制毒化学品丢失、被盗、被抢的,发案单位应当立即向当地公安机关报告。接到报案的公安机关应当及时立案查处,并向上级公安机关报告。

第五章 法律责任

第三十条 违反规定购买易制毒化学品,有下列情形之一的,公安机关应当没收非法购买的易制毒化学品,对购买方处非法购买易制毒化学品货值十倍以上二十倍以下的罚款,货值的二十倍不足一万元的,按一万元罚款;构成犯罪的,依法追究刑事责任:

(一)未经许可或者备案擅自购买易制毒化学品的;

(二)使用他人的或者伪造、变造、失效的许可证或者备案证明购买易制毒化学品的。

第三十一条 违反规定销售易制毒化学品,有下列情形之一的,公安机关应当对销售单位处一万元以下罚款;有违法所得的,处三万元以下罚款,并对违法所得依法予以追缴;构成犯罪的,依法追究刑事责任:

(一)向无购买许可证或者备案证明的单位或者个人销售易制毒化学品的;

(二)超出购买许可证或者备案证明的品种、数量销售易制毒化学品的。

第三十二条 货主违反规定运输易制毒化学品,有下列情形之一的,公安机关应当没收非法运输的易制毒化学品或者非法运输易制毒化学品的设备、工具;处非法运输易制毒化学品货值十倍以上二十倍以下罚款,货值的二十倍不足一万元的,按一万元罚款;有违法所得的,没收违法所得;构成犯罪的,依法追究刑事责任:

(一)未经许可或者备案擅自运输易制毒化学品的;

（二）使用他人的或者伪造、变造、失效的许可证运输易制毒化学品的。

第三十三条　承运人违反规定运输易制毒化学品，有下列情形之一的，公安机关应当责令停运整改，处五千元以上五万元以下罚款：

（一）与易制毒化学品运输许可证或者备案证明载明的品种、数量、运入地、货主及收货人、承运人等情况不符的；

（二）运输许可证种类不当的；

（三）运输人员未全程携带运输许可证或者备案证明的。

个人携带易制毒化学品不符合品种、数量规定的，公安机关应当没收易制毒化学品，处一千元以上五千元以下罚款。

第三十四条　伪造申请材料骗取易制毒化学品购买、运输许可证或者备案证明的，公安机关应当处一万元罚款，并撤销许可证或者备案证明。

使用以伪造的申请材料骗取的易制毒化学品购买、运输许可证或者备案证明购买、运输易制毒化学品的，分别按照第三十条第一项和第三十二条第一项的规定处罚。

第三十五条　对具有第三十条、第三十二条和第三十四条规定违法行为的单位或个人，自作出行政处罚决定之日起三年内，公安机关可以停止受理其易制毒化学品购买或者运输许可申请。

第三十六条　违反易制毒化学品管理规定，有下列行为之一的，公安机关应当给予警告，责令限期改正，处一万元以上五万元以下罚款；对违反规定购买的易制毒化学品予以没收；逾期不改正的，责令限期停产停业整顿；逾期整顿不合格的，吊销相应的许可证：

（一）将易制毒化学品购买或运输许可证或者备案证明转借他人使用的；

（二）超出许可的品种、数量购买易制毒化学品的；

（三）销售、购买易制毒化学品的单位不记录或者不如实记录交易情况、不按规定保存交易记录或者不如实、不及时向公安机关备案销售情况的；

（四）易制毒化学品丢失、被盗、被抢后未及时报告，造成严重后果的；

（五）除个人合法购买第一类中的药品类易制毒化学品药品制剂以及第三类易制毒化学品外，使用现金或者实物进行易制毒化学品交易的；

（六）经营易制毒化学品的单位不如实或者不按时报告易制毒化学品年度经销和库存情况的。

第三十七条 经营、购买、运输易制毒化学品的单位或者个人拒不接受公安机关监督检查的，公安机关应当责令其改正，对直接负责的主管人员以及其他直接责任人员给予警告；情节严重的，对单位处一万元以上五万元以下罚款，对直接负责的主管人员以及其他直接责任人员处一千元以上五千元以下罚款；有违反治安管理行为的，依法给予治安管理处罚；构成犯罪的，依法追究刑事责任。

第三十八条 公安机关易制毒化学品管理工作人员在管理工作中有应当许可而不许可、不应当许可而滥许可，不依法受理备案，以及其他滥用职权、玩忽职守、徇私舞弊行为的，依法给予行政处分；构成犯罪的，依法追究刑事责任。

第三十九条 公安机关实施本章处罚，同时应当由其他行政主管机关实施处罚的，应当通报其他行政机关处理。

第六章 附 则

第四十条 本办法所称"经营单位"，是指经营易制毒化学品的经销单位和经销自产易制毒化学品的生产单位。

第四十一条 本办法所称"运输"，是指通过公路、铁路、水上和航空等各种运输途径，使用车、船、航空器等各种运输工具，以及人力、畜力携带、搬运等各种运输方式使易制毒化学品货物发生空间位置的移动。

第四十二条 易制毒化学品购买许可证和备案证明、运输许可证和备案证明、易制毒化学品管理专用印章由公安部统一规定式样并监制。

第四十三条 本办法自 2006 年 10 月 1 日起施行。《麻黄素运输许可证管理规定》（公安部令第 52 号）同时废止。

附表：

易制毒化学品的分类和品种目录

第一类

1. 1-苯基-2-丙酮
2. 3，4-亚甲基二氧苯基-2-丙酮
3. 胡椒醛
4. 黄樟素
5. 黄樟油
6. 异黄樟素
7. N-乙酰邻氨基苯酸
8. 邻氨基苯甲酸
9. 麦角酸*
10. 麦角胺*
11. 麦角新碱*
12. 麻黄素、伪麻黄素、消旋麻黄素、去甲麻黄素、甲基麻黄素、麻黄浸膏、麻黄浸膏粉等麻黄素类物质*

第二类

1. 苯乙酸
2. 醋酸酐
3. 三氯甲烷
4. 乙醚
5. 哌啶

第三类

1. 甲苯
2. 丙酮
3. 甲基乙基酮
4. 高锰酸钾
5. 硫酸
6. 盐酸

说明：

一、第一类、第二类所列物质可能存在的盐类，也纳入管制。

二、带有*标记的品种为第一类中的药品类易制毒化学品，第一类中的药品类易制毒化学品包括原料药及其单方制剂。

非药品类易制毒化学品生产、经营许可办法

（2006年3月21日国家安全生产监督管理总局局长办公会议审议通过　2006年4月5日国家安全生产监督管理总局令第5号公布　自2006年4月15日起施行）

第一章　总　则

第一条　为加强非药品类易制毒化学品管理，规范非药品类易制毒化学品生产、经营行为，防止非药品类易制毒化学品被用于制造毒品，维护经济和社会秩序，根据《易制毒化学品管理条例》（以下简称《条例》）和有关法律、行政法规，制定本办法。

第二条　本办法所称非药品类易制毒化学品，是指《条例》附表确定的可以用于制毒的非药品类主要原料和化学配剂。

《易制毒化学品的分类和品种目录》↑P266~267

非药品类易制毒化学品的分类和品种，见本办法附表《非药品类易制毒化学品分类和品种目录》。

《条例》附表《易制毒化学品的分类和品种目录》调整或者

《危险化学品目录》调整涉及本办法附表时，《非药品类易制毒化学品分类和品种目录》随之进行调整并公布。

第三条 国家对非药品类易制毒化学品的生产、经营实行许可制度。对第一类非药品类易制毒化学品的生产、经营实行许可证管理，对第二类、第三类易制毒化学品的生产、经营实行备案证明管理。

省、自治区、直辖市人民政府安全生产监督管理部门负责本行政区域内第一类非药品类易制毒化学品生产、经营的审批和许可证的颁发工作。

设区的市级人民政府安全生产监督管理部门负责本行政区域内第二类非药品类易制毒化学品生产、经营和第三类非药品类易制毒化学品生产的备案证明颁发工作。

县级人民政府安全生产监督管理部门负责本行政区域内第三类非药品类易制毒化学品经营的备案证明颁发工作。

第四条 国家安全生产监督管理总局监督、指导全国非药品类易制毒化学品生产、经营许可和备案管理工作。

县级以上人民政府安全生产监督管理部门负责本行政区域内执行非药品类易制毒化学品生产、经营许可制度的监督管理工作。

第二章 生产、经营许可

第五条 生产、经营第一类非药品类易制毒化学品的，必须取得非药品类易制毒化学品生产、经营许可证方可从事生产、经营活动。

第六条 生产、经营第一类非药品类易制毒化学品的，应当分别符合《条例》第七条、第九条规定的条件。

第七条 生产单位申请非药品类易制毒化学品生产许可证，应当向所在地的省级人民政府安全生产监督管理部门提交下列文件、资料，并对其真实性负责：

（一）非药品类易制毒化学品生产许可证申请书（一式两份）；

（二）生产设备、仓储设施和污染物处理设施情况说明材料；

（三）易制毒化学品管理制度和环境突发事件应急预案；

（四）安全生产管理制度；

（五）单位法定代表人或者主要负责人和技术、管理人员具有相应安全生产知识的证明材料；

（六）单位法定代表人或者主要负责人和技术、管理人员具有相应易制毒化学品知识的证明材料及无毒品犯罪记录证明材料；

（七）工商营业执照副本（复印件）；

（八）产品包装说明和使用说明书。

属于危险化学品生产单位的，还应当提交危险化学品生产企业安全生产许可证和危险化学品登记证（复印件），免于提交本条第（四）、（五）、（七）项所要求的文件、资料。

第八条 经营单位申请非药品类易制毒化学品经营许可证，应当向所在地的省级人民政府安全生产监督管理部门提交下列文件、资料，并对其真实性负责：

（一）非药品类易制毒化学品经营许可证申请书（一式两份）；

（二）经营场所、仓储设施情况说明材料；

（三）易制毒化学品经营管理制度和包括销售机构、销售代理商、用户等内容的销售网络文件；

（四）单位法定代表人或者主要负责人和销售、管理人员具有相应易制毒化学品知识的证明材料及无毒品犯罪记录证明材料；

（五）工商营业执照副本（复印件）；

（六）产品包装说明和使用说明书。

属于危险化学品经营单位的，还应当提交危险化学品经营许可证（复印件），免于提交本条第（五）项所要求的文件、资料。

第九条 省、自治区、直辖市人民政府安全生产监督管理部门对申请人提交的申请书及文件、资料，应当按照下列规定分别处理：

（一）申请事项不属于本部门职权范围的，应当即时出具不予受理的书面凭证；

（二）申请材料存在可以当场更正的错误的，应当允许或者要求申请人当场更正；

（三）申请材料不齐全或者不符合要求的，应当当场或者在5个工作日内书面一次告知申请人需要补正的全部内容，逾期不告知的，自收到申请材料之日起即为受理；

（四）申请材料齐全、符合要求或者按照要求全部补正的，自收到申请材料或者全部补正材料之日起为受理。

第十条 对已经受理的申请材料，省、自治区、直辖市人民政府安全生产监督管理部门应当进行审查，根据需要可以进行实地核查。

第十一条 自受理之日起，对非药品类易制毒化学品的生产许可证申请在60个工作日内、对经营许可证申请在30个工作日内，省、自治区、直辖市人民政府安全生产监督管理部门应当作出颁发或者不予颁发许可证的决定。

对决定颁发的，应当自决定之日起10个工作日内送达或者通知申请人领取许可证；对不予颁发的，应当在10个工作日内书面通知申请人并说明理由。

第十二条 非药品类易制毒化学品生产、经营许可证有效期为3年。许可证有效期满后需继续生产、经营第一类非药品类易制毒化学品的，应当于许可证有效期满前3个月内向原许可证颁发管理部门提出换证申请并提交相应资料，经审查合格后换领新证。

第十三条 第一类非药品类易制毒化学品生产、经营单位在非药品类易制毒化学品生产、经营许可证有效期内出现下列情形之一的，应当向原许可证颁发管理部门申请变更许可证：

（一）单位法定代表人或者主要负责人改变；

（二）单位名称改变；

（三）许可品种主要流向改变；

（四）需要增加许可品种、数量。

属于本条第（一）、（三）项的变更，应当自发生改变之日起20个工作日内提出申请；属于本条第（二）项的变更，应当自工商营业执照变更后提出申请。

申请本条第（一）项的变更，应当提供变更后的法定代表人或者主要负责人符合本办法第七条第（五）、（六）项或第八条第（四）项要求的有关证明材料；申请本条第（二）项的变更，应当提供变更后的工商营业执照副本（复印件）；申请本条第（三）项的变更，生产、经营单位应当分别提供主要流向改变说明、第八条第（三）项要求的有关资料；申请本条第（四）项的变更，应当提供本办法第七条第（二）、（三）、（八）项或第八条第（二）、（三）、（六）项要求的有关资料。

第十四条 对已经受理的本办法第十三条第（一）、（二）、（三）项的变更申请，许可证颁发管理部门在对申请人提交的文件、资料审核后，即可办理非药品类易制毒化学品生产、经营许可证变更手续。

对已经受理的本办法第十三条第（四）项的变更申请，许可证颁发管理部门应当按照本办法第十条、第十一条的规定，办理非药品类易制毒化学品生产、经营许可证变更手续。

第十五条 非药品类易制毒化学品生产、经营单位原有技术或者销售人员、管理人员变动的，变动人员应当具有相应的安全生产和易制毒化学品知识。

第十六条 第一类非药品类易制毒化学品生产、经营单位不再生产、经营非药品类易制毒化学品时，应当在停止生产、经营后3个月内办理注销许可手续。

第三章　生产、经营备案

第十七条 生产、经营第二类、第三类非药品类易制毒化学品的，必须进行非药品类易制毒化学品生产、经营备案。

第十八条 生产第二类、第三类非药品类易制毒化学品的，应当自生产之日起30个工作日内，将生产的品种、数量等情况，向所在地的设区的市级人民政府安全生产监督管理部门备案。

经营第二类非药品类易制毒化学品的，应当自经营之日起30个工作日内，将经营的品种、数量、主要流向等情况，向所在地的设区的市级人民政府安全生产监督管理部门备案。

经营第三类非药品类易制毒化学品的，应当自经营之日起30个工作日内，将经营的品种、数量、主要流向等情况，向所在地的县级人民政府安全生产监督管理部门备案。

第十九条 第二类、第三类非药品类易制毒化学品生产单位进行备案时，应当提交下列资料：

（一）非药品类易制毒化学品品种、产量、销售量等情况的备案申请书；

（二）易制毒化学品管理制度；

（三）产品包装说明和使用说明书；

（四）工商营业执照副本（复印件）。

属于危险化学品生产单位的，还应当提交危险化学品生产企业安全生产许可证和危险化学品登记证（复印件），免于提交本条第（四）项所要求的文件、资料。

第二十条 第二类、第三类非药品类易制毒化学品经营单位进行备案时，应当提交下列资料：

（一）非药品类易制毒化学品销售品种、销售量、主要流向等情况的备案申请书；

（二）易制毒化学品管理制度；

（三）产品包装说明和使用说明书；

（四）工商营业执照副本（复印件）。

属于危险化学品经营单位的，还应当提交危险化学品经营许可证，免于提交本条第（四）项所要求的文件、资料。

第二十一条 第二类、第三类非药品类易制毒化学品生产、经营备案主管部门收到本办法第十九条、第二十条规定的备案材料后，应当于当日发给备案证明。

第二十二条 第二类、第三类非药品类易制毒化学品生产、经营备案证明有效期为 3 年。有效期满后需继续生产、经营的，应当在备案证明有效期满前 3 个月内重新办理备案手续。

第二十三条 第二类、第三类非药品类易制毒化学品生产、经营单位的法定代表人或者主要负责人、单位名称、单位地址发生变化的，应当自工商营业执照变更之日起 30 个工作日内重新办理备案手续；生产或者经营的备案品种增加、主要流向改变的，在发生变化后 30 个工作日内重新办理备案手续。

第二十四条 第二类、第三类非药品类易制毒化学品生产、经营单位不再生产、经营非药品类易制毒化学品时，应当在终止生产、经营后 3 个月内办理备案注销手续。

第四章 监督管理

第二十五条 县级以上人民政府安全生产监督管理部门应当加强非药品类易制毒化学品生产、经营的监督检查工作。

县级以上人民政府安全生产监督管理部门对非药品类易制毒化学品的生产、经营活动进行监督检查时，可以查看现场、查阅和复制有关资料、记录有关情况、扣押相关的证据材料和违法物品；必要时，可以临时查封有关场所。

被检查的单位或者个人应当如实提供有关情况和资料、物品，不得拒绝或者隐匿。

第二十六条 生产、经营单位应当于每年 3 月 31 日前，向许可或者备案的安全生产监督管理部门报告本单位上年度非药品类易制毒化学品生产经营的品种、数量和主要流向等情况。

安全生产监督管理部门应当自收到报告后 10 个工作日内将本行政区域内上年度非药品类易制毒化学品生产、经营汇总情况报上级安全生产监督管理部门。

第二十七条 各级安全生产监督管理部门应当建立非药品类易制毒化学品许可和备案档案并加强信息管理。

第二十八条 安全生产监督管理部门应当及时将非药品类易制毒化学品生产、经营许可及吊销许可情况，向同级公安机关和工商行政管理部门通报；向商务主管部门通报许可证和备案证明颁发等有关情况。

第五章 罚 则

第二十九条 对于有下列行为之一的，县级以上人民政府安全生产监督管理部门可以自《条例》第三十八条规定的部门作出行政处罚决定之日起的3年内，停止受理其非药品类易制毒化学品生产、经营许可或备案申请：

（一）未经许可或者备案擅自生产、经营非药品类易制毒化学品的；

（二）伪造申请材料骗取非药品类易制毒化学品生产、经营许可证或者备案证明的；

（三）使用他人的非药品类易制毒化学品生产、经营许可证或者备案证明的；

（四）使用伪造、变造、失效的非药品类易制毒化学品生产、经营许可证或者备案证明的。

第三十条 对于有下列行为之一的，由县级以上人民政府安全生产监督管理部门给予警告，责令限期改正，处1万元以上5万元以下的罚款；对违反规定生产、经营的非药品类易制毒化学品，可以予以没收；逾期不改正的，责令限期停产停业整顿；逾期整顿不合格的，吊销相应的许可证：

（一）易制毒化学品生产、经营单位未按规定建立易制毒化学品的管理制度和安全管理制度的；

（二）将许可证或者备案证明转借他人使用的；

（三）超出许可的品种、数量，生产、经营非药品类易制毒化学品的；

（四）易制毒化学品的产品包装和使用说明书不符合《条例》规定要求的；

（五）生产、经营非药品类易制毒化学品的单位不如实或者不按时向安全生产监督管理部门报告年度生产、经营等情况的。

第三十一条 生产、经营非药品类易制毒化学品的单位或者个人拒不接受安全生产监督管理部门监督检查的,由县级以上人民政府安全生产监督管理部门责令改正,对直接负责的主管人员以及其他直接责任人员给予警告;情节严重的,对单位处1万元以上5万元以下的罚款,对直接负责的主管人员以及其他直接责任人员处1000元以上5000元以下的罚款。

第三十二条 安全生产监督管理部门工作人员在管理工作中,有滥用职权、玩忽职守、徇私舞弊行为或泄露企业商业秘密的,依法给予行政处分;构成犯罪的,依法追究刑事责任。

第六章 附 则

第三十三条 非药品类易制毒化学品生产许可证、经营许可证和备案证明由国家安全生产监督管理总局监制。

非药品类易制毒化学品年度报告表及许可、备案、变更申请书由国家安全生产监督管理总局规定式样。

第三十四条 本办法自2006年4月15日起施行。

附表:

非药品类易制毒化学品分类和品种目录

第一类

1. 1-苯基-2-丙酮
2. 3,4-亚甲基二氧苯基-2-丙酮
3. 胡椒醛
4. 黄樟素
5. 黄樟油
6. 异黄樟素
7. N-乙酰邻氨基苯酸
8. 邻氨基苯甲酸

第二类

1. 苯乙酸
2. 醋酸酐☆
3. 三氯甲烷☆
4. 乙醚☆
5. 哌啶☆

第三类

1. 甲苯☆
2. 丙酮☆
3. 甲基乙基酮☆
4. 高锰酸钾☆
5. 硫酸☆
6. 盐酸☆

说明：

一、第一类、第二类所列物质可能存在的盐类，也纳入管制。

二、带有☆标记的品种为危险化学品。

医疗机构麻醉药品、第一类精神药品管理规定

（2005 年 11 月 14 日卫生部以卫医发〔2005〕438 号通知印发）

第一章 总 则

第一条 为严格医疗机构麻醉药品、第一类精神药品管理，保证正常医疗工作需要，根据《麻醉药品和精神药品管理条例》，制定本规定。

《麻醉药品和精神药品管理条例》 P138~157

第二条 卫生部主管全国医疗机构麻醉药品、第一类精神药品使用管理工作。

县级以上地方卫生行政部门负责本辖区内医疗机构麻醉药品、第一类精神药品使用的监督管理工作。

第二章 麻醉药品、第一类精神药品的管理机构和人员

第三条 医疗机构应当建立由分管负责人负责，医疗管理、药学、护理、保卫等部门参加的麻醉、精神药品管理机构，指定专职人员负责麻醉药品、第一类精神药品日常管理工作。

第四条 医疗机构要把麻醉药品、第一类精神药品管理列入本单位年度目标责任制考核，建立麻醉药品、第一类精神药品使用专项检查制度，并定期组织检查，做好检查记录，及时纠正存在的问题和隐患。

第五条 医疗机构应当建立并严格执行麻醉药品、第一类精神药品的采购、验收、储存、保管、发放、调配、使用、报残损、销毁、丢失及被盗案件报告、值班巡查等制度，制定各岗位人员职责。日常工作由药学部门承担。

第六条 医疗机构麻醉药品、第一类精神药品管理人员应当掌握与麻醉、精神药品相关的法律、法规、规定，熟悉麻醉药品、第一类精神药品使用和安全管理工作。

第七条 医疗机构应当配备工作责任心强、业务熟悉的药学专业技术人员负责麻醉药品、第一类精神药品的采购、储存保管、调配使用及管理工作，人员应当保持相对稳定。

第八条 医疗机构应当定期对涉及麻醉药品、第一类精神药品的管理、药学、医护人员进行有关法律、法规、规定、专业知识、职业道德的教育和培训。

第三章 麻醉药品、第一类精神药品的采购、储存

第九条 医疗机构应当根据本单位医疗需要，按照有关规定购进麻醉药品、第一类精神药品，保持合理库存。购买药品付款应当采取银行转账方式。

第十条 麻醉药品、第一类精神药品药品入库验收必须货到

即验,至少双人开箱验收,清点验收到最小包装,验收记录双人签字。入库验收应当采用专簿记录,内容包括:日期、凭证号、品名、剂型、规格、单位、数量、批号、有效期、生产单位、供货单位、质量情况、验收结论、验收和保管人员签字。

第十一条 在验收中发现缺少、缺损的麻醉药品、第一类精神药品应当双人清点登记,报医疗机构负责人批准并加盖公章后向供货单位查询、处理。

第十二条 储存麻醉药品、第一类精神药品实行专人负责、专库(柜)加锁。对进出专库(柜)的麻醉药品、第一类精神药品建立专用账册,进出逐笔记录,内容包括:日期、凭证号、领用部门、品名、剂型、规格、单位、数量、批号、有效期、生产单位、发药人、复核人和领用签字,做到账、物、批号相符。

第十三条 医疗机构对过期、损坏麻醉药品、第一类精神药品进行销毁时,应当向所在地卫生行政部门提出申请,在卫生行政部门监督下进行销毁,并对销毁情况进行登记。

卫生行政部门接到医疗机构销毁麻醉药品、第一类精神药品申请后,应当于5日内到场监督医疗机构销毁行为。

第四章 麻醉药品、第一类精神药品的调配和使用

第十四条 医疗机构可以根据管理需要在门诊、急诊、住院等药房设置麻醉药品、第一类精神药品周转库(柜),库存不得超过本机构规定的数量。周转库(柜)应当每天结算。

第十五条 门诊、急诊、住院等药房发药窗口麻醉药品、第一类精神药品调配基数不得超过本机构规定的数量。

第十六条 门诊药房应当固定发药窗口,有明显标识,并由专人负责麻醉药品、第一类精神药品调配。

第十七条 执业医师经培训、考核合格后,取得麻醉药品、第一类精神药品处方资格。

第十八条 开具麻醉药品、第一类精神药品使用专用处方。处方格式及单张处方最大限量按照《麻醉药品、精神药品处方管

理规定》执行。

医师开具麻醉药品、第一类精神药品处方时，应当在病历中记录。医师不得为他人开具不符合规定的处方或者为自己开具麻醉药品、第一类精神药品处方。

第十九条 处方的调配人、核对人应当仔细核对麻醉药品、第一类精神药品处方，签名并进行登记；对不符合规定的麻醉药品、第一类精神药品处方，拒绝发药。

第二十条 医疗机构应当对麻醉药品、第一类精神药品处方进行专册登记，内容包括：患者（代办人）姓名、性别、年龄、身份证明编号、病历号、疾病名称、药品名称、规格、数量、处方医师、处方编号、处方日期、发药人、复核人。

专用账册的保存应当在药品有效期满后不少于2年。

第二十一条 医疗机构应当为使用麻醉药品、第一类精神药品的患者建立相应的病历。麻醉药品注射剂型仅限于医疗机构内使用或者由医务人员出诊至患者家中使用；医疗机构应当为使用麻醉药品非注射剂型和精神药品的患者建立随诊或者复诊制度，并将随诊或者复诊情况记入病历。为院外使用麻醉药品非注射剂型、精神药品患者开具的处方不得在急诊药房配药。

第二十二条 医疗机构购买的麻醉药品、第一类精神药品只限于在本机构内临床使用。

第五章 麻醉药品、第一类精神药品的安全管理

第二十三条 医疗机构麻醉、精神药品库必须配备保险柜，门、窗有防盗设施。有条件的医疗机构麻醉药品、第一类精神药品库应当安装报警装置。

门诊、急诊、住院等药房设麻醉药品、第一类精神药品周转库（柜）的，应当配备保险柜，药房调配窗口、各病区、手术室存放麻醉药品、第一类精神药品应当配备必要的防盗设施。

第二十四条 麻醉药品、第一类精神药品储存各环节应当指定专人负责，明确责任，交接班应当有记录。

第二十五条　对麻醉药品、第一类精神药品的购入、储存、发放、调配、使用实行批号管理和追踪，必要时可以及时查找或者追回。

第二十六条　医疗机构应当对麻醉药品、第一类精神药品处方统一编号，计数管理，建立处方保管、领取、使用、退回、销毁管理制度。

第二十七条　患者使用麻醉药品、第一类精神药品注射剂或者贴剂的，再次调配时，应当要求患者将原批号的空安瓿或者用过的贴剂交回，并记录收回的空安瓿或者废贴数量。

第二十八条　医疗机构内各病区、手术室等调配使用麻醉药品、第一类精神药品注射剂时应收回空安瓿，核对批号和数量，并作记录。剩余的麻醉药品、第一类精神药品应办理退库手续。

第二十九条　收回的麻醉药品、第一类精神药品注射剂空安瓿、废贴由专人负责计数、监督销毁，并作记录。

第三十条　患者不再使用麻醉药品、第一类精神药品时，医疗机构应当要求患者将剩余的麻醉药品、第一类精神药品无偿交回医疗机构，由医疗机构按照规定销毁处理。

第三十一条　具有《医疗机构执业许可证》并经有关部门批准的戒毒医疗机构开展戒毒治疗时，可在医务人员指导下使用具有戒毒适应症的麻醉药品、第一类精神药品。

第三十二条　医疗机构发现下列情况，应当立即向所在地卫生行政部门、公安机关、药品监督管理部门报告：

（一）在储存、保管过程中发生麻醉药品、第一类精神药品丢失或者被盗、被抢的；

（二）发现骗取或者冒领麻醉药品、第一类精神药品的。

第三十三条　本规定自下发之日起施行。

第二部分
理解与适用

第二部分

要领与运用

一、毒品数量、含量问题[1]

1. 毒品的定罪量刑数量标准

《最高人民法院关于审理毒品犯罪案件适用法律若干问题的解释》在确定各类毒品定罪量刑数量标准时考虑了多方面的因素：一是毒品的药物依赖性（致瘾癖性）和对人体的危害。这是《最高人民法院关于审理毒品犯罪案件适用法律若干问题的解释》确定各类毒品定罪量刑数量标准的基础。药物依赖性方面主要依据 2004 年国家食品药品监督管理局制定的《非法药物折算表》，以及相关科研机构提供的 10 余种新类型毒品的依赖性潜力评估意见。二是毒品的滥用情况。其中，包括毒品的滥用主体与人数、滥用地域范围、滥用场所等。三是毒品的犯罪形势。其中，包括犯罪数量、犯罪发展趋势、犯罪地域分布及犯罪类型等。四是毒品的药用价值。对于医疗上广泛使用的品种，适当提高了定罪量刑数量标准，对于几乎没有药用价值、不存在合法用途的品种，适当降低了定罪量刑数量标准。五是毒品的交易价格。总体而言，毒品的药物依赖性及对人体的危害越大，滥用范围和潜力越大，相关毒品犯罪的数量越多、分布越广、蔓延趋势越突出，且毒品的药用价值越低、价格越高，定罪量刑的数量标准就越低，处刑就越重。[2]

《全国法院毒品案件审判工作会议纪要》在参考《最高人民

---

[1] 摘自李睿懿等：《〈全国法院毒品案件审判工作会议纪要〉的理解与适用》，载《法律适用》2023 年第 10 期。

[2] 叶晓颖、马岩、方文军、李静然：《〈最高人民法院关于审理毒品犯罪案件适用法律若干问题的解释〉的理解与适用》，载《人民司法》2016 年第 13 期。

法院关于审理毒品犯罪案件适用法律若干问题的解释》的基础上对《全国部分法院审理毒品犯罪案件工作座谈会纪要》（以下简称《大连会议纪要》）、《全国法院毒品犯罪审判工作座谈会纪要》（以下简称《武汉会议纪要》）两个会议纪要的原有规定作了一定修改。关于走私贩卖、运输、制造、非法持有不同毒品的定罪量刑数量标准，主要分为三种情况：一是《刑法》、司法解释明确规定了定罪量刑数量标准的，按照相关标准依法定罪量刑，保留了《大连会议纪要》原有规定。二是《刑法》、司法解释没有规定定罪量刑数量标准但有相关折算标准的，《大连会议纪要》《武汉会议纪要》两个会议纪要均规定可以直接按照相关标准折算后定罪量刑，但是随着毒品犯罪形势的发展变化原有规定在执行中暴露出一些问题。比较典型的是，一些新类型毒品，折算比例较高，但纯度极低，直接按照相关折算标准折算后定罪量刑，明显罪刑不相适应。鉴于折算标准主要是从药理学依赖性角度加以规定，未充分考虑滥用情况、犯罪形势、毒品纯度等社会危害性因素，与《刑法》、司法解释规定的定罪量刑数量标准在制定依据和效力上均有所不同，《全国法院毒品案件审判工作会议纪要》将此类情形修改为参考折算标准，并综合考虑各种因素依法定罪量刑。三是既无定罪量刑数量标准亦无折算标准的规定应由有关专业机构确定致瘾癖性等相关技术标准，由审判人员综合考虑各项社会危害性因素依法定罪量刑。

2. 关于未查获实物案件的毒品数量的认定

《武汉会议纪要》对未查获实物的混合型毒品的数量认定作了规定。在此基础上，《全国法院毒品案件审判工作会议纪要》新增了有关未查获实物案件中毒品数量认定的原则方法和事实表述的一般性规定。征求意见过程中，各方普遍认为，对于有确实、充分的证据，如被告人供述、证人证言、账本、转账记录、通信记录等，能够证实毒品交易金额和单价的，可以据此认定毒品数量，这对于网络毒品犯罪的证据认定具有重要意义。对于制造毒品案件，鉴于不同案件中制毒原料品质及制毒技术水平往往存在差异，故不应单纯根据制毒原料制成毒品率估算毒品数量。确实无法根据现有证据认定涉案毒品具体数量的，可以在事实部分客观表述相关犯罪情节，表明其罪行严重程度。

3. 关于毒品纯度与数量的认定

低纯度毒品的数量认定及对量刑的影响是长期困扰司法实践的难题，各地对此把握标准和尺度不一。我国《刑法》明确规定毒品数量不以纯度折算，当前仍应严格执行《刑法》有关规定。《全国法院毒品案件审判工作会议纪要》在保留《武汉会议纪要》规定的两种例外情形的基础上，结合司法解释修订情况和实践需要略作修改：其一，关于司法解释另有规定的情形，目前是指《最高人民法院关于审理毒品犯罪案件适用法律若干问题的解释》第一条第二款的规定，国家定点生产企业按照标准规格生产的麻醉药品或者精神药品被用于毒品犯罪的，根据药品中毒品成分的含量认定涉案毒品数量。其二，将《武汉会议纪要》规定的"隐蔽运输"改为"逃避查缉"，使适用范围能够涵盖为了隐蔽走私或静态下为了逃避查缉而临时改变毒品常规形态的情形；增加"等"字，主要是为了应对司法实践中的复杂情况，如吸毒人员为了便于吸食而改变毒品常规形态等情形。

此外，《全国法院毒品案件审判工作会议纪要》通过指向性规定的方式，提示了应对查获毒品进行含量鉴定的案件范围，较《大连会议纪要》规定的"可能判处被告人死刑"和"涉案毒品可能大量掺假或者系成分复杂的新类型毒品"的含量鉴定范围有大幅度扩展。对于混合型毒品的鉴定与性质认定，《全国法院毒品案件审判工作会议纪要》也参考相关规范性文件，对《大连会议纪要》原有规定进行了一定修改，现有规定更加科学、严谨，更有利于实现罚当其罪。

二、关于走私、贩卖、运输、制造、非法持有毒品行为

1. 关于走私、贩卖、运输、制造毒品罪的认定

本罪是指自然人或者单位,故意走私、贩卖、运输、制造毒品的行为。这一罪名实际上包括了所有的毒品犯罪。在司法实践中,走私、贩卖、运输、制造毒品这几种行为往往包含在一个整体的犯罪行为中。有的犯罪分子在制造毒品后,又实施贩卖、走私、运输毒品的行为,几种行为相互联系,形成一个整体的犯罪过程。当然,有的犯罪人也可能只实施其中一种行为,因此本罪名又可以作为选择性罪名分解使用。① 本罪罪名的确定不以时间实施的先后、毒品数量或者危害大小排列,一律按照《刑法》条文规定的顺序表述。

走私、贩卖、运输、制造毒品罪是选择性罪名,凡实施了走私、贩卖、运输、制造毒品行为之一的,即以该行为确定罪名。对被告人一人走私、贩卖、运输、制造两种以上毒品的,不实行数罪并罚,量刑时可综合考虑毒品的种类、数量及危害,依法处理。运输、贩卖同一种毒品的,毒品数量不重复计算;不是同一种毒品的,毒品数量累计计算。盗窃、抢夺、抢劫毒品后又实施其他毒品犯罪的,对盗窃罪、抢夺罪、抢劫罪和所触犯的具体毒品犯罪分别定罪,依法数罪并罚。走私毒品的同时又走私其他物品构成犯罪的,以走私毒品罪和其所犯的其他走私罪分别定罪,依法数罪并罚。

制造毒品不仅包括非法用毒品原植物直接提炼和用化学方法加工、配制毒品的行为,也包括以改变毒品成分和效用为目的,

---

① 张明楷:《走私、贩卖、运输、制造毒品罪的认定》,载微信公众号"银川禁毒",2022年8月23日。

用混合等物理方法加工、配制毒品的行为,如将甲基苯丙胺或者其他苯丙胺类毒品与其他毒品混合成"麻古"或者"摇头丸"。为便于隐蔽运输、销售、使用、欺骗购买者,或者为了增重,对毒品掺杂掺假,添加或者去除其他非毒品物质,不属于制造毒品的行为。

2. 非法持有毒品罪的认定

非法持有毒品罪是指明知是鸦片、海洛因、甲基苯丙胺或者其他毒品,而非法持有且数量较大的行为。所谓持有,指行为人持有毒品时,没有合法的根据;或者说,行为人持有毒品,不是基于法律、法令、法规的规定或允许。持有是一种持续行为,至于时间的长短,则并不影响持有的成立,只是一种量刑情节,但如果时间过短,不足以说明行为人事实上支配着毒品时,则不能认为是持有。非法持有毒品达到一定数量才构成犯罪,即非法持有鸦片200克以上、海洛因或者甲基苯丙胺10克以上或者其他毒品数量大的。

3. "武装掩护走私、贩卖、运输、制造毒品"的认定[①]

该问题的核心在于"武装掩护"的界定。《最高人民法院关于审理毒品犯罪案件适用法律若干问题的解释》将其明确界定为携带枪支、弹药或者爆炸物用于掩护毒品犯罪的情形。其中,"武装"限定于枪支、弹药、爆炸物,不包括尖刀、棍棒等普通器械;"携带"既包括随身携带、随包携带、随车携带,也包括在制毒场所存放等。考虑到该行为具有高度的危险性,故既不要求显示、出示、使用,对枪支、弹药或者爆炸物的数量亦无要求。之所以强调"用于掩护",旨在从用途和目的上加以限制,

---

① 叶晓颖、马岩、方文军、李静然:《〈最高人民法院关于审理毒品犯罪案件适用法律若干问题的解释〉的理解与适用》,载《人民司法》2016年第13期。

对于只携带子弹而没有携带枪支，不可能实现掩护目的的，不能认定为"武装掩护"。此外，对于枪支、弹药、爆炸物种类的认定，参照《最高人民法院关于审理非法制造、买卖、运输枪支、弹药、爆炸物等刑事案件具体应用法律若干问题的解释》执行。例如，枪支主要包括军用枪支、以火药为动力发射枪弹的非军用枪支、以压缩气体等为动力的其他非军用枪支等。

4."以暴力抗拒检查、拘留、逮捕，情节严重"的认定

该问题的核心在于"情节严重"的认定。考虑到该情节对应的法定刑为十五年有期徒刑、无期徒刑直至死刑，为体现罚当其罪，《最高人民法院关于审理毒品犯罪案件适用法律若干问题的解释》将"情节严重"规定为造成执法人员死亡、重伤、多人轻伤或者具有其他严重情节的情形。"其他严重情节"主要是指严重程度与所列举情形相当的其他情节，如造成执法人员二人轻伤、多人轻微伤或者造成公私财产重大损失等情形。

5.走私、贩卖、运输、制造少量毒品"情节严重"的认定①

第一，《最高人民法院关于审理毒品犯罪案件适用法律若干问题的解释》第四条第一项规定，向多人贩卖毒品或者多次走私、贩卖、运输、制造毒品的，应当认定为《刑法》第三百四十七条第四款规定的"情节严重"。这主要是为了应对实践中存在的其他情形。起草过程中，有意见提出，实践中很多零包贩毒案件，被告人虽然具有向多人贩毒或者多次贩毒的情节，但累计贩卖毒品的数量却不足1克，如果将这种情况认定为"情节严重"，处三年以上七年以下有期徒刑，会出现罪刑不相适应，故应当设

---

① 叶晓颖、马岩、方文军、李静然：《〈最高人民法院关于审理毒品犯罪案件适用法律若干问题的解释〉的理解与适用》，载《人民司法》2016年第13期。

定最低毒品数量限制。经研究认为，向多人贩卖毒品或者多次走私、贩卖、运输、制造毒品的，具有较大的社会危害性，也体现了犯罪分子较深的主观恶性，应重点打击、从严惩处，故不再设定最低数量限制。

第二，《最高人民法院关于审理毒品犯罪案件适用法律若干问题的解释》第四条第二项规定，在戒毒场所、监管场所贩卖毒品的，应当认定为《刑法》第三百四十七条第四款规定的"情节严重"。这扩大了条文覆盖面。"戒毒场所"包括强制隔离戒毒所、自愿戒毒所、社区戒毒治疗门诊、戒毒医院等，"监管场所"包括拘留所、看守所、监狱等。

第三，《最高人民法院关于审理毒品犯罪案件适用法律若干问题的解释》第四条第三项是结合实践新增的内容。近年来，毒品逐步向校园蔓延，严重侵害了在校学生的身心健康，破坏了学校的教学管理秩序。为体现对在校学生的特殊保护，严厉打击向在校学生贩卖毒品的犯罪活动，《最高人民法院关于审理毒品犯罪案件适用法律若干问题的解释》新增了此项规定。这里的"在校学生"包括中小学、中等职业学校学生和普通高等学校中的本、专科学生（不包括研究生）。其中，中等职业学校包括中专、职高、技校，普通高等学校包括全日制大学、学院、职业技术学院、高等专科学校。《最高人民法院关于审理毒品犯罪案件适用法律若干问题的解释》的本项规定与《刑法》第三百四十七条"向未成年人出售毒品的，从重处罚"的规定之间不存在矛盾，如果贩卖对象既是未成年人又是在校学生的，适用本项的规定处罚。

第四，《最高人民法院关于审理毒品犯罪案件适用法律若干问题的解释》第四条第四项是新增内容。实践中，部分犯罪分子组织利用残疾人、艾滋病人、乙肝病人、尿毒症患者、癌症病人以及怀孕或者正在哺乳自己婴儿的妇女等特殊群体走私、贩卖、运输、制造毒品，加大了查缉工作的难度。而且，由于上述人员普遍存在"收押难"问题，经常是"抓了放、放了抓"，流散社会再次甚至多次实施毒品犯罪，严重影响了打击毒品犯罪的力度和效果，故将利用上述特殊群体实施毒品犯罪的行为增列为"情节严重"情形。

第五，《最高人民法院关于审理毒品犯罪案件适用法律若干问题的解释》第四条第五项规定，国家工作人员走私、贩卖、运输、制造毒品的，应当认定为《刑法》第三百四十七条第四款规定的"情节严重"。毒品犯罪属于严重妨害社会管理秩序、危害人民群众身心健康的犯罪，国家工作人员本应自觉抵制毒品、积极与毒品犯罪作斗争，而具有该特定身份的人员转而实施毒品犯罪，无疑具有更为恶劣的社会影响和更大的社会危害，应当从严惩处，故无须额外设定国家工作人员"利用职务或者工作便利"的条件。

三、包庇毒品犯罪分子罪和窝藏、转移、隐瞒毒品、毒赃罪"情节严重"的认定[①]

1. 包庇毒品犯罪分子罪"情节严重"的认定

以往司法解释和规范性文件均未作规定，《最高人民法院关于审理毒品犯罪案件适用法律若干问题的解释》第六条第一款从不同角度对此作出规定。第一项从包庇对象的角度加以规定。走私、贩卖、运输、制造毒品罪是性质最为严重的毒品犯罪，十五年有期徒刑以上刑罚是该罪的最高法定刑幅度，包庇因犯该罪依法应当判处十五年有期徒刑以上刑罚的毒品犯罪分子，体现了包庇行为的严重性，故属于"情节严重"。第二项从包庇情节的角度加以规定，包括多次实施包庇行为和虽未达多次但包庇人数达到多人的情形。第三项从包庇行为的后果角度加以规定。"严重

---

① 叶晓颖、马岩、方文军、李静然：《〈最高人民法院关于审理毒品犯罪案件适用法律若干问题的解释〉的理解与适用》，载《人民司法》2016年第13期。

妨害"是指包庇者毁灭重要证据导致司法机关难以认定犯罪,作伪证严重影响司法机关准确认定犯罪事实,以及帮助犯罪分子藏匿、潜逃严重妨害其及时到案等情形。

2. 窝藏、转移、隐瞒毒品、毒赃罪"情节严重"的认定

该罪与包庇毒品犯罪分子罪对应的法定刑相同,但犯罪对象不同,故对该罪"情节严重"的规定,既要体现两罪量刑情节的相同之处,也要考虑到两罪犯罪对象的差异。第一项是从窝藏、转移、隐瞒毒品数量的角度加以规定。考虑到本项中的犯罪对象是毒品,危害性大于一般的窝藏赃物行为,故设定的毒品数量标准不宜过高。同时,从不同罪名法定刑衔接的角度考虑,将窝藏、转移、隐瞒毒品"数量大"规定为"情节严重",判处三年以上十年以下有期徒刑,较好体现了该罪与走私、贩卖、运输、制造毒品罪、非法持有毒品罪在犯罪性质上的差异。并且,这也与前款第一项包庇依法应当判处十五年有期徒刑以上刑罚的毒品犯罪分子属于"情节严重"的规定相对应。第二项是从窝藏、转移、隐瞒毒赃数额的角度加以规定。窝藏、转移、隐瞒毒赃行为的危害性要小于窝藏、转移、隐瞒毒品行为,但大于一般的掩饰、隐瞒犯罪所得行为。《最高人民法院关于审理掩饰、隐瞒犯罪所得、犯罪所得收益刑事案件适用法律若干问题的解释》第三条规定,一般情况下,掩饰、隐瞒犯罪所得及其产生的收益价值总额达到 10 万元以上的属于"情节严重",但掩饰、隐瞒救灾、扶贫等特定款物价值达 5 万元的即为"情节严重"。《最高人民法院、最高人民检察院关于办理危害计算机信息系统安全刑事案件应用法律若干问题的解释》第七条也规定,涉及此类犯罪而掩饰、隐瞒违法所得 5 万元以上的属于"情节严重"。考虑到毒品犯罪的特殊性,为体现依法严惩,将窝藏、转移、隐瞒毒赃"情节严重"的标准规定为 5 万元以上。第三项是从犯罪情节的角度加以规定,第四项是从行为后果角度作出规定,具体理由不再

《最高人民法院关于审理毒品犯罪案件适用法律若干问题的解释》第六条
↑ $\mathscr{P}_{56}$

赘述。

需要特别说明的是，为全面贯彻宽严相济刑事政策，《最高人民法院关于审理毒品犯罪案件适用法律若干问题的解释》在第六条第三款规定了实施《刑法》第三百四十九条规定的犯罪，可以免予刑事处罚的特定情形。近几年公布的有关掩饰、隐瞒犯罪所得犯罪、盗窃犯罪和诈骗犯罪等司法解释，对于近亲属间实施犯罪的，均规定了不作为犯罪处理或者可以免予刑事处罚的特别条款。《最高人民法院关于审理毒品犯罪案件适用法律若干问题的解释》从"亲亲相隐"的诉讼理念出发，参考上述司法解释的规定，对于针对近亲属实施《刑法》第三百四十九条规定的犯罪行为的，也设置了可以免予刑事处罚的条款。但考虑到严惩毒品犯罪的政策要求，对适用条件作了严格限制，即需要同时具备以下几个条件：一是不具有本条前两款规定的"情节严重"情形，即被告人犯罪情节较轻，论罪应当判处三年以下有期徒刑、拘役或者管制。二是归案后认罪、悔罪并积极退赃。设置该条件是为了鼓励被告人如实交代犯罪事实，积极退缴毒品、毒赃，以便依法追究走私、贩卖、运输、制造毒品犯罪分子的刑事责任，突出毒品犯罪的打击重点。三是属初犯、偶犯，即可以免予刑事处罚者仅限于初犯、偶犯情形，对于再次犯罪者则应依法惩处。四是综合评价其行为属于《刑法》第三十七条规定的"犯罪情节轻微不需要判处刑罚的"情形。

四、非法生产、买卖、运输制毒物品、走私制毒物品罪的定罪量刑标准[①]

《刑法修正案（九）》对《刑法》第三百五十条第一款、第二款作了修正，增加了非法生产、运输制毒物品罪，将该罪的法

---

① 叶晓颖、马岩、方文军、李静然：《〈最高人民法院关于审理毒品犯罪案件适用法律若干问题的解释〉的理解与适用》，载《人民司法》2016年第13期。

定刑从两档调整为"情节较重""情节严重"和"情节特别严重"三档,并将该罪的法定最高刑从十年有期徒刑提高为十五年有期徒刑,财产刑方面增加了没收财产。结合《刑法》修正情况,《最高人民法院关于审理毒品犯罪案件适用法律若干问题的解释》第七条、第八条分别对非法生产、买卖、运输制毒物品、走私制毒物品罪的定罪量刑标准作出新的明确规定。

与以往不同的是,《最高人民法院关于审理毒品犯罪案件适用法律若干问题的解释》在 2000 年《最高人民法院关于审理毒品案件定罪量刑标准有关问题的解释》(已失效)和 2009 年《最高人民法院、最高人民检察院、公安部关于办理制毒物品犯罪案件适用法律若干问题的意见》等规定的基础上,整体下调了全部 33 种列管制毒物品的定罪量刑数量标准,以进一步加大对制毒物品犯罪的惩治力度,从源头上遏制毒品犯罪,这也符合《刑法修正案(九)》修正本罪的精神。

1. 非法生产、买卖、运输制毒物品、走私制毒物品罪"情节较重"(即定罪标准)的认定

《最高人民法院关于审理毒品犯罪案件适用法律若干问题的解释》第七条第一款规定了全部 33 种已列管制毒物品的定罪数量标准。《最高人民法院关于审理毒品犯罪案件适用法律若干问题的解释》在确定制毒物品定罪数量标准时的考虑因素包括:一是在制造毒品过程中发挥的作用,包括该类制毒物品属于主要原料还是配剂,是否具有不可替代性,制造毒品的用量、比例等。二是当前的犯罪形势,包括该类制毒物品流入制毒渠道的数量、走向,在制造毒品犯罪中出现的频率等。三是制成毒品的种类、危害。例如,因甲基苯丙胺与氯胺酮的定罪量刑数量标准差距较大,制造甲基苯丙胺的主要原料麻黄碱与制造氯胺酮的主要原料羟亚胺的定罪量刑标准也要体现一定差别。四是合法用途和管制级别,包括该类制毒物品是否存在合法用途,在工农业生产和日常生活中是否广泛使用,行政管制级别的高低等。为加大对制毒

物品犯罪的惩治力度,《最高人民法院关于审理毒品犯罪案件适用法律若干问题的解释》下调了麻黄碱、羟亚胺等 25 种制毒物品的定罪数量起点。同时,为防止刑法设定的较高幅度法定刑出现虚置,《最高人民法院关于审理毒品犯罪案件适用法律若干问题的解释》将适用三年有期徒刑以下刑罚(情节较重)的制毒物品数量标准上限,从以往定罪数量起点的 10 倍一律下调至 5 倍。

除单纯的数量标准外,《最高人民法院关于审理毒品犯罪案件适用法律若干问题的解释》第七条第二款还从"数量+其他情节"的角度规定了该罪的定罪标准,即制毒物品数量达到该条第一款规定的定罪数量起点的 50%,且具有第二款所列几种情形之一的,应当以非法生产、买卖、运输制毒物品、走私制毒物品罪定罪处罚。这几种情形分别从违法犯罪经历、犯罪情节、犯罪主体、危害后果等方面作出规定。其中,第三项将一次组织五人以上实施犯罪和在多个地点非法生产规定为"情节较重",是考虑到该罪涉案人员、加工窝点众多的具体情况。第六项主要是指生产制毒物品过程中污染水源或者土壤,导致养殖的鱼类、牲畜或者种植的农作物大量死亡等严重影响群众生产、生活秩序的情形。

此外,《最高人民法院关于审理毒品犯罪案件适用法律若干问题的解释》第七条第三款规定了非法生产、买卖、运输制毒物品,不以制毒物品犯罪论处的例外情形。该款吸收了《最高人民法院、最高人民检察院、公安部关于办理制毒物品犯罪案件适用法律若干问题的意见》的相关规定,并对原有规定作了文字调整。绝大部分制毒物品(行政管理领域称之为易制毒化学品)具有双重性,既可能被用于制造毒品,又在工农业生产和人们的日常生活中发挥重要作用。因此,对制毒物品违法犯罪活动的打击,不能影响到正常的生产、生活需要。根据《禁毒法》和《易制毒化学品管理条例》,我国对易制毒化学品的生产、经营、购买、运输和进出口实行严格的分类管理和许可、备案制度。但实践中确实存在未办理许可证明或者备案证明而生产、销售、购买、运输易制毒化学品，且实际用于合法生产、生活需要的情形。但对于此类行为，不应以制毒物品犯罪论处。鉴于实践中对此类行为的定性还存在认识偏差，《最高人民法院关于审理毒品犯罪案件适用法律若干问题的解释》专门作出明确规定。

《最高人民法院关于审理毒品犯罪案件适用法律若干问题的解释》第八条
↑$\mathcal{P}_{58}$

2. 非法生产、买卖、运输制毒物品、走私制毒物品罪"情节严重"的认定

《最高人民法院关于审理毒品犯罪案件适用法律若干问题的解释》第八条第一款第一项规定了认定该罪"情节严重"的数量标准，该数量标准的起点为定罪数量标准的上限（即定罪数量起点的5倍），该数量标准的上限为起点的5倍（即定罪数量起点的25倍）。第二项规定了认定"情节严重"的"数量+其他情节"标准，即达到"情节较重"数量标准，同时具有第七条第二款第三项至第六项情形之一的，应当认定为"情节严重"。

《刑法》第三百五十条第一款
↑$\mathcal{P}_{28\sim30}$

3. 非法生产、买卖、运输制毒物品、走私制毒物品罪"情节特别严重"的认定

《最高人民法院关于审理毒品犯罪案件适用法律若干问题的解释》第八条第二款第一项规定了认定该罪"情节特别严重"的数量标准，即达到"情节严重"一档的最高数量标准（定罪数量起点的25倍）以上的，就属于"情节特别严重"。第二项规定了认定"情节特别严重"的"数量+其他情节"标准，即达到"情节严重"的数量标准，同时具有第七条第二款第三项至第六项情形之一的，应当认定为"情节特别严重"。

《最高人民法院关于审理毒品犯罪案件适用法律若干问题的解释》第八条
↑$\mathcal{P}_{58}$

五、容留他人吸毒罪的定罪标准[①]

《刑法》第三百五十四条并没有为容留他人吸毒罪设定入罪

《刑法》第三百五十四条
↑$\mathcal{P}_{33}$

---

① 叶晓颖、马岩、方文军、李静然：《〈最高人民法院关于审理毒品犯罪案件适用法律若干问题的解释〉的理解与适用》，载《人民司法》2016年第13期。

条件。但《禁毒法》第六十一条规定，容留他人吸食、注射毒品，尚不构成犯罪的，可以由公安机关给予拘留、罚款等行政处罚。为给行政执法保留一定空间，2012年《最高人民检察院、公安部关于公安机关管辖的刑事案件立案追诉标准的规定（三）》第十一条为容留他人吸毒罪设定了立案追诉标准，对该罪的定罪处罚起到一定规范作用。但近年来的实践情况表明，《最高人民检察院、公安部关于公安机关管辖的刑事案件立案追诉标准的规定（三）》为容留他人吸毒罪设定的部分入罪条件偏低，加之一些地方机械执行这一标准，导致一些不完全符合该罪犯罪构成要件的行为，以及一些原本可以通过行政处罚手段处理的容留他人吸毒行为，也被按照刑事犯罪处理。《最高人民法院关于审理毒品犯罪案件适用法律若干问题的解释》第十二条吸收了《最高人民检察院、公安部关于公安机关管辖的刑事案件立案追诉标准的规定（三）》的部分合理内容，也结合司法实践情况，完善了容留他人吸毒罪的定罪标准。

《最高人民法院关于审理毒品犯罪案件适用法律若干问题的解释》第十二条第一款第一项保留了《最高人民检察院、公安部关于公安机关管辖的刑事案件立案追诉标准的规定（三）》中"一次容留三人以上吸食、注射毒品"的规定，在表述上将"三人以上"调整为"多人"。第二项对《最高人民检察院、公安部关于公安机关管辖的刑事案件立案追诉标准的规定（三）》中"容留他人吸食、注射毒品两次以上"的规定作了修改，增加了"二年内"的时间限制，并要求是多次容留他人吸食、注射毒品的才入罪，即二年内第三次容留他人吸食、注射毒品的才作为犯罪处理。第三项在《最高人民检察院、公安部关于公安机关管辖的刑事案件立案追诉标准的规定（三）》原有规定的基础上增加了"二年内"的时间限制。第四项、第五项、第六项保留了《最高人民检察院、公安部关于公安机关管辖的刑事案件立案追诉标准的规定（三）》的原有规定，因这三项均属于社会危害大、应予追究刑事责任的情形，故未在时间、人数、次数上设定条件。

需要说明的是，第五项中的"以牟利为目的"主要是指为赚取场所使用费或者为了招揽生意而容留他人吸食、注射毒品的情形，如专门开设地下烟馆容留他人吸食、注射毒品并收取场地使用费，或者娱乐场所经营者、管理者为招揽生意而容许顾客在场所内吸食、注射毒品的。需要特别说明的是，在司法工作中，可以将行为人"曾因容留他人吸食、注射毒品受过刑事处罚的"认定为第一款第七项中"其他应当追究刑事责任的情形"。如果行为人不构成累犯的，依法定罪处罚；行为人构成累犯的，可以认定累犯但不予从重处罚，以免违反"禁止重复评价"原则。

实践中，对于向他人贩卖毒品后容留其吸食、注射毒品，或者容留他人吸食、注射毒品并向其贩卖毒品的，有的地方以容留他人吸毒罪与贩卖毒品罪数罪并罚，也有的地方以贩卖毒品罪一罪定罪处罚。经研究认为，通常情况下贩卖毒品行为与容留他人吸毒行为并不具有刑法上的牵连关系，故原则上应单独评价，在容留他人吸毒行为达到定罪标准的情况下，与贩卖毒品罪数罪并罚。对于实践中常见的多次让他人在相关场所"试吸"毒品后又向其贩卖毒品的，因让他人"试吸"毒品的行为属于贩卖毒品的手段行为，故不宜认定为容留他人吸毒罪并数罪并罚。

《最高人民法院关于审理毒品犯罪案件适用法律若干问题的解释》第十二条第三款规定了容留近亲属吸食、注射毒品行为的处理原则。对于容留近亲属吸食、注射毒品的，实践中普遍认为具有可宽宥性。这主要考虑吸毒是违法行为而不是犯罪行为，容留近亲属吸食、注射毒品的多系不得已而为之，吸毒者的近亲属在某种程度上也是受害人，对此类情形从宽处罚，既能够彰显司法的人性化，也符合宽严相济刑事政策。因此，对于情节显著轻微危害不大的，不作为犯罪处理。例如，父母二年内多次在自己家中容留已单独居住的成年子女吸食毒品的，或者同胞姐姐在自己家中容留未成年弟弟吸食毒品的，一般可认定为"情节显著轻微危害不大"，不作为犯罪处理。容留近亲属吸食、注射毒品，确实需要追究刑事责任的，除极少数情节恶劣的情形外，一般也

《刑法》关于数罪并罚的规定
↑P_{16}

《最高人民法院关于审理毒品犯罪案件适用法律若干问题的解释》第十二条
↑$P_{59~60}$

应酌情从宽处罚。

需要注意的是，构成容留他人吸毒罪仅限于容留者拥有对场所的支配、控制权，而被容留者未经容留者允许，不享有场所使用权的情形。此外，对场所有共同居住、使用权的一方放任另一方在共同的住所内容留他人吸食、注射毒品的，因放任者不符合认定为犯罪的条件，对其亦不应以容留他人吸毒罪定罪处罚。

六、罪名认定问题[①]

1. 关于改变选择性罪名的规则

《大连会议纪要》规定了走私、贩卖、运输、制造毒品罪上级法院改变选择性罪名的规则。根据《最高人民法院关于适用〈中华人民共和国刑事诉讼法〉的解释》条文修改情况，《全国法院毒品案件审判工作会议纪要》对《大连会议纪要》规定作出一定调整：第一，将规则适用范围扩展到检察机关指控选择性罪名不准确或者顺序不当的情形，即同时明确了一审、二审两级法院改变选择性罪名的规则。第二，将《大连会议纪要》中"不得增加罪名"的规定修改为"可以增加选择性罪名"。《最高人民法院关于适用〈中华人民共和国刑事诉讼法〉的解释》第四百零一条对于上诉案件"不得加重被告人的刑罚"作出了新的解释，即"不得对被告人的刑罚作出实质不利的改判"，并在第二项中明确规定原判认定的罪名不当的，在符合条件的情况下，二审可以改变罪名（包括增加选择性罪名）。《全国法院毒品案件审判工作会议纪要》的上述修改符合最新《最高人民法院关于适用〈中华人民共和国刑事诉讼法〉的解释》的规定精神。第三，明确了变更或者增加选择性罪名的限制条件：（1）根据"不告不理"的刑事

[①] 摘自李睿懿等：《〈全国法院毒品案件审判工作会议纪要〉的理解与适用》，载《法律适用》2023年第10期。

诉讼原则，变更或者增加选择性罪名的前提条件是检察机关已指控相关犯罪事实，且该犯罪事实根据现有证据足以认定。(2) 变更或者增加选择性罪名，需按照《最高人民法院关于适用〈中华人民共和国刑事诉讼法〉的解释》第二百九十五条的规定，充分听取控辩双方意见，切实保障被告人、辩护人依法行使辩护权。(3) 根据《最高人民法院关于适用〈中华人民共和国刑事诉讼法〉的解释》第四百零一条的规定，二审变更或者增加选择性罪名的，不得加重刑罚或者对刑罚执行产生不利于被告人的影响。

2. 从贩毒人员住所等处查获毒品的性质认定

对于从贩毒人员住所等处查获的毒品，必须有证据证明是用于贩卖才能予以认定，贩毒人员对查获的毒品实施的行为另构成非法持有毒品罪、窝藏毒品罪等其他犯罪的，应当依法认定。贩毒人员的行为构成数罪的，依法数罪并罚，具体而言主要包含三种情形：一是行为人因贩卖毒品被人赃俱获，随后又从其住所等处查获毒品的；二是有其他证据证明行为人贩卖毒品，但没有查获实物，后从其住所等处查获毒品的；三是行为人因吸毒或其他违法犯罪行为被抓获后，查明其有贩毒行为，并从其住所等处查获毒品的。①

3. 关于有偿转让、互换毒品行为的定性

《全国法院毒品案件审判工作会议纪要》首次明确了一般情况下以毒品作为支付手段行为的定性，根据贩卖毒品系有偿转让的本质特征，明确了几种特殊的毒品交易形式。其中，财产性利益的表述参考了 2016 年《最高人民法院、最高人民检察院关于办理贪污贿赂刑事案件适用法律若干问题的解释》第十二条的规定，具体包括可折算为货币的物质利益以及需要支付货币的其他

---

① 参见高贵君、马岩、方文军、李静然：《〈全国法院毒品犯罪审判工作座谈会议纪要〉的理解与适用》，载《人民司法》2015 年第 13 期。

利益。

实践中，毒品犯罪分子或者吸毒人员互换毒品的情形并不鲜见，但此类行为的定性问题一直存在争议。为进一步规范司法适用，《全国法院毒品案件审判工作会议纪要》首次对此作出专门规定，具体包括两种情形：第一，用毒品向他人换取毒品用于贩卖的，被告人在向他人有偿转让毒品的同时，也以贩卖为目的非法购入了毒品，故应认定为贩卖毒品罪。需要说明的是，对于用毒品向他人换取毒品用于贩卖的，毒品数量是否累计计算的问题，经研究认为，由于双方均在售出（换出）毒品的同时完成了以贩卖为目的买入（换入）另一宗毒品的行为，根据《刑法》中贩卖毒品行为的含义，售出和买入的毒品一般均应计入双方贩卖毒品的数量，但被告人将买入（换入）的毒品转手卖出时则不应再重复计算毒品数量。鉴于目前对该问题仍存在较大分歧，《全国法院毒品案件审判工作会议纪要》未作明确规定。第二，双方以吸食为目的互换毒品的行为，虽然也包含向他人有偿转让毒品的因素，但因双方均以吸食为目的换入毒品，追求的均为毒品的滥用效用而非获取对价利益而《刑法》并未将购买少量毒品自吸的行为认定为犯罪，故不宜以贩卖毒品罪定罪处罚，构成非法持有毒品罪等其他犯罪的，可以依法认定。在认定为非法持有毒品罪的情况下，毒品数量不累计计算。对于是否以吸食为目的互换毒品，应根据在案证据综合判定。

4. 关于吸毒者购买、运输、存储毒品行为的定性

在此问题上，《武汉会议纪要》对《大连会议纪要》的相关规定作出较大修改。一方面，对吸毒者购买、运输、存储毒品行为的定性分别加以规定，即吸毒者在购买、运输、存储毒品过程中被查获，没有证据证明其是为了实施贩卖毒品等其他犯罪，毒品数量达到较大以上的，根据其具体的行为状态定罪，处于购买、存储状态的认定为非法持有毒品罪，处于运输状态的认定为运输毒品罪。另一方面，降低了将吸毒者运输毒品的行为认定为

运输毒品罪的门槛，即直接以毒品数量较大作为认定标准，不再另行设置更高的合理吸食量标准，便于实践操作，也加大了对吸毒者实施的毒品犯罪的打击力度。但在适用《武汉会议纪要》过程中，也暴露出以下问题：第一，规定吸毒者在购买、运输毒品"过程中"被查获，容易造成仅对正在实施相关行为者追究刑事责任的误解。第二，规定没有证据证明其"是为了"实施贩卖毒品等其他犯罪，所涵盖的情形并不全面。吸毒者购买、运输、存储毒品的行为可能是"实施贩卖毒品等其他犯罪"的准备行为或手段行为，也可能是其后续行为或结果行为。第三，将吸毒者运输超过数量较大标准毒品的行为，一律以运输毒品罪定罪处罚，容易造成运输品罪适用的绝对化。

针对以上问题，《全国法院毒品案件审判工作会议纪要》对《武汉会议纪要》的规定作了相应修改：一是将原规定中"在毒品过程中被查获"改为"因……毒品被查获"，这样可以同时包括购买、运输、存储毒品行为正在进行和实施完毕的情形。二是将原规定中没有证据证明"其是为了实施贩卖毒品等其他犯罪"改为"其有实施贩卖毒品等其他犯罪的故意"，这样无论是为了实施、正在实施还是已经实施贩卖毒品等其他犯罪的情形都能涵盖，法网更加严密。三是在"以运输毒品罪定罪处罚"前增加了"一般"二字，提醒裁判者对吸毒者运输毒品的行为是否认定为运输毒品罪，主要依据毒品数量是否超过较大标准（即合理吸食量）进行判断，但为防止例外情况发生，也需要根据其实际目的、运输距离、方式、起始地点、行程轨迹以及毒品被查获时的具体情况等进行一定的实质判断，增强了认定的灵活性和周延性。

5. 关于制造毒品行为的认定

《大连会议纪要》首次对用物理方法加工、配制毒品的行为可构成制造毒品罪作出明确规定，织密了打击制造毒品犯罪的刑事法网。在此基础上，《全国法院毒品案件审判工作会议纪要》

删去了《大连会议纪要》中用物理方法加工、配制毒品部分的举例内容，规定对于此类行为是否属于制造毒品行为，主要根据是否以改变毒品的成分和效用为目的来判定，体现了原则性和灵活性相结合，以适应实践中制造毒品犯罪手段发展变化的趋势。

同时，《全国法院毒品案件审判工作会议纪要》规定了用物理方法加工毒品、不认定为制造毒品的典型情形，以从反面进一步界定制造毒品行为。通过添加"辅料"实现增重目的系欺骗购毒者的典型行为，将毒品溶于液体隐蔽运输系逃避查缉的典型行为，吸毒者为自用而将少量毒品改变形态或者掺入其他成分的，应视为滥用毒品的手段，对上述行为均不应认定为制造毒品。需要说明的是：（1）对于为便于销售而通过物理方法使毒品溶解、混合、吸附于某种物质的行为，通常可以被被告人自身的贩卖毒品行为所吸收，被告人为帮助他人贩卖毒品而实施上述行为的，可以评价为贩毒者的共犯，一般不认定为制造毒品。（2）《大连会议纪要》规定，为便于销售而去除毒品中的非毒品物质的行为不属于制造毒品行为，但《全国法院毒品案件审判工作会议纪要》起草过程中各方普遍认为，此类行为若属于精制、提纯毒品行为，则应认定为制造毒品。

6. 关于代购毒品行为的定性

代购毒品行为在毒品交易环节广泛存在，如何界定此类行为，并准确认定其性质，对有效打击末端毒品犯罪有重要意义。代购并非规范法律术语，实践中各方对代购的理解并不完全相同。有的观点将代购毒品行为限定为为他人购买仅用于吸食的毒品且未从中牟利的情形。有的观点认为，代购毒品仅指向托购者事先联系好的贩毒者购买相应毒品的情形，即"跑腿型"代购。上述理解不完全符合社会公众对代购的一般认知，也与《大连会议纪要》《武汉会议纪要》两个会议纪要中对代购毒品行为的规定不尽一致。《全国法院毒品案件审判工作会议纪要》与以往两个会议纪要一脉相承，采用了广义代购概念，未从托购者身份、购毒目的、是否牟利、代购行为方式等方面对代购毒品行为作出限定。

代购毒品行为的定性问题在实践中存在一定争议。《大连会议纪要》对该问题作了较为系统规定，《武汉会议纪要》在此基础上又作了补充性规定。《全国法院毒品案件审判工作会议纪要》对此前两个会议纪要的规定作了体系性的调整和完善，加大了对代购毒品牟利行为的惩治力度，规范了证据认定标准。《全国法院毒品案件审判工作会议纪要》从三个角度对代购毒品行为性质进行不同界定：明知他人实施毒品犯罪为其代购，未从中牟利的；为他人代购毒品，并从中牟利的；为他人代购毒品，既不明知他人实施毒品犯罪，又未从中牟利的。

(1) 共犯型代购。根据《大连会议纪要》的规定，明知他人实施毒品犯罪而为其代购的，无论是否牟利，都应以相关毒品犯罪的共犯论处。《全国法院毒品案件审判工作会议纪要》将《大连会议纪要》规定的"无论是否牟利"改为"未从中牟利"。需要指出的是，这里的"未从中牟利"具体包括两种情形，一种是未牟利的情形；另一种是虽有牟利，但未直接从代购行为中牟利的情形，如被告人明知他人贩卖毒品而为其代购，但不是从代购行为中直接牟利，而是从后续贩毒行为中牟利的，则仍应认定为共犯。

(2) 从中牟利型代购。根据《全国法院毒品案件审判工作会议纪要》规定，只要代购者通过加价或变相加价从代购毒品行为中牟利的，鉴于其已成为一个独立的转卖环节，一律按照贩卖毒品罪定罪处罚，至于其明知托购者是以贩卖还是以吸食为目的而委托其购买毒品，或者不知道也不关心托购者委托其购买毒品的具体目的，均在所不问。

《全国法院毒品案件审判工作会议纪要》对《武汉会议纪要》中变相加价的界定作了修改，扩大了"牟利"的外延：其一，将"以贩卖为目的收取部分毒品"改为"收取、私自截留部分购毒款、毒品"，特别是将收取、私自截留部分毒品直接规定为从中牟利，不再限定于以贩卖为目的，进一步限缩了代购毒品牟利行为出罪的范围。其二，增加了"等方式"的表述，将变相加价设置为开放性条款，使其包括但又不限于所列举的几种情形。此外，对牟利高低原则上没有数额要求，但接受托购者给予的小额跑腿费、辛苦费及价值不大的香烟等物品的，鉴于利微，与代购毒品牟利行为所面临的法律风险明显不相匹配，也可以不视为牟利。

需要特别说明的是，对于"代购蹭吸"行为是否属于"从中牟利"，实践中一直存在较大争议。《武汉会议纪要》对此未作明确规定。在充分征求各方意见的基础上，《全国法院毒品案件审判工作会议纪要》规定代购者收取、私自截留部分毒品的，属于从中牟利，无论其是否出于吸食目的。但实践中"代购蹭吸"情形复杂多样，不宜一律以贩卖毒品罪论处。鉴此，《全国法院毒品案件审判工作会议纪要》明确了"代购蹭吸"行为出罪的条件，主要考虑：其一，对于托购者事先联系好贩毒者的"跑腿型"代购，不宜将代购者认定为贩毒者的共犯。其二，在托购者购买的毒品仅用于吸食的情况下，代购者与托购者也不存在实施贩卖毒品等犯罪的共同故意。其三，代购者收取、私自截留少量毒品仅供自身吸食，其行为虽属获利，但实质上相当于吸毒行为和帮助吸毒行为故可不作为犯罪处理。关于少量毒品的认定，一般理解为明显低于数量较大标准。

（3）其他代购毒品行为。《全国法院毒品案件审判工作会议纪要》对《大连会议纪要》《武汉会议纪要》两个会议纪要的相关规定作了整合修改，将《大连会议纪要》中的"不以牟利为目的，为他人代购仅用于吸食的毒品"和《武汉会议纪要》中的"为吸毒者代购毒品……没有证据证明托购者、代购者是为了实施贩卖毒品等其他犯罪"，统一修改为"没有证据证明代购者明知他人实施毒品犯罪而为其代购毒品，代购者亦未从中牟利"，不再限定托购者身份为吸毒者，涵盖面更广。实际上，无论代购者是否为吸毒者代购毒品，如果没有证据证明其与托购者有贩卖毒品的共同犯罪故意，且其未因从中牟利而成为独立的贩卖环节的，均只能按照此种情形处理，即毒品达到数量较大标准，因购买、存储毒品被查获的，以非法持有毒品罪定罪处罚，因运输毒品被查获的，一般以运输毒品罪定罪处罚。《全国法院毒品案件审判工作会议纪要》的规定有利于降低认定难度。此外，《全国法院毒品案件审判工作会议纪要》在认定为运输毒品罪的情形前增加了"一般"二字，强调对代购者实施的运输毒品行为也要进行一定的实质判断。

需要强调的是，《全国法院毒品案件审判工作会议纪要》新增了对代购毒品行为认证规则的规定。针对实践中部分贩毒人员购买毒品后辩称系为他人代购、试图逃避司法打击的情况，《全国法院毒品案件审判工作会议纪要》明确了该类情况证据审查的要点，实际增加了被告人提供证据线索的义务并明确达不到相应证明标准、被告人行为符合贩卖毒品罪犯罪构成的，依法定罪处罚。

7. 接收物流寄递毒品行为的定性

（1）关于购毒者接收物流寄递毒品行为的定性。在当面交付的贩卖毒品犯罪中，贩毒者为送货而运输毒品的行为属于其毒品交付行为的组成部分，购毒者原则上不对贩毒者实施的运输毒品行为承担刑事责任，不能将购毒者、贩毒者认定为运输毒品罪的共犯。同理，在贩毒者通过物流寄递方式交付毒品的情况下，一般也不应将购毒者、贩毒者认定为运输毒品罪的共犯，否则所有接收毒品的购毒者（包括因吸食而少量购买毒品者）都将构成运输毒品罪，会造成打击面过大。因此，购毒者接收物流寄递毒品的，没有证据证明其有实施贩卖毒品等其他犯罪的故意，毒品数量达到《刑法》第三百四十八条规定的最低数量标准的，一般以非法持有毒品罪定罪处罚。

（2）关于代收者接收物流寄递毒品行为的定性。在代收者没有实施其他毒品犯罪的故意的情况下，只是代替购毒者实际持有接收的毒品,毒品数量达到较大以上的,应当认定为非法持有毒品罪。需要说明的是,没有证据证明购毒者是为了实施贩卖、运输毒品等其他犯罪的,购毒者与代收者构成非法持有毒品罪的共犯;如果购毒者有其他犯罪行为的,则应当依法定罪处罚,不再对其认定为非法持有毒品罪。

8. 关于涉麻醉药品、精神药品行为的定性

近年来,有医疗等合法用途的麻醉药品、精神药品(以下简称麻精药品)替代滥用问题较为突出。同时,此类麻精药品的生产、销售,往往又与群众用药特别是一些危重、罕见疾病的治疗息息相关。司法实践中,涉麻精药行为定性问题存在争议,个别案件引发舆论高关注,执法办案缺乏明确依据,迫切需要加以规范。为研究解决实践中的突出问题,在从严惩处此类犯罪的同时,切实保障人民群众合理用药需求,《全国法院毒品案件审判工作会议纪要》在相关调研工作的基础上,对《武汉会议纪要》原有规定作了较大的增补、调整。

依法准确打击涉麻精药品犯罪,首先必须厘清毒品与麻精药品的关系。根据我国《刑法》规定毒品是指国家规定管制的能够使人形成瘾癖的麻醉药品和精神药品。因此,毒品一定属于国家规定管制的麻精药品。但是由于部分国家规定管制的麻精药品具有医疗等合法用途,实践中国家规定管制的麻精药品并不一定都被用作毒品。据此,需要从麻精药品的用途和行为的目的两个维度,对于涉麻精药品行为的性质进行审查判断确保裁判定性准确、罚当其罪。

(1)关于涉无合法用途麻精药品行为的定性。国家规定管制的麻精药品并不都具有医疗等合法用途。《麻醉药品和精神药品管理条例》第三条第一款规定,本条例所称麻醉药品和精神药品,是指列入麻醉药品目录、精神药品目录的药品和其他物质。《非药用类麻醉药品和精神药品列管办法》第二条规定,本办法所称非药用类麻醉药品和精神药品,是指未作为药品生产和使

用，具有成瘾性或者成瘾性潜力且已被滥用的物质。经向国家药品监督管理局和农业农村部相关部门了解，列入麻醉药品目录、精神药品目录的药品和其他物质中，已取得相关药品批准证明文件的药品，经国务院药品监督管理部门批准以医疗、科学研究或者教学为目的开展临床前药物研究的药物，以及仅在境外合法上市的药品，属于有医疗用途的麻醉药品、精神药品，具体范围可在国家药品监督管理局官网查询或详询该局药品监管司；因畜禽医疗、教学、科研的正当需要而使用的麻醉药品，属于有其他合法用途的麻醉药品，具体范围可参考《中华人民共和国兽药典》和《兽药质量标准》。《全国法院毒品案件审判工作会议纪要》首先根据麻精药品是否具有医疗等合法用途加以划分，规定对于走私、贩卖、运输、制造没有医疗等合法用途的麻精药品，如海洛因、甲基苯丙胺或者非药用类麻精药品的，一般可以直接按照毒品犯罪定罪处罚。需要注意的是，没有医疗等合法用途，既包括该麻精药品品种本身没有合法用途的情形也包括该麻精药品品种具有合法用途（如氯胺酮）但系犯罪分子出于非医疗目的非法制造的情形。

但是确有证据证明系出于治疗疾病等相关目的，未经批准生产研制国家规定管制的麻精药品，未经批准进口在境外也未合法上市的此类药品，或者明知是上述未经批准生产、进口的麻精药品而予以销售的，虽然严格来说此类麻精药品并不具有合法用途，但由于被告人确系出于治疗疾病等目的实施相关行为，故可不以毒品犯罪定罪处罚。根据《刑法》第一百四十二条之一和2022年《最高人民法院、最高人民检察院关于办理危害药品安全刑事案件适用法律若干问题的解释》的相关规定，上述行为可视为"足以严重危害人体健康"，可以以妨害药品管理罪定罪处罚。需要说明的是，实践中认定构成妨害药品管理罪的，涉案麻精药品在大多数情况下属于前述具有医疗等合法用途的品种，在少数情况下也可能是除此之外具有医疗用途潜力的其他品种。

（2）关于涉有合法用途麻精药品行为的定性。美沙酮、艾司唑仑等有医疗等合法用途的麻精药品，通常具有双重属性，在正常发挥医疗效用时属于药品，被滥用则成为毒品。对于涉及此类麻精药品的行为，不能一律按照毒品犯罪定罪处罚，而需结合行为主体、对象、目的等因素，准确判断其性质。据此，《全国法院毒品案件审判工作会议纪要》在总体保留《武汉会议纪要》相关规定的基础上作了一定修改。

一是对于向毒品犯罪分子、吸毒人员贩卖或者提供麻精药品行为的定性，区分一般主体与特殊主体，分别作出规定。对于一般主体，明确规定以贩卖毒品罪定罪处罚，并将明知贩卖对象的身份由隐含条件转予列明。对于特殊主体，根据《刑法》第三百五十五条规定，依法从事生产、运输管理、使用国家管制的麻精药品的人员，违反国家规定，向吸毒人员无偿提供，或者不以牟利为目的向吸毒人员有偿提供（如按照定价销售）国家规定管制的麻精药品的，以非法提供麻醉药品、精神药品罪定罪处罚；上述特殊主体向走私、贩卖毒品的犯罪分子，或者以牟利为目的向吸毒人员提供国家规定管制的麻精药品的，以贩卖毒品罪定罪处罚。

二是对于确有证据证明出于治疗疾病等相关目的，未经许可经营具有医疗等合法用途的麻精药品行为的定性，作出原则性规定。在行为人出于治疗疾病等相关目的实施上述行为的情况下无论是从行为人、用药群体或一般社会公众的角度来看，涉案麻精药品均未被视作毒品。行为人主观上并不具有实施毒品犯罪的故意，此类行为的社会危害也与毒品犯罪存在明显差异，若以毒品犯罪定罪处罚，显然超出了行为人的故意内容和可预见范围，也背离常情常理和公众心理预期，故《全国法院毒品案件审判工作会议纪要》明确规定对此类行为不以毒品犯罪论处。

此外，为保障群众合理用药需求，防止打击面过大，《全国法院毒品案件审判工作会议纪要》在《最高人民法院、最高人民检察院关于办理危害药品安全刑事案件适用法律若干问题的解释》第十八条规定的基础上，明确对实施带有自救、互助性质的此类行为者，考虑到其行为目的及患者的实际用药需求，即使有一定获利，一般也可以不作为犯罪处理；对其中营利目的明显，非法经营数额很大，获利程度高，社会危害大，确有必要追究刑事责任的，考虑到其行为性质，也应从宽处理。

（3）其他非法贩卖麻精药品行为的定性。针对实践中犯罪分子利用麻精药品实施抢劫、强奸等犯罪的情况，《全国法院毒品案件审判工作会议纪要》规定了向实施上述犯罪的人员贩卖麻精药品行为的定性，具体分为以下三种情形：其一，择一重罪论处。如果行为人明知他人具有实施抢劫、强奸犯罪的故意，仍向其出售麻精药品作为犯罪工具，同时构成贩卖毒品罪和抢劫罪或者强奸罪的共犯的，因行为人实际上仅实施了一个行为，根据想象竞合犯理论，应择一重罪论处。其二，只构成一罪。如果行为人的目的是贩卖麻精药品，对他人获取后用于非法目的仅具有概括认识，并不具体知悉他人违法犯罪行为的类型和内容的，一般仅以毒品犯罪定罪处罚。实践中，一些行为人通过网络平台向不特定主体出售麻精药品，并冠以"迷奸水""听话水"等称谓，仅概括知悉他人可能用于实施违法犯罪的（并非用于医疗目的），不宜认定为共犯，仅认定为毒品犯罪。如果行为人具有共同抢劫、强奸的犯罪故意，且提供自己非法持有的毒品作为犯罪工具，行为不具有贩卖特征的，则仅认定为抢劫罪、强奸罪的共犯。其三，数罪并罚。如果有的被告人将麻精药品走私入境后，明知他人欲用以实施抢劫、强奸等犯罪仍向其提供，符合共犯认定条件的，依法以走私毒品罪和抢劫罪或者强奸罪数罪并罚。

9. 网络涉毒犯罪的法律适用

当前，毒品犯罪网络化、智能化特点突出，互联网逐步成为毒品犯罪新的联络渠道和犯罪方法传播平台。同时，随着新兴寄递业态的发展，毒品犯罪分子大量使用国际、国内物流快递甚至同城跑腿等平台走私、贩运毒品。网络涉毒犯罪突破了传统毒品犯罪的时空限制，"互联网+物流寄递+电子支付"等非接触式犯

《刑法》第二百八十七条之一
↑ P_23
《最高人民法院关于审理毒品犯罪案件适用法律若干问题的解释》第十四条
↑ P_{60~61}

罪手段隐蔽性强，对审判工作提出了新的更高的要求。

网络涉毒犯罪具体包括两类行为：一是利用信息网络设立用于实施涉毒违法犯罪活动的网站、通讯群组的行为，具体包括设立用于引诱、教唆、欺骗他人吸毒或者传授制造毒品、非法生产制毒物品的方法以及非法买卖制毒物品的网站、通讯群组；设立用于贩卖毒品、非法买卖制毒物品的网站、通讯群组；设立用于实施组织他人吸食、注射毒品等违法犯罪活动的网站、通讯群组。二是利用信息网络发布实施前述涉毒违法犯罪活动信息的行为。实施上述行为的，情节严重的，以非法利用信息网络罪定罪处罚，若同时构成贩卖毒品罪，非法买卖制毒物品罪，引诱、教唆、欺骗他人吸毒罪，传授犯罪方法罪等犯罪的，依照处罚较重的规定定罪处罚。利用信息网络组织他人吸毒，构成引诱、教唆、欺骗他人吸毒罪等犯罪的，依法定罪处罚。

2019年《最高人民法院、最高人民检察院关于办理非法利用信息网络、帮助信息网络犯罪活动等刑事案件适用法律若干问题的解释》第七条明确规定，《刑法》第二百八十七条之一规定的"违法犯罪"，包括属于《刑法》分则规定的行为类型但尚未构成犯罪的违法行为。《最高人民法院关于审理毒品犯罪案件适用法律若干问题的解释》第十四条规定中的"组织他人吸食、注射毒品"行为不属于《刑法》第二百八十七条之一规定的"违法犯罪"，对相关行为不能再以非法利用信息网络罪定罪处罚。考虑到"引诱、教唆、欺骗他人吸毒"行为，属于《刑法》该条文中规定的"违法犯罪"，利用信息网络，设立相关网站、通讯群组或者发布相关信息，宣传吸毒行为、宣扬吸毒感受，引诱、教唆欺骗他人吸毒的，仍可能构成非法利用信息网络罪。故《全国法院毒品案件审判工作会议纪要》将"组织他人吸食、注射毒品"改为"引诱、教唆、欺骗他人吸毒"。

七、共同犯罪的认定

1. 关于毒品共同犯罪认定的一般规定

毒品共同犯罪是指毒品犯罪的共同犯罪形态。共同犯罪比单独犯罪具有更大的社会危害性,所以在各国刑法中对共同犯罪的处罚均较单独犯罪严厉。在毒品犯罪中,对共同犯罪进行准确认定和处罚,无疑也是从严惩处毒品犯罪的客观需要和必然要求。①

关于共同犯罪问题,《全国法院毒品案件审判工作会议纪要》基本吸收了《大连会议纪要》和《武汉会议纪要》的相关规定。一般规定部分,主要调整包括:一是在主从犯的认定依据问题上,新增对于在共同犯罪中起次要或者辅助作用的被告人,不能因其具有累犯毒品再犯等从重处罚情节而认定为主犯或者实际上按主犯处罚的规定,提示不能将人身危险性因素作为区分主从犯的考量因素。二是在主从犯的毒品数量认定问题上,强调并非对所有共同犯罪人均按照涉案毒品的总数量认定处罚,进一步提示对各共同犯罪人应根据其具体地位、作用、参与犯罪情况准确认定毒品数量。三是在主从犯的处罚原则问题上,强调对于有多名主犯的共同犯罪案件,应进一步区分主犯中罪行更为严重者,通过合理、平衡的量刑梯次实现罚当其罪。同时,对于从犯的处罚不能仅根据涉案毒品数量简单跨案比较,仍应以其在本案中的地位和作用为依据准确适用刑罚,依法体现从宽。②

2. 居间介绍买卖毒品的认定与处理

(1)关于居间介绍买卖毒品与居中倒卖毒品的区分。贩卖毒品案件中,一些犯罪分子为减轻罪责,往往辩称自己是居间介绍

---

① 周岸崇:《毒品共同犯罪相关实务问题研究》,载《法律适用》2023 年第 4 期。
② 摘自李睿懿等:《〈全国法院毒品案件审判工作会议纪要〉的理解与适用》,载《法律适用》2023 年第 10 期。

者，不是真正的购毒者或者贩毒者。由于居间介绍买卖毒品者与居中倒卖毒品者在罪责和量刑上存在差别，认定时要准确区分。居间介绍买卖毒品是指居间介绍者为贩毒者和购毒者牵线搭桥、相互介绍，提供交易信息、居中传递或斡旋毒品交易价格和数量，或者提供其他相关帮助，最终促成毒品买卖成交的行为。居中倒卖毒品的行为人是买卖毒品交易活动中的独立的一方当事人，行为人是毒品交易链条中的完整的一环，直接与上家、下家联系，承上启下，在前一起中充当独立的购毒者角色，在后一起中充当独立的贩毒者角色，自主决定交易毒品的数量、价格并赚取差价。因此，对于可以从居间介绍买卖毒品人和居中倒卖毒品人在毒品交易中所处的地位、发挥的作用、是否成立共同犯罪、有无获利及获利方式等方面来区分。

（2）关于居间介绍买卖毒品的共同犯罪认定。《全国法院毒品案件审判工作会议纪要》对《武汉会议纪要》的规定作了个别修改：一是在原文对居间介绍者、居中倒卖者的特征作概括性规定后，增加了对居间介绍具体行为方式的列举式规定，并丰富了居中倒卖者的行为特征，以便于实践掌握。二是对于受以吸食为目的的购毒者委托的居间介绍者，根据其发挥的实际作用，进一步细化、完善了有关其行为定性的规定。仅将为以吸食为目的的购毒者提供购毒信息或者介绍认识贩毒者的情形，规定与购毒者构成非法持有毒品罪的共犯，而对同时与贩毒者存在共谋并有实际联络、促成交易行为的，规定应认定为贩毒者的共犯，加大了对后一类行为的处罚力度。[1]

3. 运输毒品共同犯罪的认定

运输毒品罪，是指采用携带、邮寄、利用他人或使用交通工具等方法，将毒品从此地转移到彼地的行为。两人以上同行运输

---

[1] 摘自李睿懿等：《〈全国法院毒品案件审判工作会议纪要〉的理解与适用》，载《法律适用》2023年第10期。

毒品的，应当从是否明知他人带有毒品、有无共同运输毒品的意思联络、有无实施配合、掩护他人运输毒品的行为等方面综合审查认定是否构成共同犯罪。

构成共同犯罪，需要各共同犯罪人在意思联络的基础上，形成共同犯罪故意并实施共同犯罪行为。对于受雇于同一雇主同行运输毒品，但受雇者之间没有共同运输毒品的意思联络或者各自运输相对独立，没有实施配合、掩护他人运输毒品的行为，且仅按各自分别运输的毒品数量获取报酬，即未超出原雇用范围而进行了其他毒品犯罪行为，以运输毒品罪定性，不宜认定为共同犯罪。

对于分段运输者，与指使者或雇佣者毫无疑问可以构成共同犯罪，但分段运输者之间却未必构成共同犯罪，倘若受雇者之间没有共谋的，不认定为共同犯罪。此外，不构成运输毒品共同犯罪的仅限于受雇者之间，雇主以及其他对全体受雇者起到一定组织、指挥作用的人员则与受雇者分别构成共同犯罪，对运输的全部毒品数量承担刑事责任。

八、科学把握依法从严惩处毒品犯罪的刑事政策[①]

刑事政策是刑事立法和刑事司法的灵魂。如何有效利用刑法手段组织对犯罪的治理，以预防和遏制犯罪活动，是刑事政策关注的重要课题。在刑事审判工作中，通常面对两大刑事政策，一个是宽严相济刑事政策，另一个是"保留死刑，严格控制和慎重适用死刑政策"，前者是基本刑事政策，后者是具体刑事政策。制发毒品犯罪审判司法规范性文件，办理毒品犯罪案件，自然也要接受两大刑事政策的规制和指导。从规则制定层面来讲，《全

---

① 摘自李睿懿：《毒品案件刑事政策的理解与把握》，载《中国应用法学研究》2023年第6期。

国法院毒品案件审判工作会议纪要》内容体现了对宽严相济刑事政策和死刑政策的全面贯彻和具体落实，是两大刑事政策在毒品案件审判领域中的具体化、条文化。对于个案审判而言，毒品案件审判工作政策性强，更需要接受刑事政策的导引，只有吃准吃透两大刑事政策精神，才能办好案件，发挥好刑罚的功能。质言之，刑事政策既有规则塑型机能，又具裁判指引机能，它是正确理解《全国法院毒品案件审判工作会议纪要》的索引，也是准确适用《全国法院毒品案件审判工作会议纪要》的锁钥。可以说，全面理解和精准把握刑事政策是办好毒品案件的必备素养。然而，刑事政策的基本精神和一般要求，如何与毒品案件的审判实际和毒品问题的治理实践相结合，落实落地，从而转化为办理毒品案件的具体要求，这是一个值得研究和明确的问题。

1. 全面贯彻宽严相济刑事政策

宽严相济刑事政策是我国的基本刑事政策，是惩办与宽大相结合政策在新的历史条件下的继承和发展，它贯穿于刑事立法、刑事司法和刑罚执行的全过程，是司法机关惩罚犯罪、预防犯罪、保护人民、保障人权、正确实施国家法律的指南。实践中，贯彻宽严相济刑事政策，要根据犯罪的具体情况，实行区别对待，做到该宽则宽、当严则严、宽严相济、罚当其罪，努力用较小刑罚成本实现更好犯罪治理效果。就毒品案件而言，审判中贯彻落实好宽严相济刑事政策，需要践行以下三点工作要求：

第一，总体从严、宽以济严。

这是毒品案件审判贯彻宽严相济刑事政策的基础。宽严相济刑事政策作为基本刑事政策，对于我国《刑法》规定的所有犯罪都具有指导意义和规制作用，但在不同犯罪类型和个罪中，"宽"与"严"的把握尺度，"济"的拿捏标准各不相同，并非平分秋色、整齐划一，而是各有侧重、各具特点。在贯彻落实时，究竟是以宽为主还是以严为主，应当根据具体犯罪的社会危害性、犯罪形势、治理需要等因素具体把握，做到因罪制宜、因时制宜。

毒品是万恶之源，是人类社会公害，不仅严重侵害人的身体健康、销蚀人的意志、破坏家庭幸福，而且严重消耗社会财富、毒化社会风气、污染社会环境，极易诱发一系列违法犯罪活动。毒品犯罪的社会危害可见一斑，控制此类犯罪的手段也必然要与之相匹配、成比例，重罪重罚、猛药去疴，才能达到刑罚预防和震慑犯罪的效果。因此，厉行禁毒是党和国家的一贯主张和坚定立场。毒品犯罪的严重社会危害性、禁毒工作的极端重要性和毒品问题治理的艰巨复杂性，决定了对于毒品犯罪必须坚持总体从严打击，以严为主，严字当头，要严密法网、严格司法、严厉惩处，将严的主基调贯穿禁毒工作各环节全过程。坚持从严惩处毒品犯罪，是人民法院毒品案件审判的历来做法，是禁毒人民战争不断取得阶段性成效的有效举措。可以说，依法从严惩处毒品犯罪，是中国特色毒品问题治理体系的重要经验。这是毒品案件相较其他刑事案件，贯彻宽严相济刑事政策的特殊性。

对于毒品犯罪从严惩处，是就总体层面而言的，并非不问罪行轻重、罪责大，一律从重、一味从严。在坚持总体从严基础上，也要结合案件具体情节，做到宽以济严。对于罪行较轻，或者具有自首、立功、初犯等法定、酌定从宽处罚情节的毒品犯罪分子，可依法兑现政策，给予从宽处罚。《全国法院毒品案件审判工作会议纪要》规定，对于被告人自首或者立功的，即使毒品数量达到实际掌握的死刑适用数量标准，也可以不判处死刑。特别是鉴于毒品案件侦查取证和证据认证的特殊性，《全国法院毒品案件审判工作会议纪要》作出"毒品犯罪中的自首情节具有较高司法价值"这一论断，并据此规定对于自首的被告人，一般应当依法从宽处罚；对于积极响应司法机关发布的敦促投案自首通告而自首的被告人，从宽处罚的幅度应当更大，甚至对于具有自动投案情节的被告人，也要尽可能地兑现政策。这一规定将刑事政策与个罪治理有效结合，有助于分化瓦解毒品犯罪分子、预防和减少毒品犯罪。2023年"6·26"国际禁毒日期间，最高人民法院发布十个毒品犯罪典型案例中的"蔡泽雄、林小波贩卖、运输毒品案"即体现了这一政策导向。二被告人积极响应敦促投案自首通告，主动自境外回国自首，依法获得从轻处罚，这对其他在逃人员具有示范感召意义，实现了政治效果、社会效果、法律效果的有机统一。

第二，突出重点、区别对待。

这是毒品案件审判贯彻宽严相济刑事政策的关键。对于毒品犯罪的从严惩处，并非全面出击，而是精准打击，要打击重点罪名、重大罪行、重要犯罪分子，突出打击重点，聚焦打击锋芒，将严厉的刑罚分配给那些在毒品犯罪链条中处于源头地位、发挥显著作用的犯罪分子。《全国法院毒品案件审判工作会议纪要》在死刑适用问题上，强调要毫不动摇地坚持依法从严惩处毒品犯罪的方针，突出打击重点，做到"三个严惩"，即依法严惩走私、制造和大宗贩卖毒品等源头性犯罪，依法严惩具有武装掩护毒品犯罪、以暴力抗拒查缉情节严重、参与有组织的国际贩毒活动等严重情节的犯罪分子，依法严惩毒品犯罪集团首要分子、职业毒犯、累犯、毒品再犯等犯罪分子。在运输毒品犯罪死刑适用上，《全国法院毒品案件审判工作会议纪要》又对严惩对象、打击重点作了进一步明确。

《全国法院毒品案件审判工作会议纪要》对打击重点的严惩不仅体现在实体处理上，还包括程序处遇和刑罚执行。在追缴涉案财物上，《全国法院毒品案件审判工作会议纪要》明确降低对重大、有组织的毒品犯罪案件中涉案财物认定的证明标准。毒品犯罪的暴利性是导致毒品案件高发的重要原因。依法追缴毒品犯罪的违法所得是涉毒财产打击的核心环节，是惩治毒品犯罪分子、遏制毒品犯罪的重要手段。《全国法院毒品案件审判工作会议纪要》根据《反有组织犯罪法》《刑事诉讼法》及司法解释等有关规定，明确了对以下两种情形采取"高度可能"的证明标准，即有证据证明高度可能属于违法所得及其他涉案财产即可，而不适用一般毒品犯罪所要求的"确属"涉案财物的证明标准：（1）黑社会性质组织、恶势力组织实施的毒品犯罪案件；（2）犯罪嫌疑人、被告人逃匿或者死亡的重大毒品犯罪案件。在减刑假释适用上,《全国法院毒品案件审判工作会议纪要》重申了对于具有累犯、毒品再犯等情节的罪犯,从严掌握减刑条件,严格控制减刑幅度和假释适用,并增列"毒品犯罪集团首要分子"作为严格控制适用减刑假释的对象。同时,《全国法院毒品案件审判工作会议纪要》还明确,严格审查毒品罪犯履行生效裁判中财产性判项的能力,对于确有履行能力而不履行或者不全部履行相关财产性判项的,一般不认定其确有悔改表现。

宽严相济刑事政策的核心是区别对待。宽严相济以区别对待或者差别待遇为根本内容。区别对待是任何政策的基础,没有区别就没有政策。"区别"本身不是目的,关键在于如何"对待",由此构建罪刑阶梯,即对严重性程度不同的犯罪配置和适用严厉性程度不等的刑罚。其实,突出重点与区别对待具有一体两面的关系特征。要突出重点,必须区别对待;而做到区别对待,势必要突出重点。在办理毒品案件时,应当根据案件具体情况,区分不同情形作出罪刑相适的处理。毒品案件情形复杂多样,区别对待在毒品案件审判中要一以贯之、一贯到底。因为毒品犯罪中的区别对待呈现一定的层级性,在源头性犯罪要区别对待,在末端犯罪中也应当区别对待。区别对待的多层性在毒品共同犯罪中也得到具体体现。各共同犯罪人虽然目标一致,但各自实施的行为、实际发挥的作用和具有的量刑情节有所不同,有必要予以区别对待。在共同犯罪问题上,《全国法院毒品案件审判工作会议纪要》不仅要求区分主从犯,也要求在不同主犯之间进一步区别对待。共同犯罪中有多个主犯的,应当在全面考察各主犯实际发挥作用的差别、具体犯罪情节、危害后果的差异及主观恶性、人身危险性不同的基础上,对其中罪行更为严重者依法判处更重的刑罚乃至死刑。

第三,罚当其罪、处刑均衡。

这是毒品案件审判贯彻宽严相济刑事政策的目标。宽严相济最为重要的在于"济","宽"与"严"相"济"的最佳结合点便是罚当其罪、处刑均衡。罚当其罪通常是就单个犯罪分子而言，指对其所处刑罚与其所犯罪行基本相当。这是刑罚个别化的基本要求，也是量刑规范化的精神所指。罚当其罪要求法官在量刑时犹如量体裁衣，要综合考虑被告人涉案毒品数量、犯罪性质、情节、危害后果及其主观恶性、人身危险性等因素，作出恰如其分的处罚，确保罪责刑相适应。

处刑均衡通常是就多个犯罪分子而言，指毒品犯罪同案犯之间、不同毒品案件犯罪分子之间，相同情形相同对待，做到类案同判。这是形式正义的基本要求。毒品犯罪具有特殊性，它属于链条式犯罪，每个环节又可能存在共同犯罪，并呈现网络化特征，这使得其犯罪形势错综复杂，共同犯罪与对合犯罪交织，角色叠合现象突出。因此，相比其他犯罪案件，毒品犯罪的关联案件和犯罪分子多，如何精准评估各被告人的罪责，从而既在个体上实现罚当其罪，又在群体中做到处刑均衡，考验审判技艺和司法智慧。为此，《全国法院毒品案件审判工作会议纪要》在关于毒品共同犯罪和上下家的死刑适用问题上，规定了死刑适用应当考量的诸多因素和具体要求，并在涉案毒品数量达到巨大以上，判处共同犯罪中两名以上主犯死刑和同时判处同宗毒品上下家死刑时，将"利于实现全案量刑平衡"作为考量因素之一。同时，《全国法院毒品案件审判工作会议纪要》还明确了多名共同犯罪人、上下家针对同宗或者部分同宗毒品实施犯罪的处理规则，力求处刑均衡。在新增的死缓限制减刑适用部分，《全国法院毒品案件审判工作会议纪要》明确将"量刑平衡"作为在毒品案件中激活该刑罚措施的目的之一。当然，处刑均衡也要防止量刑攀比。处刑均衡是在对个体罚当其罪基础上，综合性评判、整体性衡平的结果。因此，不同案件不能简单类比。《全国法院毒品案件审判工作会议纪要》规定，本案从犯的涉案毒品数量可能大于他案主犯，但对本案从犯的处罚并非必然重于他案主犯。确保量刑平衡。

通常而言，"刑事程序的设置与运行状况对政策的贯彻将产生很大程度的减损或增益的作用"。为从程序设计上促进处刑均衡，《全国法院毒品案件审判工作会议纪要》对关联案件的审理作出更为体系化的修正，明确规定对于共同犯罪、上下家犯罪等一般应当并案审理，对于检察机关已经分案起诉的共同犯罪或者关联犯罪案件，符合相关条件的，可以并案审理；同时《武汉会议纪要》关于分案审理的规定作出一定修改，将前提设置为因客观原因分案审理且无法并案的情形，防止不恰当分案或者能并不并，有助于通盘考虑量刑平衡问题。

2. 正确理解和执行死刑政策

死刑因剥夺权益的重要性和执行的不可恢复性，历来是刑事政策发挥作用的重要领域，从而形成针对死刑的具体刑事政策，也就是死刑政策。死刑政策是宽严相济基本刑事政策在死刑配置与适用方面的具体体现和拓展延伸。"保留死刑，严格控制和慎重适用死刑"是党和国家一以贯之的死刑政策。严格控制是在整体把握上，控制死刑的适用规模。慎重适用是在具体个案处理上，严格依照法律、依据证据，审慎决定死刑适用。这种慎重，既有实体法上死刑适用标准的把控，也有证据法上证明标准的考量。目前，《刑法》共有46个死刑罪名，走私、贩卖、运输、制造毒品罪是少有的非暴力犯罪中，死刑适用较多的罪名。毒品死刑案件同样需要接受"两大刑事政策"的规制和引导。

首先，死刑是惩治毒品犯罪的必要刑罚方法。对于毒品犯罪的社会危害分析，不能机械地从有无具体被害人着手，也不能简单地跟故意杀人等暴力型犯罪类比，而应全面深入考察。纵观全球，因毒品泛滥导致国家动乱、社会动荡、公共健康危机的国家不乏有之。历史和现实已经证明毒品泛滥的巨大危害。因此，毒品犯罪具有严重的社会危害性毋庸置疑。对于毒品犯罪，必须坚持零容忍和从严惩处方针，对于其中罪行极其严重，依法应当判处死刑的，必须坚决依法判处。

其次，要客观看待死刑对于预防、惩治毒品犯罪的作用。死刑并不是遏制毒品犯罪的唯一手段，不具有"万能"效果。毒品犯罪成因复杂，加强禁毒综合治理，萎缩毒品消费市场，才是遏制毒品犯罪的源头之举、治本之策。因此，对于毒品问题的整治，要坚持打防并举，治罪和治理并重，更加突出综合治理在禁绝毒品中的作用。因此《全国法院毒品案件审判工作会议纪要》在总体要求部分，强调各级法院要坚持能动司法，主动延伸审判职能，不断完善参与禁毒综治工作机制。在程序上，要深入推进以审判中心的刑事诉讼制度改革，严格规范审判程序，充分保障被告人诉讼权益。在证据上，要牢牢把握案件质量生命线，坚决落实证据裁判原则。

九、关于毒品数量与含量问题

在实践中，针对走私、贩卖、运输、制造、非法持有毒品罪的数量认定问题，可以参考以下几方面予以解决：（1）《刑法》及其相关司法解释明确规定定罪量刑数量标准的，按照相关标准执行；（2）对于《刑法》及其相关司法解释未明确规定的，可以参考《非法药物折算表》，综合考虑毒品的毒害性、滥用情况、受管制程度以及交易价格等因素综合认定；（3）对于既无《刑法》及其相关司法解释的明确规定，也无《非法药物折算表》的，可以委托专业机构对毒品作检测，检测其毒害性、致瘾性，并结合毒品的毒害性、滥用情况、受管制程度等其他因素，综合作出认定。

若走私、贩卖、运输、制造、非法持有两种以上毒品，在法律及其司法解释明确规定定罪量刑的标准的情况下，可将不同种类的毒品分别折算成海洛因的数量，折算后进行累计计算。根据现有证据能够认定被告人实施了毒品犯罪，但未查获毒品实物的，法院应当根据在案证据依法认定毒品数量。对于有确实、充分的证据证实毒品交易金额和单价的，可以据此认定毒品数量。对于制造毒品的，法院可以在认真调查、综合全案证据的情况下确定毒品数量，而不是单纯地依据制毒原料制成毒品率来估算毒品的数量。对于有吸毒情节的贩毒人员，一般应当按照其购买的毒品数量认定其贩卖毒品的数量。已被被告人吸食的部分毒品，不应计入被告人贩卖毒品的数量，但必须"确有证据证明"已被被告人吸食。对于毒品成品、半成品的数量应当全部认定为制造毒品的数量，废液、废料不计入制造毒品的数量。制毒废液、废料的认定，可以根据其残存毒品成分的含量、外观形态、存放的容器和位置，结合被告人对制毒过程、查获毒品疑似物性质的供述和辩解等证据进行分析判断，必要时可以听取专业机构意见。

混合型毒品，是指由毒品与非毒品物质混合所得或者由不同类型毒品之间混合而成的毒品。混合型毒品成分复杂，形态上复杂多样，并常借用一般饮料、药品的外包装，具有较高的隐秘性，买卖双方通常以各种隐晦称呼加以代指，常见的如"麻古（麻果）""神仙水""开心粉"等。对于含有二种以上毒品成分的毒品混合物，应作进一步的鉴定，确定所含的不同毒品成分及比例。对于毒品中含有海洛因、甲基苯丙胺的，应以海洛因、甲基苯丙胺分别确定其毒品种类；不含海洛因、甲基苯丙胺或者两者含量较低的，可以根据其中毒性较大的毒品成分确定其毒品种类；如果毒性相当或者难以确定毒性大小的，可以其中比例较大的毒品成分确定其毒品种类，并在量刑时综合考虑其他毒品成分、含量和全案所涉毒品数量。

十、缓刑、涉案财物处理、财产刑适用及减刑、假释

《刑法》关于缓刑的相关规定
↑$\mathcal{P}_{17}$

1. 坚持宽严相济，严格限制缓刑的适用

我国贯彻宽严相济的刑事政策，做到该宽则宽，当严则严，宽严相济，罚当其罪。依法从严惩处累犯和毒品再犯，凡是依法构成累犯和毒品再犯的，即使本次毒品犯罪情节较轻，也应体现

《最高人民法院、最高人民检察院关于常见犯罪的量刑指导意见（试行）》相关规定
↑$\mathcal{P}_{96}$

从严惩处的精神，并严格掌握缓刑的适用。对于毒品再犯，一般不得适用缓刑，对不能排除多次贩毒嫌疑的零包贩毒被告人，因认定构成贩卖毒品等犯罪证据不足而认定为非法持有毒品罪的被告人，以及引诱、教唆、欺骗、强迫他人吸毒的被告人应当严格限制缓刑适用。

2. 从严把握毒品罪犯的减刑、假释条件

对于具有犯罪集团首要分子、职业毒犯、累犯、毒品再犯等情节的毒品罪犯，要适当延长其减刑起始时间、间隔时间，严格控制减刑幅度。同时对具有犯罪集团首要分子、职业毒犯、累犯、毒品再犯等严重毒品罪犯的假释，要作出严格限制。

此外，应当严格审查毒品罪犯履行生效裁判中财产性判项的能力。对此《最高人民法院关于办理减刑、假释案件具体应用法律的规定》规定，对于确有履行能力而不履行或者不全部履行生效裁判中财产性判项的罪犯，在减刑幅度和间隔时间上需从严把握；对于生效裁判中有财产性判项，罪犯确有履行能力而不履行或者不全部履行的，不予假释。《最高人民法院、最高人民检察院、公安部、司法部关于加强减刑、假释案件实质化审理的意见》强调需严格审查罪犯履行财产性判项的能力，进一步细化了"不认定确有悔改表现"的情形。该司法指导性文件规定，严格审查罪犯履行财产性判项的能力。罪犯未履行或者未全部履行财产性判项，具有下列情形之一的，不认定罪犯确有悔改表现：（1）拒不交代赃款、赃物去向；（2）隐瞒、藏匿、转移财产；（3）有可供履行的财产拒不履行。对于前款罪犯，无特殊原因狱内消费明显超出规定额度标准的，一般不认定罪犯确有悔改表现。

《全国法院毒品案件审判工作会议纪要》参考2016年《最高人民法院关于办理减刑、假释案件具体应用法律的规定》和2021年《最高人民法院、最高人民检察院、公安部、司法部关于加强减刑、假释案件实质化审理的意见》的相关规定，对《武汉会议

纪要》中应当控制减刑的毒品罪犯的范围作了修改，增加了毒品犯罪集团首要分子，删除了毒枭、职业毒犯的表述，同时，明确规定对于确有履行能力而不履行或者不全部履行生效裁判中财产性判项的毒品罪犯，一般不认定其确有悔改表现。

3. 涉案财物处理、财产刑适用问题[①]

毒品犯罪的暴利性是导致毒品案件高发的重要原因之一。依法追缴毒品犯罪的违法所得及其收益，充分适用财产刑，是惩治毒品犯罪分子、遏制毒品犯罪的重要手段。《全国法院毒品案件审判工作会议纪要》重申了应充分运用经济手段制裁毒品犯罪的指导思想，在整合《大连会议纪要》《武汉会议纪要》等相关规定的基础上，对原有规定作出较大的增补和调整目的在于切实加大对毒品犯罪的经济制裁力度，实现涉案财物依法处理、财产刑量刑规范、执行到位。修改补充的主要内容包括：

第一，对涉案财物处理、财产刑适用提出更加严格的工作要求。一方面，要求加强证据收集、审查，在做好涉毒资产审查认定工作的基础上，依法追缴犯罪分子的违法所得及其收益。另一方面，要求充分适用财产刑并加大执行力度，确保财产刑与主刑及被告人的犯罪性质、情节、获利程度等相匹配，不能因为被告人没有财产或者其财产难以查清、难以分割、难以执行就不判处财产刑，也不能因此判处与主刑不相匹配的财产刑。

第二，依法扩大了涉毒资产的追缴范围。根据《刑事诉讼法》及其司法解释等相关规定，明确对于被告人将依法应当追缴的毒品犯罪涉案财物用于投资、置业，因此形成的财产及其收益；或者将依法应当追缴的毒品犯罪涉案财物与其他合法财产共同用于投资、置业，因此形成的财产中与涉案财物对应的份额及其收益，均应予以追缴。

[①] 摘自李睿懿等：《〈全国法院毒品案件审判工作会议纪要〉的理解与适用》，载《法律适用》2023 年第 10 期。

第三，《反有组织犯罪法》对有组织毒品犯罪的涉案财产等值没收、认定违法所得的"高度可能"证明标准问题作出规定，旨在依法严惩操纵、经营涉毒活动的黑社会性质组织、恶势力组织及毒黑交织的犯罪团伙等，强化对其经济制裁。

第四，《刑事诉讼法》《最高人民法院关于适用〈中华人民共和国刑事诉讼法〉的解释》及 2017 年《最高人民法院、最高人民检察院关于适用犯罪嫌疑人、被告人逃匿、死亡案件违法所得没收程序若干问题的规定》对重大毒品犯罪案件犯罪嫌疑人、被告人逃匿、死亡情况下，违法所得没收程序的适用及认定违法所得的"高度可能"证明标准问题作出规定。

十一、关于毒品案件自首、立功问题[①]

自首不仅反映出被告人良好的认罪态度，也大大节约了司法资源，对于毒品案件的侦破和证据收集认定更是具有独特司法价值。鉴此，《全国法院毒品案件审判工作会议纪要》规定，对自首的毒品案件被告人，一般应当依法从宽处罚；对于实践中积极响应司法机关发布的敦促投案自首通告，构成自首的被告人，应当充分考虑其投案自首行为反映出的认罪悔罪态度以及对社会和其他在逃人员的示范感召意义，给予更大幅度的从宽处罚；即使有的被告人因相关原因而未认定为自首，对其投案情节，也要尽可能地兑现政策。这有助于分化瓦解毒品犯罪分子、预防和减少毒品犯罪。

关于立功情节。《全国法院毒品案件审判工作会议纪要》首次明确了毒品犯罪立功认定的基本原则和特殊考虑。同时，根据毒品犯罪形势发展变化，在原有的几种典型立功情形的规定中，增加了新的行为方式和内容。对于其他司法解释、规范性文件已

[①] 摘自李睿懿等：《〈全国法院毒品案件审判工作会议纪要〉的理解与适用》，载《法律适用》2023 年第 10 期。

经规定的立功情形,则不再重复列举。其中,经现场指认、辨认抓获、约至指定地点抓获其他犯罪嫌疑人(包括同案犯)构成立功的情形,均源于 2010 年《最高人民法院关于处理自首和立功若干具体问题的意见》的规定,《全国法院毒品案件审判工作会议纪要》增加了通过即时视频通讯方式指认、辨认和约至指定地点的内容;配合稳控抓获的情形吸收了《大连会议纪要》的相关规定,考虑到毒品犯罪分子警惕性较高,将其约至指定地点难度较大,《全国法院毒品案件审判工作会议纪要》明确只要能够按照司法机关安排通过打电话、发信息或即时通讯警方式稳控对方,对抓获该人员起到实质性协助作用,就可以认定构成协助抓捕型立功。同时《全国法院毒品案件审判工作会议纪要》根据审判实践经验,总结了可以认定为其他有利于国家和社会的突出表现,构成立功的两种情形:一是被告人到案后规劝其他犯罪嫌疑人(包括同案犯)投案的情形,主要考虑该行为体现了被告人真诚悔罪的态度和立功赎罪的意愿,对节约司法资源、高效打击犯罪的作用不小于协助抓捕行为,同时也能促使其他犯罪嫌疑人认罪,故可认定为有利于国家、社会的突出表现。二是被告人提供线索协助查获大量案外毒品的情形.主要考虑在此种情况下,被告人的行为有效防止了大量毒品流入社会、危害他人,同时也从源头上杜绝了有人继续利用该宗毒品实施犯罪的可能性,故亦可认定为有利于国家、社会的突出表现。需要注意的是,如果有证据证明被告人在实施毒品犯罪过程中藏匿毒品,到案后又带领公安机关查获其所藏匿的毒品的,不能认定为立功。

考虑到毒品案件侦查取证工作的特殊性,对于被告人提供共同犯罪人,尤其是上下家的基本情况,或者提供犯罪前、犯罪中使用、掌握的上述人员的联络方式、藏匿地址的,根据相关规定虽不认定构成立功,但体现了被告人良好的认罪态度,且对开展延伸侦查、抓捕其他涉案人员有积极价值,故规定量刑时可酌情考虑。

关于立功情节对量刑的影响。《全国法院毒品案件审判工作会议纪要》丰富完善了《大连会议纪要》的原有规定，新增了判断"功是否足以抵罪"的具体考量因素，即以被告人的罪行严重程度和主观恶性、人身危险性为基础，结合其立功类型、价值大小等因素综合考量。

十二、毒品案件累犯、再犯

《刑法》关于累犯的规定 ↑P₁₅

《刑法》关于毒品再犯的规定 ↑P₃₄

关于累犯。根据《刑法》第六十五条规定，被判处有期徒刑以上刑罚的犯罪分子，刑罚执行完毕或者赦免以后，在五年以内再犯应当判处有期徒刑以上刑罚之罪的，是累犯，应当从重处罚，但是过失犯罪和不满18周岁的人犯罪的除外。关于毒品再犯。根据《刑法》第三百五十六条规定，只要因走私、贩卖、运输、制造、非法持有毒品罪被判过刑，不论是在刑罚执行完毕后，还是在缓刑、假释或者暂予监外执行期间，又犯《刑法》分则第六章第七节规定的犯罪的，都是毒品再犯，应当从重处罚。犯罪分子因毒品犯罪被判刑后，在缓刑、假释或者暂予监外执行期间再次实施毒品犯罪的，说明其不思悔改，主观恶性较深，人身危险性较大，理应从重处罚。

累犯和再犯是两个虽有关联，却又不同的量刑情节。毒品再犯的上位概念是再犯，再犯是理论上的概念。从逻辑上讲，累犯属于再犯的一种，但累犯又有自己的特质，二者存在以下区别：（1）罪质不同。毒品再犯的前罪与后罪仅限于毒品犯罪；累犯的前罪与后罪只要是故意犯罪即可。（2）时限不同。毒品再犯的前后罪没有时间限制；累犯是必须在前罪刑罚执行完毕或者赦免后的法定期限内实施。（3）后果不同。对于毒品再犯，《刑法》要求从重处罚，但可以使用缓刑、假释；累犯不得适用缓刑、假释。因此，毒品再犯和累犯虽源于再犯且存在竞合，但在我国《刑法》规定中，毒品再犯已经是独立于累犯制度的一种特殊规定，二者不存在隶属关系。

《全国法院毒品案件审判工作会议纪要》在《大连会议纪要》

《武汉会议纪要》基础上作了进一步补充和完善。

第一，为弥补原有规定关于再犯成立时段的缺漏，增加了"赦免后"和"缓刑考验期满后"的内容。需要说明的是，因走私、贩卖、运输、制造、非法持有毒品罪被判过刑，在服刑期间又实施毒品犯罪的，也应认定为毒品再犯，但该情况较为少见，不具典型性，故未作明确规定。

第二，新增了累犯和毒品再犯竞合的情形。《武汉会议纪要》规定了因同一毒品犯罪前科和因不同犯罪前科同时构成累犯和毒品再犯的两种竞合情形。《全国法院毒品案件审判工作会议纪要》新增了因不同现行犯罪分别构成累犯和毒品再犯的情形。累犯和毒品再犯是不同的法定从重处罚情节，成立条件不同，从重处罚幅度也存在差异。根据《最高人民法院、最高人民检察院关于常见犯罪的量刑指导意见（试行）》对于累犯应增加基准刑的10%~40%，对于毒品再犯应增加基准刑的10%~30%。《全国法院毒品案件审判工作会议纪要》考虑被告人具有不同犯罪前科或者同时犯数罪的情况，区分累犯与毒品再犯竞合的三种情形，规定分别适用不同的从重处罚规则。对于因不同现行犯罪分别构成累犯和毒品再犯的情形，《全国法院毒品案件审判工作会议纪要》规定，应当对其所犯各罪分别从重处罚后再依法数罪并罚。①

十三、主观明知的认定

毒品犯罪隐蔽性较强，犯罪分子往往具有较强的反侦查意识，到案后否认明知是毒品的情况时有发生，给证据审查认定带来困难。而明知与否直接关系罪与非罪的界定，是审理毒品案件需要重点审查的内容。

《大连会议纪要》规定，具有下列情形之一，被告人不能作

---

① 参考李睿懿等：《〈全国法院毒品案件审判工作会议纪要〉的理解与适用》，载《法律适用》2023年第10期。

出合理解释的，可以认定其"明知"是毒品，但有证据证明确属被蒙骗的除外：（1）执法人员在口岸、机场、车站、港口和其他检查站点检查时，要求行为人申报为他人携带的物品和其他疑似毒品物，并告知其法律责任，而行为人未如实申报，在其携带的物品中查获毒品的；（2）以伪报、藏匿、伪装等蒙蔽手段，逃避海关、边防等检查，在其携带、运输、邮寄的物品中查获毒品的；（3）执法人员检查时，有逃跑、丢弃携带物品或者逃避、抗拒检查等行为，在其携带或者丢弃的物品中查获毒品的；（4）体内或者贴身隐秘处藏匿毒品的；（5）为获取不同寻常的高额、不等值报酬为他人携带、运输物品，从中查获毒品的；（6）采用高度隐蔽的方式携带、运输物品，从中查获毒品的；（7）采用高度隐蔽的方式交接物品，明显违背合法物品惯常交接方式，从中查获毒品的；（8）行程路线故意绕开检查站点，在其携带、运输的物品中查获毒品的；（9）以虚假身份或者地址办理托运手续，在其托运的物品中查获毒品的；（10）有其他证据足以认定行为人应当知道的。

《全国法院毒品案件审判工作会议纪要》在吸收《大连会议纪要》等规范性文件中相关规定的基础上，对主观明知认定问题作出专节规定，明确了运用证据证明明知和运用推定认定明知的基本原则以及需要综合分析考虑的因素，并完善了推定明知的具体情形。主要修改为：①

第一，丰富完善了运用证据证明明知的原则。《全国法院毒品案件审判工作会议纪要》规定，对于被告人否认明知是毒品的案件，首先应当综合运用在案证据加以证明，并列举了据以判断明知的证据种类。其中，对于被告人体内或者贴身隐秘处藏匿毒品的情形，《大连会议纪要》将其作为推定明知内容加以规定，《全国法院毒品案件审判工作会议纪要》根据实践反映，将其调

---

① 摘自李睿懿等：《〈全国法院毒品案件审判工作会议纪要〉的理解与适用》，载《法律适用》2023年第10期。

整为运用证据认定明知的判断因素。

第二，对运用推定认定明知提出新要求。首先，《全国法院毒品案件审判工作会议纪要》强调，在综合运用在案证据仍无法证明被告人明知是毒品时，才可以运用推定来认定明知，防止盲目扩大推定适用范围。其次，新增了运用推定认定明知应当注意审查反证能否成立的提示性内容，防止不当运用推定，导致认定错误。最后，首次在规范性文件中明确，对于运用推定认定明知的案件，在决定对被告人是否适用死刑时更要特别慎重，这是坚持死刑案件最高证据标准的具体体现。

第三，对推定明知的具体情形加以完善。《全国法院毒品案件审判工作会议纪要》将《大连会议纪要》列举的10种情形修改整合为8种，特别是针对物流寄递逐渐成为毒品贩运重要方式的新特点，增加了相关内容。其中，第一项是由《大连会议纪要》第一项规定修改完善而来，增加了邮局、快递站点等场所和运输、寄递等行为方式；第二项是由《大连会议纪要》第二项、第八项规定合并而来；第三项是由《大连会议纪要》第三项规定修改完善而来，增加了藏匿、试图销毁携带的物品以及弃车逃离等行为方式；第四项是由《大连会议纪要》第六项、第七项规定合并而来；第五项是由《大连会议纪要》第九项规定修改完善而来，增加了采用虚假物品名称的手段和寄递的行为方式；第六项属于专门对指使、雇用他人运输毒品或者指使、雇用他人接收物流寄递毒品者的推定明知作出规定；第七项是由《大连会议纪要》第五项规定修改完善而来，增加了寄递物品或者代为接收物流寄递的物品等行为方式。《全国法院毒品案件审判工作会议纪要》起草过程中，有意见提出，将"故意销毁毒品、手机、电脑等物证"增加规定为推定明知情形。经研究，根据"故意销毁毒品"推定明知，某些情况下恐有重复推定之嫌，故仅在《全国法院毒品案件审判工作会议纪要》第三项中增加了"试图"销毁携带物品的规定；根据故意销毁手机、电脑等情形较难直接得出明知是毒品的推断，故未予增加。

十四、特定人员参与毒品犯罪

近年来，毒品犯罪集团为逃避处罚，组织、利用特定人员进行贩运毒品活动。由于对孕妇、哺乳期妇女等人员的监视居住、取保候审强制措施往往难以落实，致使此类犯罪活动愈演愈烈，此类案件逐年上升，成为影响我国禁毒工作成效的突出问题。2007年以来，中央社会治安综合治理委员会办公室和国家禁毒委员会对毒品危害重点地区开展了禁毒专项治理活动，积累了依法惩治特定人员参与毒品犯罪的经验。

司法实践中办理这类案件应当注意以下问题：一是要坚持宽严相济的刑事政策，严厉打击幕后组织、策划和指挥者，对组织利用、教唆孕妇、哺乳期妇女等特定人员实施毒品犯罪的，从重处罚，该判处重刑直至死刑的，坚持依法判处；对孕妇、哺乳期妇女等特定人员参与毒品犯罪情节较轻的，或者具有自首、立功、被胁迫参加犯罪、坦白等法定或者酌定从宽处罚情节的，依法予以从宽处罚。二是要积极妥善解决涉及孕妇、哺乳期妇女的案件管辖、强制措施等问题。对其可以依法采取取保候审、监视居住等强制措施，并根据被告人的具体情况和案情的变化及时变更强制措施，但不能放任不管，拖延诉讼。三是对案件事实清楚、证据确实充分，不妨碍诉讼进行的，要及时依法起诉和审理，以有效地遏制利用孕妇、哺乳期妇女等特定人员进行毒品犯罪的蔓延势头。[①]

《全国法院毒品案件审判工作会议纪要》根据宽严相济刑事政策的要求，对组织、利用特定人员实施毒品犯罪的情形和特定人员被利用诱骗参与毒品犯罪的情形，作了区别对待，要求对前者予以严惩。同时，针对实践中部分特定人员积极、反复实施毒

---

① 参见高贵君、王勇、吴光侠：《〈全国部分法院审理毒品犯罪案件工作座谈会纪要〉的理解与适用》，载《人民司法》2009年第3期。

品犯罪的情况,新增对于专门利用自身特殊身体状况积极实施毒品犯罪,或者曾在取保候审、监视居住或者暂予监外执行期间又实施毒品犯罪的特定人员,应当从严适用非羁押性强制措施和暂予监外执行的规定。

十五、对隐匿身份人员实施侦查案件的处理①

隐匿身份人员实施侦查是《刑事诉讼法》明确规定的特殊侦查措施,《刑事诉讼法》也对其适用作出规范,包括隐匿身份人员不得诱使他人犯罪。审理隐匿身份人员实施侦查的案件,应当认真审查被告人的犯意如何产生、毒品数量如何确定以及隐匿身份人员在侦查活动中所起作用。对于存在犯罪引诱情形的,应当根据犯罪引诱的内容及后果,区分不同情形加以处理。

1. 关于不存在犯罪引诱的案件

《全国法院毒品案件审判工作会议纪要》仍规定应依法处理,同时将《大连会议纪要》规定的"已持有毒品待售或者有证据证明已准备实施大宗毒品犯罪者"改为"有证据证明被告人正在准备或者已经着手实施毒品犯罪",以准确界定其适用范围。

2. 关于存在犯意引诱的案件

《全国法院毒品案件审判工作会议纪要》结合《刑事诉讼法》规定,修改完善了犯意引诱的含义。鉴于《大连会议纪要》对此类案件所采用的"量刑减让"救济模式,与 2012 年修正后的《刑事诉讼法》明确犯意引诱为非法取证手段的规定不协调,《全国法院毒品案件审判工作会议纪要》在充分听取各方意见的基础上,改为采用排除非法证据的救济模式,同时明确规定了排除非

---

① 摘自李睿懿等:《〈全国法院毒品案件审判工作会议纪要〉的理解与适用》,载《法律适用》2023 年第 10 期。

法证据的法律后果。在排除的对象上，包括隐匿身份人员向被引诱人提供的毒品、毒资，被引诱人从隐匿身份人员提供的渠道购买的毒品以及隐匿身份人员证实被引诱人实施毒品犯罪的证据材料。排除上述证据后达不到认定被引诱人有罪的证明标准的，应当依法作出证据不足、指控的犯罪不能成立的无罪判决。鉴于"双套引诱"根据当前规定已无特殊评价意义，故不再专门规定。

3. 关于存在数量引诱的案件

《全国法院毒品案件审判工作会议纪要》对《大连会议纪要》的规定作了修改：一是进一步规范了数量引诱的含义。二是在应当从轻处罚前增加了"一般"二字，主要考虑如果被告人原本意图实施的毒品犯罪数量已超过实际掌握的死刑适用数量标准，且论罪应处死刑的，即使其因为受到数量引诱而实施了更大数量的毒品犯罪，通常也无从轻处罚的空间。三是新增提示性规定即对于因受"数量引诱"而实施了对应更高量刑幅度或刑种的毒品犯罪的被告人，在量刑时更应充分体现从宽。

4. 关于存在间接引诱的案件

《大连会议纪要》规定了被告人受间接引诱实施毒品犯罪案件的处理原则，但没有明确间接引诱的含义。《全国法院毒品案件审判工作会议纪要》首次规定了间接引诱的含义，以强化对审判实践的指导。在类型上，间接引诱应既包括犯意引诱，也包括数量引诱。人员范围方面，共同犯罪人和贩卖毒品的上下家均可以受到间接引诱。

此外，针对实践中其他不规范使用隐匿身份人员实施侦查的情形，《全国法院毒品案件审判工作会议纪要》也作了原则性规定，系新规定。

十六、规范毒品名称表述的基本原则[①]

第一条基本原则确定，毒品名称表述应当以毒品的化学名称为依据，不再直接使用俗称。由于《刑法》、司法解释及相关规范性文件与《麻醉药品品种目录》《精神药品品种目录》对部分毒品的化学名称规定不尽一致，前者更符合法律语言要求，故应优先以《刑法》、司法解释及相关规范性文件规定的毒品名称为表述依据。《刑法》、司法解释及相关规范性文件没有规定的，可以参照《麻醉药品品种目录》《精神药品品种目录》中的毒品名称进行表述。

第二条基本原则确定了混合型毒品的名称表述方法。混合型毒品的名称表述直接关系到毒品的种类认定和定罪量刑数量标准的确定。该原则规定，对于混合型毒品，应当以其中一种主要的毒品成分确定毒品种类，并根据其具体形态进行客观表述。司法实践中通常以定罪量刑数量标准较低（即处罚更重）的毒品成分确定混合型毒品的种类，2008年印发的《全国部分法院审理毒品犯罪案件工作座谈会纪要》也采用了这种做法，这不仅有利于从严惩处毒品犯罪分子，也便于司法操作。由于海洛因、甲基苯丙胺的定罪量刑标准低、社会危害大，混合型毒品中含有海洛因、甲基苯丙胺的，一般应当以海洛因、甲基苯丙胺确定其毒品种类。对于不含海洛因、甲基苯丙胺，或者海洛因、甲基苯丙胺的含量极低的（固体2%、液体0.005%以下，即痕量），以其他定罪量刑数量标准较低但含量并非极低的毒品成分确定其毒品种类，有两种以上毒品成分的定罪量刑数量标准较低且标准相同的，以其中所占比例较大的毒品成分确定其毒品种类。比如，片剂状混合型毒品中含有甲基苯丙胺和咖啡因成分的，如果甲基苯

《最高人民法院、最高人民检察院、公安部关于规范毒品名称表述若干问题的意见》P61~64

[①] 参见高贵君、马岩、李静然：《最高人民法院、最高人民检察院、公安部〈关于规范毒品名称表述若干问题的意见〉的理解与适用》，载《人民法院报》2014年9月17日第6版。

丙胺的含量并非极低，应当表述为甲基苯丙胺片剂；片剂状毒品中含有甲基苯丙胺、氯胺酮和咖啡因成分的，如果甲基苯丙胺的含量极低，而氯胺酮的含量并非极低的，应当表述为氯胺酮片剂。混合型毒品成分复杂的，可以用括号注明其中定罪量刑数量标准较低或者所占比例较大的一至二种毒品成分，以全面反映毒品性质，如表述为含氯胺酮（咖啡因、地西泮等）成分的液体。

第三条基本原则确定了毒品常见俗称的表述方法。实践中，多数犯罪嫌疑人、被告人并不了解毒品的规范化学名称和混合型毒品的具体成分，所供述的通常是毒品的俗称，如"麻古""K粉"等。为防止犯罪嫌疑人、被告人及其辩护人对文书中认定的相关事实提出异议，也为了体现与犯罪嫌疑人、被告人供述的对应性，可以在文书中第一次表述该类毒品时用括号注明犯罪嫌疑人、被告人供述的毒品常见俗称，如表述为甲基苯丙胺片剂（俗称"麻古"）。

十七、几类毒品的名称表述[①]

1. 含甲基苯丙胺成分的毒品

最高人民法院、最高人民检察院、公安部于2014年8月20日联合发布了《关于规范毒品名称表述若干问题的意见》，其中规定了含甲基苯丙胺成分的晶体状毒品，以甲基苯丙胺为主要成分的片剂状毒品，含甲基苯丙胺成分的液体、固液混合物、粉末等的名称表述问题。

（1）含甲基苯丙胺成分的晶体状毒品的名称表述。该类毒品的化学成分为甲基苯丙胺盐酸盐，实践中多称之为冰毒。冰毒是基于甲基苯丙胺盐酸盐的外观特征对其的一种称谓，来源于英文

---

① 参见高贵君、马岩、李静然：《最高人民法院、最高人民检察院、公安部〈关于规范毒品名称表述若干问题的意见〉的理解与适用》，载《人民法院报》2014年9月17日第6版。

ICE 的意译，并不是这种毒品的化学名称。《刑法》条文中虽有关于冰毒的表述，但相关司法解释和规范性文件中则很少使用，故将这种毒品直接表述为冰毒并不十分规范。同时，甲基苯丙胺存在盐和碱两种形态，甲基苯丙胺盐酸盐为晶体，甲基苯丙胺碱则为油状液体（实践中并不常见），因此也不宜用甲基苯丙胺单独指代晶体状的甲基苯丙胺盐酸盐。该意见规定，将该类毒品表述为甲基苯丙胺，并用括号注明系冰毒，既反映了毒品的化学成分，又说明仅指晶体状的甲基苯丙胺盐酸盐，且与《刑法》对该类毒品的表述方式一致。根据案件具体情况，可以在文书中第一次出现时表述为甲基苯丙胺（冰毒），再次出现时直接表述为甲基苯丙胺，以使行文简洁。

（2）以甲基苯丙胺为主要成分的片剂状毒品的名称表述。该类毒品由甲基苯丙胺、咖啡因、香料、色素等成分混合而成，其中最主要的毒品成分为甲基苯丙胺。当前，法律文书中多将其表述为"麻古"或者"麻果"，也有的直接表述为甲基苯丙胺。经研究，以上两种表述方式都欠妥当，理由是：第一，"麻古"或者"麻果"来源于泰语音译，系犯罪分子对该类毒品的俗称，既不能体现其化学成分，也不是《刑法》、司法解释中使用的称谓。并且，各地表述存在差异，有的地区称之为"麻古"，有的地区称之为"麻果"，还有的地区称之为"缅果"。故不宜将该类毒品表述为"麻古"或者"麻果"等。第二，该类毒品中的甲基苯丙胺含量通常在5%至25%之间，大大低于晶体状的甲基苯丙胺（含量通常在50%至100%之间）。在数量相同的情况下，两者的有效毒品成分和社会危害存在一定差异。故不宜将该类毒品直接表述为甲基苯丙胺。近年来，国家禁毒委员会的官方文件中将该类毒品称为冰毒片剂，联合国毒品与犯罪问题办公室（UNODC）的官方文件中将其表述为"Methamphetamine tablet"（甲基苯丙胺片剂）。这种"主要毒品成分+片剂"的表述方法既反映出混合型毒品中最主要的毒品成分，也体现出该类毒品在形态、含量上与晶体状甲基苯丙胺的区别，值得借鉴。而且，相对于冰毒片剂，甲基苯丙胺片剂的表述方法直接体现了毒品的化学成分，更为严谨和规范。由于犯罪嫌疑人、被告人多供述为"麻古""麻果"或者其他俗称，故可以在文书中第一次表述该类毒品时用括号注明，如表述为甲基苯丙胺片剂（俗称"麻古"）等。

（3）含甲基苯丙胺成分的液体、固液混合物、粉末等的名称表述。在制造甲基苯丙胺（冰毒）犯罪中，除查获毒品成品外，往往还会查获大量含有甲基苯丙胺成分的液体、固液混合物、块状物、粉末状物等非常态物质。这些物质通常是制毒过程中产生的半成品、废液废料，也可能是用于加工甲基苯丙胺片剂的原料。由于有时难以准确界定上述物质的性质，故在法律文书中既不能将其直接等同于甲基苯丙胺成品，也不宜明确界定其属于毒品半成品、废液废料或者是加工原料，而应根据其毒品成分和具体形态进行客观表述，如表述为含甲基苯丙胺成分的液体、含甲基苯丙胺成分的粉末等。

2. 含氯胺酮成分的毒品

《最高人民法院、最高人民检察院、公安部关于规范毒品名称表述若干问题的意见》还规定了含氯胺酮成分的粉末状毒品，以氯胺酮为主要成分的片剂状毒品，含氯胺酮成分的液体、固液混合物等的名称表述问题。

（1）含氯胺酮成分的粉末状毒品的名称表述。氯胺酮的外观为白色晶体粉末，实践中多将其表述为"K粉"或者"K"粉。对于常态粉末状的该类毒品，应统一使用其化学名称，表述为氯胺酮。如果犯罪嫌疑人、被告人供述为"K粉"等俗称的，可以在文书中第一次出现时用括号注明，如表述为氯胺酮（俗称"K粉"）等。

（2）以氯胺酮为主要成分的片剂状毒品的名称表述。毒品市场上存在一些以氯胺酮为主要成分，同时添加其他毒品、非毒品成分的片剂状毒品。实践中对该类毒品的名称表述非常不规范，有的甚至表述为"摇头丸"，混淆了不同毒品的性质。对于以氯胺酮为主要成分的片剂状毒品，也应当采用前述"主要毒品成分+片剂"的表述方法，统一表述为氯胺酮片剂。

（3）含氯胺酮成分的液体、固液混合物等的名称表述。在制造氯胺酮犯罪中，常常会查获含有氯胺酮成分的液体、固液混合物等。对于这些含有氯胺酮成分的非常态物质，应当根据其毒品成分和具体形态进行客观表述，如表述为含氯胺酮成分的液体、含氯胺酮成分的固液混合物等。

3. 含MDMA等成分的毒品

"摇头丸"是指以3，4-亚甲二氧基甲基苯丙胺（MDMA）、3，4-亚甲二氧基苯丙胺（MDA）或者3，4-亚甲二氧基乙基苯丙胺（MDEA）为主要成分的片剂、丸剂或胶囊类毒品。部分"摇头丸"中还掺杂有氯胺酮成分，属于致幻性苯丙胺类兴奋剂。近年来，我国实际查获"摇头丸"的案件数量不多，但实践中多将不含MDMA、MDA、MDEA等成分的丸状、片剂状毒品不加区分地称为"摇头丸"，导致这一称谓被滥用，也给毒品的性质和数量认定带来困难，确有必要加以规范。根据规范毒品名称表述的基本原则，对于此类混合型毒品，应当根据其主要毒品成分和具体形态认定毒品种类、确定名称。按照法律语言的要求，文书中不宜直接使用其主要毒品成分的英文名称缩写，而应使用中文化学名称。但是，此类毒品的中文化学名称较为复杂，在文书中反复出现会影响表述的简洁性，故可以在第一次表述该类毒品时在中文化学名称后注明其英文缩写简称，下文中使用其简称即可。如表述为3，4-亚甲二氧基甲基苯丙胺片剂（以下简称MDMA片剂）、3，4-亚甲二氧基苯丙胺片剂（以下简称MDA片剂）、3，4-亚甲二氧基乙基苯丙胺片剂（以下简称MDEA片剂）等。需要说明的是，对于MDMA、MDA、MDEA等毒品的中文化学名称，我们专门听取了公安部物证鉴定中心毒品检验技术处和国家毒品实验室有关专家的意见。专家指出，麻精药品品种目录及2007年最高人民法院、最高人民检察院、公安部联合制定的

《最高人民法院、最高人民检察院、公安部关于规范毒品名称表述若干问题的意见》↑P63

《办理毒品犯罪案件适用法律若干问题的意见》中对上述毒品的名称表述均不够规范，其中的二亚甲基双氧安非他命不仅指MDMA，还涵盖了其他化学成分相近但不属于毒品的物质，如5,6-亚甲二氧基甲基苯丙胺，故不宜采用。我们根据专家的一致意见，采用了3,4-亚甲二氧基甲基苯丙胺（MDMA）、3,4-亚甲二氧基苯丙胺（MDA）、3,4-亚甲二氧基乙基苯丙胺（MDEA）等更为规范、准确的化学名称。同样，如果犯罪嫌疑人、被告人供述为"摇头丸"等俗称的，可以在文书中第一次表述该类毒品时用括号注明，如表述为3,4-亚甲二氧基甲基苯丙胺片剂（以下简称MDMA片剂，俗称"摇头丸"）等。

4."神仙水"类毒品

"神仙水"是一种新类型混合型毒品的俗称，近年来在全国各地均出现滥用，危害范围较广。"神仙水"本身没有固定的成分、含量标准，且在我国不同地区成分和含量差异较大。根据国家毒品实验室掌握的情况，"神仙水"以氯胺酮为主要成分，但含量不固定，同时添加咖啡因、地西泮、曲马多等多种毒品成分，个别还含有甲基苯丙胺或者MDMA。由于"神仙水"的称谓本身不具有代表性，随意使用该俗称会导致同一毒品名称在不同案件中指代的毒品成分不同，故应当根据该类毒品的主要毒品成分和具体形态确定名称。如果该类毒品中不含甲基苯丙胺成分或者甲基苯丙胺的含量极低，所含其他毒品成分中氯胺酮的定罪量刑数量标准最低但含量并非极低的，应当表述为含氯胺酮成分的液体。必要时，可以注明其中所含的另外一至二种定罪量刑数量标准较低或者所占比例较大的毒品成分，如表述为含氯胺酮（地西泮、咖啡因等）成分的液体等。如果犯罪嫌疑人、被告人供述为"神仙水"等俗称的，可以在文书中第一次表述该类毒品时用括号注明，如表述为含氯胺酮（地西泮、咖啡因等）成分的液体（俗称"神仙水"）等。

《最高人民法院、最高人民检察院、公安部关于规范毒品名称表述若干问题的意见》
↑P63

5. 大麻类毒品

大麻属于传统毒品。大麻叶是指大麻植物的叶、茎等，大麻植物的果实、花粉、叶、茎中均含有大麻脂，对大麻植物进行提取可以获得大麻脂（固体），从大麻脂中可以提炼出大麻油（液体），大麻烟是指大麻植物做成的香烟。大麻类毒品中对神经系统起作用的主要成分为四氢大麻酚，也包括其降解产物大麻二酚和大麻酚等天然大麻素类物质。大麻植物的不同部位及利用大麻植物不同部位制取的不同大麻制品中，天然大麻素类物质的含量均有差别且不固定。因此，对于经鉴定含四氢大麻酚、大麻二酚、大麻酚等天然大麻素类物质的毒品，可以根据其外观分别表述为大麻叶、大麻脂、大麻油或者大麻烟等。

十八、制毒物品的认定

"制毒物品"是指《刑法》第三百五十条第一款规定的醋酸酐、乙醚、三氯甲烷或者其他用于制造毒品的原料或者配剂，具体品种范围按照国家关于易制毒化学品管理的规定确定。制毒物品属于国家限制流通物，具有易制毒及一般化学原料的双重属性，其危害性是潜在的、不确定的。很多制毒物品既可以作为毒品制造原料，但同时又是一般工农业生产和科研常用的化学原料。比如，非法买卖的麻黄碱，既是制造"冰"毒的主要原料，同时又是医药上常用的支气管扩张剂（咳嗽药）。判断某种物品是否为制毒物品，应当依据国家相关法律、行政法规的规定。国家相关法律、行政法规未规定为制毒物品的，即使该物品可以用于制造毒品，亦不能将其认定为制毒物品。

《云南省禁毒委员会关于加强可制毒物品管理的通告》指出，可制毒物品，包括以下几类：（1）《易制毒化学品管理条例》中38种易制毒化学品；（2）《向特定国家（地区）出口易制毒化学品暂行管理规定》中其他17种易制毒化学品；（3）其他可用于制毒的 18 种非列管化学品；（4）反应釜、离心机、制冷压缩机、压片机。

十九、非法买卖制毒物品行为[①]

1. 非法买卖制毒物品行为的认定

认定非法买卖制毒物品行为，应当注意把握两点：一是违反国家规定，这里一般指违反全国人大常委会制定的《禁毒法》和国务院制定的《易制毒化学品管理条例》等法律、行政法规的有关规定。二是犯罪嫌疑人或者被告人有《最高人民法院、最高人民检察院、公安部关于办理制毒物品犯罪案件适用法律若干问题的意见》第一条第二款列举的具体行为。

我国对易制毒化学品的生产、经营、购买、运输和进出口实行严格的分类管理和许可、备案制度。根据《易制毒化学品管理条例》的规定，易制毒化学品分为三类，其管制程度不尽相同。购买或者销售第一类可以用于制毒的主要原料的易制毒化学品的，须经相关行政主管部门审批，取得许可证后进行；购买或者销售第二类、第三类可以用于制毒的化学配剂的易制毒化学品的，须按规定向相关行政主管部门备案。《最高人民法院、最高人民检察院、公安部关于办理制毒物品犯罪案件适用法律若干问题的意见》采取列举的方式，对于如何认定非法买卖制毒物品行为作出了规定。第一项至第四项情形都是围绕许可或者备案的要求作出的规定。

第一项未经许可或者备案，擅自购买、销售易制毒化学品的情形，是依照《易制毒化学品管理条例》第三十八条、《易制毒化学品购销和运输管理办法》第三十条、《非药品类易制毒化

[①] 参见高贵君、王勇、吴光侠、王光坤：《〈关于办理制毒物品犯罪案件适用法律若干问题的意见〉的理解与适用》，载《人民司法》2009 年第 15 期。

品生产、经营许可办法》第二十九条规定作出的。

第二项超出许可证明或者备案证明的品种、数量范围购买、销售易制毒化学品的情形，是针对第一项内容作出的补充性规定，基本对应《易制毒化学品管理条例》第四十条、《易制毒化学品购销和运输管理办法》第三十一条、《非药品类易制毒化学品生产、经营许可办法》第三十条的规定。在易制毒化学品的许可证明或者备案证明中，载明了允许购买或者销售易制毒化学品的品种及其数量范围，超出的部分应当以未经许可或者备案论处。

第三项使用他人的或者伪造、变造、失效的许可证明或者备案证明购买、销售易制毒化学品的情形，基本对应《易制毒化学品管理条例》第三十八条、《易制毒化学品购销和运输管理办法》第三十条、《非药品类易制毒化学品生产、经营许可办法》第二十九条的规定。

第四项经营单位违反规定，向无购买许可证明、备案证明的单位、个人销售易制毒化学品的，或者明知购买者使用他人的或者伪造、变造、失效的购买许可证明、备案证明，向其销售易制毒化学品的情形，基本对应《易制毒化学品管理条例》第十八条、《易制毒化学品购销和运输管理办法》第十条的规定。

第五项以其他方式非法买卖易制毒化学品的情形，是为了应对实践中复杂多变的案件情况而规定的兜底条款。比如，使用单位或者个人未经批准擅自将易制毒化学品转入销售渠道，或者使用大量现金或者实物进行易制毒化学品交易的等。

需要指出的是，该条是关于如何认定非法买卖制毒物品行为的规定，行为人实施了非法买卖制毒物品行为，不一定构成制毒物品犯罪。因为是否构成制毒物品犯罪，不仅要有非法买卖制毒物品行为，还要考虑其他方面，如行为人达到刑事责任年龄且具有刑事责任能力，主观方面具有明知，达到《最高人民法院、最高人民检察院、公安部关于办理制毒物品犯罪案件适用法律若干问题的意见》规定的定罪量刑数量标准等。

《易制毒化学品管理条例》第十八条、第三十八条、第四十条
↑$\mathscr{P}_{258\sim259、264\sim265}$

《易制毒化学品购销和运输管理办法》第十条、第三十条、第三十一条
↑$\mathscr{P}_{351、356}$

《非药品类易制毒化学品生产、经营许可办法》第二十九条、第三十条
↑$\mathscr{P}_{367}$

2. 非法买卖制毒物品行为构成犯罪的例外规定

易制毒化学品具有双重性，既可能被用于制造毒品，又可以被大量应用于工农业生产和人们的日常生活，所以对易制毒化学品违法犯罪活动的打击，不能影响到正常的生产、生活需要。实践中存在能够办理许可证明或者备案证明，由于种种原因未及时办理，而实施了购买、销售易制毒化学品的行为，且实际用于正常的生产、生活需要。对这种行为，符合《刑法》第十三条但书规定的，可认为情节显著轻微危害不大，不认为是犯罪。故《最高人民法院、最高人民检察院、公安部关于办理制毒物品犯罪案件适用法律若干问题的意见》规定："易制毒化学品生产、经营、使用单位或者个人未办理许可证明或者备案证明，购买、销售易制毒化学品，如果有证据证明确实用于合法生产、生活需要，依法能够办理只是未及时办理许可证明或者备案证明，且未造成严重社会危害的，可不以非法买卖制毒物品罪论处。"

适用该例外规定时，需要注意不以非法买卖制毒物品罪论处的行为必须同时符合两个条件：一是确因生产、生活需要，依法能够办理只是未及时办理许可或备案证明。二是未造成严重社会危害后果，即购买、销售易制毒化学品的行为没有产生严重的危害后果，社会危害性不大。

该款未对购买、销售易制毒化学品的数量作出规定，应该说达到了易制毒化学品犯罪定罪量刑的数量标准，但由于出现了例外情形，可不以非法买卖制毒物品罪论处。比如，少量购买、销售易制毒化学品，达不到《最高人民法院、最高人民检察院、公安部关于办理制毒物品犯罪案件适用法律若干问题的意见》关于易制毒化学品犯罪要求的定罪量刑数量标准的，自然不构成犯罪。应当注意，该款规定仅适用于非法买卖制毒物品行为，对于走私易制毒化学品的行为，即使确有证据证明用于生产、生活需要，也可能构成走私制毒物品罪。需要说明的是，第一条第二款第二项规定"超出许可证明或者备案证明的品种、数量范围购

《最高人民法院、最高人民检察院、公安部关于办理制毒物品犯罪案件适用法律若干问题的意见》相关规定 ↑ P_{68}

买、销售易制毒化学品的"情形,属于非法买卖制毒物品的行为。如果有证据证明确实用于合法生产、生活需要,依法能够办理只是未及时办理许可证明或者备案证明,且未造成严重社会危害的,根据第一条第三款的规定和举重以明轻的解释原理,当然也可不以非法买卖制毒物品罪论处。

二十、非法制造易制毒化学品行为的处罚[①]

《刑法》第三百五十条规定了非法买卖制毒物品罪和走私制毒物品罪两个罪名,而没有将非法制造制毒物品行为入罪。在调研过程中,我们发现近年来由于司法机关加大了对毒品犯罪的打击力度,部分犯罪分子将犯罪手段前移,转向非法制造易制毒化学品,先获得易制毒化学品,再利用易制毒化学品制造毒品或者将易制毒化学品非法卖出牟利。司法实践中,有些案件虽然收集到行为人采用生产、加工、提炼等方法非法制造易制毒化学品的证据,但是由于行为人尚未实施走私或者非法买卖行为,或者无法收集到走私、非法买卖制毒物品的证据,致使对这类案件难以用刑法手段打击,成为一个多年来困扰办案人员的难题,影响了打击毒品犯罪的力度。从调研中掌握的情况分析,行为人采用生产、加工、提炼等方法非法制造易制毒化学品的,一般情况是为进一步实施毒品犯罪作准备。但是,按照目前《刑法》的规定,单就非法制造易制毒化学品行为本身而言不构成犯罪,除非是为其他犯罪作准备。

为体现我国一贯严厉打击毒品犯罪的立场,对非法制造易制毒化学品的源头行为有必要依法惩治。根据《刑法》第二十二条第一款"为了犯罪,准备工具、制造条件的,是犯罪预备"的规定,对行为人采用生产、加工、提炼等方法非法制造易制毒化学

[①] 参见高贵君、王勇、吴光侠、王光坤:《〈关于办理制毒物品犯罪案件适用法律若干问题的意见〉的理解与适用》,载《人民司法》2009年第15期。

品的，按照其不同目的，属于为实施相关犯罪制造条件的预备行为，可以分别以制造毒品、走私制毒物品、非法买卖制毒物品的预备行为论处。故《最高人民法院、最高人民检察院、公安部关于办理制毒物品犯罪案件适用法律若干问题的意见》规定，对上述行为，根据《刑法》第二十二条的规定，按照其制造易制毒化学品的不同目的，分别以制造毒品、走私制毒物品或者非法买卖制毒物品的预备行为论处。

至于具体办案中如何处理，应当注意把握以下几点：一是依照《刑法》第二十二条第二款的规定，对于预备犯，可以比照既遂犯从轻、减轻处罚或者免除处罚。司法机关应当以宽严相济刑事政策为指导，按照预备犯的规定依法处理，以避免产生打击面过宽的问题。二是如果非法制造易制毒化学品只是制造毒品的一个环节，行为人是为了进一步制造毒品，由于其已经开始实施制造毒品行为，但尚未制造出粗制毒品或者半成品的，就可认定为制造毒品未遂，而不是预备。三是如果为他人制造毒品而提供易制毒化学品的，由于其明知他人制造毒品而提供，则应按照《刑法》第三百五十条第二款的规定，以制造毒品罪的共犯论处。如果明知他人实施走私或者非法买卖制毒物品犯罪，而为其运输、储存、代理进出口或者以其他方式提供便利的，则应按照《最高人民法院、最高人民检察院、公安部关于办理制毒物品犯罪案件适用法律若干问题的意见》关于制毒物品犯罪的认定中第一条第五款的规定，以走私或者非法买卖制毒物品罪的共犯论处。

二十一、毒品犯罪案件的管辖

1. 毒品犯罪的犯罪地、被告人居住地的范围[①]

由于不少毒品犯罪往往包括走私、制造、运输、贩卖等多个环节，每个环节都有可能涉及不同的地域，而且毒品犯罪大多是共同犯罪，参与犯罪的多个被告人也可能来自不同的地区，因此，最高人民法院、最高人民检察院、公安部于2007年12月18日印发了《办理毒品犯罪案件适用法律若干问题的意见》，规定毒品犯罪的地域管辖，应当坚持《刑事诉讼法》规定的以犯罪地管辖为主、被告人居住地管辖为辅的原则。但是，考虑到毒品犯罪的特殊性和毒品犯罪的侦查体制，有必要根据《刑事诉讼法》的管辖规定，结合毒品犯罪的特殊情况，对犯罪地、被告人居住地作进一步解释。简言之，犯罪地既可以包括犯罪预谋地、毒资筹集地、交易进行地、毒品制造地，也可以包括毒资、毒赃、毒品藏匿地、转移地，走私或贩运毒品途经地、目的地以及犯罪嫌疑人被抓获地等。被告人居住地不仅包括被告人常住地、户籍地，也包括其临时居住地。[②] 因此，在确定侦查机关的管辖问题时，应认真研究案件事实和在案证据，特别是注意审查犯罪嫌疑人、被告人的供述和辩解，准确处理案件的管辖问题。

《刑法》第六条
↑$\mathscr{P}_5$

《最高人民法院、最高人民检察院、公安部关于办理毒品犯罪案件适用法律若干问题的意见》相关规定
↑$\mathscr{P}_{64\sim65}$

---

① 参见高贵君、王勇、吴光侠：《〈办理毒品犯罪案件适用法律若干问题的意见〉的理解与适用》，载《人民司法》2008年第5期。
② 参见《最高人民法院、最高人民检察院、公安部关于办理毒品犯罪案件意见》第一条、《全国部分法院审理毒品犯罪案件工作座谈会纪要》第十一部分，以及《全国法院毒品案件审判工作会议纪要》。此外，《全国法院毒品案件审判工作会议纪要》新增了关于网络涉毒犯罪管辖问题的规定。《全国法院毒品案件审判工作会议纪要》针对当前网络涉毒犯罪的新形势，根据《最高人民法院关于适用〈中华人民共和国刑事诉讼法〉的解释》第二条的相关规定，结合毒品犯罪特点，新增了对此类案件管辖的补充性规定。其中，被害人使用的信息网络系统所在地主要适用于引诱、教唆、欺骗他人吸毒罪。

2. 跨区域毒品案件的管辖问题

实践中，有的毒品犯罪行为往往涉及几个省、市、自治区，而且多名共同作案人往往会来自不同的居住地。依照《刑事诉讼法》和《最高人民法院、最高人民检察院、公安部关于办理毒品犯罪案件适用法律若干问题的意见》的前述规定，所涉及地域的有关司法机关对这些毒品犯罪案件均有管辖权，从而可能造成拥有管辖权的司法机关之间的争议或者推诿，影响及时追赃、缉捕犯罪嫌疑人，影响及时起诉和审判，甚至产生拖延诉讼、超期羁押的现象。为解决这一问题，《最高人民法院、最高人民检察院、公安部关于办理毒品犯罪案件适用法律若干问题的意见》规定，公安机关对侦办的跨区域毒品犯罪案件的管辖权有争议的，应本着有利于查清犯罪事实、有利于诉讼、有利于保障案件侦查安全的原则，认真协商解决。经协商无法达成一致的，报共同的上级公安机关指定管辖。为保证及时结案，避免超期羁押，对已进入审查起诉、审判程序的案件，被告人及其辩护人提出管辖异议或者司法机关发现没有管辖权的，受理案件的法院、检察院应当报请其上级机关依照《刑事诉讼法》规定的精神指定管辖，不再自行移送管辖。对即将侦查终结的跨省（自治区、直辖市）重大毒品案件，必要时可由公安部协商最高人民法院和最高人民检察院指定管辖。

3. 关联案件的并案审理

《全国法院毒品案件审判工作会议纪要》对关联案件的并案审理作了更为体系化的规定。其一，根据毒品犯罪的特殊性，对于共同犯罪、上下家犯罪等应当并案审理，旨在通过一体打击，确保量刑均衡、涉毒资产追到位。同时，从有利于查明案件事实的角度，规定了其他关联犯罪可以并案审理的情形。其二，根据《最高人民法院关于适用〈中华人民共和国刑事诉讼法〉的解释》第二百二十条第二款规定，检察机关分案起诉的毒品共同犯罪或者关联犯罪件,在符合相关条件的情况下,人民法院可以决定并案审理。其三,对《武汉会议纪要》关于分案审理的规定作了一定修改,将前提设置为因客观原因分案审理且无法并案的情形,同时根据《最高人民法院关于适用〈中华人民共和国刑事诉讼法〉的解释》第二百二十条第二款的规定,提示分案审理不得影响当事人质证权等诉讼权利的行使。例如,对于分案审理的共同犯罪案件,即使同犯罪人因相关原因确实无法出庭,也应对其供述和辩解进行举证、质证,而不能仅质证另案裁判文书。

4. 孕妇、哺乳期妇女毒品犯罪案件的处理问题

近年来,一些毒品犯罪集团为了逃避处罚,大肆组织、雇佣孕妇、哺乳期妇女进行毒品犯罪活动。由于对孕妇、哺乳期妇女的监视居住、取保候审等强制措施往往落实不到位,致使其反复进行毒品犯罪,造成此类犯罪活动愈演愈烈,呈逐年上升趋势,成为影响我国禁毒工作成效的突出问题。对此,《最高人民法院、最高人民检察院、公安部关于办理毒品犯罪案件适用法律若干问题的意见》规定,对怀孕、哺乳期妇女走私、贩卖、运输毒品的案件,查获地公安机关认为移交其居住地管辖更有利于采取强制措施和查清犯罪事实的,可以报请共同的上级公安机关批准,移送其居住地公安机关办理,查获地公安机关应继续配合。

司法实践中办理这类案件还应当注意以下问题:一是要贯彻宽严相济的刑事政策,严厉打击幕后组织、策划和指挥者,对组织利用、教唆孕妇、哺乳期妇女走私、贩卖、运输、制造毒品的,从重处罚;对孕妇、哺乳期妇女参与毒品犯罪情节较轻的,或者具有自首、立功、被胁迫参加犯罪、坦白等法定或者酌定从宽处罚情节的,依法予以从宽处罚。二是要积极妥善解决涉及孕妇、哺乳期妇女的案件管辖、强制措施等问题。对其可以依法采取取保候审、监视居住等强制措施,并根据被告人的具体情况和案情的变化及时变更强制措施,但不能放任不管,拖延诉讼。三是对案件事实清楚、证据确实充分,不妨碍诉讼进行的,要及时

《最高人民法院、最高人民检察院、公安部关于办理毒品犯罪案件适用法律若干问题的意见》相关规定
↑P_{65}

依法起诉和审理，以有效地遏制利用孕妇、哺乳期妇女进行毒品犯罪的蔓延势头。

二十二、走私、非法买卖麻黄碱类复方制剂等行为的定性[①]

最高人民法院、最高人民检察院、公安部于2012年6月18日联合发布的《关于办理走私、非法买卖麻黄碱类复方制剂等刑事案件适用法律若干问题的意见》第一部分共5款，主要解决走私、非法买卖麻黄碱类复方制剂等行为的定性问题。

第一款规定的是按照制造毒品罪定罪处罚的情形。麻黄碱类复方制剂可用于加工、提炼麻黄碱类制毒物品，作为制造甲基苯丙胺等苯丙胺类毒品的主要原料。行为人以其本人利用麻黄碱类复方制剂加工、提炼制毒物品制造毒品为目的，购买麻黄碱类复方制剂，或者为了在境内外加工、提炼制毒物品制造毒品而运输、携带、寄递麻黄碱类复方制剂进出境的，均属于为制造毒品创造条件、准备制毒原料的行为，应当按照制造毒品罪定罪处罚。但是，如果不能证明行为人有制造毒品目的的，不能认定为制造毒品罪。本款中的客观行为表述为购买麻黄碱类复方制剂，或者运输、携带、寄递麻黄碱类复方制剂进出境，主要基于以下两点考虑：第一，麻黄碱类复方制剂属于常用药品，且销售终端主要为零售药店，实践中存在以制造毒品或者走私、非法买卖制毒物品为目的，采用合法手段购买麻黄碱类复方制剂的情形，但对此也应当追究刑事责任。比如，在"购买"前使用"非法"二字，则会导致无法有效打击以合法形式掩盖非法目的此类行为。第二，目前我国对麻黄碱类复方制剂的进出口管制相对宽松，麻黄碱类复方制剂既不属于国家禁止或者限制进出口的药

[①] 参见高贵君、马岩、李静然：《〈关于办理走私、非法买卖麻黄碱类复方制剂等刑事案件适用法律若干问题的意见〉的理解与适用》，载《人民司法》2012年第17期。

品，出口此类药品也不需要缴纳关税，只有进口环节需要缴纳进口关税和进口环节海关代征的增值税。在这种情况下，按照《海关法》的规定，只有逃避海关监管，偷逃应纳税款，运输、携带、寄递麻黄碱类复方制剂进境的行为才能够认定为走私行为。而对于大量存在的逃避海关监管，运输、携带、寄递麻黄碱类复方制剂出境的行为，仅作为违反海关监管规定的行为处理，不认定为走私行为。因此，如将运输、携带、寄递麻黄碱类复方制剂进出境表述为走私麻黄碱类复方制剂，则会将一大批虽然非法但不构成走私或者形式合法的运输、携带、寄递麻黄碱类复方制剂出境行为排除在外，不利于有效惩治此类犯罪。据了解，相关单位将出台有关文件，对向墨西哥、新西兰、缅甸等特定国家出口麻黄碱类复方制剂实行许可证管理。今后违反规定运输、携带、寄递麻黄碱类复方制剂至所列特定国家的，也将被认定为走私行为。

第二款规定的是按照非法买卖制毒物品罪、走私制毒物品罪定罪处罚的情形。对本款的理解和适用，应当结合第一款的规定，避免将麻黄碱类复方制剂等同于制毒物品本身。从实践情况看，行为人利用麻黄碱类复方制剂加工、提炼制毒物品的目的通常有三个：一是制造毒品，二是非法买卖制毒物品，三是走私制毒物品。对于没有证据证明行为人有第一款规定的制造毒品目的的，如果能够证明行为人有利用麻黄碱类复方制剂加工、提炼制毒物品的主观目的，表明行为人购买麻黄碱类复方制剂或者运输、携带、寄递麻黄碱类复方制剂进出境并非出于药用目的，而是出于实施制毒物品犯罪的目的。结合其具体目的和行为，可以分别按照以下几种情形处理：（1）以加工、提炼制毒物品进行非法买卖为目的，购买麻黄碱类复方制剂的，按照非法买卖制毒物品罪定罪处罚。（2）以加工、提炼制毒物品进行走私为目的，购买麻黄碱类复方制剂的，按照走私制毒物品罪定罪处罚。（3）以加工、提炼制毒物品进行非法买卖为目的，运输、携带、寄递麻黄碱类复方制剂进出境的，按照非法买卖制毒物品罪定罪处罚。

对于这种情形，如果单纯根据行为认定为走私制毒物品罪，实际是将麻黄碱类复方制剂等同于制毒物品本身，是不妥当的，而根据行为人的具体目的，按照其行为与制毒物品犯罪的关系定罪则更为准确。(4) 以加工、提炼制毒物品走私出境为目的，运输、携带、寄递麻黄碱类复方制剂进境的，按照走私制毒物品罪定罪处罚。随着我国对麻黄碱类复方制剂管制的加强，近年来，运输、携带、寄递麻黄碱类复方制剂进境后提取制毒物品向境外毒源地走私的犯罪时有发生，为适应犯罪形势的变化，《最高人民法院、最高人民检察院、公安部关于办理走私、非法买卖麻黄碱类复方制剂等刑事案件适用法律若干问题的意见》对这种情形的处理作出了规定。(5) 对于无法进一步认定行为人加工、提炼制毒物品后的具体目的的，结合实践并从有利于行为人的角度，可以按照非法买卖制毒物品罪定罪处罚。

第三款规定的是近年来实践中较为典型的涉麻黄碱类复方制剂犯罪的表现形式，包括两种情形：一是行为人既实施了将麻黄碱类复方制剂拆除包装、改变形态的行为，又实施了走私或者非法买卖行为。二是行为人明知是他人已拆除包装、改变形态的麻黄碱类复方制剂，而予以走私或者非法买卖。将麻黄碱类复方制剂拆除包装、改变形态的主要目的是使制剂便于伪装、运输，增强隐蔽性，降低犯罪成本，并为后续的走私、非法买卖或者加工提炼、制造毒品行为做准备。拆除包装一般是指拆除麻黄碱类复方制剂的最小外包装，如将瓶装药片倒出，将胶囊从铝箔中拆解等。改变形态是指将药片压碎成粉末，将胶囊中的药粉、药物颗粒倒出等。《药品管理法》规定，药品是指用于预防、治疗、诊断人的疾病，有目的地调节人的生理机能并规定有适应症或者功能主治、用法和用量的物质。麻黄碱类复方制剂本身属于常用药品，有其功能主治、用法用量及包装、规格、性状、成分等，拆除包装、改变形态的麻黄碱类复方制剂已丧失了药品的属性和用途。实施本款规定行为的，可以排除走私、倒卖药品等药用目的，实质上是将拆除包装、改变形态的麻黄碱类复方制剂作为掺杂了其他成分的麻黄碱类制毒物品进行走私、非法买卖，故应当直接按照走私制毒物品罪、非法买卖制毒物品罪定罪处罚。需要特别说明的是，个人以药用目的，将少量麻黄碱类复方制剂拆除包装后携带进出境的，由于其中麻黄碱类物质的含量达不到制毒物品犯罪的定罪数量标准，不应被作为犯罪处理。

第四款规定的是第一款、第二款所列行为无法认定为制造毒品或者制毒物品犯罪时，按照其他犯罪定罪处罚的情形，属于兜底性规定。麻黄碱类复方制剂既可提炼出制毒物品用于实施制造毒品或者制毒物品犯罪，又是常用药品，其生产、经营、进出口活动应当遵循《药品管理法》《海关法》等相关法律法规的规定。对于违反药品管理法律法规，未取得药品经营许可证，非法买卖麻黄碱类复方制剂，扰乱市场秩序，情节严重的，根据《刑法》第二百二十五条的规定，可以按照非法经营罪定罪处罚。对于逃避海关监管，偷逃应缴税款，运输、携带、寄递麻黄碱类复方制剂进境（即走私），偷逃税额较大的，或者一年内曾因走私麻黄碱类复方制剂进境被给予两次行政处罚后又走私进境的，根据《刑法》第一百五十三条的规定，可以按照走私普通货物、物品罪定罪处罚。该款具体分为两种情形：

第一种是欠缺认定为制造毒品或者制毒物品犯罪的主观要件的情形。由于麻黄碱类复方制剂不是制毒物品，对于没有证据证明行为人以制造毒品或者走私、非法买卖制毒物品为目的，实施本款所列行为的，不能按照制造毒品或者制毒物品犯罪定罪处罚，其中构成非法经营罪，走私普通货物、物品罪等其他犯罪的，应依法定罪处罚。实践中，非法买卖或者运输、携带、寄递麻黄碱类复方制剂进出境，处于交易的中间环节，不直接用于加工、提炼制毒物品进行走私、非法买卖或者制造毒品，也没有拆除包装、改变形态的，通常较难认定行为人具有实施制造毒品或者制毒物品犯罪的主观故意，原则上均可照此处理。

第二种是未达到认定为制毒物品犯罪的定罪数量标准的情形。行为人非法买卖或者运输、携带、寄递麻黄碱类复方制剂进出境，满足本部分第二款规定的按照制毒物品犯罪处罚的主观要件，但涉案麻黄碱类复方制剂中麻黄碱类物质的含量尚未达到该罪的定罪数量标准，在以下两种情形下，可以按照非法经营罪或者走私普通货物、物品罪定罪处罚：一是符合非法经营罪或者走私普通货物、物品罪的特殊入罪情节规定的。根据《最高人民检察院、公安部关于公安机关管辖的刑事案件立案追诉标准的规定（二）》第七十九条和《刑法》第一百五十三条第一款第一项的规定，两年内因同种非法经营行为受过两次以上行政处罚后又进行同种非法经营的，或者一年内因走私被给予两次行政处罚后又走私的，无论是否达到相应经营数额、违法所得或者偷逃税额标准，都可以按照非法经营罪或者走私普通货物、物品罪处罚。二是达到非法经营罪或者走私普通货物、物品罪的定罪数额标准的。非法经营罪主要以非法经营或者违法所得数额，走私普通货物、物品罪主要以偷逃税额为入罪标准，均与涉案物品价格挂钩。对于部分麻黄碱类物质含量相对较低但价格相对较高的麻黄碱类复方制剂，虽达不到制毒物品犯罪的定罪标准，却能够满足按照非法经营罪或者走私普通货物、物品罪处罚的条件。例如，5000盒新康泰克胶囊（每盒12元、含盐酸伪麻黄碱0.9克）含盐酸伪麻黄碱4500克，并未达到非法买卖制毒物品罪的定罪标准5公斤，但其经营数额6万元已超过非法经营罪的立案追诉标准5万元（个人）。需要特别说明的是，构成走私普通货物、物品罪以进出口涉案货物、物品需要缴纳关税为前提。由于出口麻黄碱类复方制剂不需要缴纳关税，运输、携带、寄递麻黄碱类复方制剂出境的行为不具备认定为走私普通货物、物品罪的条件，但上述行为通常与非法买卖麻黄碱类复方制剂行为密切相关，结合实践一般可以认定为非法经营罪。在相关罪名后使用"等"字，是为了适应司法实践发展的需要，为日后出台的相关规定预留空间。

第五款规定了办理涉麻黄碱类复方制剂犯罪案件的一个重要处罚原则，旨在依法从严惩处此类犯罪。如前所述，由于麻黄碱类复方制剂具有双重性质和用途，本部分第一款、第二款规定的非法买卖麻黄碱类复方制剂或者运输、携带、寄递麻黄碱类复方制剂进出境的行为，可能同时构成其他犯罪。本款规定在想象竞合的情况下，按照处罚较重的规定定罪处罚，也符合《刑法》对于此种情形的一般处理原则。第一款规定的情形与非法经营罪、走私普通货物、物品罪等其他犯罪竞合的，由于《刑法》对制造毒品罪的法定刑设置较高，按照制造毒品罪处罚通常较重。第二款规定的情形与非法经营罪、走私普通货物、物品罪等其他犯罪竞合的，根据麻黄碱类复方制剂的价格及其中麻黄碱类物质含量的不同，会出现不同的适用关系。一般情况下，麻黄碱类复方制剂的价格越低，其中麻黄碱类物质的含量越高，按照非法买卖制毒物品罪、走私制毒物品罪处罚就越重；反之，按照非法经营罪或者走私普通货物、物品罪处罚就越重。例如，麻黄碱苯海拉明片（每瓶2元、含盐酸麻黄碱2.5克）属于价格低、含量高的品种，25000瓶中含盐酸麻黄碱62.5千克，按照非法买卖制毒物品罪可在三年以上十年以下有期徒刑幅度内处罚；但其经营数额刚刚达到非法经营罪的立案追诉标准5万元，按照非法经营罪只能在五年以下有期徒刑或者拘役幅度内在起刑点附近量刑。

二十三、利用麻黄碱类复方制剂加工、提炼制毒物品行为的定性[①]

《刑法》第三百五十条
↑$\mathscr{P}_{28\sim31}$

利用麻黄碱类复方制剂加工、提炼制毒物品，也是常见的涉麻黄碱类复方制剂犯罪的表现形式，实践中已成为关联上下游犯罪的关键环节，迫切需要予以惩治。此类行为实际上是一种非法制造制毒物品的行为，但因《刑法》并未将这种行为规定为犯罪，故对于单纯利用麻黄碱类复方制剂加工、提炼制毒物品，但

[①] 参见高贵君、马岩、李静然：《〈关于办理走私、非法买卖麻黄碱类复方制剂等刑事案件适用法律若干问题的意见〉的理解与适用》，载《人民司法》2012年第17期。

尚未实施或者没有证据证明实施了走私、非法买卖制毒物品或者制造毒品犯罪的，结合实际情况来看，利用麻黄碱类复方制剂加工、提炼制毒物品，属于为制造毒品或者走私、非法买卖制毒物品而创造条件、生产制毒物品的行为。因此，《最高人民法院、最高人民检察院、公安部关于办理走私、非法买卖麻黄碱类复方制剂等刑事案件适用法律若干问题的意见》规定，根据行为人实施此类行为的具体目的，分别按照制造毒品罪、走私制毒物品罪或者非法买卖制毒物品罪定罪处罚。

需要特别说明的是，经广泛调研并咨询有关专家后了解到，麻黄碱类物质的性质特殊，仅限于以下三种特定用途：一是制药，二是合成苯丙胺类毒品，三是作为化工生产中的一种拆分剂（此类用途少之又少）。利用麻黄碱类复方制剂加工、提炼麻黄碱类物质后，再用于制药或者工业生产不但有悖常理，而且成本过高，实践中无一个案，故利用麻黄碱类复方制剂加工、提炼麻黄碱类物质的，可以推定系出于实施毒品犯罪的非法目的。对于其中有证据证明以制造毒品或者走私、非法买卖制毒物品为目的的，分别按照制造毒品罪、走私制毒物品罪或者非法买卖制毒物品罪定罪处罚。对于没有证据证明具体目的的，结合实践并从有利于行为人的角度，可以推定其存在非法买卖制毒物品的故意，按照非法买卖制毒物品罪定罪处罚。

二十四、将涉麻黄碱类复方制剂犯罪作为制造毒品或者制毒物品犯罪处理时，犯罪预备、未遂的认定[①]

根据当前的刑事政策，对毒品犯罪本身区分既未遂的问题尚不突出。《最高人民法院、最高人民检察院、公安部关于办理走

---

① 参见高贵君、马岩、李静然：《〈关于办理走私、非法买卖麻黄碱类复方制剂等刑事案件适用法律若干问题的意见〉的理解与适用》，载《人民司法》2012年第17期。

私、非法买卖麻黄碱类复方制剂等刑事案件适用法律若干问题的意见》之所以在此对犯罪预备、未遂问题专门作出规定，是由于麻黄碱类复方制剂的性质较为特殊，其本身既不是毒品，也不是制毒物品，需要经过加工、提炼才能提取出制毒物品，用以实施制造毒品或者制毒物品犯罪。因此，在将涉麻黄碱类复方制剂犯罪作为制造毒品或者制毒物品犯罪处理时，应当依法认定其犯罪形态。

在《最高人民法院、最高人民检察院、公安部关于办理走私、非法买卖麻黄碱类复方制剂等刑事案件适用法律若干问题的意见》第一部分第一款、第二款规定的情形中，行为人以其本人制造毒品或者走私、非法买卖制毒物品为目的，购买麻黄碱类复方制剂，或者运输、携带、寄递麻黄碱类复方制剂进出境的，均属于为实施制造毒品或者制毒物品犯罪创造条件的预备行为，应当分别按照相应犯罪的预备行为论处。在《最高人民法院、最高人民检察院、公安部关于办理走私、非法买卖麻黄碱类复方制剂等刑事案件适用法律若干问题的意见》第一部分第三款规定的情形中，行为人仅实施了将麻黄碱类复方制剂拆除包装、改变形态的行为，尚未着手实施走私、非法买卖行为的，应当认定为犯罪预备；行为人已经着手实施走私、非法买卖行为，但符合犯罪未遂情形的，应当依法认定。在《最高人民法院、最高人民检察院、公安部关于办理走私、非法买卖麻黄碱类复方制剂等刑事案件适用法律若干问题的意见》第二部分规定的情形中，单纯利用麻黄碱类复方制剂加工、提炼制毒物品的行为，属于制造毒品的一个先行步骤，并不是制造毒品犯罪中的一个环节，而行为人此时也尚未着手实施走私、非法买卖制毒物品犯罪，故此种情况下应当按照相应犯罪的预备行为论处。此外，对于行为人已经着手实施制造毒品或者走私、非法买卖制毒物品犯罪的，按照实行行为吸收预备行为的原则，可结合具体情形认定为犯罪未遂或者既遂。

对于《最高人民法院、最高人民检察院、公安部关于办理走私、非法买卖麻黄碱类复方制剂等刑事案件适用法律若干问题的意见》其他规定中符合犯罪预备、未遂情形的，应当予以认定，依法处罚，不应为了体现从严而对犯罪形态不加区分，一律认定为既遂。

二十五、涉案麻黄碱类复方制剂所含麻黄碱类物质的数量作为制毒物品的数量的认定[①]

《刑法》第三百五十七条第二款规定："毒品的数量以查证属实的走私、贩卖、运输、制造、非法持有毒品的数量计算，不以纯度折算。"但对于制毒物品的数量，《刑法》并未作出不以纯度折算的规定。制毒物品的定罪量刑数量标准，主要是根据有效的制毒物品成分制成毒品的数量比例确定的。麻黄碱类复方制剂是由麻黄碱类物质和其他成分混合而成的药品制剂，其中的麻黄碱类物质才是制毒物品，才能够制造毒品，直接按照涉案麻黄碱类复方制剂数量定罪量刑不但缺乏科学性，也会导致处罚过于严厉，有违罪刑相适应原则。因此，在对相关行为按照制毒物品犯罪处罚时，应当将涉案麻黄碱类复方制剂所含麻黄碱类物质的数量认定为制毒物品的数量。关于数量计算方法，对于正规厂家出产的成品药剂，可以按照其药品批准证明文件中列明的成分、含量进行计算；对于已拆除包装、改变形态的麻黄碱类复方制剂，则需要进行含量鉴定。

对于根据《最高人民法院、最高人民检察院、公安部关于办理走私、非法买卖麻黄碱类复方制剂等刑事案件适用法律若干问题的意见》规定认定为制造毒品罪的，量刑时也应当将涉案麻黄碱类复方制剂所含麻黄碱类物质的数量作为制毒物品的数量予以考虑。尤其是对于没有实际制成毒品的案件，可综合考虑相当数

---

① 参见高贵君、马岩、李静然：《〈关于办理走私、非法买卖麻黄碱类复方制剂等刑事案件适用法律若干问题的意见〉的理解与适用》，载《人民司法》2012年第17期。

量的麻黄碱类制毒物品通常可以制成多少毒品，比照作为对被告人量刑的依据。

实践中，犯罪分子为逃避刑事制裁，往往采取少量多次、化整为零等手段非法贩运麻黄碱类复方制剂。为保障打击效果，《最高人民法院、最高人民检察院、公安部关于办理走私、非法买卖麻黄碱类复方制剂等刑事案件适用法律若干问题的意见》规定，对多次实施上述行为未经处理的，应累计计算其中制毒物品的数量。

二十六、消旋麻黄碱及其盐类的定罪量刑数量标准[①]

关于消旋麻黄碱及其盐类的定罪量刑数量标准，以往的规范性文件中没有规定，但实践中存在相关案例，经调研、论证，在《最高人民法院、最高人民检察院、公安部关于办理走私、非法买卖麻黄碱类复方制剂等刑事案件适用法律若干问题的意见》中对其定罪量刑数量标准作出规定。

《刑法》第三百四十七条第一款规定："走私、贩卖、运输、制造毒品，无论数量多少，都应当追究刑事责任，予以刑事处罚。"因此，上述麻黄碱类物质的定罪数量标准仅适用于按照制毒物品犯罪处罚的情形，在按照制造毒品罪处罚时，涉案麻黄碱类复方制剂所含麻黄碱类物质的数量不受前款规定的最低数量标准的限制，即无论数量多少，都应当追究刑事责任。

二十七、麻黄碱类复方制剂的范围[②]

由于麻黄碱类复方制剂属于制药领域的专有名词，为便于实

[①②] 参见高贵君、马岩、李静然：《〈关于办理走私、非法买卖麻黄碱类复方制剂等刑事案件适用法律若干问题的意见〉的理解与适用》，载《人民司法》2012年第17期。

践中的认定和操作,经征求相关主管单位意见,《最高人民法院、最高人民检察院、公安部关于办理走私、非法买卖麻黄碱类复方制剂等刑事案件适用法律若干问题的意见》在最后一个部分规定了麻黄碱类复方制剂的范围。麻黄素与麻黄碱系同一物质的两种称谓。为求表述严谨,《最高人民法院、最高人民检察院、公安部关于办理走私、非法买卖麻黄碱类复方制剂等刑事案件适用法律若干问题的意见》中使用了制药领域及相关司法解释中使用的"麻黄碱",同时将其"麻黄素"类称谓在括号中注明。

《最高人民法院、最高人民检察院、公安部关于办理走私、非法买卖麻黄碱类复方制剂等刑事案件适用法律若干问题的意见》
$\mathcal{P}_{70\sim74}$

二十八、关于恶势力主要实施和伴随实施的违法犯罪活动[①]

恶势力主要实施的违法犯罪活动,是指恶势力惯常实施且能够较明显地反映恶势力"为非作恶,欺压百姓"特征的违法犯罪活动。《最高人民法院、最高人民检察院、公安部、司法部关于办理黑恶势力犯罪案件若干问题的指导意见》提示性地列举了强迫交易、故意伤害、非法拘禁、敲诈勒索、故意毁坏财物、聚众斗殴、寻衅滋事,并在之后加了一个"等"字。实践中有观点认为,犯罪嫌疑人、被告人只要多次共同实施上述七类中的一种或数种违法犯罪活动,就可以认定为恶势力。对此,前文已作分析,不能简单地以罪名来认定恶势力,办案时还要根据案件的动机、起因、对象、危害后果等综合判断。此外,实践中对于"等"字也有不同理解,《最高人民法院、最高人民检察院、公安部、司法部关于办理恶势力刑事案件若干问题的意见》第八条第一款针对该问题作出回应。

《最高人民法院、最高人民检察院、公安部、司法部关于办理恶势力刑事案件若干问题的意见》相关规定
$\mathcal{P}_{124}$

与"主要实施"相对应,开设赌场、组织卖淫、强迫卖淫、贩卖毒品、运输毒品、制造毒品、抢劫、抢夺、聚众扰乱社会秩

[①] 朱和庆、周川、李梦龙:《〈关于办理恶势力刑事案件若干问题的意见〉的理解与适用》,载《人民法院报》2019年6月13日。

序、聚众扰乱公共场所秩序、聚众扰乱交通秩序以及聚众"打砸抢"等，是恶势力案件中伴随实施的违法犯罪活动。之所以称之为"伴随实施"，是因为这些违法犯罪活动在恶势力案件中虽然也很常见，但有的缺少公开性，有的没有具体被害人，有的危害后果仅限于侵害财产权，还有的往往事出有因，故在通常情况下，仅有这些违法犯罪活动还不足以体现恶势力"为非作恶，欺压百姓"的特征。因此，如果犯罪嫌疑人、被告人仅仅是共同实施了以上一种或数种违法犯罪活动，一般不应认定为恶势力。但这也并不绝对，诸如聚众"打砸抢"等违法犯罪活动，在不少案件中也可以明显地反映出犯罪嫌疑人、被告人"为非作恶，欺压百姓"的特征，如果同时符合其他认定条件，也可认定为恶势力。基于以上理解，《最高人民法院、最高人民检察院、公安部、司法部关于办理恶势力刑事案件若干问题的意见》对《最高人民法院、最高人民检察院、公安部、司法部关于办理黑恶势力犯罪案件若干问题的指导意见》中恶势力伴随实施的违法犯罪活动有关规定进一步予以了完善。

第三部分
典型案例

案例 1

张胜川走私、运输毒品案
——犯罪集团首要分子组织、指挥数十人走私、运输毒品，罪行极其严重

（一）基本案情

被告人张胜川，男，汉族，1989年×月×日出生，无业。

2018年10月至2019年7月，以被告人张胜川为首，田爱攀、易德金（均系同案被告人，已判刑）等为骨干，多人参与的毒品犯罪集团盘踞在境外。该犯罪集团通过网络招募数十名人员，采取统一安排食宿、拍摄自愿运毒视频等方式控制其人身自由，组织、指挥上述人员走私毒品入境后，采用乘车携带、物流寄递等方式，运往重庆市、辽宁省鞍山市、四川省遂宁市及云南省普洱市、昭通市等地，共计实施犯罪十余次。公安机关共计查获涉案甲基苯丙胺片剂（俗称"麻古"，下同）58694.14克、甲基苯丙胺（冰毒，下同）7473.14克、海洛因7423.40克。

（二）裁判结果

本案由昆明铁路运输中级法院一审，云南省高级人民法院二审。最高人民法院对本案进行了死刑复核。

法院认为，被告人张胜川组织、指挥他人走私、运输毒品，其行为已构成走私、运输毒品罪。张胜川组织、领导多名骨干分子和一般成员走私、运输毒品，通过网络招募数十名人员，控制其人身自由，指挥、安排上述人员探路、邮寄或携带运输毒品，

系毒品犯罪集团的首要分子，应按照集团所犯的全部罪行处罚。张胜川组织、指挥他人走私、运输毒品数量巨大，社会危害极大，罪行极其严重，应依法惩处。张胜川协助公安机关抓捕一名运毒人员，提供线索使得公安机关查获甲基苯丙胺片剂 2593 克，均已构成一般立功。虽然张胜川归案后如实供述所犯罪行，且有立功情节，但根据其犯罪的事实、性质、情节和对于社会的危害程度，不足以从轻处罚。据此，依法对被告人张胜川判处并核准死刑，剥夺政治权利终身，并处没收个人全部财产。

罪犯张胜川已于 2022 年 4 月 19 日被依法执行死刑。

（三）典型意义

走私毒品属于源头性毒品犯罪，人民法院在审理此类案件时始终严格贯彻从严惩处的政策要求，并将走私毒品犯罪集团中的首要分子、骨干成员作为严惩重点，对于其中符合判处死刑条件的，坚决依法判处。本案是一起典型的犯罪集团将大量毒品走私入境的跨国毒品犯罪案件。该案参与人员众多，涉案毒品数量巨大，仅查获在案的甲基苯丙胺片剂就达数万克、甲基苯丙胺和海洛因均达数千克。以被告人张胜川为首要分子的毒品犯罪集团盘踞在境外，以高额回报为诱饵，通过网络招募人员，组织、指挥数十人将大量、多种毒品走私入境后运往全国多个省份。虽然张胜川具有坦白、一般立功情节，但根据其犯罪性质、具体情节、危害后果、毒品数量及主观恶性、人身危险性，结合立功的类型、价值大小等因素综合考量，其功不足以抵罪，故依法不予从宽。人民法院对张胜川判处死刑，体现了对走私毒品犯罪集团首要分子的严厉惩治，充分发挥了刑罚的威慑作用。同时，提醒社会公众特别是年轻人群体，不要为挣"快钱""大钱"铤而走险，应通过正规招聘渠道求职，自觉增强防范意识。

案例 2

严荣柱贩卖、制造毒品，董胜震贩卖、运输毒品案
——组织多人制造新型毒品甲卡西酮，向社会大肆贩卖，罪行极其严重

（一）基本案情

被告人严荣柱，男，汉族，1960年×月×日出生，无业。2002年4月2日因犯合同诈骗罪被判处有期徒刑十二年，2009年7月1日刑满释放。

被告人董胜震，男，汉族，1981年×月×日出生，无业。

2016年春节后，被告人严荣柱、董胜震密谋由严荣柱制造甲卡西酮，董胜震负责收购。严荣柱将制毒工艺流程交予潘付明（同案被告人，已判刑），指使潘付明制造甲卡西酮。潘付明与谭如兆、王息梅（均系同案被告人，已判刑）等人试验后成功制出甲卡西酮。同年10月初，潘付明与李金文（同案被告人，已判刑）商定在河南省新野县歪子镇李金文处制造甲卡西酮。同年12月底，李金文等人将制毒地点转移至该镇另一处所，直至2017年3月9日案发。制毒期间，严荣柱提供主要原料，李金文购买辅料并负责日常管理，谭如兆、王息梅指导工人制毒。严荣柱等人共制造甲卡西酮5126.4千克，其中451.4千克被公安机关在制毒现场查获。

2016年10月13日至2017年3月9日，被告人严荣柱联系潘付明，将制造的甲卡西酮贩卖给被告人董胜震九次，共计4675千克。毒品交易期间，董胜震指使何华强（同案被告人，已判刑）向严荣柱支付毒资，指使何华强、侯圣利（同案被告人，已

判刑）等人驾驶车辆接运毒品，后由董胜震之弟董胜磊（同案被告人，已判刑）安排董胜波、葛会师（均系同案被告人，已判刑）将毒品转卖给他人。2017年3月9日，最后一次交易的1000千克甲卡西酮被当场查获。

（二）裁判结果

本案由河南省南阳市中级人民法院一审，河南省高级人民法院二审。最高人民法院对本案进行了死刑复核。

法院认为，被告人严荣柱明知甲卡西酮是毒品而制造并出售，其行为已构成贩卖、制造毒品罪。被告人董胜震明知甲卡西酮是毒品而贩卖、运输，其行为已构成贩卖、运输毒品罪。严荣柱提起犯意，组织他人制造毒品并提供主要原料，负责贩卖制出的毒品，董胜震指挥他人支付毒资、接运并销售毒品，二人在各自参与的共同犯罪中均起主要作用，均系罪责最为突出的主犯，应按照二人各自所参与和组织、指挥的全部犯罪处罚。严荣柱制造、贩卖、董胜震贩卖、运输毒品数量巨大，犯罪情节严重，社会危害大，罪行极其严重，应依法惩处。据此，依法对被告人严荣柱、董胜震均判处并核准死刑，剥夺政治权利终身，并处没收个人全部财产。

罪犯严荣柱、董胜震已于2022年8月19日被依法执行死刑。

（三）典型意义

甲卡西酮于2005年在我国被列为第一类精神药品进行管制，但在国内不存在合法生产、经营，也没有任何合法用途。甲卡西酮作为新型毒品，对人体健康可产生较为严重的伤害，能导致急性健康问题和毒品依赖，过量使用易造成不可逆的永久脑部损伤甚至死亡。本案是一起大量制造、贩卖甲卡西酮的典型案例。被告人严荣柱组织多人大量制造甲卡西酮，不仅提供制毒工艺和主要原料，还负责贩卖；被告人董胜震出资购毒，指挥多人接运和交易毒品，并组织向外贩卖。二人在毒品制售链条中处于核心地位、发挥关键作用，致使3600余千克毒品流入社会，另查获甲卡西酮 1400 余千克，具有严重的社会危害。制造毒品和大宗贩卖毒品属于源头性毒品犯罪，历来是我国禁毒斗争的打击重点。人民法院依法对严荣柱、董胜震判处死刑，体现了对性质严重、情节恶劣、社会危害大的新型毒品犯罪惩处力度的不断加大。

案例 3

阮新华贩卖、运输毒品案
——利用、教唆未成年人贩卖毒品，
且系累犯，罪行极其严重

（一）基本案情

被告人阮新华，男，汉族，1984 年×月×日出生，农民。2007 年 8 月 7 日因犯抢劫罪被判处有期徒刑十三年，剥夺政治权利三年，并处罚金人民币 1 万元，2016 年 2 月 4 日刑满释放。

2019 年 2 月，吴江（同案被告人，已判刑）经他人介绍，得知被告人阮新华有低价甲基苯丙胺出售及阮的联系方式，遂将上述信息告诉唐四凡（同案被告人，已判刑）。后阮新华与吴江、唐四凡约定交易甲基苯丙胺 1000 克，唐四凡向阮新华微信转账 5000 元。同月 18 日，阮新华将藏有约 1000 克甲基苯丙胺的包裹从云南省瑞丽市邮寄至湖南省平江县虹桥镇一超市，并通知吴江领取。同月 21 日，吴江伙同他人前往签收包裹并送至唐四凡处，后吴、唐二人向阮新华支付部分购毒款。

2019 年 3 月下旬，被告人阮新华与吴江、唐四凡再次约定交易甲基苯丙胺，唐四凡等人向阮新华支付定金 2 万元。同年 4 月 22 日，阮新华将藏有甲基苯丙胺的包裹从瑞丽市邮寄至江西省修水县一小区侧门商铺。同月 24 日、25 日，阮新华多次通过微信、电话联系阮某（时年 17 岁，另案处理）代收上述毒品，并让阮某准备透明塑料袋、电子秤分装毒品。后因阮某未买到上述物品，阮新华安排吴江前去取货。同月 26 日上午，唐四凡伙同他人来到修水县城，在该县一宾馆房间与吴江及其同伙会合。阮新华指使阮某到该宾馆，对当日进出人员进行拍照、录像以确认毒品买家情况。当日 11 时许，吴江与唐四凡到快递点签收包裹时被抓获，公安人员当场从包裹内查获甲基苯丙胺 1992.19 克。同年 8 月 18 日，阮新华被抓获。

（二）裁判结果

本案由江西省九江市中级人民法院一审，江西省高级人民法院二审。最高人民法院对本案进行了死刑复核。

法院认为，被告人阮新华明知甲基苯丙胺是毒品而贩卖、运输，其行为已构成贩卖、运输毒品罪。阮新华采用物流寄递方式跨省贩运甲基苯丙胺，并指使他人进行监视，在共同犯罪中起主要作用，系主犯，应按照其所参与的全部犯罪处罚。阮新华贩卖、运输甲基苯丙胺近 3000 克，社会危害大，罪行极其严重。阮新华利用、教唆未成年人贩卖毒品，且曾因犯抢劫罪被判处有期徒刑，刑罚执行完毕后五年内又实施本案犯罪，系累犯，应依法从重处罚。据此，依法对被告人阮新华判处并核准死刑，剥夺政治权利终身，并处没收个人全部财产。

罪犯阮新华已于 2022 年 10 月 28 日被依法执行死刑。

（三）典型意义

未成年人心智不够成熟，分辨是非能力较弱，好奇心强，容易受到不良周边环境的影响，被不法分子利用、教唆参与毒品犯罪，或者成为被引诱、教唆、欺骗吸食毒品以及出售毒品的对象。本案是一起利用、教唆未成年人参与贩卖毒品的典型案例。被告人阮新华指使未成年人阮某代收毒品、准备工具分装毒品未果，后又指使阮某到宾馆拍照、录像确认毒品买家情况，将阮某引上歧途。阮新华曾因严重暴力犯罪被判处重刑，刑满释放之后五年内又实施严重毒品犯罪,系累犯,主观恶性深,人身危险性大。人民法院对阮新华依法从重处罚并适用死刑,突出了对毒品犯罪的打击重点,亦较好地体现了对未成年人的特殊保护。

案例 4

蔡泽雄、林小波贩卖、运输毒品案

——积极响应敦促投案自首通告,主动自境外
回国自首,依法从轻处罚

(一) 基本案情

被告人蔡泽雄,男,汉族,1984 年×月×日出生,务工人员。

被告人林小波,男,汉族,1985 年×月×日出生,务工人员。

2017 年 5 月,游志文(已另案判刑)联系被告人林小波购买毒品,林小波联系被告人蔡泽雄,约定由蔡泽雄向游志文提供甲基苯丙胺 20 千克。后游志文伙同李雨时、徐源昌(均已另案判刑)来到广东省陆丰市,与林小波、蔡泽雄商谈毒品交易事宜。同月 27 日上午,蔡泽雄驾驶装有毒品的车辆与林小波到游志文所住酒店房间,蔡泽雄将补齐重量的 149.3 克甲基苯丙胺交给游志文、李雨时。后林小波驾驶上述车辆与李雨时、徐源昌在高速公路服务区交接毒品。游志文确认毒品交接完成后,将 60 万元毒资交付给蔡泽雄。当日 20 时,游志文、李雨时、徐源昌在福建省泉州市一酒店房间被抓获,公安人员从游志文所租车辆后备箱及后备箱左侧夹层内查获甲基苯丙胺共计 20.02 千克。蔡泽雄、林小波案发后潜逃境外,后于 2020 年 12 月 1 日主动到云南省孟连县孟连口岸向陆丰市公安局投案,到案后如实供述犯罪事实。

(二) 裁判结果

本案由广东省汕尾市中级人民法院一审,广东省高级人民法院二审。

法院认为,被告人蔡泽雄、林小波结伙贩卖、运输甲基苯丙胺,其行为均已构成贩卖、运输毒品罪。蔡泽雄、林小波贩卖、运输毒品数量巨大,罪行严重。在共同犯罪中,蔡泽雄是毒品卖主,决定毒品交易的价格、方式,收取毒资;林小波在毒品交易、运输过程中行为积极,二人均起主要作用,均系主犯,应按照其所参与的全部犯罪处罚,林小波的作用相对小于蔡泽雄。二人从境外自动回国投案,如实供述主要罪行,系自首,可依法从轻处罚,对蔡泽雄判处死刑可不立即执行,对林小波的量刑应与蔡泽雄有所区别。据此,依法对被告人蔡泽雄判处死刑,缓期二年执行,剥夺政治权利终身,并处没收个人全部财产;对被告人林小波判处无期徒刑,剥夺政治权利终身,并处没收个人全部财产。

广东省高级人民法院于2022年11月14日作出二审刑事判决,现已发生法律效力。

(三) 典型意义

宽严相济是我国的基本刑事政策。人民法院在坚持整体从严惩处毒品犯罪、突出打击重点的同时,也注重全面、准确贯彻宽严相济刑事政策,做到以严为主、宽以济严、罚当其罪。对于罪行较轻,或者具有从犯、自首、立功、初犯等法定、酌定从宽处罚情节的毒品犯罪分子,体现区别对待,依法给予从宽处罚,以达到分化瓦解毒品犯罪分子、预防和减少毒品犯罪的效果。本案是一起犯罪分子自境外回国投案构成自首的重大毒品案件。二被告人系当地公检法三机关联合向社会发布的《关于敦促涉毒在逃人员投案自首的通告》中所列在逃犯罪嫌疑人,在境外看到该追逃通告后通过亲属与当地公安机关联系,主动要求投案,并在投案过程中克服地域、语言、交通等困难,投案意愿坚定,反映其良好的认罪悔罪态度,也节约了司法资源。人民法院充分考虑二被告人积极响应司法机关发布的敦促投案自首通告,主动自境外回国投案,并如实供述主要犯罪事实的情节,对二人予以从宽处罚,对其他在逃人员具有示范感召意义,实现了政治效果、社会效果、法律效果的有机统一。

案例 5

吴纪剡等非法生产制毒物品案

——组织多人非法生产制毒物品麻黄碱,情节特别严重

(一)基本案情

被告人吴纪剡,男,汉族,1982 年×月×日出生,务工人员。

被告人吴小雄,男,汉族,1970 年×月×日出生,无业。

被告人黄曜昌,男,汉族,1978 年×月×日出生,务工人员。

被告人吴辰凯,男,汉族,1995 年×月×日出生,无业。

被告人林有泉,男,汉族,1994 年×月×日出生,无业。

被告人黄兆祥,男,汉族,1973 年×月×日出生,务工人员。2010 年 4 月 1 日因犯故意伤害罪被判处有期徒刑一年,缓刑一年。

2022 年 4 月底 5 月初,被告人吴纪剡、吴小雄兄弟二人共谋生产麻黄碱并出售牟利。吴小雄联系被告人黄曜昌,准备在福建省连城县黄曜昌的养猪场生产麻黄碱,黄曜昌同意,并以 2 万元出资和场地租金 1 万元入股。吴纪剡联系他人购买约 500 千克含有麻黄碱成分的药片,并购买辅料及防腐手套等,委托他人运至连城县交接给吴小雄、黄曜昌,再由黄曜昌运至养猪场。吴纪剡、吴小雄联系被告人吴辰凯生产麻黄碱,吴辰凯邀约被告人林

有泉参与。同年5月12日，吴小雄驾车将吴辰凯、林有泉送至连城县，再由黄曜昌驾车将二人载至养猪场。吴辰凯、林有泉用粉碎机将含有麻黄碱成分的药片碾碎，加入辅料，采用化学方法加工、提炼麻黄碱。其间，黄曜昌帮忙碾碎药片等，吴小雄安排被告人黄兆祥帮其和黄曜昌运送含有麻黄碱成分的药片，黄兆祥还负责送饭及购买容器等。同月18日，公安人员现场查获含麻黄碱75844.37克的粉末等物质及生产麻黄碱的工具。

（二）裁判结果

本案由福建省连城县人民法院一审，福建省龙岩市中级人民法院二审。

法院认为，被告人吴纪剡、吴小雄、黄曜昌、吴辰凯、林有泉、黄兆祥违反国家规定，非法生产用于制造毒品的原料麻黄碱，情节特别严重，其行为均已构成非法生产制毒物品罪。在共同犯罪中，吴纪剡、吴小雄共谋生产麻黄碱并联系生产人员，吴纪剡购买、运送主料和辅料，吴小雄联系生产场地，运送生产人员，指使他人运送主料；黄曜昌出资入股，提供生产场地，参与运送主料、辅料及生产人员，在生产麻黄碱过程中提供帮助，三人均起主要作用，均系主犯，应按照其所参与的全部犯罪处罚，黄曜昌的地位、作用相对较小。吴辰凯、林有泉、黄兆祥在共同犯罪中起次要作用，系从犯，应依法减轻处罚。六被告人均如实供述自己的罪行，可依法从轻处罚。吴辰凯、林有泉、黄兆祥认罪认罚，可依法从宽处理。吴纪剡有吸毒劣迹，黄兆祥有故意犯罪前科，酌情从重处罚。据此，依法对被告人吴纪剡、吴小雄、黄曜昌、吴辰凯、林有泉、黄兆祥分别判处有期徒刑八年、七年八个月、七年、三年十个月、三年七个月、三年二个月，并处数额不等罚金。

龙岩市中级人民法院于2023年2月17日作出二审刑事裁定，现已发生法律效力。

（三）典型意义

制毒物品犯罪属于制造毒品的上游犯罪。为从源头上遏制毒品犯罪,我国不断加大对制毒物品犯罪的打击力度,不但在立法层面加大惩治力度,且始终坚持"打防并举、综合施治"方针,持续严格管控制毒物品。麻黄碱被列为第一类易制毒化学品,是制造甲基苯丙胺的主要原料。在利益驱使下,犯罪分子不惜铤而走险,购买可用于合成麻黄碱的化学品或者含麻黄碱成分的药品,非法生产麻黄碱贩卖以牟取暴利,导致制造毒品等犯罪的蔓延。本案系一起犯罪团伙组织生产麻黄碱的典型案例。涉案麻黄碱数量达 75 千克以上,根据相关司法解释已达情节特别严重标准。人民法院根据各被告人犯罪的事实、性质、情节和对于社会的危害程度及认罪悔罪表现,对三名主犯判处七年以上有期徒刑,对三名从犯依法从宽处罚,既体现了人民法院从严惩处制毒物品犯罪的鲜明立场,也全面贯彻了宽严相济刑事政策。

案例 6

韩敏华走私、贩卖、运输毒品,强奸,传授犯罪方法,张淼淼走私毒品、强奸案

——采用非接触式手段走私、贩运精神药品,情节严重;利用精神药品迷奸他人,依法数罪并罚

(一) 基本案情

被告人韩敏华,男,汉族,1992 年×月×日出生,KTV 服务人员。2012 年 1 月 12 日因犯盗窃罪被判处有期徒刑四年六个月,并处罚金人民币 1 万元,2015 年 4 月 28 日刑满释放。

被告人张淼淼,男,汉族,2000 年×月×日出生,餐饮服务人员。

2021 年 7 月至 10 月,被告人韩敏华明知三唑仑、溴替唑仑、

咪达唑仑等为国家管制的精神药品，且他人系出于犯罪目的而购买，仍通过互联网联系境外卖家购买，通过支付宝转账或网络虚拟货币等方式支付钱款，采用改换包装等手段从境外寄递入境贩卖给全国多地买家，其中部分系韩敏华收取后又联系他人在境内邮寄贩卖。韩敏华走私、贩卖、运输精神药品 20 余次，共计三唑仑 150 片、溴替唑仑 120 片、咪达唑仑针剂 92 支。韩敏华还以微信聊天、发送视频等方式，向买家传授使用上述精神药品致人昏迷的具体操作方法，以及迷奸过程中的注意事项等内容。

被告人张淼淼明知上述精神药品系从境外发货，仍向被告人韩敏华购买，并提供境内收货地址，共计走私溴替唑仑 20 片、咪达唑仑针剂 15 支。张淼淼购买三唑仑等后，欲对被害人梁某实施迷奸，于 2021 年 10 月 9 日欺骗梁某喝下溶解有三唑仑的奶茶，但梁某未完全昏迷。韩敏华明知张淼淼正在实施强奸行为，仍实时指导张淼淼如何使用相关精神药品，张淼淼根据韩敏华的指导再次欺骗梁某服用三唑仑、注射咪达唑仑等，致梁某失去意识，进而对梁某实施奸淫。次日，张淼淼与他人经预谋，欺骗被害人于某某服下三唑仑，又对失去意识的于某某注射咪达唑仑，后张淼淼等二人轮流对于某某实施奸淫。

（二）裁判结果

本案由江苏省苏州市中级人民法院审理。

法院认为，被告人韩敏华明知是毒品而从境外购买并走私入境后贩卖、运输给他人，其行为已构成走私、贩卖、运输毒品罪；通过网络向他人传授犯罪方法，其行为已构成传授犯罪方法罪；明知他人正在实施强奸犯罪，仍实时传授迷奸手段提供帮助，其行为已构成强奸罪。被告人张淼淼明知是毒品而走私，其行为已构成走私毒品罪；采用药物迷晕方式，违背妇女意志实施奸淫，其行为已构成强奸罪，且具有轮奸情节。对韩敏华、张淼淼所犯数罪，均应依法并罚。韩敏华多次走私毒品入境并向多人贩卖，情节严重。韩敏华有故意犯罪前科，酌情从重处罚。在强奸共同犯罪中，张淼淼起主要作用，系主犯，应按照其所参与的全部犯罪处罚；韩敏华起辅助作用，系从犯，应依法减轻处罚。韩敏华、张淼淼到案后均能如实供述所犯罪行，可依法从轻处罚；自愿认罪认罚，可依法从宽处理。据此，依法对被告人韩敏华以走私、贩卖、运输毒品罪判处有期徒刑五年七个月，并处罚金人民币4万元，以强奸罪判处有期徒刑一年七个月，以传授犯罪方法罪判处有期徒刑二年五个月，决定执行有期徒刑七年，并处罚金人民币4万元；对被告人张淼淼以走私毒品罪判处有期徒刑十一个月，并处罚金人民币5000元，以强奸罪判处有期徒刑十一年九个月，剥夺政治权利三年，决定执行有期徒刑十二年，剥夺政治权利三年，并处罚金人民币5000元。

苏州市中级人民法院于2023年4月12日作出刑事判决。宣判后，在法定期限内没有上诉、抗诉。现已发生法律效力。

（三）典型意义

三唑仑、溴替唑仑、咪达唑仑均系国家管制的精神药品，具有镇静催眠等作用，长期服用易产生身体和心理依赖，在被作为成瘾替代物滥用或者被用于实施抢劫、强奸等犯罪时，均应认定为毒品。近年来，一些犯罪分子利用三唑仑等物质的催眠作用，诱骗女性服用，趁女性昏迷之际实施奸淫。因国内严管，犯罪分子难以购得，遂通过互联网联络境外卖家购买，经电子支付手段或者利用虚拟货币付款，伪装后利用国际快递走私入境并在境内贩卖扩散，有的引发严重次生犯罪。本案是一起利用走私入境的精神药品迷奸他人的典型案例。被告人韩敏华以"迷奸药"作为售卖宣传点，采用"互联网+物流寄递+电子支付"手段实施走私、贩卖、运输毒品犯罪20余次，贩卖对象涉及全国多个省份，向买家传授具体使用方法，甚至实时指导他人用药实施迷奸，犯罪情节恶劣，社会危害大。被告人张淼淼购买走私入境的毒品，并用于实施迷奸，其强奸二人且有轮奸情节，犯罪性质恶劣，情节严重。本案表明，毒品不仅给吸食者本人带来严重危害，还可能危及他人人身安全，影响社会和谐稳定。人民法院对本案被告人依法严惩，彰显了坚决打击此类涉麻精药品犯罪和涉毒次生犯罪的严正立场。同时，提醒社会公众增强自我保护意识，对于不熟识的人给予的食品、饮品等应提高警惕。

案例 7

马扎根等贩卖毒品案

——伪造资质骗购大量麻醉药品出售给贩毒人员，依法惩处

（一）基本案情

被告人马扎根，男，汉族，1977年×月×日出生，农民。

被告人段红霞，女，汉族，1984年×月×日出生，农民。

被告人石艳艳，女，汉族，1985年×月×日出生，农民。

被告人方文娟，女，汉族，1988年×月×日出生，农民。

被告人沈富成，男，汉族，1985年×月×日出生，农民。

2017年2月，被告人马扎根经与贩毒人员共谋，通过伪造癌症病人住院病案首页、身份证件等资料，在多家医院办理多张麻醉卡。马扎根持麻醉卡以每片0.4元的价格从医院骗购哌替啶片（度冷丁），再以每片13元的价格出售给贩毒人员，并以给予一定报酬为诱惑，将麻醉卡提供给被告人段红霞，让段红霞为其到医院骗购哌替啶片及发展下线。2017年2月至2018年9月间，马扎根及其直接或间接发展的下线被告人段红霞、石艳艳、方文娟、沈富成，多次采用同样手段从医院骗购哌替啶片，均被马扎根加价出售给贩毒人员。各被告人贩卖哌替啶的数量分别为：马扎根744克、段红霞328.4克、石艳艳124.6克、方文娟36.7克、沈富成26克。

（二）裁判结果

本案由甘肃省合水县人民法院一审，甘肃省庆阳市中级人民

法院二审。

法院认为，被告人马扎根、段红霞、石艳艳、方文娟、沈富成明知哌替啶是国家规定管制的能够使人形成瘾癖的麻醉药品，而骗购获取后出售给贩毒人员，其行为均已构成贩卖毒品罪。马扎根、段红霞贩卖毒品数量大，石艳艳贩卖毒品数量较大；方文娟、沈富成多次贩卖毒品，情节严重。在共同犯罪中，马扎根与贩毒人员共谋，伪造资料办理麻醉卡从医院骗购哌替啶片，积极发展、指使下线使用其提供的麻醉卡从医院骗购哌替啶片，并出售给贩毒人员牟利，起主要作用，系主犯，应按照其所参与和组织、指挥的全部犯罪处罚；段红霞、石艳艳、方文娟、沈富成直接或间接受马扎根指使从医院骗购哌替啶片，起次要作用，系从犯，应依法从轻或减轻处罚。段红霞、方文娟有自首情节，可依法从轻处罚。段红霞、方文娟、沈富成认罪认罚，可依法从宽处理。方文娟、沈富成积极退赃，酌情从轻处罚。据此，依法对被告人马扎根判处有期徒刑十五年，并处没收财产人民币2万元；对被告人段红霞、石艳艳、方文娟、沈富成分别判处有期徒刑十年、七年、二年、一年九个月，并处数额不等罚金。

庆阳市中级人民法院于2022年10月17日作出二审刑事裁定，现已发生法律效力。

(三) 典型意义

近年来，一些犯罪分子通过伪造患者病历资料从医院套取国家管制的麻精药品并贩卖牟利的情况时有发生。本案系一起持伪造资料办理麻醉卡从医院骗购哌替啶出售给贩毒人员牟利的典型案例。被告人马扎根经与贩毒人员共谋，伪造多份癌症患者资料，在多家医院办理麻醉卡骗购麻醉药品，发展多名下线采用同样手段实施犯罪，并将骗购的麻醉药品加价数倍出售给贩毒人员牟利，不但导致大量医疗用麻醉药品流入涉毒渠道，还严重扰乱了药品经营管理秩序。人民法院一体打击骗购麻精药品并向贩毒人员出售的犯罪团伙，认定马扎根为团伙主犯并依法判处十五年有期徒刑，体现了严惩此类犯罪及其中起组织、指挥作用的主犯的坚定态度;同时,对本案中具有从犯、自首、认罪认罚、积极退赃等法定、酌定从宽处罚情节的其他被告人依法从轻或减轻处罚,体现了区别对待、宽以济严。

案例 8

夏继欢贩卖毒品案

——医务人员多次向吸贩毒人员贩卖精神药品牟利,情节严重

（一）基本案情

被告人夏继欢,男,汉族,1988 年×月×日出生,医务人员。

被告人夏继欢系重庆市某营利性戒毒医院医生,具有开具国家管制的第一类精神药品盐酸丁丙诺啡舌下片处方资格。2020 年 7 月至 2021 年 5 月,夏继欢冒用他人名义开具虚假处方,以每盒 170 元的价格从医院骗购盐酸丁丙诺啡舌下片,明知购买者系吸贩毒人员,仍多次以每盒 350 元至 450 元不等的价格向多人贩卖,且均未开具相应处方,共计出售 422 盒（10 片/盒）。

（二）裁判结果

本案由重庆市万州区人民法院一审,重庆市第二中级人民法院二审。

法院认为,被告人夏继欢身为依法从事管理、使用国家管制的精神药品的人员,向贩卖毒品的犯罪分子或者以牟利为目的向吸食、注射毒品的人提供国家规定管制的能够使人形成瘾癖的精神药品,其行为已构成贩卖毒品罪。夏继欢为谋取非法利益,多次向多名吸贩毒人员贩卖盐酸丁丙诺啡舌下片,情节严重。据

此，依法对被告人夏继欢判处有期徒刑六年，并处罚金人民币12万元。

重庆市第二中级人民法院于2022年12月26日作出二审刑事裁定，现已发生法律效力。

(三) 典型意义

近年来，随着我国对毒品犯罪的打击力度持续加强，部分常见毒品逐渐较难获得，一些吸毒人员转而通过非法手段获取医疗用麻精药品作为替代物滥用，以满足吸毒瘾癖，具有医疗用途的麻精药品流入非法渠道的情况时有发生。本案系一起戒毒医院医生向吸贩毒人员贩卖国家管制的精神药品牟利的典型案例。盐酸丁丙诺啡舌下片属于国家管制的第一类精神药品，具有医疗用途，但被滥用极易形成瘾癖，兼具药品与毒品双重属性。被告人夏继欢身为戒毒医院执业医师，利用职业便利，冒用患者名义虚开处方套取盐酸丁丙诺啡舌下片，多次加价贩卖给多名吸贩毒人员牟利，犯罪情节严重。"医乃仁术，无德不立"。夏继欢的行为违背职业操守，扰乱正常医疗秩序，导致医疗用精神药品流入涉毒渠道，社会危害大。人民法院依法对夏继欢以贩卖毒品罪定罪处刑，并处以高额罚金，彰显了严惩此类犯罪的严正立场。对于推动强化麻精药品源头管控，促进加强相关机构和人员管理，严防医疗用麻精药品流入涉毒渠道具有积极意义。

案例 9

纪家林贩卖毒品案
——违规购买精神药品出售给吸毒人员,依法严惩

(一) 基本案情

被告人纪家林,男,汉族,1988年×月×日出生,跑腿代购员。

2020年至2021年,被告人纪家林在辽宁省辽阳市某医院使用多人多张就诊卡购买阿普唑仑片。2021年11月17日11时许,纪家林在该医院以11元的价格购买1盒阿普唑仑片后,明知陈某某系吸毒人员,仍以100元的价格出售给陈,被公安人员当场抓获,阿普唑仑片1盒(40片/盒)被查获。公安人员另从纪家林身上查扣阿普唑仑片1盒和就诊卡12张。

(二) 裁判结果

本案由辽宁省辽阳市白塔区人民法院审理。

法院认为,被告人纪家林明知阿普唑仑是国家规定管制的能够使人形成瘾癖的精神药品仍贩卖给吸毒人员,其行为已构成贩卖毒品罪。纪家林到案后如实供述自己的罪行,可依法从轻处罚;自愿认罪认罚,可依法从宽处理。据此,依法对被告人纪家林判处有期徒刑六个月,并处罚金人民币5000元。

辽阳市白塔区人民法院于2023年2月17日作出刑事判决。宣判后,在法定期限内没有上诉、抗诉。判决现已发生法律效力。

(三) 典型意义

阿普唑仑是国家管制的第二类精神药品,直接作用于神经系

统，长期服用易成瘾，突然减药或停用易出现戒断反应，严重时可危及生命。一些犯罪分子以牟利为目的，明知他人为滥用而购买，仍套购此类药品非法出售。本案是一起违规购买阿普唑仑后贩卖给吸毒人员的典型案例。被告人纪家林明知阿普唑仑是国家规定管制的精神药品，且他人购买系作为毒品滥用，仍加价近10倍向吸毒人员出售，应认定为贩卖毒品罪。在案证据显示，纪家林还曾使用多人多张就诊卡违规购买阿普唑仑片。纪家林的行为不仅违反了国家关于麻精药品的管理规定，还干扰、破坏了正常的医疗秩序，依法应予严惩。人民法院根据纪家林犯罪的事实、性质、情节和对于社会的危害程度，对其定罪处刑，体现了"涉毒必惩"的态度立场。同时，提醒广大公众切勿随意将自己的就诊凭证借予他人，防止被他人违法利用。

案例 10

韦颖故意杀人案

——吸毒致幻杀害无辜群众，致三人死伤，罪行极其严重

（一）基本案情

被告人韦颖，男，汉族，1987年×月×日出生，无业。

2020年6月4日7时许，被告人韦颖与他人一起吸食毒品后产生幻觉，携带尖刀至湖南省衡阳市石鼓区湘江北路河畔。韦颖认为在此活动的被害人刘某（男，殁年19岁）对其生命有威胁，遂持刀捅刺刘某颈、胸部等处数刀，致刘某死亡；后持刀砍向正在附近跑步的被害人吴某某（男，时年49岁），吴某某避过；认为被害人许某（女，时年20岁）是"女杀手"，又持刀捅刺许某背部多刀致其轻微伤。被害人肖某某（男，时年52岁）见状喝

止,韦颖持刀捅刺肖某某背部致其受重伤。

(二)裁判结果

本案由湖南省衡阳市中级人民法院原审,湖南省高级人民法院复核。最高人民法院对本案进行了死刑复核。

法院认为,被告人韦颖故意非法剥夺他人生命,其行为已构成故意杀人罪。韦颖违反国家法律规定吸食毒品,产生幻觉后在公共场所持刀连续捅刺无辜群众,致一人死亡、一人重伤、一人轻微伤,犯罪情节特别恶劣,社会危害大,后果和罪行极其严重,应依法惩处。据此,依法对被告人韦颖判处并核准死刑,剥夺政治权利终身。

罪犯韦颖已于2023年6月21日被依法执行死刑。

(三)典型意义

毒品具有中枢神经兴奋、抑制或者致幻作用,会导致吸毒者狂躁、抑郁甚至出现被害妄想、幻视幻听症状,进而导致其自伤自残或实施暴力犯罪。近年来,因吸毒诱发的故意杀人、故意伤害等恶性案件屡有发生,严重危害社会治安和公共安全。本案是一起因吸毒致幻而故意杀人的典型案例。被告人韦颖吸毒后产生被害幻觉,在公共场所杀害无辜群众,致三人死伤,另有一名群众因躲避及时得以幸免,实属罪行极其严重。该案充分反映出毒品对个人和社会的严重危害,尤其值得吸毒者深刻警醒。人民法院在严惩韦颖罪行的同时,也警示社会公众自觉抵制毒品,切莫以身试毒。

案例 11

梁玉景、黎国都制造毒品案

——纠集多人制造毒品，数量特别巨大，罪行极其严重

（一）基本案情

被告人梁玉景，男，壮族，1976年×月×日出生，无业。2010年1月8日因犯故意伤害罪被判处有期徒刑三年，缓刑五年。

被告人黎国都，男，壮族，1983年×月×日出生，农民。

2016年底，被告人梁玉景、黎国都商定共同制造甲基苯丙胺（冰毒）。后黎国都伙同郑力纯（同案被告人，已判刑）租赁制毒场地，并与郑力纯、陈元武（同案被告人，已判刑）共同完成制毒前期准备工作；梁玉景购买制毒原材料，安排黄炳鹏（同案被告人，已判刑）检修制毒工具反应釜。2017年4月底至5月初，梁玉景安排黎国都收集部分制毒出资，其中黎国都出资70万元，陈元武、梁玉升（二审期间因病死亡）夫妇出资90万元，零岸（同案被告人，已判刑）出资15万元。零骏良、凌晨（均系同案被告人，已判刑）等人在梁玉景、黎国都指使下，前往广东省东莞市将毒资交给梁玉景，将制毒辅料运至广西壮族自治区南宁市，又从广东省梅州市将梁玉景组织购买的氯麻黄碱运至南宁市，由陈元武驾车运至制毒场地。同年5月28日，梁玉景先后安排农多想、黄炳贵（均系同案被告人，已判刑）前往位于南宁市经开区那洪街道古思村的制毒场地，与黎国都、陈元武、郑力纯共同制造甲基苯丙胺。同月31日，公安人员在制毒场地抓获黎国都等人，当场查获甲基苯丙胺419.2千克、含甲基苯丙胺成分的固液混合物143.92千克及氯麻黄碱148.42千克、反应釜等。

（二）裁判结果

本案由广西壮族自治区南宁市中级人民法院一审，广西壮族自治区高级人民法院二审。最高人民法院对本案进行了死刑复核。

法院认为，被告人梁玉景、黎国都伙同他人制造甲基苯丙胺，其行为均已构成制造毒品罪。梁玉景、黎国都共谋制造毒品，梁玉景纠集多人参与，管理毒资，购买制毒原料，黎国都大额出资，租赁制毒场地，直接参与制造，二人在制造毒品共同犯罪中均起主要作用，系主犯，罪责突出。梁玉景、黎国都制造甲基苯丙胺，数量特别巨大，社会危害大，罪行极其严重。据此，依法对被告人梁玉景、黎国都均判处并核准死刑，剥夺政治权利终身，并处没收个人全部财产。

罪犯梁玉景、黎国都已于2022年6月15日被依法执行死刑。

（三）典型意义

制造毒品属于源头性毒品犯罪，历来是我国禁毒斗争的打击重点。近年来，广东等地的规模化制毒活动在持续严厉打击和有效治理之下，逐步得到遏制，但制毒活动出现了向周边省市转移的现象，国内其他地区分散、零星制毒犯罪仍时有发生，且犯罪手段呈现分段式、隐秘化等特点。本案是一起发生在广西的家族式重大制毒犯罪，参与人数多、制毒规模大、涉案人员大多具有亲属关系。同案人在梁玉景、黎国都指挥下实施制毒犯罪，从广东购入制毒原料，跨省运输至广西农村地区进行制造。案发时在制毒场地查获甲基苯丙胺晶体419.2千克、含甲基苯丙胺成分的固液混合物143.92千克及制毒物品氯麻黄碱148.42千克，毒品数量特别巨大。梁玉景、黎国都系该制毒团伙中罪责最为突出的主犯，罪行极其严重。人民法院依法对二人适用死刑，体现了突出打击重点、严惩源头性毒品犯罪的严正立场。

案例 12

邱山喜贩卖、运输毒品案

——通过非法手段获取他人犯罪线索并检举，
不构成立功，且系毒品再犯，罪行极其严重

（一）基本案情

被告人邱山喜，曾用名邱三喜，男，汉族，1976年×月×日出生，农民。2004年1月12日因犯走私毒品罪被判处有期徒刑七年，并处罚金人民币5万元。

2013年6、7月份，被告人邱山喜欲从广东省广州市一名毒贩（身份不明）处购买毒品进行贩卖，并将此事告知元海银（同案被告人，已判刑），让元海银为其准备30万元现金。元海银同意，并提出从中购买一块毒品。同年7月13日，邱山喜携带元海银提供的30万元毒资，前往广州市交易毒品。后邱山喜将购得的毒品藏匿于其驾驶的丰田汽车后排座椅内，驾车返回安徽省临泉县，途中被公安人员抓获，当场查获海洛因3481.4克。邱山喜被抓获后，其亲属通过贿买手段获取范某某贩卖毒品犯罪线索，交由其检举揭发。

（二）裁判结果

安徽省阜阳市中级人民法院一审根据公安机关出具的立功材料，错误认定被告人邱山喜检举揭发他人犯罪属实，具有重大立功表现，据此从轻判处邱山喜无期徒刑。安徽省高级人民法院二审维持原判。裁判发生法律效力后，安徽省高级人民法院发现原审裁判认定事实和适用法律确有错误，经再审改判邱山喜死刑。最高人民法院对本案进行了死刑复核。

法院认为，被告人邱山喜明知是海洛因而伙同他人贩卖、运输，其行为已构成贩卖、运输毒品罪。在共同犯罪中，邱山喜提起犯意，纠集他人参与出资，自行完成购买、运输毒品行为，起主要作用，系主犯。邱山喜贩卖、运输毒品数量大，社会危害大，罪行极其严重，且其曾因犯走私毒品罪被判处刑罚，系毒品再犯，应依法从重处罚。邱山喜检举范某某贩卖毒品的线索系通过贿买的非法手段获取，根据《最高人民法院关于处理自首和立功若干具体问题的意见》（以下简称《自首立功意见》）第四条的规定，不能认定为具有立功表现。据此，依法对被告人邱山喜改判并核准死刑，剥夺政治权利终身，并处没收个人全部财产。

罪犯邱山喜已于2022年6月15日被依法执行死刑。

（三）典型意义

刑法设立立功制度，主要目的在于通过对犯罪分子承诺并兑现从宽处罚，换取其积极揭露他人罪行，以便司法机关及时发现、查处犯罪，节约司法资源。同时，检举揭发他人犯罪也在一定程度上反映出犯罪分子弃恶从善的愿望，有利于促成其悔过自新。但是，构成立功要求犯罪分子检举线索的来源必须合法，否则就背离了立功制度创设的初衷和价值取向，且违反相关法律法规，破坏公序良俗。《自首立功意见》第四条规定，犯罪分子通过贿买、暴力、胁迫等非法手段，获取他人犯罪线索并"检举揭发"的，不能认定为有立功表现。本案中，被告人邱山喜携款向上家求购大量毒品并跨省长途运输，罪行极其严重，且系毒品再犯，论罪应处死刑。邱山喜到案后检举揭发范某某贩卖毒品线索，公安机关据此侦破范某某贩毒一案，范某某被判处无期徒刑以上刑罚。经再审查明，上述检举线索系邱山喜亲属通过贿买的非法手段获取后交由邱山喜检举揭发，根据《自首立功意见》的规定，即便检举线索查证属实，邱山喜的行为也不构成立功。人民法院依法启动再审，对邱山喜改判死刑，彰显了对严重毒品犯罪绝不姑息的态度和实事求是、有错必纠的决心。

案例 13

郑保涛等制造毒品，非法生产、买卖制毒物品案
——明知他人制造甲卡西酮而向其提供制毒原料；
非法生产、买卖制毒物品，情节特别严重

（一）基本案情

被告人郑保涛，曾用名郑俊杰，男，汉族，1987年×月×日出生，农民。

被告人焦绪波，男，汉族，1975年×月×日出生，个体经营者。

被告人李晓龙，曾用名李龙，男，汉族，1994年×月×日出生，无业。

被告人金学，男，汉族，1992年×月×日出生，农民。

被告人房晓帅，男，汉族，1983年×月×日出生，无业。

被告人郑营，男，汉族，1979年×月×日出生，农民。

被告人郑保涛明知张新明、宋书斌（均另案处理）等购买溴代苯丙酮、苯丙酮等用于制造毒品，自2019年3月至10月间，在山东省滨州市、高青县、桓台县等地，多次向张新明等介绍购买或者贩卖溴代苯丙酮、苯丙酮等制毒原料，并介绍李勇（另案处理）加入张新明等制毒、贩毒团伙。张新明等利用从郑保涛处购买的制毒原料生产甲卡西酮至少28.23千克。

2019年8月至11月，被告人郑保涛、金学、郑营在桓台县非法生产溴代苯丙酮、苯丙酮，并将生产的溴代苯丙酮分两次贩卖给陈云飞、王成毅（均另案处理）。2019年10月至2020年4

月,被告人焦绪波、李晓龙、郑保涛、金学在山东省潍坊市非法生产溴代苯丙酮、苯丙酮,并交叉结伙多次向被告人房晓帅和陈云飞、王成毅、韦冰冰(另案处理)非法贩卖。其中,焦绪波共计非法生产溴代苯丙酮1428千克、苯丙酮3700千克,李晓龙共计非法生产溴代苯丙酮1428千克、苯丙酮2100千克,郑保涛共计非法生产、买卖溴代苯丙酮127.6千克,金学共计非法生产、买卖溴代苯丙酮54.2千克、苯丙酮21千克,郑营共计非法生产、买卖溴代苯丙酮17千克、苯丙酮21千克,房晓帅共计非法买卖溴代苯丙酮24.3千克。

(二)裁判结果

本案由山东省桓台县人民法院一审,山东省淄博市中级人民法院二审。

法院认为,被告人郑保涛明知他人制造毒品而提供用于制造毒品的原料,其行为已构成制造毒品罪;郑保涛伙同被告人焦绪波、李晓龙、金学非法生产、买卖用于制造毒品的原料,情节特别严重,被告人郑营非法生产、买卖用于制造毒品的原料,情节严重,其行为均已构成非法生产、买卖制毒物品罪;被告人房晓帅非法买卖用于制造毒品的原料,情节严重,其行为已构成非法买卖制毒物品罪。对郑保涛所犯数罪,应依法并罚。在非法生产、买卖制毒物品共同犯罪中,郑保涛起主要作用,系主犯;金学、郑营起次要作用,系从犯,应依法减轻处罚。郑保涛、焦绪波、李晓龙、房晓帅买卖溴代苯丙酮部分事实系犯罪未遂,可比照既遂犯从轻处罚。郑保涛到案后协助抓获房晓帅,构成立功;焦绪波、李晓龙、郑营、金学到案后如实供述主要犯罪事实,均可依法从轻处罚。焦绪波、李晓龙、金学、郑营、房晓帅自愿认罪认罚,可依法从宽处理。据此,依法对被告人郑保涛以制造毒品罪判处有期徒刑十五年,并处没收个人财产人民币20万元,以非法生产、买卖制毒物品罪判处有期徒刑七年,并处罚金人民币10万元,决定执行有期徒刑十九年,并处没收个人财产人民币20万元、罚金人民币10万元;对被告人焦绪波、李晓龙、金学、房晓帅、郑营分别判处有期徒刑九年六个月、九年、五年、三年、一年九个月,并处数额不等罚金。

淄博市中级人民法院于 2021 年 8 月 3 日作出二审刑事裁定,现已发生法律效力。

(三) 典型意义

近年来,以制毒物品为原料,采用化学合成方法制造甲卡西酮等新型毒品的犯罪呈上升趋势。加大对制毒物品犯罪的打击力度,是从源头上遏制制造新型毒品犯罪的重要手段。本案是一起非法制造、买卖制毒物品,同时构成制造毒品共犯的典型案例。溴代苯丙酮、苯丙酮属于国家严格管控的制毒物品,被告人郑保涛等多次、大量非法生产、买卖溴代苯丙酮、苯丙酮等制毒物品,根据《最高人民法院关于审理毒品犯罪案件适用法律若干问题的解释》第八条第二款的规定,属于情节特别严重情形,人民法院依法对其判处七年以上有期徒刑。同时,当前制造毒品犯罪日益呈现团伙作案、分工精细、分段进行等特点,有必要予以全链条、全方位打击处理。明知他人制造毒品而向其提供制毒原料的,构成制造毒品罪的共犯,依法应予严惩。人民法院以制造毒品罪与非法生产、买卖制毒物品罪对郑保涛数罪并罚,决定执行有期徒刑十九年,并处以高额财产刑,体现了坚决遏制毒品来源、严厉惩治此类犯罪的一贯立场。同时,人民法院对本案中犯罪情节较轻,或者具有从犯、立功、坦白等法定从宽处罚情节的被告人依法从轻、减轻处罚,全面贯彻了宽严相济刑事政策。

案例 14

万昊能等贩卖毒品、洗钱案
——贩卖含有合成大麻素成分的电子烟油并"自洗钱",依法数罪并罚

(一) 基本案情

被告人万昊能,男,汉族,1998年×月×日出生,无业。

被告人黄云,男,汉族,2000年×月×日出生,无业。

被告人刘智勇,男,汉族,2001年×月×日出生,无业。

2021年7月1日至8月21日,被告人万昊能在明知合成大麻素类物质已被列管的情况下,为牟取非法利益,通过微信兜售含有合成大麻素成分的电子烟油,先后六次采用雇请他人送货或者发送快递的方式向多人贩卖,得款共计4900元。被告人黄云两次帮助万昊能贩卖共计600元含有合成大麻素成分的电子烟油,被告人刘智勇帮助万昊能贩卖300元含有合成大麻素成分的电子烟油。为掩饰、隐瞒上述犯罪所得的来源和性质,万昊能收买他人微信账号并使用他人身份认证,收取毒资后转至自己的微信账号,再将犯罪所得提取至银行卡用于消费等。同年8月23日,公安人员在万昊能住处将其抓获,当场查获电子烟油15瓶,共计净重111.67克。次日,公安人员在万昊能租赁的仓库内查获电子烟油94瓶,共计净重838.36克。经鉴定,上述烟油中均检出 ADB-BUTINACA 和 MDMB-4en-PINACA 合成大麻素成分。万昊能、黄云到案后,分别协助公安机关抓捕吴某某(另案处理)、刘智勇。

（二）裁判结果

本案由江西省南昌市西湖区人民法院一审，南昌市中级人民法院二审。

法院认为，被告人万昊能、黄云、刘智勇向他人贩卖含有合成大麻素成分的电子烟油，其行为均已构成贩卖毒品罪。万昊能为掩饰、隐瞒毒品犯罪所得的来源和性质，采取收买他人微信账号收取毒资后转至自己账号的支付结算方式转移资金，其行为又构成洗钱罪。对万昊能所犯数罪，应依法并罚。万昊能贩卖含有合成大麻素成分的电子烟油，数量大，社会危害大。万昊能、黄云、刘智勇到案后如实供述自己的罪行，万昊能、黄云协助抓捕其他犯罪嫌疑人，有立功表现，黄云、刘智勇自愿认罪认罚，均可依法从轻处罚。据此，依法对被告人万昊能以贩卖毒品罪判处有期徒刑十五年，并处没收个人财产人民币6万元，以洗钱罪判处有期徒刑十个月，并处罚金人民币5万元，决定执行有期徒刑十五年，并处没收个人财产人民币6万元、罚金人民币5万元；对被告人黄云、刘智勇均判处有期徒刑八个月，并处罚金人民币1万元。

南昌市中级人民法院于2022年6月2日作出二审刑事裁定，现已发生法律效力。

（三）典型意义

合成大麻素类物质是人工合成的化学物质，相较天然大麻能产生更为强烈的兴奋、致幻等效果。吸食合成大麻素类物质后，会出现头晕、呕吐、精神恍惚等反应，过量吸食会出现休克、窒息甚至猝死等情况，社会危害极大。2021年7月1日起，合成大麻素类物质被列入《非药用类麻醉药品和精神药品管制品种增补目录》进行整类列管，以实现对此类新型毒品犯罪的严厉打击。合成大麻素类物质往往被不法分子添加入电子烟油中或喷涂于烟丝等介质表面，冠以"上头电子烟"之名在娱乐场所等进行贩卖，因其外表与普通电子烟相似，故具有较强迷惑性，不易被发现和查处,严重破坏毒品管制秩序,危害公民身体健康。本案被告人万昊能六次向他人出售含有合成大麻素成分的电子烟油,被抓获时又从其住所等处查获大量用于贩卖的电子烟油。人民法院根据其贩卖毒品的数量、情节和对社会的危害程度,对其依法从严适用刑罚,同时警示社会公众自觉抵制新型毒品诱惑,切莫以身试毒。

毒品犯罪是洗钱犯罪的上游犯罪之一。洗钱活动在为毒品犯罪清洗毒资的同时,也为扩大毒品犯罪规模提供了资金支持,助长了毒品犯罪的蔓延。《刑法修正案(十一)》将"自洗钱"行为规定为犯罪,加大了对从洗钱犯罪中获益最大的上游犯罪本犯的惩罚力度。本案中,被告人万昊能通过收购的微信账号等支付结算方式,转移自身贩卖毒品所获毒资,掩饰、隐瞒贩毒违法所得的来源和性质,妄图"洗白"毒资和隐匿毒资来源。人民法院对其以贩卖毒品罪、洗钱罪数罪并罚,以同步惩治上下游犯罪,斩断毒品犯罪的资金链条,摧毁毒品犯罪分子再犯罪的经济基础。

案例 15

古亮引诱、教唆他人吸毒,容留他人吸毒案
——引诱、教唆、容留未成年人吸毒,
且系累犯,依法严惩

(一)基本案情

被告人古亮,男,汉族,1996 年×月×日出生,无业。2016年12月20日因犯引诱、教唆他人吸毒罪被判处有期徒刑四年,并处罚金人民币5000元,2019年2月28日刑满释放。

2020 年10月,被告人古亮与严某某、李某某(均系未成年

人）在四川省宜宾市南溪区罗龙镇严某某母亲家中居住,古亮明知严某某、李某某没有吸毒史,在二人面前制作吸毒工具,询问二人是否愿意尝试吸毒,并示范吸毒方法,讲述吸毒后的体验,引诱、教唆二人吸食毒品,先后和严某某、李某某一起吸食了其提供的甲基苯丙胺(冰毒)。同年11月,古亮多次在宜宾市南溪区南山一品二期其租住的房间内容留吸毒人员及严某某、李某某吸食甲基苯丙胺。

(二)裁判结果

本案由四川省宜宾市南溪区人民法院一审,宜宾市中级人民法院二审。

法院认为,被告人古亮通过向他人宣扬吸食毒品后的感受等方法,诱使、教唆他人吸食毒品,其行为已构成引诱、教唆他人吸毒罪。古亮多次提供场所容留吸毒人员及未成年人严某某、李某某吸食毒品,其行为已构成容留他人吸毒罪。对古亮所犯数罪,应依法并罚。古亮引诱、教唆未成年人吸毒,且其曾因犯引诱、教唆他人吸毒罪被判处有期徒刑,刑满释放后五年内又实施本案犯罪,系累犯,应依法从重处罚。古亮到案后如实供述自己的主要犯罪事实,可依法从轻处罚。据此,依法对被告人古亮以引诱、教唆他人吸毒罪判处有期徒刑二年六个月,并处罚金人民币3000元;以容留他人吸毒罪判处有期徒刑一年一个月,并处罚金人民币3000元,决定执行有期徒刑三年四个月,并处罚金人民币6000元。

宜宾市中级人民法院于2021年9月18日作出二审刑事裁定,现已发生法律效力。

(三)典型意义

毒品具有较强的致瘾癖性,一旦沾染,极易造成身体和心理的双重依赖。未成年人好奇心强,心智发育尚不成熟,欠缺自我保护能力,更易遭受毒品危害。人民法院始终坚持将犯罪对象为未成年人以及组织、利用未成年人实施的毒品犯罪作为打击重点。本案是一起典型的引诱、教唆、容留未成年人吸毒案件。被告人古亮在未成年人面前实施言语诱导、传授吸毒方法、宣扬吸毒感受的行为，造成两名本无吸毒意愿的未成年人吸食毒品的后果，且其多次提供场所容留未成年人吸毒，社会危害大。古亮曾因引诱、教唆他人吸毒犯罪情节严重被判处有期徒刑四年，仍不思悔改，刑满释放后五年内再次实施同类犯罪，系累犯，主观恶性深，人身危险性大。人民法院根据其犯罪事实、性质、情节和危害后果，依法对其从重处罚，贯彻了加大对末端毒品犯罪惩处力度的刑事政策，体现了对侵害未成年人毒品犯罪予以严惩的坚定立场。在通过刑罚手段阻断毒品危害殃及未成年人的同时，人民法院也呼吁广大青少年深刻认识毒品危害，守住心理防线，慎重交友，远离易染毒环境和人群。

案例 16

周洪伟贩卖、运输毒品案

——利用"互联网+物流寄递"手段多次向吸毒人员贩卖麻精药品，情节严重

（一）基本案情

被告人周洪伟，男，汉族，1993年×月×日出生，务工人员。

2021年3月，被告人周洪伟明知艾司唑仑片、泰勒宁（氨酚羟考酮片）等系国家管制的精神药品，仍以牟利为目的，在微信、抖音、百度贴吧等网络社交平台寻找买家，通过"闲鱼"App三次向吸毒人员贩卖，共计贩卖艾司唑仑片1盒（20片）、泰勒宁7盒（70片），并通过快递寄送上述精神药品。后公安人员将周洪伟抓获，并从其租住处查获艾司唑仑片、酒石酸唑吡坦

片、劳拉西泮片、佐匹克隆片等数百片。

(二) 裁判结果

本案由福建省石狮市人民法院审理。

法院认为,被告人周洪伟明知是国家管制的能够使人形成瘾癖的精神药品仍向吸毒人员贩卖、运输,其行为已构成贩卖、运输毒品罪。周洪伟多次贩卖毒品,根据《最高人民法院关于审理毒品犯罪案件适用法律若干问题的解释》第四条第一项的规定,应认定为《刑法》第三百四十七条第四款规定的"情节严重"。周洪伟到案后如实供述自己的罪行,可依法从轻处罚。据此,依法对被告人周洪伟判处有期徒刑三年,并处罚金人民币3000元。

石狮市人民法院于 2021 年 9 月 24 日作出刑事判决。宣判后,在法定期限内没有上诉、抗诉。判决现已发生法律效力。

(三) 典型意义

近年来,随着我国对海洛因、甲基苯丙胺等毒品犯罪的打击力度不断加强,部分常见毒品逐渐较难获得,一些吸毒人员转而通过非法手段获取处方麻精药品作为替代物滥用,以满足吸毒瘾癖,具有医疗用途的麻精药品流入非法渠道的情况时有发生。为加大监管力度,有关职能部门联合印发《关于将含羟考酮复方制剂等品种列入精神药品管理的公告》,规定自 2019 年 9 月 1 日起将含羟考酮的复方制剂(含泰勒宁)列入精神药品管理。《全国法院毒品犯罪审判工作座谈会纪要》明确规定,向吸食、注射毒品的人员贩卖国家规定管制的能够使人形成瘾癖的麻醉药品或者精神药品的,以贩卖毒品罪定罪处罚。同时,随着互联网技术、物流业的快速发展,犯罪分子依托互联网联络毒品交易并收取毒资、通过快递物流渠道交付毒品的现象日益突出。信息网络的跨地域性、匿名性特点,使得毒品犯罪手段愈趋隐蔽化、多样化,监管、打击难度不断加大。本案就是犯罪分子利用"互联网+物流寄递"手段向吸毒人员贩卖国家规定管制的处方麻精药品的典型案例。被告人周洪伟在微信、抖音、百度贴吧等网络社交平台寻找联系买家,明知买家购买麻精药品作为成瘾替代物,仍通过闲鱼交易平台下单结算,再通过物流方式向各地买家寄送,犯罪手段隐蔽,社会危害性大。周洪伟多次向吸毒人员贩卖毒品,情节严重。除已售出的麻精药品外,公安人员还从周洪伟租住处查获大量国家管制的精神药品。人民法院对周洪伟依法适用刑罚,体现了对利用信息网络实施非法贩卖麻精药品犯罪的严厉打击。

案例 17

何启安贩卖毒品案

——向吸毒人员贩卖氟胺酮,且系累犯,依法严惩

(一)基本案情

被告人何启安,男,汉族,1974年×月×日出生,务工人员。2018年6月20日因犯盗窃罪被判处有期徒刑二年二个月,并处罚金人民币5000元,同年7月17日刑满释放。

2021年9月2日,被告人何启安在江西省萍乡市火车站一麻将馆内,以5000元的价格从"狗鸭"(身份不明)处购得约5克氟胺酮,后为增重将"消炎粉"掺杂到所购氟胺酮内形成混合物。

次日,何启安在湖南省株洲市芦淞区将15克上述氟胺酮混合物贩卖给吸毒人员刘某、陈某,得款7500元。同月6日,何启安在萍乡市区密码酒店附近将约11克上述氟胺酮混合物贩卖给陈某,得款5500元。

(二)裁判结果

本案由湖南省攸县人民法院审理。

法院认为,被告人何启安明知氟胺酮是国家管制的能够使人

形成瘾癖的麻精药品仍贩卖给他人，其行为已构成贩卖毒品罪。何启安曾因犯盗窃罪被判处有期徒刑，在刑罚执行完毕后五年内又实施本案犯罪，系累犯，应依法从重处罚。何启安到案后如实供述自己的罪行，可依法从轻处罚；自愿认罪认罚，可依法从宽处理。据此，依法对被告人何启安判处有期徒刑一年九个月，并处罚金人民币1万元。

攸县人民法院于2021年11月25日作出刑事判决。宣判后，在法定期限内没有上诉、抗诉。判决现已发生法律效力。

（三）典型意义

氟胺酮是对氯胺酮（俗称"K粉"）进行化学结构修饰得到的类似物，从外观看两者同为白色结晶粉末状，具有相似的麻醉、致幻等效果，长期吸食氟胺酮会引发对人体脏器的永久损害，滥用过量甚至会导致死亡。近年来，随着国家对涉氯胺酮犯罪的打击力度不断加大，不法分子逐渐将目标转向氟胺酮，将其作为氯胺酮的替代物非法吸食、贩卖，以逃避法律制裁。为防范氟胺酮等新精神活性物质蔓延，有关职能部门联合发布《关于将合成大麻素类物质和氟胺酮等18种物质列入〈非药用类麻醉药品和精神药品管制品种增补目录〉的公告》，决定从2021年7月1日起正式将氟胺酮纳入列管范围。该公告的施行为打击氟胺酮等新型毒品犯罪提供了依据。本案系一起典型的涉氟胺酮犯罪案件。被告人何启安曾因犯盗窃罪被判处刑罚，刑满释放后不思悔改，又两次向吸毒人员贩卖氟胺酮，系累犯，主观恶性深，人身危险性大。人民法院根据何启安的犯罪事实、性质、情节和对社会的危害程度，对其依法从严惩处，彰显了人民法院坚决打击新型毒品犯罪的严正立场。

案例 18

李奇峰走私、贩卖、运输毒品，组织越狱案
——缓刑考验期内实施毒品犯罪，数量特别巨大，羁押期间组织越狱，罪行极其严重

（一）基本案情

被告人李奇峰，男，汉族，1974年×月×日出生，无业。2014年3月19日因犯非法买卖制毒物品罪被判处有期徒刑三年，缓刑四年，并处罚金人民币20万元，缓刑考验期至2018年9月2日止。

2017年1月，被告人李奇峰在缅甸购得甲基苯丙胺片剂（俗称"麻古"），指使同乡李新林、邓文武（均系同案被告人，已判刑）与其共同重新包装后藏匿在事先改装的货车货厢底部夹层内，又雇用秦永胜（同案被告人，已判刑）运输毒品。同月23日，李奇峰安排同乡刘迎春（另案处理）将上述货车从缅甸偷开入境至云南省沧源县某偏僻处停放，又指使李新林将秦永胜送到该处。秦永胜接取上述藏有毒品的货车后，按照李奇峰书写的车辆行驶路线，驾驶该车前往湖南省，同日17时许途经沧源县城时被公安人员抓获。公安人员在该货车夹层内查获甲基苯丙胺片剂38包，共计374544克。

被告人李奇峰被抓获后，在看守所羁押期间产生越狱之念，纠集同监室在押人员朱军华、周中（均已另案判刑）参与，并自制塑料锐器等工具。2018年1月6日17时许，李奇峰等三人准备越狱，因看守所值班民警发现异常而未实施。次日17时20分许，三人趁放风之机，使用事先准备的工具挟持值班民警，打开两道监区门，欲从送饭通道逃跑，但因通道铁门外部上锁而未

果，后与值班民警发生打斗，被赶来的武警等抓获。

(二) 裁判结果

本案由云南省普洱市中级人民法院一审，云南省高级人民法院二审。最高人民法院对本案进行了死刑复核。

法院认为，被告人李奇峰走私、贩卖、运输甲基苯丙胺片剂，其行为已构成走私、贩卖、运输毒品罪；李奇峰纠集在押人员越狱，其行为又构成组织越狱罪。李奇峰走私、贩卖、运输毒品，数量特别巨大，社会危害极大，罪行极其严重，在羁押期间组织同监室在押人员自制工具、挟持管教人员、暴力越狱，主观恶性极深，人身危险性极大，应依法惩处。李奇峰在走私、贩卖、运输毒品和组织越狱共同犯罪中均起组织、指挥作用，均系主犯，应当按照其所组织、指挥的全部犯罪处罚。李奇峰曾因犯非法买卖制毒物品罪被判刑，在缓刑考验期内又犯罪，依法应撤销缓刑，数罪并罚。据此，依法对被告人李奇峰以走私、贩卖、运输毒品罪判处死刑，剥夺政治权利终身，并处没收个人全部财产；以组织越狱罪判处有期徒刑七年；撤销缓刑，数罪并罚，决定执行死刑，剥夺政治权利终身，并处没收个人全部财产。

罪犯李奇峰已于2020年9月29日被依法执行死刑。

(三) 典型意义

我国毒品主要来自境外。云南是"金三角"毒品主要的渗透入境地和中转集散地，大宗走私、贩卖、运输毒品犯罪多发，是遏制境外毒品向内地扩散的前沿阵地。本案就是一起境外购毒、走私入境、境内贩运的典型案例。被告人李奇峰在境外购毒，指使并伙同他人共同藏毒，安排他人将毒品走私入境，雇用司机运往内地，毒品数量特别巨大，羁押期间组织在押人员暴力越狱，且其曾因犯非法买卖制毒物品罪被判刑，缓刑考验期内又犯罪，主观恶性极深，人身危险性极大，不堪改造。人民法院依法对李奇峰判处死刑，体现了对源头性毒品犯罪的严惩立场。

案例 19

张月东等贩卖毒品案
——诊所医务人员向吸毒人员出售精神药品

(一) 基本案情

被告人张月东,男,汉族,1969年×月×日出生,乡村诊所经营者、医生。

被告人郭和聪、林进泉、刘继盛、江耀勤、赖友辉、朱志伟、蔡永辉、叶小美、蔡建军、张美霞、林倩如,均系诊所经营者、医务人员;被告人周桢淳、陈志炜,均系农民。

2016年至2017年9月间,被告人张月东在其经营的福建省平和县文峰镇文美村"文美卫生室",向被告人周桢淳、陈志炜和罗文强、林元正、陈智辉等吸毒人员出售奥亭牌复方磷酸可待因口服溶液(以下简称可待因口服液,每包10mL,含磷酸可待因9mg)共计375次,得款110957.8元。

2015年底至2018年3月间,被告人郭和聪等11名医务人员分别在福建省漳州市城区、乡镇、农村各自经营的诊所内,向被告人周桢淳等吸毒人员出售可待因口服液,次数为4次至267次不等,得款在2150元至82812元之间。被告人周桢淳将部分购得的可待因口服液向被告人陈志炜、罗文强、林元正等多名吸毒人员出售共计91次,得款41420元,陈志炜将部分购得的可待因口服液向陈智辉出售共计12次,得款900元。

(二) 裁判结果

本案由福建省平和县人民法院一审,福建省漳州市中级人民法院二审。

法院认为,被告人张月东等14人非法贩卖国家规定管制的能够使人形成瘾癖的精神药品,其行为均已构成贩卖毒品罪。张月东等14人多次向吸毒人员贩卖毒品,情节严重,应依法惩处。对于张月东,鉴于其认罪认罚,可从轻处罚,依法判处有期徒刑五年二个月,并处罚金人民币6万元。对于郭和聪等13名被告人,根据各自犯罪的事实、性质、情节和对社会的危害程度,依法判处有期徒刑四年七个月至有期徒刑三年,缓刑三年六个月不等的刑罚,并处罚金。

上述裁判已于2020年7月10日发生法律效力。

(三) 典型意义

国家列管的药用类精神药品和麻醉药品,具有药品与毒品双重属性,长期服用会形成瘾癖。近年来,该类药品流入非法渠道、被作为成瘾替代品滥用的情况时有发生,在一些农村地区尤为明显。本案就是一起诊所医务人员向吸毒人员出售精神药品的典型案例。被告人张月东作为乡村诊所医生,本应利用医学知识积极抵制毒品,却在日常诊疗中非法出售国家列管的精神药品复方磷酸可待因口服溶液,犯罪隐蔽性强,社会危害大。被告人郭和聪等人同是利用其在乡镇、农村等地经营诊所的便利,非法出售该类药品,影响恶劣。人民法院依法对张月东等人进行惩处,体现了对诊所医务人员非法贩卖精神药品犯罪的严厉打击。

案例 20

谢彭等贩卖毒品案
——利用网络联系订单,以比特币形式收取毒资,通过物流寄递毒品

(一) 基本案情

被告人谢彭,男,汉族,1991 年×月×日出生,无业。

被告人叶楚骏,男,汉族,1993 年×月×日出生,无业。

2020 年 5 月,被告人谢彭、叶楚骏经预谋,在云南省租赁土地种植大麻。同年 9 月至 10 月,二人收获大麻后,由谢彭通过 telegram 软件联系毒品订单,以比特币形式收取毒资,由叶楚骏使用虚假姓名,通过快递将大麻邮寄给浙江等地的毒品买家。二人贩卖大麻约 10 次,非法获利 4 万余元。后公安人员将二人抓获,并从叶楚骏处查获大麻 3332.96 克。

(二) 裁判结果

本案由浙江省诸暨市人民法院审理。

法院认为,被告人谢彭、叶楚骏向他人贩卖大麻,其行为均已构成贩卖毒品罪。谢彭、叶楚骏多次贩卖毒品,情节严重,应依法惩处。二人结伙贩卖毒品,系共同犯罪,应当按照其所参与的犯罪处罚。鉴于二人归案后均如实供述犯罪事实,认罪认罚,可从轻处罚。据此,依法对被告人谢彭判处有期徒刑三年六个月,并处罚金人民币 13000 元;对被告人叶楚骏判处有期徒刑三年三个月,并处罚金人民币 1 万元。

宣判后,在法定期限内没有上诉、抗诉。上述判决已于 2021 年 5 月 11 日发生法律效力。

(三) 典型意义

随着互联网技术和物流业的发展，犯罪分子利用网络、物流实施毒品犯罪的情况日渐增多，毒品交易手法更趋隐蔽、多样化。本案就是一起犯罪分子使用"互联网+虚拟货币+物流寄递"手段贩卖毒品的典型案例。比特币是一种认可度较高的虚拟货币，具有匿名性等特点，在本案中被用于毒品交易支付。谢彭、叶楚骏利用网络联系毒品订单，以比特币形式收取毒资，使用虚假姓名寄递毒品，隐蔽性强。人民法院依法对二被告人判处了相应刑罚。

案例 21

陈嘉豪贩卖毒品案

——利用微信在酒吧等处多次出售新型毒品

(一) 基本案情

被告人陈嘉豪，男，汉族，1999 年×月×日出生，无业。

2018 年 3 月至 6 月，被告人陈嘉豪通过微信联系等方式，在江苏省苏州市姑苏区酒吧、酒店等处向吕聪聪、宋佳能、张晗出售毒品氟硝西泮片剂（俗称"蓝精灵"）24 次，共计 104 粒，违法所得 4110 元。陈嘉豪归案后，其亲属帮助退缴全部违法所得。

(二) 裁判结果

本案由江苏省苏州市姑苏区人民法院审理。

法院认为，被告人陈嘉豪非法贩卖国家规定管制的能够使人形成瘾癖的精神药品氟硝西泮，其行为已构成贩卖毒品罪。陈嘉豪多次在酒吧等地向他人贩卖毒品,情节严重,应依法惩处。鉴于陈嘉豪归案后如实供述犯罪事实,认罪认罚,且其亲属代为退缴全部违法所得,可从轻处罚。据此,依法对被告人陈嘉豪判处有期徒刑三年,并处罚金人民币 5000 元。

宣判后,在法定期限内没有上诉、抗诉。上述判决已于 2021 年 2 月 19 日发生法律效力。

(三) 典型意义

氟硝西泮是国家列管的精神药品,俗称"蓝精灵",与酒精作用后危害更大。近年来,"蓝精灵"在酒吧等娱乐场所较为流行,青少年群体是其侵害的主要目标。本案就是一起利用微信在酒吧等地多次出售氟硝西泮的典型案例。被告人陈嘉豪明知吕聪聪等人购买氟硝西泮片剂是提供给酒吧客人饮酒时使用,仍多次贩卖,情节严重。人民法院根据陈嘉豪犯罪的事实、性质、情节和对社会的危害程度,依法对其进行了惩处。

案例 22

王飞贩卖、制造毒品案

——将新型毒品伪装成饮料销往多地娱乐场所

(一) 基本案情

被告人王飞,男,汉族,1979 年×月×日出生,成都陆柒捌贸易有限公司(以下简称陆柒捌公司)法定代表人。

2013 年 7 月,被告人王飞注册成立陆柒捌公司并担任法定代表人。2016 年开始,王飞多次以陆柒捌公司名义购买 γ-丁内酯,将 γ-丁内酯与香精混合,命名为"香精 CD123"。2016 年 5 月,王飞在隐瞒"香精 CD123"含 γ-丁内酯成分的情况下,委托广东康加德食品实业有限公司为"香精CD123"粘贴"果味香精CD123"商品标签,委托裕豪食品饮料有限公司按照其提供的配方和技术标准,将水和其他辅料加入"果味香精CD123",制成"咔哇氿"饮料。后王飞将"咔哇氿"饮料出售给总经销商四川玩道酒业有限公司,由该公司销往深圳、贵阳、广州等地的娱乐场所,各级经销商亦自行销售。至2017年8月,王飞购买γ-丁内酯共计3575千克,裕豪食品饮料有限公司收到"果味香精CD123"共计1853千克,王飞销售"咔哇氿"饮料共计52355件(24瓶/件,275mL/瓶),销售金额11587040元。

2017年9月9日,公安人员将被告人王飞抓获,从其家中及陆柒捌公司租用的仓库查获"咔哇氿"饮料共计723件零25瓶。各地亦陆续召回"咔哇氿"饮料18505件。经鉴定,从裕豪食品饮料有限公司提供的"果味香精CD123"、在王飞家中和仓库查获的以及召回的"咔哇氿"饮料中检出含量为80.3ug/mL至44000ug/mL不等的γ-羟丁酸成分。

(二)裁判结果

本案由四川省成都市青羊区人民法院一审,成都市中级人民法院二审。

法院认为,被告人王飞制造毒品γ-羟丁酸并销售,其行为已构成贩卖、制造毒品罪。王飞明知使用γ-丁内酯作为生产原料会产生毒品γ-羟丁酸成分,购买并使用γ-丁内酯调制成混合原料,委托他人采用其指定的工艺和配比,加工制成含有γ-羟丁酸成分的饮料并对外销售,贩卖、制造毒品数量大,社会危害大。据此,依法对被告人王飞判处有期徒刑十五年,并处没收个人财产人民币427万元。

上述裁判已于2020年9月28日发生法律效力。

(三)典型意义

近年来,新型毒品犯罪呈上升趋势,与传统毒品犯罪相互交织。新型毒品形态各异,往往被伪装成饮料、饼干等形式,极具隐蔽性和迷惑性,易在青少年中传播。本案就是一起制造、贩卖新型毒品的典型案例。被告人王飞批量制造含有国家列管精神药品γ-羟丁酸成分的饮料,大量销往全国多地娱乐场所,社会危害大。人民法院根据王飞的犯罪事实、性质、情节和对社会的危害程度,依法对其判处了刑罚。

案例 23

陈国龙等贩卖毒品、以危险方法危害公共安全案

——为抗拒缉毒警察抓捕,驾车肆意冲撞,危害公共安全

(一) 基本案情

被告人陈国龙,男,苗族,1981年×月×日出生,无业。2002年11月18日至2017年3月1日因犯贩卖毒品罪、故意伤害罪、容留他人吸毒罪、非法持有毒品罪,先后六次被判处有期徒刑六个月至四年不等的刑罚,2018年12月31日刑满释放。

被告人李镇,男,汉族,1986年×月×日出生,无业。2013年5月20日因犯抢劫罪被判处有期徒刑三年,并处罚金人民币1000元;2018年9月25日因犯容留他人吸毒罪,被判处有期徒刑六个月,并处罚金人民币1000元,2018年12月12日刑满释放。

2019年6月至7月,被告人陈国龙四次向他人贩卖甲基苯丙胺5克、甲基苯丙胺片剂17颗。被告人李镇明知陈国龙贩卖毒品,仍两次驾车陪同陈国龙贩卖。

同年7月22日12时许,被告人陈国龙乘坐被告人李镇驾驶的车辆行至湖南省沅陵县沅陵镇某街道时,被前来抓捕的公安人员拦截。公安人员出示警官证,要求二人停车。陈国龙指挥李镇

倒车逃避抓捕,与其后方的出租车相撞。公安人员上前制止,陈国龙、李镇拒绝停车,不顾周围群众安全多次冲撞,致3名公安人员轻微伤,并致一辆摩托车以及两户居民楼大门损坏,损失共计3189元。后公安人员抓获二人,当场从陈国龙身上查获甲基苯丙胺片剂0.5克,从其所乘车上查获甲基苯丙胺0.2克。

(二) 裁判结果

本案由湖南省沅陵县人民法院审理。

法院认为,被告人陈国龙、李镇贩卖甲基苯丙胺、甲基苯丙胺片剂,其行为均已构成贩卖毒品罪;陈国龙、李镇为逃避抓捕,驾驶机动车在公共场所肆意冲撞,危害公共安全,其行为均又构成以危险方法危害公共安全罪。对二人所犯数罪,均应依法并罚。陈国龙在贩卖毒品、以危险方法危害公共安全共同犯罪中,均起主要作用,系主犯,李镇在贩卖毒品共同犯罪中系从犯,在以危险方法危害公共安全共同犯罪中系主犯,应按照二人所参与的犯罪处罚。陈国龙多次贩卖毒品,情节严重,且系累犯、毒品再犯,李镇系累犯,均应依法从重处罚。二人均如实供述犯罪事实,具有坦白情节,可从轻处罚。据此,依法对被告人陈国龙以贩卖毒品罪判处有期徒刑四年,并处罚金人民币5000元,以以危险方法危害公共安全罪判处有期徒刑三年,决定执行有期徒刑六年,并处罚金人民币5000元;对被告人李镇以贩卖毒品罪判处有期徒刑二年,并处罚金人民币2000元,以以危险方法危害公共安全罪判处有期徒刑三年,决定执行有期徒刑四年,并处罚金人民币2000元。

宣判后,在法定期限内没有上诉、抗诉。上述判决已于2020年9月15日发生法律效力。

(三) 典型意义

一些毒品犯罪分子为逃避法律制裁,不惜铤而走险,暴力抗拒抓捕,既增加了缉毒工作风险,也严重威胁人民群众生命财产安全。本案就是一起毒贩为抗拒抓捕而驾车冲撞,危害公共安全的典型案例。被告人陈国龙、李镇为逃避制裁,在公共场所驾驶机动车肆意冲撞,造成多名缉毒民警受伤,多名群众受到惊吓、财产遭受损失,社会影响恶劣。人民法院依法对二人进行了惩处。

案例24

马兆云等非法生产、买卖、运输制毒物品案

——非法生产、买卖、运输制毒物品,情节特别严重

(一)基本案情

被告人马兆云,男,汉族,1969年×月×日出生,个体户。1992年9月5日因犯盗窃罪被判处死刑,缓期二年执行,剥夺政治权利终身,2007年1月30日被假释,假释考验期至2008年6月20日止。

被告人刘保安,男,汉族,1968年×月×日出生,某公司法定代表人。2019年5月8日因犯污染环境罪被判处有期徒刑九个月,并处罚金人民币1万元,2019年6月28日刑满释放。

被告人胡文虎、周国珠,均系个体户;被告人李友龙、许步年、王德林、祁建刚,均无业。

2019年三四月份,被告人马兆云、胡文虎共谋出资生产制毒物品盐酸羟亚胺。马兆云委托被告人李友龙寻找场地并负责生产,聘请被告人许步年作为技术员指导生产,胡文虎负责提供生产工艺图纸。后李友龙租用山西省介休市一公司作为生产窝点,与许步年等人组织工人生产盐酸羟亚胺。同年12月,马兆云、胡文虎从被告人刘保安处购买易制毒化学品溴素5010千克及甲苯12000千克,运至上述窝点。马兆云等人生产盐酸羟亚胺共计

2723.67千克，出售1470千克，其中，马兆云15次参与出售1470千克，胡文虎6次参与出售630千克，李友龙7次参与出售900千克，被告人周国珠4次参与出售615千克，被告人王德林4次参与出售300千克，被告人祁建刚2次参与出售100千克，马兆云、胡文虎、李友龙、周国珠、王德林还参与运输盐酸羟亚胺。

2020年6月15日，公安人员在江苏省建湖县马兆云岳父家查获马兆云、胡文虎藏匿的盐酸羟亚胺1253.67千克、含有羟亚胺和邻氯苯基环戊酮成分的固液混合物260.69千克。

（二）裁判结果

本案由江苏省盐城市亭湖区人民法院审理。

法院认为，被告人马兆云、胡文虎、李友龙非法生产、买卖、运输制毒物品，情节特别严重，其行为均已构成非法生产、买卖、运输制毒物品罪。被告人许步年非法生产制毒物品，情节特别严重，其行为已构成非法生产制毒物品罪。被告人周国珠、王德林非法买卖、运输制毒物品，情节特别严重，其行为均已构成非法买卖、运输制毒物品罪。被告人刘保安、祁建刚非法买卖制毒物品，情节特别严重，其行为均已构成非法买卖制毒物品罪。在共同犯罪中，马兆云、胡文虎、李友龙均系主犯，应按照其参与的全部犯罪处罚，许步年、周国珠、王德林、祁建刚系从犯，应依法从轻或者减轻处罚。刘保安系累犯，应依法从重处罚。八人均如实供述犯罪事实，可从轻处罚。除刘保安外，其余七人均退缴违法所得，可酌情从轻处罚。据此，依法对被告人马兆云判处有期徒刑十二年，并处罚金人民币100万元；对被告人刘保安判处有期徒刑九年，并处罚金人民币40万元；对被告人胡文虎、李友龙、许步年、周国珠、王德林、祁建刚分别判处有期徒刑十年六个月至五年不等的刑罚，并处罚金。

宣判后，在法定期限内没有上诉、抗诉。上述判决已于2021年2月11日发生法律效力。

(三) 典型意义

近年来，受制造毒品犯罪增长影响，制毒物品流入非法渠道的形势十分严峻。本案就是一起非法生产、买卖、运输制毒物品的典型案例。溴素、甲苯可用于制造盐酸羟亚胺，盐酸羟亚胺可用于制造毒品氯胺酮，均是国家严格管控的易制毒化学品。根据《最高人民法院关于审理毒品犯罪案件适用法律若干问题的解释》第八条的规定，被告人马兆云等八人实施制毒物品犯罪均属情节特别严重，人民法院依法判处相应刑罚，体现了对源头性毒品犯罪的坚决惩处。

案例 25

林永伟强奸、引诱他人吸毒、容留他人吸毒案
——引诱留守女童吸毒后强行奸淫，依法严惩

(一) 基本案情

被告人林永伟，男，汉族，1972年×月×日出生，无业。1996年2月9日因犯流氓罪被判处有期徒刑五年；2000年4月20日因犯盗窃罪被判处有期徒刑三年，合并余刑，决定执行有期徒刑四年六个月。

2016年上半年的一天，被告人林永伟将同村的被害人林某（女，时年10岁）带至家中，诱骗林某吸食甲基苯丙胺。林某吸食后感觉不适，林永伟让林某躺到床上休息，后不顾林某反抗，强行对林某实施奸淫。林永伟威胁林某不许将此事告知家人，并要求林某每星期来其家一次。后林永伟多次叫林某来其家中吸食毒品，并与林某发生性关系。林某吸毒上瘾后，也多次主动找林永伟吸毒，并与林永伟发生性关系。2019年10月1日，林永伟

被公安人员抓获。

另查明，2016年初至2019年6月，被告人林永伟多次在家中等地容留多人吸食甲基苯丙胺。

（二）裁判结果

本案由湖南省邵阳市中级人民法院一审，湖南省高级人民法院二审。

法院认为，被告人林永伟引诱他人吸食甲基苯丙胺，其行为已构成引诱他人吸毒罪；林永伟利用幼女吸毒后无力反抗及毒品上瘾，与之发生性关系，其行为又构成强奸罪；林永伟多次容留他人吸食甲基苯丙胺，其行为还构成容留他人吸毒罪。林永伟引诱幼女吸毒，并长期奸淫幼女，情节恶劣，应依法从重处罚。对其所犯数罪，应依法并罚。据此，对被告人林永伟以强奸罪判处无期徒刑，剥夺政治权利终身；以引诱他人吸毒罪判处有期徒刑三年，并处罚金人民币1万元；以容留他人吸毒罪判处有期徒刑二年，并处罚金人民币1万元，决定执行无期徒刑，剥夺政治权利终身，并处罚金人民币2万元。

上述裁判已于2021年1月21日发生法律效力。

（三）典型意义

成瘾性是毒品最基本的特征。吸食者一旦产生依赖，容易遭受侵害。尤其是未成年人，心智发育尚不成熟，自我保护能力欠缺，更易遭受毒品危害。本案就是一起引诱留守女童吸食毒品后实施强奸犯罪的典型案例。被告人林永伟引诱年仅10岁的幼女吸食甲基苯丙胺并成瘾，以此长期控制、奸淫幼女，还多次容留他人吸毒，社会危害大。人民法院依法判处林永伟无期徒刑，体现了对侵害未成年人犯罪予以严惩的坚定立场。

案例 26

刘勇等贩卖、制造毒品案
——制造、贩卖芬太尼等多种新型毒品,依法严惩

(一)基本案情

被告人刘勇,男,汉族,1978年×月×日出生,公司经营者。

被告人蒋菊华,女,汉族,1964年×月×日出生,微商。

被告人王凤玺,男,汉族,1983年×月×日出生,公司经营者。

被告人夏增玺,男,汉族,1975年×月×日出生,公司经营者。

被告人杨行,男,汉族,1989年×月×日出生,无业。

被告人杨江萃、张军红、梁丁丁、于淼,均系被告人王凤玺、夏增玺经营公司的业务员。

2017年5月,被告人刘勇、蒋菊华共谋由刘勇制造芬太尼等毒品,由蒋菊华联系客户贩卖,后蒋菊华为刘勇提供部分资金。同年10月,蒋菊华向被告人王凤玺销售刘勇制造的芬太尼285.08克。同年12月5日,公安人员抓获刘勇,后从刘勇在江苏省常州市租用的实验室查获芬太尼5017.8克、去甲西泮3383.16克、地西泮41.9克、阿普唑仑5012.96克等毒品及制毒设备、原料,从刘勇位于上海市的租住处查获芬太尼6554.6克及其他化学品、原料。

2016年11月以来,被告人王凤玺、夏增玺成立公司并招聘被告人杨江萃、张军红、梁丁丁、于淼等人为业务员,通过互联网发布信息贩卖毒品。王凤玺先后从被告人蒋菊华处购买前述285.08克芬太尼,从被告人杨行处购买阿普唑仑991.2克,并从

其他地方购买呋喃芬太尼等毒品。案发后，公安机关查获王凤玺拟通过快递寄给买家的芬太尼211.69克、呋喃芬太尼25.3克、阿普唑仑991.2克；从杨江萃处查获王凤玺存放的芬太尼73.39克、呋喃芬太尼14.23克、4-氯甲卡西酮8.33克、"3，4-亚甲二氧基乙卡西酮"1920.12克；从杨行住处查获阿普唑仑6717.4克。

（二）裁判结果

本案由河北省邢台市中级人民法院一审，河北省高级人民法院二审。

法院认为，被告人刘勇、蒋菊华共谋制造芬太尼等毒品并贩卖，其行为均已构成贩卖、制造毒品罪。被告人王凤玺、夏增玺、杨行、杨江萃、张军红、梁丁丁、于森明知是毒品而贩卖或帮助贩卖，其行为均已构成贩卖毒品罪。刘勇、蒋菊华制造、贩卖芬太尼等毒品数量大，且在共同犯罪中均系主犯。刘勇所犯罪行极其严重，根据其犯罪的事实、性质和具体情节，对其判处死刑，缓期二年执行，剥夺政治权利终身，并处没收个人全部财产；蒋菊华作用相对小于刘勇，对其判处无期徒刑，剥夺政治权利终身，并处没收个人全部财产。王凤玺、夏增玺共同贩卖芬太尼等毒品数量大，王凤玺系主犯，但具有如实供述、立功情节，对其判处无期徒刑，剥夺政治权利终身，并处没收个人全部财产；夏增玺系从犯，对其判处有期徒刑十年，并处罚金人民币10万元。杨行贩卖少量毒品，对其判处有期徒刑二年，并处罚金人民币6万元。杨江萃、张军红、梁丁丁、于森参与少量毒品犯罪，且均系从犯，对四人分别判处有期徒刑一年八个月、一年六个月、一年四个月、六个月，并处罚金。

上述裁判已于2020年6月17日发生法律效力。

（三）典型意义

芬太尼类物质滥用当前正成为国际社会面临的新毒品问题，此类犯罪在我国也有所发生。为防范芬太尼类物质犯罪发展蔓延,国家相关部门在以往明确管控 25 种芬太尼类物质的基础上,又于 2019 年 5 月 1 日将芬太尼类物质列入《非药用类麻醉药品和精神药品管制品种增补目录》进行整类列管。本案系国内第一起有影响的芬太尼类物质犯罪案件,涉及芬太尼、呋喃芬太尼、阿普唑仑、去甲西泮、4-氯甲卡西酮、"3,4-亚甲二氧基乙卡西酮"等多种新型毒品,部分属于新精神活性物质。人民法院根据涉案毒品的种类、数量、危害和被告人刘勇、蒋菊华、王凤玺、夏增玺犯罪的具体情节,依法对四人从严惩处,特别是对刘勇判处死刑缓期执行,充分体现了对此类犯罪的有力惩处。

案例 27

祝浩走私、运输毒品案

——通过手机网络接受他人雇用,走私、运输毒品数量大

(一)基本案情

被告人祝浩,男,汉族,1996 年×月×日出生,无业。

2018 年 12 月,被告人祝浩因欠外债使用手机上网求职,在搜索到"送货"可以获得高额报酬的信息后,主动联系对方并同意"送货"。后祝浩按照对方安排,从四川省成都市经云南省昆明市来到云南省孟连傣族拉祜族佤族自治县,乘坐充气皮艇偷渡出境抵达缅甸。

2019 年 1 月下旬,被告人祝浩从对方接取一个拉杆箱,在对方安排下回到国内,经多次换乘交通工具返回昆明市,并乘坐 G286 次列车前往山东省济南市。同月 27 日 18 时许,公安人员在列车上抓获祝浩,当场从其携带的拉杆箱底部夹层内查获海洛因 2 包,净重 2063.99 克。

(二) 裁判结果

本案由济南铁路运输中级法院一审,山东省高级人民法院二审。

法院认为,被告人祝浩将毒品从缅甸携带至我国境内并进行运输,其行为已构成走私、运输毒品罪。祝浩对接受雇用后偷渡到缅甸等待一月之久、仅携带一个装有衣物的拉杆箱即可获取高额报酬、途中多次更换交通工具、大多选择行走山路等行为不能作出合理解释,毒品又系从其携带的拉杆箱夹层中查获,可以认定其明知是毒品而走私、运输。祝浩实施犯罪所涉毒品数量大,鉴于其系接受他人雇用走私、运输毒品,且具有初犯、偶犯等酌予从宽处罚情节,可从轻处罚。据此,依法对被告人祝浩判处无期徒刑,剥夺政治权利终身,并处没收个人全部财产。

上述裁判已于2020年3月19日发生法律效力。

(三) 典型意义

毒品犯罪分子为逃避处罚,以高额回报为诱饵,通过网络招募无案底的年轻人从境外将毒品运回内地,此类案件近年来时有发生,已成为我国毒品犯罪的一个新动向。本案就是一起典型的无案底年轻人通过手机网络接受他人雇用走私、运输毒品的案例。被告人祝浩为获取高额报酬,在网络上接受他人雇用走私、运输毒品,犯下严重罪行。祝浩归案后辩解其不知晓携带的拉杆箱内藏有毒品,与在案证据证实的情况不符。人民法院根据祝浩犯罪的事实、性质和具体情节,依法对其判处无期徒刑,体现了对毒品犯罪的严惩。

案例 28

卞晨晨等贩卖毒品、非法利用信息网络案
——非法种植、贩卖大麻，非法利用
网络论坛发布种植大麻等信息

(一) 基本案情

被告人卞晨晨，男，汉族，1995年×月×日出生，学生。

被告人卞士磊，男，汉族，1970年×月×日出生，务工人员。

2017年冬天，被告人卞晨晨提供大麻种子给其父被告人卞士磊，卞士磊遂在其工厂宿舍及家中进行种植。自2018年1月起，卞晨晨通过微信向他人贩卖大麻，后经与卞士磊合谋，由卞晨晨联系贩卖并收款，卞士磊将成熟的大麻风干固化成大麻叶成品后通过快递寄给买家。至同年10月，卞晨晨贩卖大麻至少18次共计294克，获利13530元，其中卞士磊参与贩卖至少11次共计241克。案发后，公安人员在卞士磊处查获大麻植株12株、大麻叶16根。

另查明，"园丁丁"是一个从事大麻种植经验交流、大麻种子及成品买卖、传授反侦查手段等非法活动的网络论坛。被告人卞晨晨于2015年1月7日注册账号"白振业"加入"园丁丁"论坛，系该论坛版主，负责管理内部教程板块，共发布有关大麻知识及种植技术的主题帖19个，回帖交流大麻种植技术164次。

(二) 裁判结果

本案由浙江省诸暨市人民法院审理。

法院认为，被告人卞晨晨、卞士磊明知大麻是毒品而种植、贩卖，其行为均已构成贩卖毒品罪。卞晨晨、卞士磊多次贩卖大

麻，属情节严重，且二人系共同犯罪，应当按照各自参与的全部犯罪处罚。卞晨晨利用信息网络发布涉毒品违法犯罪信息，情节严重，其行为又构成非法利用信息网络罪。卞晨晨、卞士磊归案后均能如实供述犯罪事实，且认罪认罚，可从轻处罚。对卞晨晨所犯数罪，应依法并罚。据此，依法对被告人卞晨晨以贩卖毒品罪判处有期徒刑四年，并处罚金人民币25000元，以非法利用信息网络罪判处有期徒刑一年四个月，并处罚金人民币5000元，决定执行有期徒刑四年九个月，并处罚金人民币3万元；对被告人卞士磊以贩卖毒品罪判处有期徒刑三年九个月，并处罚金人民币25000元。

宣判后，在法定期限内没有上诉、抗诉，上述裁判已于2019年10月29日发生法律效力。

(三) 典型意义

随着信息化时代的到来，各类网络平台、自媒体等发展迅速，在社会生活中扮演十分重要的角色。同时，一些违法犯罪分子利用网络平台便于隐匿身份、信息传播迅速、不受地域限制等特点，创建或经营管理非法论坛、直播平台等，实施涉毒品违法犯罪活动。本案就是一起被告人种植、贩卖大麻并利用非法论坛发布相关违法犯罪信息的案例。被告人卞晨晨指使其父卞士磊种植大麻，二人配合进行贩卖，卞晨晨还长期管理传播种植大麻方法、贩卖成品大麻的非法论坛，同时犯两罪。人民法院依法对二被告人判处了相应刑罚。

案例 29

刘彦铄贩卖毒品案
——国家工作人员实施毒品犯罪,依法严惩

(一)基本案情

被告人刘彦铄,男,汉族,1985年×月×日出生,江苏省灌云县林牧业执法大队职工。

2019年八九月的一天晚上,被告人刘彦铄在江苏省灌云县伊山镇王圩村卖给王东明甲基苯丙胺(冰毒)约0.5克。同年10月,刘彦铄又在该县老供电公司门口卖给周雷甲基苯丙胺约0.3克。

(二)裁判结果

本案由江苏省灌云县人民法院审理。

法院认为,被告人刘彦铄明知是毒品而进行贩卖,其行为已构成贩卖毒品罪。刘彦铄身为国家工作人员贩卖少量毒品,属情节严重。鉴于其有如实供述、认罪认罚等情节,可从轻处罚。据此,对被告人刘彦铄判处有期徒刑三年,并处罚金人民币1万元。

宣判后,在法定期限内没有上诉、抗诉,上述裁判已于2020年3月28日发生法律效力。

(三)典型意义

国家工作人员本应更加自觉地抵制毒品,积极与毒品违法犯罪作斗争,但近年来出现了一些国家工作人员涉足毒品违法犯罪的情况,造成了不良社会影响。本案被告人刘彦铄系灌云县自然资源和规划局下属事业单位职工,具有国家工作人员身份,根据

《最高人民法院关于审理毒品犯罪案件适用法律若干问题的解释》第四条的规定,其属贩卖少量毒品"情节严重"。人民法院对刘彦铄依法判处三年有期徒刑,体现了对此类犯罪的严惩。

案例 30

吕晓春等非法生产、买卖制毒物品案
——非法买卖溴代苯丙酮、生产麻黄素,情节特别严重

(一)基本案情

被告人吕晓春,男,汉族,1968年×月×日出生,无业。2008年1月10日因犯贩卖毒品罪被判处有期徒刑十五年,并处罚金人民币10万元,2015年7月6日刑满释放。

被告人高俊成,男,汉族,1981年×月×日出生,务工人员。2014年6月30日因犯运输、制造毒品罪被判处有期徒刑一年六个月,并处罚金人民币1万元,同年11月23日刑满释放。

被告人郑颖,男,汉族,1982年×月×日出生,农民。2003年11月11日因犯抢劫罪被判处有期徒刑六年,并处罚金人民币2000元。

2017年3月,被告人吕晓春为生产麻黄素,通过网络联系被告人郑颖购买1-苯基-2-溴-1-丙酮(俗称溴代苯丙酮)200千克。后吕晓春雇用被告人高俊成参与生产,并购买制毒工具和其他原材料。2018年1月20日,公安人员在山东省青岛市市北区永乐路93号将吕晓春、高俊成抓获,并在该处查获麻黄素5.65千克、含有麻黄素的液体104.65千克及其他化学制剂。后郑颖被抓获归案。

(二) 裁判结果

本案由山东省青岛市市北区人民法院一审,山东省青岛市中级人民法院二审。

法院认为,被告人吕晓春非法购买、生产用于制造毒品的原料,情节特别严重,其行为已构成非法生产、买卖制毒物品罪;被告人高俊成非法生产用于制造毒品的原料,情节特别严重,其行为已构成非法生产制毒物品罪;被告人郑颖非法出售用于制造毒品的原料,情节特别严重,其行为已构成非法买卖制毒物品罪。吕晓春、高俊成在共同犯罪中均系主犯,且均系累犯、毒品再犯,应依法从重处罚。三人均如实供述主要犯罪事实,酌予从轻处罚。据此,依法对被告人吕晓春判处有期徒刑十年六个月,并处罚金人民币3万元;对被告人高俊成判处有期徒刑九年六个月,并处罚金人民币2万元;对被告人郑颖判处有期徒刑八年六个月,并处罚金人民币2万元。

上述裁判已于2019年7月3日发生法律效力。

(三) 典型意义

受多种因素影响,当前我国制毒物品违法犯罪问题较为突出。本案是一起比较典型的非法生产、买卖制毒物品的案例。溴代苯丙酮是合成麻黄素的重要原料,而麻黄素可用于制造毒品甲基苯丙胺,二者都是国家严格管控的易制毒化学品。根据《最高人民法院关于审理毒品犯罪案件适用法律若干问题的解释》第八条的规定,被告人吕晓春、高俊成、郑颖三人实施制毒物品犯罪均属情节特别严重,人民法院依法判处相应刑罚,体现了对此类毒品犯罪的坚决惩处。